朱镕基讲话实录

第四卷

人民出版社

2000 年 3 月 5 日，九届全国人大三次会议在北京人民大会堂开幕。图为江泽民和朱镕基亲切交谈。

（新华社记者王新庆摄）

1997 年 9 月 12 日，中共十五大在北京人民大会堂开幕。图为朱镕基和胡锦涛亲切交谈。

（新华社记者兰红光摄）

2003年1月27日，国务院全体领导同志合影。从左至右依次为：司马义·艾买提、罗干、温家宝、钱其琛、朱镕基、李岚清、吴邦国、迟浩田、吴仪、王忠禹。

2001 年 4 月 7 日，朱镕基在湖南省吉首市考察吉首大学。

编辑说明

《朱镕基讲话实录》选入的是朱镕基同志担任国务院副总理（1991年4月至1998年3月）、国务院总理（1998年3月至2003年3月）期间的重要讲话、谈话、文章、信件、批语等348篇，照片272幅，批语、书信及题词影印件30件。

《朱镕基讲话实录》分为四卷，其中，前两卷为朱镕基同志担任副总理期间的文稿，后两卷为他担任总理期间的文稿。各卷文稿均按时间顺序编排：第一卷为1991年5月至1994年7月，第二卷为1994年8月至1997年12月，第三卷为1998年3月至2000年6月，第四卷为2000年7月至2003年2月。

编入本书的文稿，均根据音像资料、文字记录稿和手迹编辑而成，绝大部分是第一次公开发表。有些曾经公开发表过的文稿，编入本书时为突出重点或避免重复，作了删节。有些过去曾经公开发表过的书面讲话稿，此次未编入本书，编入的是当时即席讲话的录音整理稿，其内容是对书面讲话稿的重点阐释和补充。编者对正文中涉及的部分人物、事件和专有名词等，作了简要注释。对专有名词在每卷首次出现时作注释，再次出现时只注明首次注释的页码。对担任党和国家领导职务的同志不再注释。本书文稿的多数标题为编者所加。

朱镕基同志逐篇审定了编入本书的全部文稿。

中央领导同志对本书提出了宝贵意见。中央有关部门和有关省、自治区、直辖市负责同志对本书的编辑工作提出了指导意见。中央有关部门，有关省、自治区、直辖市及有关单位提供了部分资料和照片。人民出版社对本书出版给予了大力协助。在此，一并表示谢忱。

参加本书编辑工作的有：李炳军、廉勇、张长义、谢明干、林兆木、鲁静、侯春同志。马东升、李立君同志参与了有关资料的收集整理等工作。

本书编辑组

2011 年 5 月 25 日

目　录

做好退耕还林还草试点工作*

（2000 年 7 月 27 日）

这次会议讨论了《国务院关于进一步做好退耕还林还草试点工作的若干意见》（征求意见稿），会后将根据大家提出的意见，对这个文件作进一步修改，经国务院总理办公会议讨论后正式下发。根据会议讨论的情况，我讲几点意见。

一、充分认识退耕还林还草工作的重要性和艰巨性

在生态脆弱的地区，有计划、分步骤地实施退耕还林还草，保护和恢复林草植被，加强生态环境建设，是党中央、国务院作出的一项重要决策。只有退耕还林还草、改善生态环境，西部地区的丰富资源才能很好地得到保护、开发和利用，也才能有利于引进国内外资金、技术和人才，加快西部发展步伐。退耕还林还草、提高林草覆盖率，也是根除长江和黄河水患、防治土地荒漠化的治本之策，对于实现全国可持续发展具有重大意义，是利在当代、惠及子孙的百年大计、千年大计。我国目前粮食出现阶段性的供过于求，正是以粮食换林草的

* 2000 年 7 月 26 日至 27 日，国务院西部地区开发领导小组在北京召开中西部地区退耕还林还草试点工作会议。出席会议的有实施退耕还林还草试点工作的 18 个省、自治区、直辖市和新疆生产建设兵团及国务院有关部门的负责同志。这是朱镕基同志与会议代表座谈时的讲话。

有利时机。现在，各方面对做好这项工作普遍增强了使命感和紧迫感，有关地区的试点工作也进展得比较顺利，得到了广大干部群众的拥护和支持。但是我们也要看到，这是一项非常艰巨和复杂的工作，需要几代人持之以恒地进行不懈努力，必须做好长期奋斗的思想准备。同时，这项工作的政策性、技术性很强，涉及广大农民的切身利益，各地区的地理环境和气候条件又差异很大，需要搞好调查研究，周密筹划，精心组织，做过细的工作，才能真正取得实效。

现在的问题是，有些地方对这项工作的艰巨性、复杂性认识不足，在试点工作中存在着贪多求快的倾向，有的地方试点面积过大，

1999 年 9 月 7 日，朱镕基在四川省阿坝藏族羌族自治州茂县宗渠村看望羌族农户。前排左一为四川省委书记谢世杰，右一为四川省代省长张中伟，右三为朱镕基夫人劳安。

有的地方没有经过试点就盲目铺开。这种一哄而起、不重实效的做法，是一定要吃苦头的。昨天，我收到一份关于宁夏西吉县“世界粮食计划署援助2605项目”的调查报告，看后痛心不已。这个项目是80年代初世界粮食计划署在我国的最大援助项目，主要是在荒山坡地植树种草、退耕还林还草。这个项目开始时取得了很大的成功，后来却是昙花一现。项目结束之日，就是砍树毁草之时，种植的草场在90年代初就不复存在。导致这个项目失败的原因固然很多，但最重要的是对生态建设缺乏持久奋斗的思想，对退耕还林还草和在荒山坡地植树种草的困难程度估计不足，政策执行又走了样。这是一个非常生动而又痛苦的教训。“前车之覆，后车之鉴”，我们不能再重复这样的历史错误了。

实施退耕还林还草，必须坚持“全面规划、分步实施，突出重点、先易后难，先行试点、稳步推进”的原则，有计划、分步骤地进行。务必注重实效，切忌一哄而起、一哄而散。当前的重点，是集中力量搞好试点，试点的关键是认识到位、政策到位、领导到位、工作到位，不求快、但求好，确保质量。各地的试点任务，应根据领导力量和客观可能，实事求是地加以确定。你那里的领导力量不够，没有那么大的精力，就少搞一点；你那里的领导力量比较强，条件好一些，就多搞一点。各地要很好地总结前段试点工作，认真贯彻落实中央确定的有关政策，改进和完善具体办法，做深入细致的工作，务必取得试点成功。试点搞好了，哪怕只是一个村、一个乡真正搞好了，就可以积累经验，发挥榜样的示范效应，更好地推动这项工作的全面开展。

二、进一步完善和贯彻退耕还林还草政策

中央的政策很明确，就是“退耕还林（草）、封山绿化、以粮代

赈、个体承包”。这一政策，着眼于充分调动广大群众的积极性，保护农民利益，一定要认真贯彻落实。特别是要把国家无偿向退耕户提供粮食、现金、种苗的补助政策具体落实到户，这是保证退耕还林还草政策得以顺利实施的关键环节。绝不能让农民饿着肚子去退耕还林还草、建设生态环境。这次会议明确了以下几点：

（一）关于粮食、现金补助标准问题。必须强调，退耕还林还草一定要充分尊重农民的意愿，绝不能搞强迫命令，这是一条重要原则。要使农民自愿不种粮食，改为植树种草，就要相应地给予补助。补助标准的确定，要有利于调动农民的积极性。我从去年以来一直在考虑这个问题，每到一地考察，都反复征求当地农民和干部的意见。经过反复讨论，最近国务院总理办公会议把补助标准明确下来了。这就是：每亩退耕地每年补助的原粮，长江上游地区为300斤，黄河上中游地区为200斤；每亩退耕地每年补助现金20元。我们认为，亩产低于这个补助标准的，农民会自愿退耕。即使是亩产略高于这个补助标准，农民也还会自愿退耕，因为农民自己生产粮食要有种子、化肥、农药等成本支出，还要上缴各种费用和付出劳动力，算总账还不如退耕拿国家补助划算。但是，如果退耕地实际亩产超过粮食补助标准，而农民不愿退耕的，也绝不可强迫，不要搞一刀切。当然，在水土流失严重的地区，需要退耕而实际亩产粮食超过补助标准的，你一定要农民退耕，那你就要相应提高补助标准。定这个补助标准，还有利于保护基本农田。农民自己会算账，按亩产200斤到300斤的标准补贴，只要坚持农民自愿原则，退下来的就不会是基本农田了。从总体上看，如果江河上游水土流失减轻了，下游洪涝灾害就会减少，粮食也就能增产，全国粮食生产能力不会受到损失。

（二）关于粮食、现金补助年限问题。通过讨论，现在可以确定一个具体年限，就是粮食和现金的补助，先按经济林补助五年、生态林补助八年计算，到期后根据实际情况还可以继续补助。总之，这方面也不会让农民的利益受损失。补助农民的粮食，要按就地就近的原则供应，减少中间环节，降低供应成本，由当地政府负责组织粮食到乡到村，保证农民拿到手。要确保提供粮食的质量，不能给农民陈化粮。粮食调运费用由地方财政支付，绝不能向农民转嫁负担。要坚持主要造生态林，而且不许自行砍伐。如果经济林比重过大，就难以达到退耕还林的目的，既无助于改善生态环境，又不利于维护农民的长远利益。在保持水土、保护生态环境方面，经济林远不如生态林；同时，如果造经济林过多，以后林产品的销售市场也会成问题。据反映，目前一些地方造经济林的比重过大，这种现象必须加以纠正。各部门、各地区要抓紧进行调查研究，对种生态林和种经济林的比例作出科学的规定，一般可按生态林占80%的比例考虑。对超过规定比例而多种的经济林，只补助种苗费，不补助粮食和现金。

（三）关于责、权、利相结合问题。对种树种草实行承包到户、到人的办法，采取“谁退耕、谁造林（草），谁经营、谁受益”的政策，将责、权、利紧密结合起来。特别是退耕农民要负责种活林草、管护好林草。粮食和现金补助一定要与林草的成活情况挂钩。要严格检查监督，不符合要求的不能给予补助；如果采取了补救措施，合乎要求了，再给予补助。退耕农民有绿化荒山的义务。退耕以后，第一年就能栽上树、种上草，第二年起就只是管护了，农民的劳动量小多了，而国家仍要按规定的年限补助粮食和现金，因此退耕农户还应继续为国家种树。要把这些劳动力利用好，多造林种草，绿化荒山。有的地方，可以把种粮专业户转为造林种草专业户。

下面，再讲讲会议讨论中提出的几个具体政策问题。一是退耕地的农业税问题。考虑到县级财政的困难，对应税的退耕地，按补助粮征收农业税。自退耕之年起，对补助粮达到原收益水平的，国家扣除农业税部分后，再将补助粮发放给农民；待以后停止粮食补助时，再停止对退耕地征收农业税。实施退耕还林还草试点的县，其农业税等收入减少部分，由中央财政以转移支付的方式给予适当补助。二是对去年部分地方进行退耕还林还草兑现补助政策问题。一些省区在去年未兑现补助政策的退耕还林地，经核实后按统一政策兑现。因自然灾害原因，树木未成活的，要求补栽成活，同时也要给以补助。三是是否保留口粮田问题。我相信，如果补助政策真正落实的话，不会有多少农民要求保留口粮田。

这里还要强调，在退耕还林还草工作中，一定要充分考虑和妥善安排退耕农民的生活出路，把退耕还林还草与解决农民的长远生计以及合理调整农业结构结合起来。这是各地退耕还林还草工作得以顺利进行，并能够巩固和发展的重要保障。同时，无论是粮食、现金补助政策还是个体承包政策，都必须不折不扣地执行，绝不能走样。只要把农民的当前利益和长远利益很好地结合起来，把中央的各项政策措施真正落到实处，就一定能够保证退耕还林还草退得下、还得上、稳得住、能致富、不反弹。

三、做好退耕还林还草试点工作需要把握好的几个方面

一是切实做好退耕还林还草的前期工作。要认真搞好试点规划和作业设计的编制。坚持因地制宜，按自然规律和经济规律办事，对当地的历史条件、自然环境等多种情况，要进行全面、详细的调查和分析。什么样的地退耕，什么样的地不退耕，退耕后是种草还是种树、种什么林草品种，都要进行科学论证，认真听取农民和专家的意见。各地区都要尽快制定退耕还林还草的具体措施和办法，促进整个工作

的规范化。

二是认真做好种苗生产和供应工作。前段时期，一些地方由于工作衔接不够，导致种苗供需矛盾突出、价格猛涨，树种结构也不够合理。这个问题必须抓紧解决。退耕还林还草工作，供应种苗必须先行，一定要保证按数量、质量和品种要求生产和供应种苗。林业部门和农业部门要做好对种苗生产和供应的指导、管理工作，切实抓好种苗基地建设；加强苗木生产全过程的质量管理、检查监督、检验检疫，及时发现和制止生产、销售不合格种苗的行为，杜绝用伪劣、带病虫害等不合格苗木造林；加强种苗调剂工作，坚决制止垄断种苗市场、哄抬种苗价格的行为，严厉打击种苗销售中的不法行为，维护农民合法权益。同时，种苗生产和供应必须遵循市场经济规律，把政策引导和市场机制作用很好地结合起来。原来考虑国家按照每亩补助50元的标准，由林业系统给农民提供树苗，现在看来弊端不少，容易出现林业系统对种苗生产、供应的垄断现象，农民对种树是否成活也不负责任。因此，要改变行政划拨、硬性分配的做法。种苗费补助标准按退耕还林还草和宜林荒山荒地造林种草每亩50元计算，直接发到农民手里，由农民直接通过市场选购种苗，以明确责任，提高树木成活率。要鼓励农民采取多种形式培育种苗，扩大种苗生产能力，使苗木生产成为促进农业种植结构调整、增加农民收入的一个新的产业。苗木行业是一个非常有希望的行业，不仅退耕还林还草需要苗木，今后城市都要搞绿化，所有的堤坝、公路和铁道两旁都要种树，农民生产的苗木一定会有广阔的市场前景。

三是建立有效的科技支撑体系。要大力推广先进、适用的科技成果。特别是要推广应用耐旱树草种以及良种壮苗繁育技术、集水保墒技术、植物生长促进剂、干热河谷造林种草技术等，提高试点项目的科技含量。各地要研究确定科学的乔、灌、草植被结构模式及其相应的科技支撑措施。同时，要加强技术培训，使技术措施落实到每个退耕农户。

四是加强领导，狠抓落实。这是搞好退耕还林还草试点工作的关键。各有关部门和地区要深刻领会中央关于实施退耕还林还草、加强生态环境建设决策的重大意义，进一步提高认识，切实把退耕还林还草试点工作列入重要议事日程，及时研究解决实施中的问题，保证这项工作健康、有序地开展。要明确责任，实行省级政府对退耕还林还草试点工作负总责和市（地）、县（市）政府目标责任制。国务院各有关部门要根据职能分工，各司其职，各负其责，加强协调，密切配合，共同做好退耕还林还草工作。

关于用再贷款帮助地方金融机构还债保支付问题*

（2000年8月1日）

相龙同志：

昨天，我们就当前防范和化解金融风险的问题交换了意见。关于运用中央银行再贷款帮助地方金融机构还债保支付的政策，是十分重要而复杂的。这项再贷款实际上是一种财政性再贷款，因为除极少数省外，大都不可能有能力还债，等于是中央发票子替地方还债。如不认真而谨慎地掌握好宏观调控，将埋下金融风险和通货膨胀的隐患。这个问题我已考虑很久了，昨夜思之再三，觉得还有必要再次阐明我的意见。

根据你们提供的材料，截止到今年7月26日，已经和将要用中央银行再贷款解决各类金融风险累计达2300亿元左右。其中：

（一）为解决地方金融风险发放再贷款已经批准838亿元，其中：

---

* 这是朱镕基同志写给中国人民银行行长戴相龙的信。1997年11月全国金融工作会议后，全国加大整顿金融秩序的工作力度，决定撤销一批严重资不抵债的地方金融机构。为了维护社会稳定，1999年11月，国务院同意由中国人民银行发放再贷款，用于兑付地方性高风险金融机构的自然人合法债务与合法外债。再贷款由合格地方性金融机构承贷，地方政府承担偿还责任。朱镕基同志认为，利用中央银行再贷款帮助地方金融机构还债保支付，是一种财政性再贷款，存在金融风险和通货膨胀隐患。为此，他致信戴相龙同志，要求人民银行从严控制、把握好尺度。根据国务院规定和朱镕基同志这封信的要求，人民银行会同财政部等部门对借用再贷款的有关条件、程序等作了严格规定。

农村合作基金会374亿元，城市信用社156亿元，信托投资公司281亿元，供销社股金服务部15亿元，整顿金融“三乱”[1] 12亿元。根据地方要求，预计还需增加1010亿元。两者合计需要1848亿元。据说，财政部的预计数还要大，约需2200亿元。

（二）用于救助中小金融机构和在港澳中资企业再贷款、退还商业银行利息、偿债垫款共计450亿元。

中央银行给地方政府的这类再贷款，说到底是一种财政性再贷款，基本上收不回来。为化解这类主要是历史原因形成的金融风险，以维护社会稳定，创造国民经济持续快速健康发展的良好环境，当前采取用中央银行再贷款有条件保支付的政策是正确的，也是必需的，这个代价看来不花不行。但从目前宏观经济发展的形势和这一政策具体执行的情况来看：一是地方和金融机构对中央再贷款的需求量太大；二是不少经济界人士认为我国通货膨胀的迹象已经开始显露端倪；三是在一些地方政府、国有企业出现有意识地逃债、赖债的现象，金融道德风险增加。因此，如果不严格执行政策，不严格控制再贷款总额，不仅达不到防范金融风险的预期目的，而且很可能把好事办坏，既掩盖了各级责任人的决策错误和贪污腐败分子的劣迹，又不利于增强地方政府和国有企业防范金融风险的意识和能力，同时，还为将来的国民经济发展留下隐患。

所以，从现在开始，对用于解决金融风险的财政性再贷款，要比以前更加从严控制，要比以前更加切实收紧。但这并不是要“关闸”，不是要改变此项政策，而是要以对党、对历史高度负责的精神把握好这个度。不管是中央企业还是地方引起的金融风险，我们都要管。但

---

〔1〕金融“三乱”，指一些地方、部门、企事业单位和个人乱集资、乱批设金融机构和乱办金融业务。

是，要分清责任，不能没有区别。现在实行的是中央、地方分税制和中央、地方两级财政预算，地方政府、地方企业的金融风险，要明确主要由地方负责，要由他们想尽一切办法自筹资金，努力加以解决，不能都压到中央银行（最终还是转到中央财政）身上。当然，中央银行也有失于监管的责任。如果地方确实做了最大努力，还难以最终解决支付问题，甚至发生社会不稳定的情况（金融风险已严重至此，要求一点“闹事”的情况都不发生，也是不可能的），中央当然有责任助他们一臂之力。但是，也应有个度，现在中央财政也已经是疲于应付了。

还有，“保支付”也只能是有条件的保，不可能是无条件的、不打折扣的“保支付”。群众参加集资既有被强迫命令的因素，也有本身企求高利的因素，债权人（储户）自己也应该承担一部分风险，分担一部分损失，不能完全由政府还债。

至于地方国际信托投资公司的国际债务，同样也不能完全由政府承担风险。要推广广东粤海、大连国投减债的成功经验，采用债务重组等方式，逼外方减债。不要怕所谓“影响国家信誉”，地方金融机构的债务并没有都由地方政府担保，更不能都要由中央政府来偿债，没有这个道理！按国际惯例，债权人（外资金融机构）也要承担经营风险嘛！

朱镕基

2000 年 8 月 1 日

淘汰过剩产能要采取经济手段*

（2000 年 8 月 3 日）

两年多来，国家经贸委积极组织实施产业结构调整工作，取得显著成绩。经验证明，对污染环境、破坏资源、质量低劣、不符合安全生产条件的企业，必须依法采取行政关闭的措施，不如此，这些企业不会自动退出市场。但是，压缩、限制供过于求的长线产品生产的企业，只能采取经济手段，通过市场淘汰迫其退出。所谓“经济手段”主要是指银行对那些成本高于市场价格、经营亏损的企业要停止贷款。地方财政更不能以补贴等手段来保护这些落后企业。当前，防止那些被淘汰企业死灰复燃的最好办法，仍然是利用市场机制和价格杠杆。例如，糖价现已从每吨 2000 元涨到 3400 元，已实现顺价销售，部分地区已涨到 3700 元，应该及时抛售过大的食糖库存以平抑糖价，否则，必将鼓励已淘汰的小糖厂和甜菜糖厂重新恢复生产。

朱镕基
8.3

---

* 这是朱镕基同志在国家经济贸易委员会《关于关闭“五小”、淘汰落后、压缩过剩生产能力进展情况的报告》上的批语。

两年多来，国家经贸委积极组织实施产业结构调整工作，取得显著成绩。经验证明，对污染环境、破坏资源、质量低劣、不符合安全生产条件的企业，必须依法采取行政关闭的措施，不然的话，这些企业不会自动退出市场。但是，压缩、限制长线产品生产的企业，只能采取经济手段，通过市场淘汰使其（供过于求的）退出。所谓"经济手段"主要是指对那些成本高于市场价格、经营亏损的企业要停止贷款，地方（银行）财政更不能以补贴等手段来保护这些落后企业。当前，防止那些被淘汰企业死灰复燃的最好办法，仍然是利用市场机制和价格杠杆。例如糖价现已从每吨（2000元涨到）3400元，已实现顺价销售，部分地区已涨到3700元，应该及时抛售过大的储备以平抑糖价，否则，必将鼓励已淘汰的小糖厂和甘蔗糖厂重新恢复生产。

关于关闭"五小"、淘汰落后、压缩过剩生产能力进展情况的报告

邦国副总理并报镕基总理：

长期以来，相当一部分国有企业之所以陷入困境，其中一个重要原因，就是多年来的重复建设，造成了生产能力低水平的过剩。特别是"五小"企业污染环境、浪费资源、质量低劣、技术落后、不符合安全生产条件，不关闭，不让它们退出市场，就无法实现结构调整。不淘汰落后的工艺和设备，就无法实现产业的升级，就无法应对加入 WTO 后所面临的挑战。根据市场需求实施总量控制，把过剩的产量压下来、关闭"五小"、淘汰落后的生产能力，是改善企业经营环境和市场环境的重要措施，也是推进经济结构战略性调整的重要步骤。

按照党中央、国务院的统一部署，我们用了两年的时间，基本完成了纺织压锭 、减员和整体扭亏的突破口任务。到 1999 年底，全国累计压锭 906 万，分流安置职工 116 万人，国有

国税局要杜绝营私舞弊行为*

（2000 年 8 月 6 日）

请岚清〔1〕同志批转金人庆〔2〕同志阅。地方某些国税局拿中央财政收入做好人，吃里扒外，对这些人要严肃处理，直至开除。同时除完善税制、加强稽核外，应该迅速实施“金税工程”〔3〕，全国联网，强化技术手段，杜绝营私舞弊。

朱镕基
8.6

---

* 2000 年 7 月 28 日，财政部向国务院报送的《关于检查中央预算收入征管情况的报告》反映，2000 年 2 月至 5 月，财政部组织驻各省、自治区、直辖市及计划单列市财政监察专员办事处在全国范围内对部分地（市）县国税、国库机关征收、划分、留解、退付中央预算收入情况进行了检查，查处违规金额 164 亿多元。这是朱镕基同志在该报告上的批语。

〔1〕岚清，即李岚清。

〔2〕金人庆，当时任国家税务总局局长。

〔3〕“金税工程”，是将一般纳税人认定、发票领购、纳税申报、税款缴纳的全过程实现网络运行，加强增值税征收管理的信息化系统工程。

对商业银行违规贷款要严厉查处*

（2000年8月6日）

中国人民银行对四个商业银行四省区（湖北、湖南、广东、广西）部分分行贷款业务进行现场检查，效果很好，查出的问题令人触目惊心。如果我们的国有商业银行领导仍然只是把建立现代金融制度、防范金融风险、严厉查处违规贷款等放在口头上，不去认真贯彻，中国的商业银行前途实在堪忧。请国办将此件通报各部门、各地区并各金融单位。现在令人更加忧虑的问题是各级领导大都不愿得罪人（违规、犯法的人）。人民银行提出要处理129人，有关各总行“核实”后，只处理78人，其中记过、警告的54人。这样姑息不能以儆效尤。我看对那些违规者（就像本文所述的事例），不予以降级（职）、撤职、开除公职的行政处分（违法者必送司法机关），是镇不住当前这股歪风的。

朱镕基

8.6

---

* 2000年7月21日，中国人民银行《金融监管》第8期通报了中国人民银行对四家国有独资商业银行湖北、湖南、广东、广西分行本部所办理的贷款业务进行现场检查的情况，以及对违规违法人员的处理意见。检查发现部分分行存在信贷资产质量账面反映不真实，信贷管理松弛，风险意识淡薄，内控机制不健全，向自办实体大量贷款、违规经营等问题。这是朱镕基同志在该报告上的批语。

加快政府信息网络建设*

（2000 年 8 月 31 日）

国务院办公厅最近举办的几次科技知识讲座对我的启发很大。国务院领导同志是非常重视这个讲座的。我们认为，大家都要重视这种讲座，特别是国务院各部门的一把手应该来听，不要以为这个题目与本部门的业务没有很大关系，实际上不是这样。现在是新经济时代、知识经济时代，作为部门的一把手，必须了解世界科技知识发展的动向，不然你的工作很难打开新的局面。特别是现在信息产业的发展、信息技术的应用，对我们政府部门非常重要。一把手不来听这个讲座，没有一把手的推动，你那个部门、那个系统是很难实现信息化管理的。每一个部门都要考虑信息技术的应用，提高工作效率，改进政府的管理，摆正政府的角色，不能“角色错位”，管一些不该管的事情，而该管的事情却没有管好。根据我亲身的体会，每听一次科技知识讲座，我就增长了很多知识，有很多想法。我建议同志们重视这个讲座。现在每次科技知识讲座活动，正部长来参加的比例正在减少，我担心到我卸任的时候，只剩下我带一些副部长来听了。要鼓励大家一定要来，正部长要来，把科技知识讲

* 2000 年 8 月 31 日，国家科技教育领导小组在北京中南海举办科技知识讲座。国务院领导同志及国务院办公厅，国务院各部委、直属机构、办事机构、直属事业单位的负责同志听了讲座。这是朱镕基同志在听取科技知识讲座后讲话的主要部分。

2000 年 8 月 31 日，朱镕基在国家科技教育领导小组举办的科技知识讲座上讲话。前排左为中共中央政治局委员、国务院副总理吴邦国。（新华社记者饶爱民摄）

座搞得更好一点、更红火一点。

通过刚才海关总署、税务总局的汇报演示，我们认为，加快“金关工程”〔1〕和“金税工程”〔2〕建设，是防范和打击走私、逃套汇、骗税行为，堵塞税收漏洞，增加财政收入的迫切需要。走私、逃套汇、骗税的重要手法，就是在单证上弄虚作假，钻有关管理部门之间甚至部门内部管理脱节的空子。过去，我们把防伪的重点放在纸面单证上，投入了大量的人力、物力、财力，也取得了一定的成效，但总是治标不治本。口岸电子执法系统采用电子底账加联网核查的管理模式，使有关管理部门之间可以通过计算机网络直接核查对方的执法电子数

〔1〕“金关工程”，是一项推动海关报关业务电子化的国家信息化重点工程，核心是海关内部通关电子化系统、外部口岸电子执法系统。

〔2〕见本卷第 14 页注〔3〕。

据，这就从根本上防止了不法分子有造假机会。“金税工程”通过防伪税控、交叉稽核等方式，可以有效防范和打击犯罪分子伪造、虚开增值税发票及偷骗国家税款的违法犯罪行为。

去年，我们坚决贯彻党中央的决定，对一些走私进口犯罪集团进行了毁灭性的打击，取得了重大成果，政治上显示了党和政府“反贪灭罪、执法如山”的形象，经济上取得了破获走私案值近800亿元、海关税收比上年增收710亿元的成绩，组织上清理、整顿、锻炼了政府机关的执法队伍，充实了各级海关的领导班子。当然也应看到，今年虽然走私大案没有过去那么多了，但还是不容忽视，特别是油品的国际价格猛涨，国内也相应地涨价，走私的诱惑力更大，走私问题并没有完全解决。如果不保持反走私犯罪活动的强大压力，不继续完善“金关工程”，特别是口岸电子执法系统，大规模走私犯罪仍有可能重新猖獗起来。海关和有关部门不可以有丝毫自满，不可以有任何松懈。

当前摆在我们面前的一项新的重要任务，就是坚决打击骗取出口退税的违法犯罪行为。今年上半年出口增长38.3%，但我们什么外汇也没拿到，这与去年相比形成一个极大的反差。去年外贸顺差290多亿美元，结汇262亿美元，成绩很大。今年出口猛涨，进口也跟着上来了，但到7月份时，外汇储备却第一次出现下降，这是一个非常严重的信号。怎么会进口那么多东西？哪有那么大的需求呀？去年下半年，我们提高了出口商品退税率，出口退税预算为400多亿元，实际退税高达600多亿元。今年因为全年都提高了出口退税率，预算退税800亿元，但到现在已经退了500多亿元，仅7月份一个月就退了102亿元，预计全年要退税1100亿元。虽然退税刺激了出口，但外汇没拿回来，这个代价太大了。我想这里面一定有猫儿腻，就是说，出口没有那么多，是虚报的。没有出口那么多，却骗取了退税。

广东、广西、福建某些地方的出口，比去年同期增加了十几倍、二十倍，可能吗？而且出口的主要是服装、家用电器，这些东西出口一下增加那么多是不可能的，很可能是假的，许多并没有真正出口。我们已经发现“捞了就跑”的出口企业，就是“皮包公司”，它们申报收购了多少产品，要出口，什么“两单两票”[1]都是假的。你把增值税退给它们，再去查这些企业时，它们已经跑了。

国务院几经研究，决定在继续打击进口走私的同时，把主要精力转到打击骗取出口退税上来，成立了打击骗取出口退税领导小组。打击骗取出口退税，第一，决心要大。党中央、国务院决心很大，各级党委、政府要统一认识，各部门要齐心协力，对问题的严重性绝不可以低估。第二，完善法制，堵塞各种漏洞。要建立一系列的规章制度，要立法，谁违反就要严厉处置。这次查出来的大案要案，依法该杀的就要杀，该关的就要关，毫不姑息。第三，根据去年反走私的经验，没有先进技术手段和现代信息技术的完善和运用，就不可能有效打击狡猾的犯罪集团，维护经济法制和国家利益。

当前必须加快完善“金关工程”和“金税工程”建设。一要抓紧实现部门内部和各部门之间的联网。今年内要完成“金关工程”各部门的内部联网，海关、出入境检验、外汇、银行、外经贸、税务等部门之间也要尽快实现联网。“金税工程”要加快“防伪税控系统”、“认证系统”、“交叉稽核系统”和“协查系统”的建设及全面覆盖。二要集中精力搞好应用项目开发。在口岸管理信息化建设方面，要着力抓好加工贸易、进出口报关、配额许可证和结售汇管理等重点项目。“金税工程”要尽快将出口专用税票纳入“增值税计算机稽核子系统”

---

〔1〕“两单两票”，指出口退税企业办理退税时需提交的出口货物报关单、出口收汇核销单和出口发票、增值税专用发票。

监控，将进口货物增值税完税凭证纳入“金税工程”管理。对一些应用项目开发中的疑难问题，要组织力量攻关，力争尽快取得突破。所有应用项目的开发，既要加快进度，又要确保质量。三要充分利用国家电信公网，不搞重复建设。国家已经建立了覆盖全国县以上城市的电信公网，应该加以充分利用，发挥其优越性。任何部门和单位绝不能一说联网就要自建一套网络，搞重复建设。四要坚持高起点、高标准。既要突出现实性、应用性，又要有一定的超前性，充分考虑到未来发展的需要。同时，还要高度重视和切实保障各个信息系统的安全。

现在打击骗取出口退税，薄弱环节在税务系统。虽然税务系统的网络在 1992 年就开始应用了，但是进展缓慢。出口报关单、外汇核销单、增值税发票、专用税票没有与有关部门联网，自己内部也没有联网。刚才汇报演示时说“防伪税控系统”刚覆盖了 1.8 万户，整个需要覆盖的是 120 万户，差得老远呢！取得的成绩与花的钱是不相称的，钱都花得差不多了，这个网还联不起来。海关的公共数据中心已经建立起来，税务部门应尽快联上，工作一定要跟上去。为这个事，我已多次对有关部门提出批评，批评是为了推动这项工作。“金税工程”是我们当前以增值税为主体的税制的生命线。我们的税制有很多好处，但防伪是最大的问题。因为每一个环节都要抵扣，只要出现假增值税发票，大量税款就流失了。最近公安部搞了几次突袭行动，一是打击盗版犯罪，二是打击伪造人民币犯罪，还有一个是打击伪造增值税发票犯罪，这几个行动打得好。我到上海考察，上海市公安局拿出最近打击行动中收缴的假造人民币给我看，那完全跟真的一样，什么防伪标志都仿造得出来，不是十分内行的人、没有十分精密的仪器是辨不出真伪的。不搞电子化信息系统，不加上安全措施，是对付不了这些犯罪分子的。如果不能够实行全国联网，不建立“金税工程”，我们国家的增值税税制就搞不下去了。各种交叉稽核从 1994 年喊到现在还没有实现，不加紧进行这项工作，增值税税制就没有生命力了。刚才听了税务总局的汇报演示，可见你们人才还是有的，工作还要加紧，要看到自己的不足。还有“金卡工程”[1]也要抓紧搞。现在各大商业银行都在发信用卡，都不联网，更不能通用，各搞各的系统，成本很高。银行很多劳动花在点票子上，工作人员一出去办事就带大量现金，这明摆着让坏人去偷、去抢嘛！现在信用卡在国际上已非常普遍，我们在这方面太落后了。这个工程也要加快，要降低成本。像现在这样各搞各的是不成的。

要为加快“金关”、“金税”、“金桥”[2]、“金卡”等工程的建设和应用，创造良好的条件与环境。有关部门要密切配合，通力协作，积极支持这些工程的建设，保证必要的经费投入。电信部门也要提高信息通道技术，改善服务态度，提高服务质量，降低服务收费。各部门要做到数据相互交换，信息资源共享。要规范信息的采集和处理，实行国家的统一标准、统一代码和统一计量单位，以提高信息共享和利用水平。要加强法制建设，修改相关法律、法规，为实施“金关”、“金税”等工程提供法律、法规保障。同时，要加强队伍建设和人才培养，无论什么先进技术都要靠人来掌握和应用。加快“金关”、“金税”等工程的建设和应用，以至于实现政府行政管理信息网络化，关键是要有掌握信息技术的高素质人才队伍。必须抓紧业务和技术培训，全面提高干部队伍的素质。

政府的任务和职能主要是执法和管理，而不是搞什么“形象工程”和干预经济。现代政府要求人员少、效率高。人多、工程多、开支大，于是就乱集资、乱收费，农民负担不堪，企业齐声叫苦。这是

〔1〕“金卡工程”，是以计算机、通信等现代科技为基础，以银行卡为介质，通过计算机网络系统，以电子信息转账形式实现货币流通的信息化工程。

〔2〕“金桥”，即“金桥工程”，指国家公用经济信息网工程。

我们很多政府机关的通病，必须下决心改革。改革的一个重要办法就是信息化、网络化。政府行政管理信息网络化是一场深刻革命，势在必行。各级政府、各个部门都要充分认识加快政府行政管理信息网络化建设的重要性和紧迫性，要自觉地从思想观念、管理方式等方面适应加快信息网络化发展的要求，采取切实有力的措施，积极利用网络技术、数字技术，加快行政管理信息化、网络化的步伐，以适应改革开放和现代化建设新形势的需要。国务院各部门的主要负责同志要亲自抓本部门、本系统的信息化、网络化。“十五”计划提出要调整产业结构，调整产业结构很重要的就是发展高新技术产业，首先是信息技术产业，这个市场很大。问题是我们领导干部要好好学习，在各自的部门大力推行信息网络化。只有运用先进的信息技术手段，我们的政府才能真正做到廉洁、高效。

关于新疆生产建设兵团工作的几点意见*

（2000年9月8日）

几次到新疆来，到过新疆生产建设兵团的总部，1995年来阿克苏时去了农一师总部，今天来到农一师一团七连，来看望同志们。昨天一天是在沙漠、戈壁中旅行，今天来，看到了沙漠中的绿洲，一看确实与南方没有多大的不同，有水、有树、有地，家家户户有液化气、有自来水，门口都是葡萄、砀山梨、水蜜桃。我看这日子过得蛮好的，说明兵团这个建设政策是正确的，而且确有成绩，这几年进步也很大。我代表国务院向全体兵团职工表示问候和感谢！

刚才张庆黎[1]同志提了两条要求，我觉得提到点子上了，提得很好。

第一，要把新疆边境地区建设好。新疆毗邻很多国家，要巩固我们国家的边疆，巩固我们的民族大团结，维护我们的社会稳定，建设好新疆是非常重要的。你们提出要把边境团场建设好，这非常正确。你们说要搞一个“形象工程”，我建议不要叫这个名字，因为“形象工程”往往是“面子工程”，死要面子，花花哨哨，也是“劳民伤财工程”，我们已经领教过很多了。我想了半天，初步想了一个名字，叫“金边工程”，是“固若金汤”的意思。加强边境团场的基础设施

* 2000年9月4日至10日，朱镕基同志在新疆维吾尔自治区考察工作，先后考察了喀什、伊犁、阿克苏、乌鲁木齐等地。这是朱镕基同志在考察新疆生产建设兵团农一师一团七连时讲话的主要部分。

〔1〕张庆黎，当时任新疆生产建设兵团司令员。

建设，党中央、国务院都是会支持的。国家计委已经到这里做过一些调查，需要我们怎么支持，具体再商量。

第二，要搞节水工程。我认为这也是非常重要的。新疆水资源丰富，人均5700立方米，相当于全国平均水平的两倍多，但是需要开发、治理。目前新疆本身缺水，节水的任务非常重。我看了一些材料，昨天又到塔里木河中下游看了看，最近20年，生态环境变坏了，而且坏得很快。那里的胡杨树一片一片地死了，因为地下水位越来越低，塔克拉玛干和库姆塔格两个沙漠就快要合龙了。塔里木河水是很丰富的，有300亿立方米，但是如果在上中游，在阿克苏的地域里大水漫灌，那中下游就只能仰首翘望，还能有什么水？如果沙漠一合龙，还要危及阿克苏。现在要把塔里木河中下游救活，恢复它的生态环境；要把大水库、山谷的水库修起来蓄水，把平原的水库关掉。山谷的水库是能够蓄水的，蒸发量小，能把水留起来，然后让它流到中下游去。我们希望整个塔里木河的水一直流到罗布泊，周围都能种上树，都是一片绿，到那时生态环境才算真正改善了，新疆才真是世外桃源了。生态环境改善的时间很长，需要一代、几代甚至几十代人的时间。要取得突破性进展，前五年非常重要。如果不在前五年抓几个大工程，那是不可能有突破性进展的。所以，大家要抓紧塔里木河流域的治理和开发，这是一个重要的题目，其中包括节水。兵团已经做了许多工作，要继续做下去，而且给予更大的重视。

另一方面，种植结构要调整，要种节水的农业品种。农业再不能搞大水漫灌了，要搞节水工程，这关系到整个新疆的大局、新疆的生态环境。刚才我们看了水稻，一亩地用1500多立方米水，产量是800多公斤，平均一公斤的大米要用两个立方米水，很厉害。因此，水稻不能太大量地种。用水要收费，不收水费绝对不能节水，这是事实证明了的。光靠行政命令、思想政治工作不行。将来整个河流治理恐怕也要考虑收费，投资也要分摊。不收水费，水库的维护都做不到。收水费，利用价格杠杆，是节水最重要、最主要的措施。逐步提高水费，才能促使大家节约用水。

第三，工业企业要扭亏。上面两条是你们向我们提出的要求，我们都支持。现在我也向你们提出一个要求，就是工业企业要扭亏。兵团亏损那么多，主要原因是办工业。这当然是机制的问题，当初建设时对市场需求考虑不够。全国的工业都是这种状况，搞得太多，供过于求，规模又小，没有竞争能力，所以就亏损。你们工业每年亏损5亿元，不要以为亏损就是到银行“挂账”，银行的亏损最终还要到财政部报账，实际上还是等于国家财政每年补贴给你们5亿元。你们何必办那些工业呢？现在给你们5亿元，你们把亏损企业关了，可以让职工去种地，比较好安排。这件事要趁早，没有市场就关门，早关早得利。我希望兵团能够把工业企业扭亏放在重要的地位，而且请你们以后吸取教训，不要乱上项目。更要注意，不要搞那些花花哨哨的项目，别轻易相信那些招商会、洽谈会。人家并没有经过很好的可行性研究，就说服你们上一个项目，最后没有市场，企业一关门，职工要你们安置，把包袱丢给了你们。现在的西部大开发与过去深圳、珠海的开发有很大程度的不同，不能像深圳、珠海那样的搞法，那里开始时搞加工工业、“三来一补”〔1〕，都是用外面的原材料、元器件，用我们的廉价劳动力、免税政策，加工出口，逐步像滚雪球那样越滚越大。你们新疆也好，西部地区也好，那么远的运输，搞什么加工贸易？基本不能搞。如果乱上项目，搞加工工业，生产的东西没人要，不是背包袱嘛！希望兵团在整顿工业企业时要狠心一点，关停并转，调整结构，不要再亏下去了。你们少亏一点，我们就有能力多支援你们，上面说的“金边工程”就可以搞得更好一些。

---

〔1〕“三来一补”，指来料加工、来样加工、来件装配和补偿贸易。

关于新疆发展的几个问题*

（2000年9月10日）

新疆的战略地位非常重要。中央对新疆工作非常关心，特别是江泽民同志多次在中央政治局常委会上谈到新疆的问题。

从1987年至今，我到新疆来过四次。这次到新疆来，我们先后到了北疆的伊犁，南疆的阿克苏、巴音郭楞等地，看了油田、气田，对新疆的认识更深刻了。同时也看到，几年来新疆的变化很大，经济有很大的发展，产业结构有很大的调整，基础设施建设也有很大的发展，财政收入有很大的增加，人民生活有很大的改善，民族团结有显著的进步。新疆是边疆少数民族地区，存在来自多方面的对新疆民族团结的干扰破坏因素，你们克服了种种困难，取得了这么大的成绩，很了不起。这次到新疆，是想和新疆的同志们一起，加深对中央西部大开发战略思想的认识和体会，研究如何进一步贯彻好这一战略思想。

新疆土地面积占全国总面积的六分之一，周边的相邻国家最多，战略地位很重要，所以，开发新疆是西部大开发的一个最重要的组成部分。经过这次考察，同新疆的同志不断地交换意见，我们对在新疆如何贯彻这个战略思想有以下几点认识。

第一，加快资源性工程的开发。主要就是石油、天然气的开发，

---

* 朱镕基同志在新疆维吾尔自治区考察工作期间讲话的要点，曾发表于《新疆工作文献选编（1949—2010年）》，标题为《西部大开发中的新疆发展问题》。编入本书的是朱镕基同志在听取自治区党委、政府工作汇报后讲话的主要部分。

当前最重要的工程是西气东输。现在看起来，新疆的石油开发很有远景，天然气开发希望更大。根据目前探明的资源，现在修建从新疆到上海4200公里的输气管道，条件已经成熟。尽管这个工程浩大，需要投资1200亿元，但我们还是下决心要干，而且越快越好。天然气埋在地下没有变成财富，只有把气用掉才变成财富啊！在新疆全部用掉可以不可以呢？你用不了嘛！你得把气送出去。送出去你得到的好处是，不但新疆境内沿线的经济可以发展，而且可以获得税收。王乐泉[1]同志跟我说，现在天然气的资源税太低了，石油的资源税是一吨20元。这是平均数，各个地方不一样，是根据成本来确定的，而天然气的资源税是1000立方米4元。这件事需要很好研究，请大家放心，不会让你们吃亏的，一切都是为了支援新疆，但是也要合情合理嘛。我想，新疆增加的税收是不少的，这个账要很好地算一算。随着气田的开发、油田的开发、输气管道的建设，可以有力地带动新疆经济的发展。我相信新疆将逐渐成为中国一个最重要的石油、天然气基地。

第二，集中力量开发新疆的水资源。新疆土地面积166万平方公里，沙漠、戈壁占一半以上，但是只要有水就有绿洲。如果不开发，随着生态环境的日益恶化，前途堪忧。开发以后，效益会很好。新疆有古老的文明，外国人都想来看一看，就是距离太远了。我昨天在乌鲁木齐会见了美国财政部前部长鲁宾。他是我请来的。他说他很想来新疆，但太远了，在路上走的时间比在这里待的时间还长，划不来。我不是讲交通是关键吗？如果搞了绿洲开发，好好地整理、保护古代文明和古迹，改善交通和服务，我相信新疆会成为一个大家都想来的很好的旅游区。

新疆人均水资源5700立方米，但没有开发，没有充分地利用，让

---

〔1〕王乐泉，当时任中共新疆维吾尔自治区委书记、新疆生产建设兵团第一政委。

水都流掉了，或者垦荒搞大水漫灌，把土地搞成盐碱化了。中央领导同志对新疆水资源的开发非常关心，新疆应该加快水资源的开发。我们反复地交换意见，认为：第一，应该赶快把已经立了项的额尔齐斯河的开发完成，现在“引额济克”的工程已经完成，“引额济乌”以及全流域的规划应该加紧进行。第二，从重要性上看，还是塔里木河的规划治理和开发更重要。南疆可能是一个很富庶的地方，但是不解决水的问题，光解决交通问题，还是不行的。塔里木河有 300 亿立方米的水，但没有很好地利用，现在都是平原水库，大水漫灌，在上游就把水用光了，下游逐步干涸。20 年来，生态环境不断恶化，胡杨林都死了，塔克拉玛干和库姆塔格两个沙漠也快要合龙了。我们这次到塔里木河的中下游看了一下，感到塔里木河确实应该很好地规划、治理，应该恢复它的原貌，应该把水送到罗布泊去，水是足够的。这个工程一定要搞，南疆有了水、有了交通以后，把旅游事业发展起来，会比现在富裕得多，那真是沙漠里的绿洲啊。第三，伊犁河的开发也迫在眉睫。伊犁气候好、日照时间长，种什么长什么，应该加快开发伊犁河。

水资源开发不能一拥而上，因为财力有限，而且这不单是一个财力问题，还有一个把水留住了如何利用的问题。比如说，在塔里木河上游修建山区水库来代替那些平原水库以后，水怎么用呢？伊犁河恰甫其海水利枢纽修起来以后，用这些水去干什么呢？你们要认真研究。动不动就是百八十亿元投资啊，花了这么多钱，水是留住了，然后让它大水漫灌吗？不但无益，而且有害，没有经济效益，国家能花这个钱吗？不行。所以，如何利用这些水是最主要的问题，规划里一定要充分考虑。

伊犁河的水怎么利用？你们说是可以开发 570 万亩地，这 570 万亩地干什么呢？伊犁地区汇报说是 6∶2∶2，就是用 60%的土地去发展畜牧业，20%造林，20%种粮。我说如果这样搞的话，这条河流将很长时间没法利用。修了恰甫其海水利枢纽，水是留住了，但还是没法利用。按照我的想法，你们最好是把70%的土地用来造林，这是最快的利用方法。我说了不算，因为我没有经过科学的调研。但我这个想法有实践的根据。这个根据就是后来我们到阿克苏看到的城西北的柯柯牙造林工程，长25公里，宽几公里到15公里不等。这是1986年颉富平同志当地委书记时开始干的，是他倡议建造这个人工林。在到处都是沙漠、沟壑纵横、又没有水利设施的情况下，从他那一任开始，四任书记下来，奋斗了14年，现在青杨都长成材了，果树成林。谁看了那个“绿色长廊”，都要惊叹不已，这就是人定胜天啊！在那样困难环境下能够经过十几年的努力，取得这样大的成绩，真是了不起！我看了以后非常感动，如果这次没去看，那真要遗憾终生了。看了以后我就感到，伊犁河开发拿这个当样板不就行了吗？所以，我就冒叫一声，你们70%种林，20%种草，发展畜牧业。畜牧业发展太多不行，产品卖到哪儿去呀？羊肉是运不出去的，要用冷藏车才能运。搞羊毛呢，我赞成，但一定要搞澳大利亚那种细毛羊。我们一年进口50多万吨细羊毛，新疆如果能够生产，我们就不需要进口了，可以省下几十亿美元。可是，你们现在还搞不出来呀，那些配套的设施都是高科技的，这要有个发展过程。畜牧业一般的搞多了不行，没地方用，牧民仍然很穷。我在伊犁看到，那个地方气候好，各种资源很丰富，但是老百姓并不富裕，盖的房子也不是太好，也许将来粮食堆积成山了，牛羊也很多，但是因为运不出去，找不到市场，不能把它们变成商品、变成钱，老百姓还是富不起来。所以，必须开发市场所需要的东西。一定要把新疆变成细毛羊的基地、优质羊毛的生产基地，要下定这个决心。要吸取搞棉花的教训，不要数量要质量，有了质量后就有数量，因为有了质量说明一切设施都配套了，在这个基础上发展数量是很容易的事情。因此，现在草地不要搞得太多，有20%就够了，而且要集中力量有意识地引进外资，引进外国的技术、良种以及管理，来发展细毛羊，生产优质的羊毛。伊犁的同志还告诉我，树叶子可以喂牛羊，那么造林不是也可以发展畜牧业嘛！就是说，你们可以只用20%的草地，就可以使畜牧业的产值有可能占到总产值的50%到60%。相反，如果利用60%的地来种草，你们不会取得这么好的效果。粮食用10%的地去种就够了，够吃就行了，多了也运不出来；而造林还可以改善生态环境，有很好的生态效益和经济效益。

搞水利工程、开发水资源，关键不在于你们向中央要多少钱，要求哪一年必须开工。中央既然决定开发新疆、开发西部，就不惜拿钱，问题在于如果你们花了钱以后没得到效益，那财政不就垮了吗？关键是你们要出效益才行，要让新疆人民得到好处才行，而且要使他们感到每年都有好处，这样他们才有积极性去搞啊。

项目要科学论证，按审批程序来办；指导思想还是有先有后，不要一拥而上。只要你们做好了准备工作，项目上起来是很快的。如果你一拥而上，结果什么也搞不成，时间会拖得很长。

上面说的这些，有些已定了、立项了，可行性研究和准备工作就绪，审批以后就开工；还没有定的，我们回去再研究，但是我们会采取很积极的态度来对待这个问题。

第三，大力调整产业结构。调整产业结构是“十五”期间的关键任务。新疆要集中力量开发油气资源，搞西气东输；积极开发水利资源，使新疆变成绿洲；交通基础设施建设要配套，带动整个新疆经济的发展，特别是带动旅游业的发展。同志们一定要考虑到，新疆离内地很远。全国的工业产品现在都是供过于求。进口商品又那么多，你新疆现在还搞加工工业没有前途。再搞钢铁工业？再搞石化、搞石化下游产品？运距远，没有竞争力。再搞轻纺？全国纺织行业压缩了1000万锭，形势才刚好一点，你们还能增加吗？过去，纺织部主张把内地的纺纱锭子搬到新疆来，我一直反对。全国的纺纱锭子那么多，把那些破破烂烂的东西搬到新疆干什么？总之，加工工业上新的项目一定要慎重。

这次在各地、州看了当地的报纸，感觉到好像你们对开投资洽谈会、贸易洽谈会的兴趣特别大。同志们，这些洽谈会，我也不是说不要开，少开一点行不行？搞投资、搞贸易都要经过深思熟虑、充分论证，怎么可能通过一个会就签订合同？成交额越大，这个地区的成绩就越大？专员、书记就应该升官？这样的逻辑应该打破。成交额能代表政绩吗？能代表对群众的好处吗？我看很多将来都会变成包袱。如果说你们有自己的特色，有自己的优势资源，别的地方没有，生产出的产品别人做不了，我同意你们发展，并不是一概不许搞工业、不许搞加工工业。但是，你们生产出来的是“大路”产品，你们运距又远，能卖得掉吗？所以，我的意思是希望大家要集中力量，在基础设施建设和生态环境改善方面来一个突破性的进展，搞点实实在在的工程，少搞些花花哨哨的工程。

讲到这里，我想提出一个政府职能转变的问题。最近，我在国家科技教育领导小组举办的讲座上讲到，政府人员要少，效率要高，要管你自己该管的事情，不要管你不该管的事情。我们现在政府工作人员的比例太高，吃“皇粮”的人多，老百姓的负担就重啊，搞乱收费、乱集资啊，群众不堪重负不就会造反吗？新疆的政府机关也要精简，现在你们政府工作人员的比例接近全自治区人口总数的5%吧，比全国平均数要高两个百分点。你们是少数民族地区，干部比例是应该高一点，但是也应该精简一点嘛。我到陕西去，特别是陕北，发现那个地方的干部比例太大，农民负担不堪，这是穷的一个原因。关键还不在于负担不起这么多的人，而在于人多就主意多，如果都是好主意那还谢天谢地，可惜坏主意也不少，有些人尽出些馊点子。人多就要搞事啊，一搞事就要搞项目，“形象工程”、“面子工程”都来了，没钱就乱收费、乱集资。这叫做角色错位。本来，政府机关应该非常公正地管你该管的事：管理市场，谁也不许违法；管理治安，谁也不许犯法。政府主要管这些嘛，但有的机关尽去管“上项目”，比厂长管得还具体，一天到晚洽谈，一洽谈就受骗，几千万元被骗走了。少管点事，少一点人，达到什么目的呢？先吃饭后建设，先把工资发了。现在工资都欠发，职工吃饭都吃不上，你建设什么东西？社会也不安定嘛。要么你就精简，如果你有困难、有具体情况，暂时精简不了，那你就先保证职工吃饭，把工资发足了，剩下有多少钱你搞多少建设。我一直坚持这个思想，这个思想不是我一个人的思想，过去老一代的领导同志也都是这个思想。搞建设如果马上出效益，就可以多发工资；问题是搞的那些项目，好多都不出效益。我具体讲一个项目，中石油在库尔勒修了一个250万吨的炼油厂，花了30多亿元，建成了却关门大吉，没有原油啊。连乌鲁木齐炼油厂、克拉玛依炼油厂都没有充分利用，你哪有原油啊，你再修个炼油厂干什么呢？这是中国石油天然气总公司的决策失误，但这是经国家计委、国务院同意建的，也是我们的失误。如果不搞这个项目，把这30多亿元捐助给新疆，你们的工资问题不就都解决了吗？如今把这30多亿元设备放在那里，年年得花钱维护，还要付贷款的利息，受得了吗？教训哪！再不要乱搞项目了。同志们，上一个要成一个，搞成一个就要出效益，我希望是这样。

最后讲讲财政问题。你们刚才讲，新疆去年财政收入122亿元，其中47亿元是上缴中央的，75亿元留给了你们自己。任何一个同志看了都觉得这怎么得了啊！把财政收入的三分之一多都上缴中央了，这像什么话？支援新疆，中央怎么还拿走47个亿？问题在什么地方？问题在你没有提去年中央给新疆补助了近100亿元，还不算去年给新疆生产建设兵团补助的39亿元。也就是说，中央补助了130多亿元给新疆，比你们上缴中央的47亿元多得多，比你们留的75亿元多得多，比你们整个财政收入122亿元也要多得多啊。我今天特别要把去年这个账讲清楚：定额补助19.37亿元，税收返还21.05亿元，转移支付7.04亿元，困难补助5亿元，各种专项补助29.5亿元，等等。去年你们增加工资、下岗职工基本生活费、养老金，都是中央财政补贴的。这不是中央对少数民族地区极大的关怀，对新疆维吾尔自治区极大的支持吗？今年给新疆的补助肯定超过去年，为什么呢？因为去年给新疆的工资补贴、下岗职工基本生活费、养老金的补贴是半年的，而今年是补贴一年，光这笔钱就增加一倍，再加上其他补贴的增加，今年是一百好几十亿元。这个钱是从哪儿来的？是从沿海地区收来的，从上海、广东等省市收来转移支付给你们的。如果说要修改税制，这个事就麻烦了。我们昨天到昌吉州去考察，看到那里的一个特种变压器厂一年可以出口3000万美元的产品，一个18万吨的番茄酱厂出口也不少，两个企业应该说很富了。他们却说最好是把75%的增值税都留给他们。我说，如果把75%的增值税留给你们，那上海、广东的也要留，那里一个百分点就顶你们几十倍。他们要是少交一个百分点，中央就没有钱给你们了。所以说，分税制是不能改的。中央维持这个制度，才有理由把东部地区的钱送到西部来，否则你们就受不了啦！

这次西部大开发，与1979年开始搞的经济特区有很大不同。那些经济特区临近香港、澳门等地，它们可以搞加工订货、“三来一补”〔1〕，进口元器件，出口成品，赚取外汇，像滚雪球一样越滚越大。现在，它们已经开始转入搞高科技产业了。新疆远在西部边陲，谁到这里来加工订货呀？你们生产出了产品怎么运得出去？所以，沿用过去搞经济特区的政策是不行了，何况那个政策在1993年已经吃

〔1〕见本卷第25页注〔1〕。

过一次大亏。那时全国都在搞加工工业、搞房地产，搞得经济过热，遗留了一大堆债务没有还清，现在还有七八千亿元当时搞房地产的贷款在银行里变成死账。我们这次不能再用这个政策，我们用的是建设倾斜政策。西部地区要的是基础设施的建设、生态环境的改善和科技教育的发展，主要靠财政投入，单靠银行贷款不行。如果我们安排开发西部地区的项目，要地方政府来出配套资金，那就行不通。我们讲先吃饭后建设，地方连工资都发不出来，哪有钱来配套搞建设呢？因此，我们这次定下的最大的、最重要的政策，就是今后在西部地区，国家安排的项目全部由中央安排投资，包括中央财政拨款、国债拨款，还有银行贷款，但也不是说地方一点也不能配套。我对自治区的党委书记、主席都讲了：第一，你们不能敲中央的竹杠，收好多配套费，这个你们要给免了。第二，你们的土地征用费不能很高，这是沿海有些地方最常用的手法，你们千万不要去学，中央在那里投资搞个项目，土地贵得要命。在别的地方搞一个 14 万吨的乙烯工程，40 亿元就够了，在广州却要 80 亿元。你们可能想象不出来为什么会这么贵，不就是那些地方的各种费用，再加上土地补偿金吗？贵得要死！就是说国家安排的项目不要你们出钱，你们也不要收中央的钱，我看这是最大的支援。其他政策都不要乱来，搞得不好就会鼓励重复建设，小工厂遍地开花，将来都是包袱，都得关门。今后还将加大中央的投资力度，尽量减少你们的配套资金。中央在大项目上，像铁路、河流开发等方面，对新疆是很支持的。我们今后要沿着这条路走下去，继续加大支援的力度，加大倾斜政策的力度。

总之，以江泽民同志为核心的党中央对新疆维吾尔自治区确实是非常重视的。我们国务院执行党中央的决定，对新疆给予了最大的支持。我们希望这些支持能够变成效益，能够真正使新疆的经济繁荣起来，使人民生活得到改善，民族团结得到巩固，这是我们最大的愿望。

重视基础科学研究*

（2000 年 9 月 25 日）

现在，我们越来越体会到，国与国之间或者说发达国家与发展中国家之间的差距，并不在于国内生产总值或者人均国内生产总值的多少，也不在于拥有多少核武器，关键是科技实力的强弱和人才素质的高低。特别是进入新经济时代后，科技实力决定国家经济发展的走向和前途。这也是可持续发展的一个最重要条件。只要有了这个条件，国民经济就一定会发展上去。

科技实力首先取决于基础研究的实力，基础研究搞不上去，科技实力也很难提高。比如，俄罗斯的经济虽然暂时破败了，但它的基础研究的实力还在，人才还在，所以它仍然是世界第二强国。我们首先也要搞好基础研究。国家的基础科学研究达不到国际水平，就不可能成为一个国际强国，即使国内生产总值超过其他国家也没有用。中国科学院在基础研究方面担负着重大任务，是使我们国家富强、能够成为国际一流强国的重要力量。

1998 年 2 月，江泽民主席批准中国科学院开展知识创新工程试点工作。两年多来，在国务院和国家科技教育领导小组的支持下，中国科学院的试点工作取得了很大成绩。

第一，抓了组织结构的创新，建立了吸引人才的机制，这是非常

---

* 这是朱镕基同志在考察中国科学院知识创新工程试点工作时讲话的主要部分。

重要的。人才可以从国外引进，我刚才看见神经科学研究所就有一个美籍华人嘛。中央已经讨论过这个问题了，在证券、保险、银行三个行业可以大胆地吸收境外的人才，特别是台湾、港澳地区的人才。最近就准备聘请香港的证监会副主席史美伦女士来中国证监会当副主席，副部级待遇。她在香港一年能拿570万港币，我们照付。我们对她建议：你要当了副部级干部就要跟我们的副部长一样，拿一样的钱，你可以把多下来的钱，用来建立一个培养证券人才的基金，以你的名字来命名。她很愿意。吸引人才总要有一个过渡期，人才不可能一下子都蹦出来。国有大中型企业，特别是大型企业集团，只要经济效益好，用得起这样的人才，也可以放开引进国外人才。在科技教育方面，因为是国家拿的钱，要经过审批；但我还是主张政策放宽一点，为了吸引海外人才，可以给他们一些高的待遇，也不一定就按他们在国外那个待遇，因为他们愿意来，主要是想发展自己。中国科学院就是要创造这样一种能够吸引人才的机制，我看你们现在确实是有这种机制了，很多年轻人才都能脱颖而出，确实很有希望，这是可喜的现象。当然，对老专家也一定要非常重视，因为他们几十年积累的经验也不是一朝一夕之功。但是，中国科学院的发展毕竟需要人才辈出。

第二，新机制要能够发挥人才的作用，能够留住人才。吸引进来还要留得住，这需要建立一系列科学、合理的考核评价制度。我很关心这个评价制度，谁来评价、如何评价？不能完全看论文发表了多少，要进行综合考察。要使人才感到心情舒畅，感到在这个地方只要努力，就能够创造自己的辉煌，建立自己的事业。一个人总是希望有所成就的，我们就是要创造这种机制，使各种人才都能够有所成就。过去我在清华大学学习的时候，就感到清华大学有一种宽松的学术环境，各种流派，留小辫子的、研究甲骨文的、提倡新文学的，都可以

2000 年 9 月 25 日，朱镕基考察中国科学院知识创新工程试点工作。前排左二为国防科工委主任刘积斌，右一为中科院院长路甬祥。（新华社记者饶爱民摄）

在清华大学找到他们发展的空间，不同的学术观点都可以在那里存在，并且能够自由地发表，我想这是一个很重要的机制。中国科学院在这一方面取得了很大的成绩，有了很大的进步。

第三，基础研究既要密切注视国际先进水平，加强国际交流，又要面向国内的产业。当然，不是所有的基础研究都能够产业化，但是我们还是要加强基础研究，不然就没有国际水平。同时，基础研究也需要瞄准产业、联系产业、结合产业，从外面获得知识源泉，在生产实践中拓宽自己的眼界。很多基础研究如果跟产业相结合，就可以发挥意想不到的效应，这一点也是非常重要的。

希望你们继续努力，把知识创新工程进行到底，取得辉煌成绩，达到预期目标。我们会帮助你们、支持你们，也希望你们要把资源利用得更加有效，因为我们国家还很穷。

搞好首都的环境治理和市政建设*

（2000 年 9 月 30 日）

北京市近年来在环境综合治理、住宅小区建设和市政建设方面取得了很大成绩，应该充分肯定，进步之快令人高兴。我认为，只要持之以恒地抓下去，北京市面貌一定会有更大的改变。

在环境保护和治理方面，中央给了北京市一些支持。有些省长和一些大城市市长感到很羡慕。他们说，要能给我们那么多钱就好了。我说：第一，北京市是首都，中国只有一个首都，是国家的政治中心；第二，中央拿的钱仅占北京市项目建设总投资的五分之一，主要还是靠北京市投资；第三，北京市认真抓了工作，下了工夫，确实是全力以赴、角色到位，中央支持是必要的。希望你们在现有成绩的基础上，再接再厉，进一步抓好环境综合治理和市政建设，把首都建设得更加美好。为此，我提出三点希望：

第一，要把绿化工作坚持不懈地抓好。绿化是造福子孙后代的大事。北京这样的城市要坚持以种树为主，多种树，种大树，让首都绿树成荫。我在不久前访问欧洲几个国家，包括德国、卢森堡、荷兰等国，很羡慕它们的绿化成就。它们的绿化主要靠种树。北京应该多种树，不是说不能种草，而是说不要大面积地种草，因为它很难代替种树的效果，而且既费水，维护费也很高。北京过去留下来的几十年、

* 这是朱镕基同志在北京市考察工作时讲话的主要部分。

2000 年 9 月 30 日，朱镕基在北京市鲁谷小区半月园公园考察。前排右一为北京市副市长汪光焘，左一为北京市石景山区区长陈文占；第二排左一为中共中央政治局委员、北京市委书记贾庆林，左二为建设部部长俞正声。（新华社记者李学仁摄）

几百年的大树，现在看起来非常好。今年上半年，我到江苏考察，看了南京的市政建设，他们的城市绿化搞得不错，那也是八十多年历史积累的结果。你们一定要以愚公移山的精神种树，动员广大群众大搞绿化，把北京真正绿化好。

第二，要加强城市节水工作。刚才讲为什么不能大面积种草，是因为种草耗水太多。北京是个缺水城市，将来会长期缺水，水会越来越少，南水北调现在还靠不上。我想最近找水利部，研究如何把官厅水库维护好，大力治理污染。官厅水库应该是北京供水的一个来源，北京不能只靠一个密云水库。现在官厅水库污染得相当厉害，那里的水无法利用。如何节水呢？要把市政建设、住宅建设、环境治理同节水工作统筹考虑，结合起来进行。抓节约用水，最有效的手段就是提高水价，不利用价格这个杠杆，节水就是一句空话。北京市一定要认真抓好节水工作。

第三，要搞好城市整体规划和建设。我们刚才看到了北京市几个住宅区改造后的面貌，远郊区都改造得很优美，但也不能忽视中心区。既要注重郊区的美化、绿化，又要抓紧城市中心区的治理。比如中南海、故宫周围，都是很宝贵的地方，也应当治理一下。我在当上海市长的时候，一到任就碰到马桶问题，上海有 60 万个马桶，据说现在问题还没有完全解决。北京没有马桶问题，但平房几乎没有厕所，都要到公共厕所去。一个星期有几天淘粪，弄得满街异味很大，这与首都中心区太不相称了。上海的步行街是很不错的，北京市中心区即使不能盖大楼，改造一些步行街也是可以的。总之，要加快中心区的规划和改造步伐，至少要消灭平房没有下水道、都用公共厕所的现象。交通越来越重要，在市政建设中一定要高度重视，特别要抓好立交桥的建设。

国务院有关部门都要继续支持北京市搞好环境整治和市政建设，争取使首都的面貌有更大的改观。

给袁宝华同志的信

（2000 年 10 月 30 日）

宝华[1]同志：

承告袁公诗集拟收录拙作和诗，自当从命。唯望弗加突出，以免喧宾夺主。何况诗意不多，唯有真情，知我者公，得附骥尾，足矣。

此问

大安

朱镕基

十月卅日

---

〔1〕宝华，即袁宝华，曾任国家经济委员会主任。

附：

八十述怀

袁宝华

盛世风光满眼新　耄耋之年几度春
少壮常怀济民志　垂暮犹存报国心
征途险阻鼓剩勇　正气张弛系念深
岁月不居廉颇老　宜将清白贻子孙

敬和八十述怀

朱镕基

奉天初识韩荆州　亦师亦友五十秋
廉颇跨鞍情未老　赤臣谋国志不休
企改运筹功绩著　公正廉明口碑留
我学袁公高格调　无愧于心复何求

中华人民共和国国务院办公厅

宝华同志：

承告袁公诗集拟收录拙作和诗，自当从命，唯望弗加突出，以免喧宾夺主。何况诗意不多，唯有真情，知我者此，得附骥尾，足矣。此问

大安

朱镕基

十月廿日

1999 年 4 月 23 日，朱镕基在北京中南海紫光阁与袁宝华合影。

转变政府职能，改进工作方式*

（2000年11月7日）

我讲三点意见：

第一，要切实转变政府职能。本届政府提出的这个任务，现在看来，完成得还很不够，同志们还要继续努力。所谓“转变政府职能”，就是政府的角色要到位，不要错位。现在许多政府机关，忘了政府机关是干什么的。过去我们讲过，政府要当“裁判员”，就别当“运动员”；你是政府机关，就别办企业。现在政府虽然不直接办企业了，但有的政府机关对企业仍然非常“关怀”，关怀得“无微不至”。这就容易丧失政府机关公平、公正的执法地位。政府的职能应该主要是创造一个法治的环境，让企业去公平竞争。

实际上，政府该干的事情很多。现在，全国究竟有多少地方的机关和事业单位发不出工资？当然，省政府不会有这种事情，但在县乡一级还不在少数。有一种拖欠是季节性的，拖欠了几个月的工资，到过春节或是到年底就补发了。有的根本发不出来，长期拖欠。为什么造成这种情况呢？不是没有这个钱，要么是把钱挪用去办企业，钱投进去回不来，要么盖了楼堂馆所，要么用于吃喝招待。我们一再讲，要“先吃饭后建设”。先吃饭的意思就是保证给公务员按时发工资，如果不能够保证给每一个公务员按时足额发工资，这支队伍是不能够

* 这是朱镕基同志在接见全国政府系统秘书长、办公厅主任会议代表时的讲话。

巩固的，政府就是失职的。我想请同志们调查一下这个问题，你们那里究竟有多少个县、乡镇的机关和事业单位发不出工资？如何确保？我们考虑明年还要涨工资，但是涨工资的前提是不能拖欠工资。

政府机关要角色到位，不要错位，特别是不能直接去管收费，这很容易诱发政府的腐败和贪污。我们政府机关应该处在一个公正的、客观的地位，去实施监督。如果一个政府机关在行使职权时有自身利益的话，就有可能利用职权为本部门、本单位谋利益，从而丧失了公正、公平的地位。

另外，执法机关的执法往往不得力。法院判决的案子，相当一部分不能执行。如果案子中的“苦主”是老百姓，本应得到赔偿，可总是执行不了，人家就可能连饭都没得吃，甚至流离失所。我觉得，如果政府机关不能够公正执法，不能维持一个正常的社会秩序和一个公平竞争的环境，经济就发展不上去。

现在有的地方热衷于搞各种投资洽谈会、贸易洽谈会。这不是政府的任务，而是政府工作错位的一种表现。发展经济，包括西部大开发，不能刮风，不能搞形式主义。西部大开发的重点非常明确。首先，就是搞基础设施建设，建公路、铁路、机场、水利设施等等，这些项目同开“洽谈会”关系不大。如果搞加工工业项目，运距那么远，产品根本没有竞争力，只会背上包袱。其次，就是加强生态环境建设，当前应利用粮食库存相对富余的机遇，做好退耕还林、还草、还湖等工作。生态环境改善了，自然会有人去投资。现在需要的是扎扎实实的工作，把精力花在开会、洽谈上无济于事。

第二，政府机关的工作方式要改进。具体地讲，就是精简会议，精简文件。现在我们的会议、文件还是太多。似乎不发文件，事情就办不成；其实，发了文件，很多仍然不能落实，等于没发。还不如多抓点实事，多下去了解一点民间疾苦。

国务院有两个刊物办得不错。一个叫《昨日要情》，把国务院所有领导同志前一天的批语全部登出来，起到了沟通情况、指导工作的作用。目前只发给国务院各部门的负责同志。那些批语，有的对，有的不一定很对，供同志们参考。另外，《昨日要情》还有一个内容，就是把国务院每天的办文情况和一些地方、部门报送的重要信息刊登出来。每天看这么一份，对国务院的工作就大体清楚了。第二个叫《值班快报》，刊登的是各地区发生的一些较大的事件。比如，哪里把铁路堵了、把公路断了，哪里发生围堵政府的事件了，等等，我们都能很快知道。

我们在办文方式上也做了一些改进，就是实行部门负责制。国务院每一件事情，都有一个部门牵头。主管部门报到国务院的文件，请求批准、批转或转发，必须在报来之前征求各有关部门的意见，把所有的意见协商一致。如果意见不能达成一致，在哪一点上某某部门还不同意，理由是什么，你要写出来。过去，有些部门报来的文件，根本没有跟有关部门商量过，让我们一件一件地去协调，当时国务院十位秘书长(一正九副）还忙不过来。现在只有五个秘书长(一正四副)，我们不直接协调，只有在主管部门协调不下来的情况下，把他们协调的结果报国务院后，再由有关秘书长协调，最后由国务院仲裁。这几年，国务院办公厅的工作确实大有改进。最近，我们研究社会保障体系建设问题。我要求把 1991 年以来党中央、国务院关于社会保障体系的文件、会议记录和我所有的讲话，都整理出来。结果，国务院办公厅一天就拿出来了，效率还是很高的。本届政府提出要“廉洁、勤政、务实、高效”，其中廉政是最主要的，不廉政什么都谈不上。要做到高效，必须提高政策水平和业务能力，还必须有一支高素质的队伍和一套科学、规范的做法。

第三，要搞好政府机关的信息化建设。我们政府机关办事的手段，要不断地革新、不断地完善，实现信息化。政府机关的信息化是个非常重要的问题。今年7月份，由德国牵头，14个西方国家的元首聚会柏林，专门研究面向21世纪的现代政府管理问题。我对这个题目很感兴趣，把有关文件调来看了一下，其中许多观点很值得重视、思考。在这次会议上，就整个政府机关面对信息化的时代，怎样利用电子手段进行政府管治的一些主要原则进行了讨论。我想，如果我们所有的政府机关都能够实现信息化，然后通过互联网络联结，形成政府的信息网，将会大大改进我们的工作。

深入开展打击骗取出口退税的专项斗争*

（2000 年 11 月 17 日）

国务院召开的这次在全国范围内深入开展打击骗取出口退税犯罪活动的动员会议，是 1998 年、1999 年开展打击走私专项斗争以后，又一次打击进出口环节犯罪行为的重大行动。下面，根据会议讨论情况，我讲几点意见。

一、统一思想，提高认识，严厉打击骗取出口退税犯罪活动

今年的外贸进出口形势很好。1 到 10 月，出口 2051 亿美元，同比增长 32.2%；进口 1820 亿美元，同比增长 38.6%；贸易顺差 231 亿美元。预计全年进出口总额可达 4000 亿美元以上，超过我们的预期。外贸出口从两年前一度负增长到正增长，又出现今年这样大幅度的增长，主要是由于各方面的共同努力，中央关于出口退税的政策也发挥了明显的作用。从 1999 年下半年开始，综合出口退税率由

---

* 2000 年 11 月 17 日，国务院在北京召开全国打击骗取出口退税工作会议。出席会议的有十个重点检查省、自治区、直辖市人民政府主管负责同志和有关部门负责同志，以及其他省、自治区、直辖市人民政府秘书长，中共中央、国务院有关部门负责同志，最高人民法院、最高人民检察院和武警总部等方面的负责同志。这是朱镕基同志在会上的讲话。

12.5%提高到15%，其中有些商品的出口退税率提高到17%。实践证明，这是完全正确的政策。

但是，从去年11月份开始，外贸出口出现异常猛增，特别是在有些地区，服装等商品的出口额一下子增长十几倍，甚至几十倍。这无论是从生产、供货的准备来看，还是从市场需求的容量来看，都不可能增长得这么快。今年1到6月，全国外贸出口1144亿美元，比去年同期增长38.3%；同期办理出口退税432亿元，同比增长130%。到10月底，全国已办理出口退税763亿元，同比增加347亿元，增加近一倍，退税增幅大大高于同期出口增幅。同时，在出口大幅增长、外贸保持较多顺差的形势下，国家外汇储备却增加很少，1月到10月只增加50多亿美元，这也是很不相称的。这些迹象都说明，出口退税方面存在着严重问题。

今年8月初，国务院经过多次讨论，决定开展打击骗取出口退税的专项斗争，成立了以吴仪同志为组长的领导小组，并从税务、公安、监察等部门抽调200多人组成工作组，选择骗税多发地区——广东省潮汕地区的潮阳、普宁两个县级市作为打击骗取出口退税的试点地区，对出口货物税收情况进行了重点检查。我原以为动手的时间可能有点晚，难以查到真凭实据了。但是，仅两个月时间就查出，这两个市从1999年以来涉嫌偷税、骗税12.8亿元，其中涉嫌骗取出口退税8.55亿元，猖狂之极。骗取出口退税犯罪活动不仅是专业化团伙作案，量大面广，而且是一条龙作业，畅通无阻。骗税分子明目张胆地用假名、假身份证开办各类虚假企业，肆无忌惮地制贩、虚开增值税专用发票。国务院工作组在潮阳、普宁两市检查了416户供货企业，其中竟有264户是虚假的，占检查总数的63.5%；查出了通过虚开增值税专用发票进行偷、骗税的犯罪团伙100多个，可见问题十分严重。经过国务院总理办公会议讨论，并向中央政治局常委会汇报，决定在全国范围内深入开展打击骗取出口退税犯罪活动的专项斗争。

骗取出口退税违法犯罪活动有什么特点呢？看来，既有与走私进口相同的特点，也有不同的特点。相同的方面，都是专业团伙作案，打通海关、银行、税务等各个环节，即所谓“打通关”，形成一个犯罪链条。他们用金钱开道，通行无阻，横行无忌。这在湛江、厦门走私案中看得非常清楚。出口骗税团伙也是靠打通一切环节，构成一个骗税链条。所不同的是，骗取出口退税还有基层政府工作人员参与，内外勾结，政企勾结，编织了一张骗取出口退税的犯罪网络，而不只是一个链条。例如，普宁市检察院一个工作人员自办 27 家虚假企业，私自刻制 294 枚印章，在上海等 16 个省市设立提供虚假增值税专用发票的网点，1998、1999 两年共虚开增值税专用发票价款 4.95 亿元，涉及税款 8425 万元。潮阳市铜盂镇有一家饭店，共有 37 个房间，每个房间都是一家专门虚开增值税专用发票的公司。有些乡镇政府还直接参与骗税，这一点比走私还严重。走私得逞的关键环节在海关，骗取出口退税得逞的关键环节在税务部门。潮阳、普宁两市的国税局局长都参与骗税。税务部门既管增值税专用发票，又管退税，如果直接参与骗税，其后果是非常严重的。这两个市的税务部门管理混乱、违法乱纪，擅自降低税率，搞定率征收〔1〕、包税〔2〕，为犯罪分子大开方便之门。

骗取出口退税违法犯罪活动的另一特点是，骗税往往和套汇、骗汇交织在一起，大量非法买卖外汇。检查发现，在潮阳市就存在一个

〔1〕定率征收，指按照核定的税收征收率征收相关税收的一种办法。

〔2〕包税，也称“包税制”，指不按税法规定的税率和计税方法计算缴纳税款，而由税务机关与纳税人或企业主管部门商定一个在一定时期内缴税的固定数额。这种做法早已明令禁止。

极不寻常的资金周转网络，大部分骗税资金通过几个化名的个人账户，汇入新疆，到非法外汇市场去购买外汇，再将外汇现钞运回广东，然后从各种渠道流到境外，用以直接支付给假出口企业做所谓的“出口收汇”。他们就这样通过假出口和真、假两种结汇骗取出口退税，使国家蒙受巨大损失。

骗取出口退税犯罪活动的危害是很大的。一是直接破坏国家出口退税政策的实施，造成国家税收大量流失。二是严重扰乱正常的经济秩序，特别是破坏进出口市场秩序，败坏国家改革开放的形象。三是腐蚀政府机关，毒化社会风气，损害党和政府在人民群众中的威信。因此，必须像打击走私进口一样，再出重拳，严厉打击骗取出口退税的违法犯罪活动。

从这次会议讨论的情况看，要搞好打击骗取出口退税的专项斗争，必须进一步统一思想认识。

有些同志认为，我们那里出口额不大，又没有发现骗取出口退税大案要案，何必作为重点检查地区呢？这种认识是不对的。即使你那里还没有发现骗取出口退税大案，也很难说就没有大案，不要过早打保票，更不能不去认真检查。试点情况证明，骗取出口退税的犯罪活动，往往是通过众多犯罪分子相互勾结，形成骗税环节交织的庞大网络进行的，绝对不能掉以轻心。你那里出口额虽然不大，但也可能属于这个网络的一部分，会有很多线索。你那里要是工作使了劲，就可能从你那里突破，就有助于其他地区破案。而且，只有各地同时行动，才有利于一举粉碎这个犯罪网络。广东省的同志在国务院工作组的领导下，全力以赴，取得了试点成功，也为其他地区开展这一专项斗争提供了经验，但是绝对不能松懈。其他出口大县恐怕问题也不少，都得去查一查。希望各省、自治区、直辖市的同志们都要充分认识开展这场斗争的重要性，不要轻易下结论，低估了问题的严重性。

还有一种思想，是担心打击骗取出口退税犯罪活动会影响出口的增长。我认为，绝对不会影响外贸正常出口，相反，只会巩固和发展外贸出口的好形势。外贸出口增幅暂时可能因此会下降一些，而下降的只是“假出口”。这种为了骗税的“假出口”减少了是一件好事。只有坚决打击出口骗税犯罪活动，才能维护进出口的正常秩序，创造外贸持续发展的好形势。企业的正常出口不但不会受到影响，而且出口条件还会更好。根据潮阳、普宁一些守法经营企业的反映，它们在那里活不下去，因为骗税企业、虚假企业太多，退税指标难以分到它们头上，守法企业没法正常发展。需要指出，打击骗取出口退税犯罪活动，绝不是要改变出口退税政策。我们将保持出口退税政策的连续性，只要真正出了口，就会按规定退税，绝不含糊。对守法户、信誉高的出口企业，一定要按政策退税，并且予以优先安排。对那些一直保持良好出口纪录的大中型国有企业，只要各种单据齐全，经过检查没有问题，就要抓紧退税。当然，在开展检查期间，退税进度受一点影响也是难以避免的，但不能因此就不开展检查。我们要对人民负责，退税花的是中央财政的钱，是纳税人的钱，绝不能让它进入骗税犯罪团伙的腰包。

我估计，骗取出口退税的额度可能是相当大的。通过打击，虽然难以追回全部损失，但只要把犯罪团伙打掉了，有了一个良好的进出口秩序，明年的出口退税额就会减下来，或者说，用同样多的退税额可以支持更多的出口。

总之，希望同志们通过这次会议，要统一思想认识，紧急行动起来，按照中央的部署，雷厉风行、扎扎实实地开展打击骗取出口退税犯罪活动的专项斗争。

二、周密部署，穷追猛打，力争打击骗取出口退税专项斗争的全面胜利

（一）全面铺开，突出重点。全面铺开，就是每一个涉及出口退税的税务局都要检查。开展这次打击骗取出口退税的专项斗争，要像打击走私、骗汇一样，在全国形成强大的攻势。为此，各地区、各部门都要迅速行动起来，布下天罗地网，哪里存在出口骗税活动，就在哪里予以打击，使骗税活动无可遁匿，使犯罪分子无处藏身。各地方都要认真进行自查，无一例外，不留死角。

要注意点面结合，突出重点。从地区看，重点是广东、广西、福建、江苏、浙江、北京、上海、陕西、湖北、山东等十个省、自治区、直辖市。这些是出口退税额较大的地区，或者是存在问题线索较多的地区。从出口货物看，主要是服装、纺织品、电器、电子产品、化妆品、小五金等商品。这些商品退税率高，骗税获利较大，问题也相对严重。从对象看，重点是打击专业化骗税团伙。对于骗税的重点地区、重点货物、重点对象，要加大检查力度。国务院打击骗取出口退税工作领导小组将派出工作组，对上述十个省、自治区、直辖市进行重点检查，但主要还是靠各地自己组织力量开展检查，特别是税务部门要把这项工作当做一件大事抓紧抓好。其他地方主要是自查，在此基础上，国务院打击骗取出口退税工作领导小组还要进行抽查。

（二）集中力量查处大案要案，依法严惩骗税犯罪分子。从以往打击走私、骗汇的经验看，只有彻底查处大案要案，严厉打击犯罪分子，才有强大的震慑力量。1998 年全国开展反走私专项斗争以来，先后查处了湛江、厦门等特大走私案件，给一些走私犯罪集团以毁灭

性的打击，既有效地遏制了走私猖獗的势头，又在政治上显示了党和政府“反贪灭罪、执法如山”的形象。同样，要把打击骗取出口退税犯罪活动的专项斗争引向深入，并取得显著成效，也必须集中力量重点突破一批骗税数额巨大、情节严重的典型案件。要坚决打掉骗税犯罪团伙，要把政府内部的犯罪分子都揪出来。潮阳、普宁已经基本查清楚的案子，要依法快判。要加大查处骗税大案要案的工作力度。国务院派下去的工作组要加强对办案工作的指导和检查。查处案件要坚决排除一切阻力和干扰。各级政府和各有关部门要支持执法机关依法办案，敢于碰硬。不论案件涉及什么单位、什么人，都要一查到底，绝不姑息。对那些性质恶劣、情节严重的骗税犯罪分子，要依法给予最严厉的制裁。无论犯罪分子逃到哪里，都要不惜一切代价缉拿归案，绳之以法。要切实奖励办案有功人员。要加强群众监督和舆论监督，对典型案件的查处结果要及时曝光，以增强打击骗税的威慑力。

在查处大案要案中，特别要着力抓好两个关键问题。一是彻底打击骗税团伙，特别是严厉打击那些与地方政府和执法机关的败类内外勾结的骗税团伙，严惩团伙骗税的组织者、策划者以及幕后支持者。坚决捣毁犯罪窝点，砸断犯罪链条，粉碎犯罪网络，以绝后患。二是狠狠打击造假骗税，要抓住一切造假的蛛丝马迹，以检查各种虚假凭证为突破口，跟踪追击。

（三）联合作战，各负其责。税务总局虽然多次派检查组对广东潮汕地区出口骗税活动进行检查，但都收效不大，其原因之一是没有形成合力，执法手段不够。由于查处涉嫌骗取出口退税案件，涉及企业资金往来、工商登记、报关出口、外汇核销等各个环节，对于骗税网，仅靠税务部门无法查深查透，如果政法机关不介入，也难以排除办案阻力。因此，税务、海关、外汇、银行、财政、公安、纪检、监察等部门和检察院、法院要联合起来查案办案。税务部门要发挥好打击骗取出口退税的主力军作用，彻底查清骗税的来龙去脉，并把涉案线索及时反馈给有关部门。银行、国库部门要负责查清骗税企业开户、资金往来和税款入库、退库等情况。外经贸部门要对外贸企业和有进出口自营权资格的生产企业加强管理与检查，对有骗税劣迹和不符合要求的企业要坚决查处。公安、检察院、法院等有关部门要提前介入，掌握主动。只要犯罪证据确凿，就要从快判决。

三、标本兼治，堵塞漏洞，从根本上遏制骗取出口退税犯罪活动

（一）加快“金税工程”〔1〕建设，尽早实现各部门联网。综合运用现代化信息技术，加快信息化建设步伐，实现综合执法数据的联网审核，是防范和打击骗税的基础性工作。

（二）执行税法，强化管理。要把各项制度建立和完善起来，切实加强对出口商品征税、退税全过程的管理。税务机关要严格依法征税，严禁擅自降低增值税税率和其他违反税法的行为。要加强对增值税专用发票和专用税票的管理。要建立健全出口退税岗位责任制和过错追究制，严格出口退税审核审批制度。对出口企业实行分类管理，对违规经营的企业实行劣迹追溯制，严格控管。海关、银行、外汇、外经贸等部门也必须加强和改进管理，堵塞各种漏洞。

（三）深化改革，健全机制。从近几年的实践看，现行的退税机

〔1〕见本卷第 14 页注〔3〕。

制有缺陷。要针对出口退税过程中暴露出的问题，抓紧改革和完善出口退税机制。要把纳税的环节向前移，改进增值税的征收管理。要进一步健全和完善出口退税的相关制度和办法，做到每一步都严格按程序运行、按规定办理，环环相扣，严密规范。

四、加强领导，狠抓落实

为加强对打击骗取出口退税工作的领导，国务院已成立打击骗取出口退税工作领导小组。其主要职责是：领导并组织实施全国打击骗取出口退税的各项工作，部署在全国范围内开展对出口货物税收情况的全面检查和重点检查，指导监督检查工作的顺利开展，协调解决打击骗取出口退税工作中的重大事项和突出问题等。

各地区、各部门要把打击骗取出口退税工作，列入重要议事日程，切实加强领导，主要领导要亲自抓，并由一位领导具体分工负责。税务部门在打击骗取出口退税斗争中负有重要责任，希望税务部门的同志，尤其是各级领导一定要下大决心，坚持原则，站在斗争前列，并认真吸取教训，进一步把好退税关。

要从根本上防止和减少涉税违法行为的发生，关键是要真正把税务、工商、海关、外汇、金融、外经贸等执法部门和管理机关的队伍建设好。总的来看，我们的税务队伍是好的，作出了很大的成绩，但是暴露出来的问题也相当严重。税务部门是打击骗退税的主要力量。正人必先正己，“己之不正，焉能正人”？要做到廉洁自律，严厉惩治腐败，坚决清除队伍中的害群之马。特别要整顿和加强税务系统的领导班子，不断加强税务队伍的反腐败教育和职业道德教育，全面提高人员素质。海关、工商、外经贸、外汇管理、银行等部门也要不断加强自身建设，以适应新形势、新任务的需要。

迅速而严厉地打击骗取出口退税违法犯罪活动，是当前经济工作中一项重要和紧迫的任务。各部门、各地区一定要按照国务院的统一部署，统一步调，齐心协力，扎实工作，夺取打击骗取出口退税专项斗争的全面胜利，把改革开放和现代化建设更好地推向前进。

在二〇〇〇年中央经济工作会议上的讲话*

（2000年11月28日）

我刚从新加坡回来，去的时候从冬天走向夏天，回来又从夏天返回冬天，所以昨天晚上就扛不住了，感冒发烧。今天讲话可能上气不接下气，请同志们原谅。我主要对明年经济工作的几个重要问题，作一点具体的阐述。

今年的经济情况，确实是历年以来最好的，我讲的“最好”是指效益最好。今年1到10月，全国财政增收差不多2000亿元，这是一个很大的突破。这里面一个主要原因是国有企业的复苏。增收主要来自增值税和消费税，都是企业交的税。这就反映国有企业的情况有好转，它的脱困是真有其事，不然它就交不了那么多增值税、消费税、所得税，国有企业本身的利润比去年增加了一倍。另外一个原因，是出口形势好转。前几个月我们的出口增长都达到了30%以上，进口也相应地大幅度增加，因此，海关的税收虽然没有像1999年增收700亿元那么多，但增加得也不少。这说明，今年国民经济确实是有了重要的转机，在效益方面有一些突破性的进展。在这种欣欣向荣的情况下，就是说在经济有所好转，或者说出现重要转机的情况下，我

* 2000年11月28日至30日，中共中央、国务院在北京召开中央经济工作会议。出席会议的有各省、自治区、直辖市和计划单列市、新疆生产建设兵团的党政主要负责同志，中共中央有关部门、国务院各部委和有关单位的主要负责同志，解放军四总部和武警总部负责同志。这是朱镕基同志在会上讲话的主要部分。

们应该注意什么问题呢？第一，在抑制通货紧缩趋势的情况下，要警惕和防止通货膨胀。第二，在继续扩大内需的条件下，要注意防止经济过热和重复建设。第三，在产业结构调整的过程中，要特别重视加强农业，绝不能忽视农业这个基础。第四，在发展经济的过程中，要切实加强市场管理，打击制售假冒伪劣商品和偷税漏税等不法行为，整顿和规范市场经济秩序。

现在究竟是通货紧缩还是通货膨胀，还有不同的看法。我在1998年就讲过，我们所表现出来的通货紧缩并不典型，因为我们说的通货紧缩主要指一点，就是市场需求不足、市场价格下降。这几年都是这个趋势。很多经济学家认为，只要具备这个条件，就叫做通货紧缩。但是也有很多经济学家主张不只是一个条件，而是三个条件、五个条件，或是更多条件。比方说，你真要叫通货紧缩的话，那生产要下降呀，但是我们的生产并没有下降，速度虽然有所降低，绝对数还是增长的。还有，货币的供给量应该减少，但是我们这几年，无论狭义货币供应量 M_1 或广义货币供应量 M_2，增长速度都是超过百分之十几，增幅也是很高的。现钞的发行虽然有所减少，但是现钞发行没有包括一些隐性的发行。例如我们今年拿了差不多1000亿元，借给各省区市政府去解决农业合作基金会、城乡信用社、供销社股金部、国际信托投资公司的挤兑和欠账问题，这实际上就是由中央政府发票子。就是拿物价的降低来讲，我们的计算方法也有很多问题。价格构成有400多种产品，过去以农业为原料的产品占物价指数的比重在60%左右，现在年年调整，还有47%是与粮食有关系的产品。大家都知道粮食相对性过剩，粮价不断降低，因此这部分产品价格有所降低，但是，大量生产资料性质的产品、工业消费品和房价都是在不断地攀升，这是一种倾向掩盖了另一种倾向。所以我讲，要注意防止通货膨胀，不要因为农产品相对过剩，掩盖了目前已经出现的某种程度的过热现象。这种过热的现象，主要表现在大量的重复建设上。前一段时间的“彩电大战”，售价降低到成本价以下；现在又是“保暖内衣大战”，大家来看这个广告，什么“南极人”、“北极绒”等等，据说现在盲目发展，保暖内衣产量已经超过需要两倍以上。现在钢的生产能力有1.4亿吨，产量已达到1.3亿吨，居世界第一，好多都是产自小型的、落后的钢铁企业，真正管用的产品又生产不出来，每年还进口1400万吨钢材，这么搞下去怎么得了！

下面，我就明年经济工作讲十个问题。

一、加强农业的基础地位，努力增加农民的收入

我们把这个问题摆在明年经济工作的第一位，也就是我们明年最重要的工作、首要任务，因为它是国民经济的基础。很突出的就是粮食的市场价格年年下跌。原来据农业部门估计，今年粮食要减产900亿斤，差不多相当于总产量的9%啊！但减产以后粮价还在下跌，一点也没有引起恐慌。我们希望减少一点粮食产量，把粮价提高一点，可它就是提不上去，农民的收入在不断减少。过去说增产不增收，现在实际上增产减收，我不是讲全国，是讲粮食主产区，这就是个很大的问题了。粮食价格不断下降，一亩地赚不了几十块钱，农民的负担还在继续加重，农民的收入特别是粮食主产区农民的收入在减少，他怎么种粮食呢？我就很担心农村要出事。根据农业部对全国28个省区市、67个自然村、5800多个农户的调查，算了一笔细账，今年农民的人均纯收入预计为2147元，比去年增长1.8%，总体上是增加了，但是增加的都是东部沿海七个省，西部欠发达的几个省区只增长1.4%，而粮食主产区九个省减少了3.8%，这个数字是很严重的！同志们，已经到了要解决这些问题的时候了。

第一，继续推进农业和农村经济结构的调整。农业种植结构的调整，还是要采取公司加农户的办法，用市场来引导农民，保证他们的经济效益。我们从《焦点访谈》上看到，好多乡镇干部在那里瞎指挥，今天扒了粮食种大蒜，明天又扒了种烟叶，我看这些做法都是犯罪！你有什么权力啊！要农民扒了这个种那个，你又不能保证他们的收入，你也不去种，瞎指挥！这是个商业行为、企业行为，要研究市场，企业要去带动农民种植。你要他们种什么就跟他们签合同，保证收入。在这个问题上，我希望粮食主产省能作出一点成绩，不是瞎指挥的成绩，而是真正用市场引导农民的成绩。

第二，深化粮食流通体制改革。这几年我们不断地讲粮食流通体制的问题，我在这个方面花的时间最多。现在粮食多了，怎么办？有的同志说放开，你敢放开吗？在粮食已经过剩的情况下放开，价格不是比现在更低吗？还有同志说我们还是恢复到以前吧，就是只收购 1000 亿斤定购粮。现在情况已经完全不一样了，那个时候农村的粮价是很高的，我们收定购粮的价格比市场要低两毛钱，等于要农民来为国家作贡献。我们收了 1000 亿斤定购粮，到城市来供应市民，保持粮价的稳定。你现在是反过来了，用收定购粮的办法解决不了粮价低的问题。所以，想来想去，从 1997 年到现在，考虑了这么多年，只有国有粮食企业用保护价敞开收购这个办法！用保护价敞开收购，就基本上保护了农民利益，保证了农民的基本收入，种地还不至于亏本。中央财政也包括地方财政，粮食风险基金加利息补贴，一年是好几百亿元，是补贴给农民的。不补贴，农民没法种地啊！现在看起来问题还在于财政补贴还不够，没有敞开收购，因此农民的利益受到损失。我们今年上半年做了大量的微服私访调查，各个地方大体上用保护价收购农民三分之二的余粮，三分之一没收上来，农民要以远远低于保护价的价格卖给私商。我们在河北调查了，保护价 4 毛钱或

2000 年 4 月 15 日，朱镕基在江苏省高邮市武安乡考察农业种植结构调整情况。左三为江苏省委书记回良玉，左六为国家计委副主任汪洋，左九为中国人民银行行长戴相龙，右二为江苏省省长季允石。

者 4 毛多 1 斤，旁边那个私商收购 1 块钱 3 斤。我们国有粮食企业是吃“大锅饭”的企业，改革非常缓慢，几十年的观念难以改变。我最近到一个省调查，我说去看看粮站。第一站我去了，他们都事先做好了准备，一到这个粮站就是车水马龙，农民都在交售粮食。粮站收购员非常地熟练，扦子一插，马上就能判断是几级质量，然后电子计算器拿出来噼里啪啦一按，多少钱，扣水扣杂，一口清，那比电子计算器还快啊！我当时就说真好，如果粮食企业都这样就好了。我问这个站长，是不是敞开收购？他说完全敞开收购。我说天天车水马龙啊？他说是。我就蛮放心了。但是第二天我就改一个办法，走到半路上，我说拐一个弯，到镇里粮站去看看，这一看就生气了。粮站里冷冷清清，没有人交售粮食。一了解情况，这个粮站有 59 个人，那天留在粮站的只有十几个人，其他人到下面收粮食去了。他们不是替公家收粮食去了，他们是变成个体户去收粮食了，拉着小板车，在那里跟农民压价，玉米 1 块钱 3 斤，拉回粮站又按保护价（4 毛钱 1 斤）卖给粮站。同志们，这个情况一点都不假，是我亲眼看到的。我到玉米仓库里看了看，粮食质量很差，这种粮食再放几年都得变成废料。同志们！希望你们重视一下粮食问题，民以食为天啊！如果粮库的粮食都不能吃了，将来怎么得了啊！国有企业都变成私商来压价收购粮食，那么，党和政府不都变质了！其实，我认为用保护价敞开收购农民余粮并不难，就是领导要重视，要抓粮食企业。要求也不高，就是要求国有粮食企业按保护价收购农民的粮食，亏损由国家补贴；顺价销售其实将来也不是很难，如果大部分粮源都在国有粮食企业手里面，而不在私商的手里，那是可以做到粮食顺价销售的。我们的目标，还是要把农民手里的余粮，至少 80%左右要收到国家的手里，用保护价收进来，这样农民的收入就能稳定增加，由此增加的财政补贴，我们愿意补贴。这个农民问题太重要了，所以，要提请同志们注意。

第三，推进农村的税费改革。农民增收不了，至少也不要给他增负，得减负，减负就是增收嘛，现在农民负担确实是受不了。经过专题小组一年多的研究，我们提出了一个办法，已经在安徽全省试点，就是把农村的各种收费都取消，因为你光写个清单取消多少种收费，那没什么用，你今天减了180种，他第二天就换一个名字，把它改为360种，有什么用啊！现在就是所有的收费包括“三提五统”都不准收，便于监督、便于投诉。你也不要再去想什么名目来收费了。不收费以后，政府没有收入怎么办呢？提高农业税和农业特产税的税率，就是提高农业税及其附加，比现在提高一点，但这个收入不够，还养不起乡镇干部，还要通过精简机构、取消一些不合理开支以及中央财政给予补贴来解决。中央根据安徽试点的经验，明年从中央预算里拿出200亿元来补贴。明年大家能否推行，各省根据自己的条件来决定，如果没有条件在全省实行的话，也可以挑一两个地市先试行。你们什么时候实行，中央就什么时候补贴，大概平均一个省每年补十来个亿，这要进入财政基数。这个都经过中央政治局常委讨论了，中央下了最大的决心为农民谋利益，必须付出这个代价，不然乱收费难以取消。

第四，深化农村金融改革。农村金融体系现在有一个问题，就是它的重点都摆在乡镇、县城，它的信贷主要用于搞乡镇企业。而真正的农民、农户，他需要调整产业结构，搞大棚种植或者干别的什么，他没有钱，没人给他贷款。我们今年在江苏考察，得出了一个结论：现在必须有为农业、农村、农民服务的金融机构，把现在的农村信用合作社加以改造，让它来承担这个任务。为此，要对农村信用社进行改革，不能够再像过去那样，农村信用社法人在县里，存款主要在县里，贷款主要贷在县里，听“县太爷”的，都用来搞建设，面向农村的贷款很少。我们这一次提出搞农村信用社改革试点，就是使它的服务对象面向农村、面向农业、面向农民。当然，农村信用社的改革也并不只是机制的转变、服务对象的转变，还有一个监督管理的问题。现在农村信用合作社在全国都以县为单位，全国有2000多个，谁来管呢？人民银行管不了呀，人民银行对它只是监管。它的经营管理怎么搞呢？需要进一步考虑。改革方案正在制订，准备在江苏省试点。总之，这项工作一定要谨慎从事，经过试点，然后再在全国推行。解决为农业、农村、农民金融服务的问题，这个事情很大，不能乱来。

第五，加强农业和农村的基础设施建设。最近几年在基础设施建设方面，对农村给予了很大的支持，包括农村电网改造，实行同网同价，加强农村的道路和通信设施建设等。但另一方面也不能什么都是村村通，还要根据条件。有些村子里面村民生活、居住条件非常恶劣的话，从长远看应该搬出来，如果现在硬要让它“通”，花的钱很多，也划不来。

二、大力调整和优化产业结构

最近几年，我们对纺织、冶金、煤炭、制糖等行业的结构调整，取得了明显的成效，特别是纺织行业，压了1000万锭子。国家有六项政策，这1000万锭确实都砸掉了、回炉了，现在纺织工业出现了历史上从来没有过的好局面：出口大幅度上升，品种、结构、技术水平都有很大的提高，全行业两年实现扭亏为盈。制糖行业关闭了甜菜糖厂、小糖厂，扶持大的糖厂，情况也好多了。糖价也上来了，原来市价降到2000元1吨，现在是3600元1吨，甚至有的地方是3900元1吨。但这个事情我也告诉国家计委，还是要调控糖的价格，国家的储备糖还是蛮多的，要抛出来，使糖价稳定在3600元1吨左右，不能太高，太高的话，那些小糖厂和甜菜糖厂就会死灰复燃。电信、石油和石化、有色金属、军工等行业，都进行了比较大的改组。从总体上来看，还是比较成功的，创造了一定的竞争机制。但结构调整的任务还是非常繁重的，特别是小企业关不了。小煤井、小水泥、小糖厂、小纸厂、小电厂、小化工厂制造污染，也关了一部分，还是有大量的没有关，这方面我们还要继续努力。

三、进一步深化国有企业的改革

经过全国上下共同的努力，国有企业改革和脱困工作取得了可喜的成绩，实践证明中央的决策和采取的措施是完全正确的。但这只是一个阶段性的成果，总的看来，国有企业经营机制转换还是滞后，竞争能力和盈利能力不强，还有不少企业生产经营仍然很困难。三年以前，1998 年，在一万多户国有大中型企业里，亏损户有 6599 户，亏损面为 40%左右。经过这几年的各种脱困工作，现在应该说三分之二的困难企业已经脱困了。初步统计，亏损面降到 15%，但是又有一些原来不亏损的企业现在变成亏损了。像煤矿，在原来 6599 个亏损企业里没有煤炭企业，煤矿都是盈利的，但后来一查，发现不少企业是虚盈实亏。所以，要从根本上解决国有企业的问题，还是要做长期艰苦的努力，任重道远。

这里，我想讲一下股份制改造的问题。我讲股份制改造，主要是鼓励国有大中型企业，通过重组、中外合资、上市等形式，改组成为股份制公司。上市的企业，要建立信息披露制度，提高透明度，接受群众的监督，使经营管理有明显转变。从 1998 年到现在，我们国有企业到境外上市的公司已经有 22 家，一共筹资 267 亿美元，就是 2000 多亿元人民币。我们制定了一条规定，从境外上市企业筹集的资金中提10%作为全国社会保障基金，今后在境内上市的公司也要这么做，这样就可以补充社保基金的不足。在境内上市的公司有307家，筹资2700多亿元，这样加起来差不多有5000亿元。总体来看，上市公司的经营机制和经营成果明显优于其他国有企业。但是，我们也要转变观念，这些上市公司，特别是在境外上市的公司，它们面对的是中外股东啊！我们可不能用计划经济的一套办法来管它们，什么都服从国内这一套管理办法是不行的，不能对它们随便“一平二调”，也不能搞垂直的管理。它们是独立的法人，是对股民负责的，一定要使它们的经营管理向国际水平看齐。同时，对这些上市公司的领导层也必须按照国际惯例建立激励机制，不建立这种激励机制，股民还是不会相信你能办得好。

四、加强并完善社会保障制度，努力扩大就业

今年年初我们就讲了，要研究建立一个规范的、独立于企业之外的全国社会保障体系，明年开始在一个省试点，然后再考虑在全国推行。这个方案我们已经制订出来了，并且向中央政治局常委、向中央政治局汇报通过了，明年准备在辽宁省全省试点。其他省也可以在一两个地市或者某些地区来进行试点。当前，全国首先就是一定要做到“两个确保”：第一，确保企业离退休人员养老金按时足额发放；第二，确保国有企业下岗职工基本生活费按时足额发放。目前社会保险基金的收缴和支出，从全国范围来讲，是基本平衡的。但地区之间不平衡，沿海地区保得好，中西部地区差一点。根据我们了解，北京、上海、江苏、山东、浙江、福建、广东等七个沿海省市在中央财政不给补助的情况下，依靠自己的努力，今年可以基本实现“两个确保”。所有中西部地区和老工业基地，如辽宁、陕西、湖北、广西、新疆等

省区，经过艰苦的工作，我们认为也基本上能做到“两个确保”。但是还有少数地方有新的拖欠，不能做到“两个确保”。我们一再讲了，老的拖欠目前还不能一次性地还清，历史的欠账还暂时挂账，将来逐渐地还，当年不要新欠。像吉林、山西这些地方还有新的拖欠，需要继续努力。我们希望这些地区的各级财政要提高社会保险基金在财政支出里的比重，务必做到“两个确保”。如果各项工作到位，仍然是入不敷出，中央财政酌情给予补助，一定要做到“两个确保”。根据现在经济发展的情况、效益的提高，只要我们认真地去做，应该说是可以确保的。

关于完善社会保障制度方案，我想主要讲这么几点：

第一是个人账户问题。因为我们在1998年制订方案的时候，把社会保险缴费账户分成两个，一是统筹账户，一是个人账户。企业拿每个人工资20%的资金来进入统筹账户用于支付统筹的部分，有人退休就把这个作为支付退休金的资金来源。另外，企业为每个人建立个人账户，把自己工资的5%进入个人账户，企业也拿6%进入个人账户，都算做你个人的。这个钱现在不能用，等你退休了以后才能用。现在出现了一个问题：因为分成了个人账户和统筹账户，从全国来讲，整个的统筹账户加个人账户一年收支基本平衡，还略有节余，没有新的欠账。但问题是，这是建立在把个人的钱都动用了的基础上，就是个人账户记了账，但钱没有了，已经发当期养老金了，个人账户变成了空账。现在个人账户建立三年以来已经欠了1900亿元，如果这么欠下去，数量会越来越大。所以我们初步考虑，明年在辽宁省进行试点做实个人账户，就是发工资的时候，企业就把你工资的一部分实实在在放在你个人账户里头。原来是放5%，我们现在想提高到8%，这个钱退休时给你。企业原来要拿工资的6%进入个人账户，现在把这6%用于统筹，进入统筹账户，这样统筹账户每年就平衡了。

第二是下岗职工进入再就业服务中心问题。我们觉得这是个过渡的办法。在下岗职工再就业服务中心的下岗职工基本生活费，原来我们的设想是“三三制”：中央财政拿三分之一，地方财政拿三分之一，企业本身拿三分之一。事实证明，企业拿不出这个钱来，只好由中央财政拿。结果是中央财政拿70%，那么其他30%呢？就是把失业保险金动用了一部分。所以我们想，今后还是实行下岗职工基本生活费跟失业保险并轨，就是企业精减下来的职工不再进入再就业服务中心，就按照你已经失业了，给你发失业的安置费。比方说，你有一年的工龄，给你发一个月的工资；然后，你就向社会保险机构领取失业保险费，大概相当于工资的百分之六七十，领两年；两年失业保险期满以后，你就进入最低生活保障线，这样比较规范一点。对这个办法也有同志有不同意见，我们想选择在辽宁试点。我们还是希望，再就业服务中心在差不多三年时间里，逐步地把它结束了。对这些原来的下岗职工，都能够引导他们就业，或者是进入失业保险加最低生活保障线。

第三是公务员的养老保险问题。现在公务员的养老保险完全是由国家财政拿钱，吃“大锅饭”的，保证率或是替代率达到90%以上。也就是说，他离退休以后平均每个人拿的钱，相当于他原来工资的90%。企业的替代率在80%左右，因此，机关的人员就不愿意到企业里去，这不利于职工的流动。有人提出怎样把这两个东西并轨，有些地区已经在进行一些试点。我们的看法是在目前这个时期还是以稳定为好，先不去改革机关干部社会养老保险，实行社会保障试点的地方可以试。总之，我们希望社会保障体系问题在明年经过辽宁的试点，后年能够在全国推广，能够逐步建立一个规范的、独立于企业之外的社会保障体系。

五、继续实行积极的财政政策

积极的财政政策对于克服亚洲金融危机、促进经济的发展，起了很大的作用，如果没有这个政策，我们今天就没有这个局面。这三年，累计发行了3600亿元国债。大体上，1000亿元的国债带动了4000亿元的贷款和其他来源的资金。3600亿元国债带动的项目总投资规模大概是2.4万亿元。累计到今年年底，已经开工项目可以完成1.5万亿元。这些工程，报告一个小账：加固大江大河大湖的堤防1.64万公里，主要在长江；完成了75座重点大型病险水库的除险加固工程；投产的铁路新线3000公里，复线2560公里，电气化里程3000公里；新增公路通车里程17.4万公里，其中高速公路10230公里；新增城市日供水能力946.8万吨，日处理污水能力270万吨，日处理垃圾能力9929吨；新建和改造农村电网高、低压线路近170万公里；新建国家储备粮粮库的库容517亿斤。还用195亿元的国债作为技改贴息资金，来支持重点行业、重点企业的技术改造。经过中央政治局常委讨论，明年继续发行1500亿元的国债，其中1000亿元分两年把现有的工程搞完；500亿元主要是用于西部地区大开发的新项目，包括西电东送、西气东输、青藏铁路等等。

关于财政问题，无论如何要保证发工资，请各省区市的主要领导同志要亲自关注这件事情，因为我们接到的这方面人民来信实在是太多了，反映领不到工资。当然，在东部沿海地区好一点，但也不是没有，在每一个省都有一些相对贫困的地区，工资没有保证。今天上午江总书记讲了两种情况：一种情况是由于县以下的财政收入有季节性，工资可能拖欠，但拖欠到年终总还能把工资发下去，这个情况就不算了。另一种是一年就发十个月甚至九个月工资，这种情况在每个省都有，这无论如何讲不过去的。公务员的工资都发不出去，那怎么能够保证机关的工作效率呢？那就没有人给你把关啊！很多钱都跑掉了，或者很多违法的活动没有人监管了。郑天翔〔1〕同志写了一封信给我，说河北省阜平县发不出工资。我们派人去调查了一下，果然是，工资一年差800万元，县财政就是入不敷出，不能保证工资的发放。像一些有特殊困难的县、粮食主产县，或是自然条件十分恶劣的县，必须由省级政府给予转移支付。我衷心地希望社会保障方面做到“两个确保”，对在职职工无论如何按时足额给他发工资，不要再拖欠了！不管你这个省多么穷，这个决心是必须下的，当然要结合精简机构、提高效率。

关于明年工资的政策。我们觉得首要的还是要确保工资的发放，在你没有确保发放工资之前，你就别加工资了。中央定了这样一个政策，明年增加工资的幅度稍微小一点，就是考虑到还有一部分人没有能够及时给他们发工资。明年加工资，内容包括三个方面：第一，就是基本工资加100元，差不多加了20%。第二，边远地区要实行艰苦地区津贴，过去有规定，但一直没有兑现。我们觉得在当前西部大开发的时候，实行这个政策，便于人才的交流。准备给600多个县补贴，这叫艰苦地区津贴。第三，国务院过去也作过决定，每年应该加发一个月的奖励工资，但是一直也没有兑现，明年准备兑现。至于增加工资的资金来源，我们还是按照去年那个办法，就是东部地区加工资，中央财政不补贴；中西部地区按照一定的比例由中央财政给予补贴，比方说西藏，加的工资全部由中央拿钱；艰苦地区津贴全部由中央财政补贴。但是我们有个前提，你要确保现有工资的发放。

---

〔1〕郑天翔，曾任最高人民法院院长。

六、继续实行稳健的货币政策，切实加强金融机构监管

明年要继续实行稳健的货币政策。我们觉得现在的银根还是太松了，间接地鼓励了很多重复建设、没有效益的建设，所以银行无论如何在这方面要有风险意识，采取各种机制和措施来减少不良贷款。今年我们对各个银行进行了一次全面的稽查，发现所有银行的不良贷款比例都在上升。最近我们准备把稽查结果发给每一个商业银行。同时警告他们，已经有一年不良贷款的比例上升了，如果明年不良贷款的比例继续上升的话，那就要改组你的领导班子，撤换行长。我也呼吁在座的各个部门和地方的领导同志，请你们不要干预银行的业务，什么项目该贷还是不该贷，由银行自主决定，不要强迫他们贷款。强迫他们把钱贷给哪一个大户，最后这个钱都是收不回来的。

七、扎扎实实地推进西部大开发，促进地区协调发展

西部大开发一项很重要的政策，就是进行基础设施建设。中央决定，凡是在西部地区由国家决定的基础设施建设项目，全部的资金由中央来筹措，不要地方配套。很多配套资金到事后证明地方是拿不出这个钱的，要么就加重农民的负担，要么最后还是欠了这个钱。第二项是生态环境的改善，就是退耕还林、还草工作要抓紧进行，政策要落实。关于西部大开发，人民群众有强烈的反映，就是要务实。现在各种名目的研讨会、洽谈会、招商会、这个节、那个节接连不断，花钱不少、效果不大，我们认为应该刹车。开发西部地区是要靠扎扎实实的工作，靠耍嘴皮子不行！

八、把对外开放提高到新的水平

加入世贸组织以后，对我们也是个严重的挑战，竞争会更加激烈，可能会有一批国有企业倒闭，要有足够的思想准备。所以，我们要有一批专业人才专门研究新形势下的法律、法规，对外法规要尽量完善，使我们立于不败之地。美国和欧盟对所谓的“倾销调查”、“配额”会越来越收紧，不要光看加入世贸组织以后会扩大市场，也有限制市场的一面，所以，我们还要努力。

九、推进科技进步，加强人才培养

这里我只讲一个问题，就是农村教育收费确实是一个很大的问题。最近《焦点访谈》到湖北的赤壁市调查，农村的乱收费里面，教育的收费是重要的一项。本来义务教育是国家拿钱的，国家拿了很多钱，结果教师队伍倒是搞得很庞大，但里面没有几个合格的教师，还向农民乱收费。我希望在座的各位领导同志，在整顿乱收费过程中，特别要把教育的乱收费好好地整顿一下。你光是那么问一下是问不出来的，要仔细地去调查，切实解决这个问题。

十、切实加强管理，整顿和规范市场秩序

现在市场经济秩序是相当的混乱，假冒伪劣产品横行，特别是医药产品能害死人，不得了！最近我们打击骗取出口退税，在广东普宁发现一个检察院的干部，他开了几十家工厂，假造各种增值税发票，在全国 16 个省市都有分销点。这样搞下去，经济就根本没有

秩序，太败坏国家的名誉了！最近国际上查假烟，企业界出口的假烟里面，中国上升到第一位了，第二位是希腊。中国造的假烟出口量占全世界假烟的15%，这都“遗臭国际”了。前天晚上看《焦点访谈》，河南省一个供销社的棉花加工厂，打包车间里面专门有一个弄虚作假的车间，把那些废棉花、棉子、乱七八糟的纤维，甚至滑石粉、鸡毛等什么东西都塞到棉花包里，大概体积占整包棉花的三分之一到二分之一。你要检验的话，在它表面上抓一两把出来都是合格的，但中间全是假的。当时，我就给李克强〔1〕同志打电话，我说你赶快派人把他们先抓起来，这不抓起来还得了吗?！他们连夜行动，马上开会，马上派人，马上进行处理。昨天我要求盛华仁〔2〕同志牵头，召集有关部门研究，下发一个紧急通知，整顿棉花收购秩序，对供销社的加工厂要严格整顿，狠把质量关，宁可十天半个月不收购，也要先整顿好市场秩序。我们过去搞计划经济，特别重视加强计划管理的经济部门，现在恐怕要加强一下市场管理的部门，要利用法制来整顿市场秩序。工商行政管理、质量技术监督、海关、建设部门、物价部门应该切实地负起这个责任，财政、金融、税务、统计这些部门也应该健全对各个环节的监控，强化管理和监督，来堵塞这个漏洞。我希望各地负责同志，大家都来支持这个工作，共同努力，使市场经济秩序在明年有一个大的转变。

〔1〕李克强，当时任河南省省长。

〔2〕盛华仁，当时任国家经济贸易委员会主任。

在二〇〇〇年
中央经济工作会议上的总结讲话

（2000年11月30日）

根据会议讨论的情况，我再强调几点。

一、关于加强农业、增加农民收入问题

大家一致同意把这项工作放在明年整个经济工作的首位，赞成中央提出的有关政策措施。当前，农民收入增长缓慢，粮食主产区农民甚至减收，对国民经济发展的制约越来越突出。如不采取进一步的措施，这将会成为一个严重问题，务必引起我们高度重视。

第一，调整农业结构，要尊重农民意愿，不搞强迫命令。这是一个非常重要的原则。一些地方的教训证明，背离这个原则，只会事与愿违、劳民伤财。不少地方在引导农民调整结构方面，有很多成功经验。海南省搞“绿色通道”很有成效，大量种植适销蔬菜、水果，改善了种植结构。政府的工作，就是要为农民调整结构创造条件，包括加强农业和农村基础设施建设，改善和加强农村金融服务，以及向农民提供市场信息和技术咨询等方面的服务，让农民自己来考虑如何调整种植、养殖结构。这样，才能适应市场需要，提高产出效益。

第二，坚持按保护价敞开收购农民余粮。这是当前情况下增加农民收入最直接、最现实的办法。从1997年以来，我们年年都强调三条政策：第一条，用保护价敞开收购农民余粮，这是最重要的；第二

条，国有粮食企业顺价销售；第三条，粮食收购资金封闭运行。特别是第一条，我们反复强调要落实，但始终没有贯彻好。根据典型调查，大体情况是，农民的余粮用保护价收购了60%左右，基本上保护了农民的利益，使农民没有吃很大的亏。但是，还有三分之一的余粮没有收起来，农民增产还是不增收，甚至减收。我们既然已经收了农民余粮的三分之二，再努一把力，把其余的三分之一收进来不就行了吗？只要思想认识统一，就一定能够克服执行中的各种困难。中央和地方财政拿钱建立了粮食风险基金，农业发展银行的粮食贷款由中央财政补贴利息，这几年国家又建成了500多亿斤仓容的粮库，其他必要条件都是具备的。只要把农民的余粮基本收购到国家手中，使粮价稳定在合理水平上，就可以增加农民收入，可以实现顺价销售，粮食企业也应该不会亏损。中央已经决定，今年收购的粮食比去年多的那一部分，保管费和占用流动资金的利息补贴，全部由中央财政承担。希望各地真正按保护价敞开收购农民余粮，粮食企业做到一年365天收购粮食，这样就能保护好农民的利益。

第三，积极稳妥地推进农村税费改革。这是明年一项非常重要的工作，是造福于民的重大举措。中央财政准备在明年拿出200亿元，支持这项改革。中央对这项工作是非常慎重的，不搞强迫命令，也不搞什么达标，不要求大家在明年都进行农村“费改税”。各地什么时候搞，由各地根据自己的条件决定。你什么时候开始这项改革，中央财政就什么时候给你补贴，而且作为基数年年补。

进行农村税费改革，必须精简机构、精减人员，不然光补贴也补不起。明年要同时推进市、县、乡镇的政府机构改革，精减人员。中央编委初步确定的目标，编制要减20%。这个比例不算小。现在市、县、乡镇的机关在职干部为467.7万人，其中超编的就有43.4万人。清退超编人员再加上减少编制20%，就要精减120多万人，还有编

2000 年 11 月 15 日，朱镕基在山东省济宁市粮管所考察。左一为中共中央政治局委员、山东省委书记吴官正。

制之外的临时聘用人员也需要清退，这是一个很重的任务。根据试点经验，我们定了两条政策：一是精减下来的干部，在没有找到新的工作之前，三年以内工资照发。这个代价是要付的，不然不利于稳定，人员也精减不了。即使这样，财政负担也可以减轻，至少可以节省办公费和差旅费。二是这些人员不管分流到哪里去，在机关的这一段工龄还是承认的，在他们退休的时候将给予相应的养老补贴。这样，可以减少精减工作的阻力。

撤并乡镇也是一项很重要的工作，可以大大减少机构和人员，减轻农民负担，提高工作效率。当然，这项工作很复杂，全国各地的情况差别很大，要坚持从实际出发，因地制宜，有领导、有步骤地进行。在实施中要注意工作方法，做细致的思想工作。

二、关于调整和优化产业结构问题

在会议讨论中，有的同志对我强调反对重复建设表示疑虑，他们说如果不搞工业建设的话，经济怎么发展呢？这种担心是不必要的。第一，我们并不是反对加工工业建设，而是反对低水平加工工业的重复建设，在当前一般工业品普遍供过于求、银根比较松的情况下，搞低水平的加工工业重复建设，实在是危险。这方面的历史教训太深刻了。要清醒地看到，虽然目前形势好一点，但经济运行中潜伏的隐患不小，银行还有巨额不良贷款，国有企业脱困的基础还不牢固，绝不能再用银行贷款去搞无效的重复建设。第二，虽然我们反复强调，但实际上重复建设还在搞。不少地方搞的几亿元的项目，都没有按规定上报。有的银行仍然不坚持商业信贷原则，当地领导叫它们贷款它们就贷，这是绝对不能允许的。同时，各级政府领导也不要去干预银行的正常经营活动，否则，后果是严重的。第三，搞工业项目，一定要全面考虑市场需求、规模效益、技术水平和环境保护等各个方面，要科学论证，慎重决策。最近三年，国家确实较少安排加工工业项目，但也不是绝对没有。凡是有利于产业结构调整、提高经济效益的项目，都得到国家的支持。比如说，我们批准建设电站，优先考虑建设水电站，这有利于调整能源结构、改善环境质量。对于火电站建设，前提是，上一个100万千瓦的火电站，就得相应关掉100万千瓦容量的小电站。现在小火电站太多，不但能耗高，而且严重污染环境。我们同意在有的地方建大水泥厂，但同时要求相应关掉一批小水泥厂。前不久，我到韩国去访问，一个非常深刻的印象是，他们搞一样东西像一样东西，浦项钢铁厂年产钢达2700万吨。我国虽然年产钢1.3亿吨，但最大的钢铁厂年产钢也才1500万吨。韩国现代集团的汽车厂年产汽车200多万辆，我们哪个汽车厂能达到这个规模？韩国花10亿美元建成一个0.18微米的芯片工厂，我们还达不到这个水平。在世界科学技术迅猛发展、经济竞争日趋激烈的形势下，如果我们还热衷于搞低水平的重复建设，那还有什么前途?!

总之，再不要搞低水平的加工工业重复建设了。当然，高新技术产业也不是所有地方都能搞的，也要防止形成新的结构趋同化。发展新兴产业的路子还是很宽广的，比方说，旅游业就很有前景，交通运输业、绿色食品业、服务业等很多产业，也都需要大力发展。

三、关于深化国有企业改革问题

大家一致认为，国有企业改革和脱困三年目标的基本实现，是一个很大的成绩。但也要看到，一些脱困企业的基础仍不稳固，有些三年以前不亏损的企业现在又亏损了。还应该看到，目前企业利润增加那么多，其中含有银行连续降低贷款利率和债转股等因素，也就是说，企业利润增加的一部分来源于银行利息的减少。所以，我们一定要从两方面来看待这个问题。国有企业改革与脱困的任务还是很重的，特别是建立与完善现代企业制度的任务相当艰巨，需要继续努力。

这里，要特别强调对国有企业加强监管的问题。现在对很多国有企业缺乏必要的监管，厂长（经理）一个人说了算，没有人监督他。为了加强对国有企业的监管，在试行稽察特派员制度的基础上，按照中央的决定，由国务院向一些大型重点国有企业派出监事会。事实证明，如果企业监事会不是从外部派驻而是由内部产生的话，那是什么也监督不了的。现在对建立企业领导者的激励机制讲得多，例如要实行期权制、年薪制等，这些都是对的，但如果没有健全的监督机制，这些措施恐怕也难以奏效。

最近，有些省在对国有企业进行股份制改革时，把股票分给个人，其中大部分分给了企业的领导成员。这种做法很有问题。不要把企业激励制度与职工参股混同。简单地把国有资产量化到个人，不是一种好办法。这在俄罗斯已经被证明是失败了的，即使是在西方发达国家，也不推广这种办法。我们还是要按照党的十五大和十五届四中全会的精神，搞好规范化的企业股份制改革。企业改组上市也是检验企业经营好坏的一个好办法。企业要上市，首先必须进行改组，要有三年盈利纪录；其次，必须实行严格的信息披露制度，向社会如实公布企业经营状况，接受公众监督。所以，企业改制上市不仅是筹集资金，更重要的是可以让股民来监督企业，推动企业加快转换经营机制。近两年，我国一些大公司在境外上市很成功。现在重要的是，要切实转变思想观念，熟悉和运用市场经济规律和现代管理方法来管理上市企业。如果再用计划经济体制下的那套办法来管理上市企业，行政命令、朝令夕改、随意换人、平调资产，那是绝对不行的，就要受到市场经济规律的惩罚。我们所有的同志特别是各地方、各部门的负责同志，一定要努力学习市场经济知识，提高经济管理水平。

四、关于社会保障体系建设问题

首先要明确，明年的社会保障制度改革试点，只在辽宁全省和其他各省区市的部分城市进行。其他非试点地区，仍然实行现行的社会保障制度和政策。

有些同志反映，对试点方案与现行做法的区别还不是很清楚。这里，我简要概括一下，试点方案的要点是：第一，职工基本养老保险中，个人账户和统筹账户的构成有所变化。原来是按职工工资额计算，职工自己出5%，企业出6%，共11%计入个人账户。试点后，企业交给个人账户的6%转入统筹账户，统筹账户中增加这一块后，就可以基本实现当年基本养老金收支平衡。至于个人账户，在原来个人出5%的基础上，个人再多交3个百分点，合起来是8%，计入个人账户，不再用做支付当期支出。这样，个人账户就逐步会有实际积累，变“空转”为“实转”，不再出现新的欠账。第二，逐步推进下岗职工基本生活保障与失业保险并轨。试点单位明年下岗的职工，不再进入再就业服务中心领取基本生活费，而直接进入失业保险；原来已在再就业服务中心的，也要逐步转入失业保险。并轨也有个过程，要用三年左右的时间，不是马上统统并轨。这项改革有一定的难度。要下岗职工出再就业服务中心，过去企业拖欠他的工资、医疗费、集资款等要还给他，还得发一笔解除劳动关系的补偿费。有些企业已经破产了，或者很困难，根本拿不出这些钱；要国家偿付，财政也难以承受。究竟怎么处理比较稳妥？要在试点中进行探索。下岗职工进入失业保险后，可享受两年的失业保险；两年后还没有就业的，进入最低生活保障。总之，通过试点，积累经验，完善方案，逐步推广，向新的社会保障体制平稳过渡。

机关公务员（含全额拨款的事业单位工作人员）的养老保险办法改不改？为了稳定公务员队伍，国务院决定暂时不改。正在进行改革试点的一些地方，允许继续试点。为了有利于政府机构改革和人员向企业流动，要实行一个政策，就是机关公务员调到企业工作后，即按照企业的养老保险办法执行；退休以后，在享受企业社保待遇的同时，还要按他原来在机关工作的那一段工龄，增发一部分养老金作为补偿。具体办法还在制订，也要先在试点地区实行。

关于明年社会保障方面的工作，需要强调：一是明年辽宁全省及其他各省份确定的试点地区，要按照中央的精神，抓紧制订操作方案，抓好试点工作。不进行试点的地区仍然要按照现行办法，继续搞好各项社会保障工作，尤其要做到“两个确保”〔1〕。对实现明年“两个确保”所缺资金数额，经过详细核实后上报。只要地方政府真正如实报数，中央政府就如数给钱。这些钱主要来自于最近建立的全国社会保障基金。全国社会保障基金的资金来源主要是中央财政拨付、国有资产变现收入和彩票发行等渠道，主要用于补助地方社会保障资金不足的缺口。二是建立健全城市居民最低生活保障制度，把符合条件的城市贫困人口全部纳入最低生活保障的范围。现在最低生活保障的范围还不是那么广，今后有些下岗的职工最后还要进入最低生活保障。这项工作要继续加强。有些地方这方面的工作做得相当好，有比较成熟的经验，要进一步总结和推广。三是完善城镇职工基本医疗保险制度，积极推进医疗机构和药品流通体制改革。建立社会医疗救助制度。妥善解决特大病的医疗保险费用。这些方面的改革措施，目前大部分省区市已经出台；希望尚未出台的地区，要按照规定的时间抓紧出台，认真抓好这项工作。四是加快推动社会保障管理和服务的社

〔1〕参见《在二〇〇〇年中央经济工作会议上的讲话》（本卷第 69 页）。

会化。不少地区这方面的工作有了很大进展，并已基本上实现了养老金的社会化发放。希望各地进一步做好这方面的工作。关于社会保险费的征收，有的同志主张由现在的社会保障机构来收；有的同志则主张把它改成社会保障税，或者不改税而由税务局来征收。这两种方式在全国都有，我们认为不要强求一律，两种方式都可以，由各省区市根据自己的情况选择确定。

五、关于财政收支问题

去年和今年财政大幅增收，有一些特殊因素，不能期望明年财政收入还有这么高的增长。1999 年，财政增收 1560 亿元，其中一个重要因素，就是打击走私取得成效，使海关税收增加了 700 多亿元。今年 1 到 10 月，财政增收主要来自企业的增值税和所得税。由于企业经营状况好转了，效益提高了，这里也包括国家采取降息、债转股等政策因素的支持，所以，增值税比去年同期增加 652 亿元，所得税增加 365 亿元，这两项就增加 1000 多亿元。还要看到，今年增值税和所得税的增加与石油涨价有很大关系，其中很大一部分税收来源于石油、石化工业。由于我们进一步实行出口退税的政策，增加了出口，同时也促进了进口，使进口税收增加 512 亿元。今年股票市场比较活跃，这与我们采取各种措施引导资金分流有关，使证券交易印花税增加了 181 亿元。所有这些，构成了增收 2000 亿元的主要来源。明年很难再有这些超常增收的因素。

那么，今年增加的财政收入是怎么花掉的呢？首先是增加工资的支出。去年增加城镇中低收入人员工资，中央财政补助地方半年支出 340 亿元；今年要补助全年工资，比去年又增支 340 亿元。今年落实“两个确保”需要支出近 400 亿元。去年出口退税退了 600 多亿元，今年已退税 800 多亿元。此外，教育等项的法定增支要求、国债付息增加支出、对地方增加转移支付支出等等，增加了好几百亿元的支出。况且，在增收的 2000 亿元里，中央财政只有 1000 多亿元，刚才报的账已超出了 1000 亿元。

明年全国财政收入估计能增收 1400 多亿元，就算不错了，而财政支出的刚性却很强。因此，明年中央财政收支矛盾是很大的，地方财政收支平衡也会是相当紧的。在这种情况下，要特别注意以下几点：第一，努力节省开支。坚决反对铺张浪费，大力提倡艰苦奋斗。现在，大吃大喝、大手大脚花钱的现象十分普遍，此风不刹，不仅财

2000 年 11 月 13 日，朱镕基在山东省临沂市沂水县看望农户。

力不济，而且败坏党风、政风。第二，积极调整财政支出结构。要区别轻重缓急，该保的一定要保，如按保护价敞开收购农民余粮、实行农村税费改革、落实“两个确保”、增加机关和事业单位人员工资等，财政必须安排好相应的资金；该压缩的开支一定要压缩，要把调整支出结构与转变政府职能、精简机构和改进工作作风结合起来。第三，在增收方面狠下工夫。加强税收征管，进一步完善税制，推进税收征管改革。明年要完成“金税工程”[1]建设，建立一个交叉稽核的电子网络体系，依法狠狠打击各种偷税、逃税、骗税等犯罪活动，做到依法治税、应收尽收。第四，地方财政要立足于增收节支，自求平衡。不要眼睛向上，依赖中央财政，把财政开支的硬缺口留给中央财政，形成“倒逼机制”。

六、关于维护社会稳定问题

明年改革和发展的任务十分繁重，做好社会稳定工作极为重要。一定要注意处理好改革发展稳定的关系。

各项改革措施要充分考虑群众的承受能力，原则上不能损害大多数群众的既得利益。要正确处理新时期的人民内部矛盾。干部要深入群众，深入基层，体恤群众疾苦，做好群众的思想工作，防止矛盾激化。

搞好社会治安综合治理。依法严厉打击危害人民群众人身和财产安全的各种刑事犯罪，使城乡人民群众真正有安全感。各级财政要保证政法部门必要的经费。

---

〔1〕 见本卷第 14 页注〔3〕。

对审计特派员办事处执法犯法问题要严肃查处*

（2000年12月3日）

请岚清〔1〕、忠禹〔2〕同志批转李金华〔3〕同志阅处。审计特派员办事处执法犯法，问题不可小视。堤坝穿洞，势将决口。请审计署高度重视，严肃查处，对有关责任人分别情节予以处分。有的要调换地方，以杜绝与地方财政的经济利益关系。

朱镕基
12.3

---

* 2000年11月17日，财政部向国务院报送的《关于对部分审计特派员办事处检查情况的报告》反映，2000年7、8月份，财政部组织部分财政监察专员办事处力量，对审计署七个特派员办事处1998年以来的财务收支和审计“过渡户”情况进行检查，查出七个特派员办事处不同程度存在将收缴的中央预算资金缴入地方金库、向企业高息借出资金、收取地方财政补助、与地方财政结成密切利益关系等问题。这是朱镕基同志在该报告上的批语。

〔1〕岚清，即李岚清。

〔2〕忠禹，即王忠禹。

〔3〕李金华，当时任审计署审计长。

农村信用社改革要因地制宜 *

（2000 年 12 月 8 日）

第一部分

我今年两次到江苏省来，就是为了农村信用社改革，这个事情很大。我们在上半年来的时候，对这个问题商定了一些基本的原则，然后决定在江苏省试点。我们回去商量这个问题时，又考虑到我们已经商定的江苏省试点办法里还缺了一条，就是农村信用社的归属问题，即这个业主是谁、由谁来经营、是什么性质，办法里对此没有讲得很清楚。当时讲的很大的一个问题，就是全国 2000 多家农村信用社究竟由谁来管？总要有一个经管单位。我们担心将来一旦农村信用社失控了，不知道找谁，全国 2000 多家，怎么弄？对这个问题我们商量了很久，感到农村信用社的发展有一个过程，一开始是农业银行直接管，后来搞了一大笔烂账，于是跟农业银行脱钩；脱钩以后由人民银行来直接监管，由人民银行来挂钩。再后来又发现找人民银行监

* 2000 年 12 月 7 日至 9 日，朱镕基同志在江苏省考察工作，先后考察了苏州、南京等地；12 月 8 日，在南京市主持召开农村信用社改革座谈会。这是朱镕基同志在座谈会上讲话的主要部分。这篇讲话共分两部分。第一部分是座谈会开始时的讲话。之后，中国农业银行行长尚福林汇报了农村信用社改革试点方案。江苏省政府及有关农村信用社等金融机构负责同志也发了言，对试点方案提出了不同意见。朱镕基同志宣布休会，并随即与随行的国务院有关部门负责同志进行了协商。第二部分是协商之后的讲话。

管也不得了，直接监管等于找了个“后台老板”，可以获得再贷款，这也是一个“无底洞”。农村信用社与人民银行挂钩，问题更多。但是，总得要找一个监管单位。经过反复商量，大家认为这件事还是离不开农业银行，提出把农村信用社索性改个名字，叫中国农业信贷银行，按股份制银行来办，由中国农业银行来控股，农业银行收缩县以下业务，把这些业务都交给农业信贷银行。我们觉得，这无论从宏观上，还是从经营管理方面都是比较好的。我们回去后，各个部门经过

2000 年 12 月 8 日，朱镕基在江苏省南京市主持召开农村信用社改革座谈会。图为休会时与随行的国务院有关部门负责同志交谈。左一为中国人民银行行长戴相龙，左二为中国农业银行行长尚福林，右一为国务院研究室副主任魏礼群，右二为全国社保基金理事会理事长刘仲藜，右三为中财办副主任李克穆，右四为国务院副秘书长马凯，右五为国家计委主任曾培炎。

商量搞出了一个方案。但对这件事，我非常不放心，不知道这个东西行不行，于是又赶快亲自到江苏来跟同志们商量。这倒不是朝令夕改，因为目前还是试点，还没有开始，好多问题没有考虑得那么周到。我建议，现在由中国农业银行行长尚福林同志先把这个方案跟你们讲一讲，然后请基层的同志提提意见。你们可以说三道四，可以挑毛病，可以讲不同的意见。我们根据大家的意见再做修改。

现在讲的中国农业信贷银行，都是以县为单位，不成立江苏省中国农业信贷银行，在北京也没有中国农业信贷银行总行。法人就是江苏省某某县农业信贷银行。这个农业信贷银行，是由上面的中国农业银行集团公司直接控股的，县级银行本身有董事会，有监事会，同时由董事会任命行长。这一点非常重要。绝不是又搞一套中国农业信贷银行的体系。

第二部分

刚才，尚福林同志介绍农村信用社改革方案，与会的农村信用社负责同志提出了一些不同意见。会议休会时，我与同来的有关部门负责同志商量了一下，这次到江苏省来讨论这个方案，跟上次的方案没有很大不同，就是加了一个法人管理系统的内容。听了两个基层农村信用社同志的意见后，我感到这个方案不适用于江苏省现在的情况，这一点考虑不周，完全是我的责任。我们考虑的对象是中西部地区比较多，那里的农村信用社负债累累，资不抵债，没有面向农村，大量的贷款都贷给一些乡镇企业，资产质量很差。如何端正它们的经营方向，让它们为农村服务，中央要给予支持。上一次我们在苏北地区考察，苏北地区多少带有一点你们江苏的“中西部”的性质，因此，出台的政策也很受苏北同志的欢迎。但现在看来，那一套办法并不完全适用于比较富裕的地方。从整个江苏省来讲，农民总体来说都比较富裕。所以，这个试点的办法，特别是今天所做的补充，并不一定适合江苏省的大部分情况，这完全由我来负责。农业银行和农村信用社之间的恩恩怨怨几十年了，谁都怕被对方吃掉，谁又都想吃掉对方。现在要让农业银行和农村信用社发生关系，很容易引起反感，起码刚才两个基层来的农村信用社主任就很反感，我可以体会到他们的心情。对这一点我估计得不够。刚才，俞兴德〔1〕同志汇报讲，张家港农业银行和农村信用社都强，在两家还要一争高低之时，我们让农业银行去控农村信用社的股，是冒天下之大不韪；赣榆县是农业银行很弱、农村信用社很强的地方，用弱的去吃掉强的，农村信用社当然很反感，所以它反过来提出要控股农业银行，讲得也很有道理。

中国各地的情况千差万别，尽管我们搞了几十年经济工作，但往往对中国情况的千差万别考虑得不够，总想搞一个模式，一个模式“安天下”看来不行！因此，恐怕应该这样来考虑，就是从江苏省来看，苏北地区和苏南地区情况不一样，我们的方案是按照苏北地区情况考虑的，跟苏南地区的情况不太符合。我的意见，江苏省还是要试点，是另一种类型的试点，你是作为富裕地区的试点，贫困地区的试点还要另找对象。富裕地区的试点，我看是把农村的信用社变成县的地方金融机构，也不一定再搞省联社、市联社，它就是一个地方的金融机构。但是也要进行研究探索，现在问题还是有的，就是它的法人地位并不明确。根据刚才乔宗君〔2〕同志讲的80%的农村信用社都是农民做股东，但是究竟谁是老板搞不清楚啊！增值的部分利润变成股本，股本是谁的也不明确，法人治理结构不明确，钱究竟是农民的还

〔1〕俞兴德，当时任江苏省副省长。

〔2〕乔宗君，当时任江苏省连云港市赣榆县农村信用联社主任。

是国家的，都搞不清楚。这还是要明确，否则到最后要出问题的。法人地位不明确，风险也不明确，由谁来承担这个风险啊？所以，你们在这方面还是要进一步明确法人治理结构，将来可以逐步地走向股份制的农业合作银行，要朝这个方面去试点、去发展。因此，我现在非常明确，以后你们这些农村信用社就是地方的金融机构，一切风险由法人自己来承担，中央不承担责任。今后试点的方向，要明确法人治理结构，明确股份制，明确风险承担的责任。当然，既然叫农村信用社，还是应该为农民服务、为农村服务、为农业服务。我们在今年上半年定的那些思路还是正确的，还是要朝这个方向努力，因为在城市里服务的金融机构多得很呢！至于苏南地区的情况有所不同，但也不可以一概而论，也有一些比较困难的县，我们在今年上半年提到的一

2000 年 12 月 8 日，朱镕基在江苏省南京市主持召开农村信用社改革座谈会并讲话。右一为国家计委主任曾培炎，右三为中国人民银行行长戴相龙，右四为财政部副部长高强。

些政策还是适用的，可以继续给予支持。至于将来在一些中西部贫困地区，那里的农村信用社的法人治理结构恐怕跟江苏省的还不一样，因为它们的乡镇企业不发达，地方政府没钱，农民也很穷，究竟那里的农村信用社向何处去、如何支持“三农”，恐怕要继续深入地调查研究。今天我们提出的方案不适合江苏省的情况，这个方案到此为止。另外，希望同志们不要以讹传讹，不要说中央出了一个方案，把农业银行和农村信用社合并了，不要去散布这个东西，搞得人心惶惶，那很不好！我为什么这么急地赶到江苏省来，也是怕造成误会。因为在互联网上有人攻击我，主要说我三点：第一点，要把农村信用社变成农村金融的主力军，认为我这是空想。说信用社已经是不可救药了，我找错了对象，找了个坏账那么多的机构。这当然不对了，你们这里农村信用社都办得很好，怎么是不可救药了呢？第二点，也有人担心，一听说农业银行控股、农村信用社升格为农业信贷银行后，到处去加人，许多人想乘此机会进去吃“大锅饭”了。第三点，有些地方一提要支持“三农”，就是要财政补贴，就放松了农村信贷，我们在山东省确实也发现存在这种情况。

我看，可以明确这样三点：第一，在江苏省进行农村信用社改革的试点没有变，试点的方向还是要为“三农”服务；第二，今年我们在苏北地区商定的江苏省农村信用社改革试点方案也没有取消，但是要区别苏南、苏中、苏北地区的不同情况，不是所有的政策都适用于这三种不同类型，要根据实际情况来定；第三，今天提出的农村信用社法人治理结构的建议方案不适用，不传达，到此为止。至于你们农村信用社将来的发展方向，就是我刚才提的一点意见，实际上这个东西在 1996 年的文件上也有，就是逐步明确为股份制农业合作银行，有条件的农村信用社可以向这个方向转化，致力于明确法人治理结构、明确金融风险的承担责任。

2000年12月12日，朱镕基在浙江省萧山市宁围镇中心信用社考察。

（新华社记者樊如钧摄）

最后，我再强调一点。在今年的中央经济工作会议上，我两次讲话。特别是后来的总结讲话，我讲农业的篇幅是占得最多的；而且我提出来，明年的首要任务，放在突出位置的是农业。即使在江苏省，也不要轻视农业的问题，它照样是国民经济的基础，千万别轻视。我在上海市工作时就非常重视农业，那里的农业比重比你们的还小。这一点是要明确的，中国革命的基本问题是农民问题，国民经济的基础是农业，我们从来没有改变这个命题。无论经济怎么发展，农村盖了多少房子，外向型经济搞了多少，都没有改变这个现实。我还讲过保持社会稳定，关键是保持农村稳定。所以，无论如何要把农业、农村工作放在首位，刚才几位同志也特别强调了这一点。我担心的就是农民没有人管。要求农民调整种植结构，就要增加他们的收入，但是不给予金融支持，他们富不起来。从全国情况看，不管是农业银行也好，还是农村信用社也好，都是把信贷重点放在乡镇企业上，放在工业上，没有把农民的疾苦、农业种植结构调整放在突出位置。对怎么让农民富起来，这方面的支持事实上是很弱的。当然，也许江苏省的农村信用社做得比较好。实际上，搞一些乡镇企业，搞一些“门面项目”，不见得信贷质量就好，同样造成了很多的不良贷款，特别是重复建设。而给农民直接贷款，也许信贷质量并不是很坏，可以贷款帮他们搞个大棚，帮他们调整种植结构。我们在常熟看棉花加工厂，当地农民很有头脑，账算得很清楚，三亩地里，一亩八分种棉花，还有多少地种菜、种粮，他们心中很有数。农村信用社要是给他们金融支持，他们就能够富起来。为什么我非常重视乔宗君同志的经验呢？如果你们县80%的农村信用社都支援农民的话，你就应该升官，你应该可以当个县委书记或当个县长。但是，我要叫人调查一下，你是不是真正做到了这一点。赣榆县属于苏北地区，如果你能做到这一点，你就是一个典范，我们要推广你的经验。我们要求的就是这一点。农村信用社无论如何要贴近农民，为农民服务。我想从这一点来讲，江苏省农村信用社改革试点没有变。要端正服务的态度，明确服务的对象，改变信贷的结构，向农民倾斜，不是去装门面，不是为“县太爷”服务。优惠政策要区别不同情况，像张家港、赣榆的农村信用社，如果还把优惠政策给他们，就太不公平了，对苏北地区的人太不公平了。政策本身就是区别不同的对象。我这次带来的方案就是对江苏省的实际还是认识不够，对具体情况了解不够。农村信用社的改革还是要多到中西部地区加强调查研究，当然江苏省也有“中西部”，但毕竟不一样，基本上是东部地区嘛！希望你们农村信用社的改革继续进行试点，取得成功，为全国树立榜样。

制定更加具体的粮食购销政策*

（2000 年 12 月 12 日）

岚清[1]、家宝[2]同志：

从浙江省的粮食供求关系来看，可以更快地调整农业经济结构，较快实现粮食购销的市场化。浙江省一年需要粮食 320 亿斤，其中饲料粮 100 亿斤全部由省外供应，口粮（包括种子粮）220 亿斤全部由省内供应。在 220 亿斤口粮中，商品粮只有 22 亿斤（其余近 200 亿斤均为农民自种自用），其中用保护价收购农民余粮 7 亿斤，用保护价加价外补贴（每斤 1 毛）收购大户承包商品粮 15 亿斤。这点商品粮完全可以由省外供应，这既可以有利于粮食主产区销售余粮并实现顺价销售，也有利于浙江省更快调整农业结构，改种比较效益更高的经济作物和发展养殖业。这样浙江省就可以逐步实现粮食生产、收购、销售的完全放开，实行市场调节。当然，政府必须保留一条重要的政策措施，即保护基本农田，不许随便将

---

* 这是朱镕基同志在中央财经领导小组办公室副主任段应碧写的《浙江种粮大户情况调查》一文上的批语。该调查报告反映，近年来种粮大户为了提高经济效益，多次进行了结构调整，拿出一部分土地发展经济作物和养殖业。个别种粮大户全部搞了水产养殖，买粮交定购。从调查情况看，全部种粮食的，收益不高，全靠政府补贴；调整种植结构多的，赚钱就多。

〔1〕 岚清，即李岚清。

〔2〕 家宝，即温家宝。

耕地改为非农业用地。建议再对类似地区作些调查，分别不同情况制订更加具体的粮食购销政策。请酌。

朱镕基
12.12

岚清、家宝同志：从浙江省的粮食供求关系来看，可以更快地调整农业经济结构，较快实现粮食购销的市场化。浙江省一年需要粮食320亿斤，其中饲料粮100亿斤全由省外供应，口粮（包括种子粮）220亿斤由省内供应。在220亿斤口粮中，全部商品粮只有22亿斤（其余均为农民自种自用）（约200亿斤），其中用保护价收购农民余粮7亿斤，用保护价加价外补贴（每斤1毛）收购大户承包商品粮15亿斤。这类商品粮完全可以由省外供应，这既可以有利于粮食销区实现顺价销售（销售余粮库），也有利于浙江省更快调整农业结构，改种比较效益更高的经济作物和发展养殖业。这样，浙江省就可以逐步实现粮食生产、收购、销售的完全放开，实行市场调节。当然，政府必须保留一条重要的政策措施，即保护基本农田，不许随便将耕地改为非农业用地。此议可否对某些地区作些调查，分别不同情况，制订更加具体的粮食购销政策。请酌。

浙江种粮大户情况调查

12 月 10~12 日，我和省农办主任王良仟同志分别到萧山市、绍兴县、诸暨市召开了三个座谈会，先后与 19 个种粮大户进行了座谈。简报如下：

一、基本情况

这 3 个县(市)经济发达，农村劳动力大量转移到二三产业，务农的劳动力不到 30%，青壮年劳动力更少。农民收入都在 5000 元以上。各村按照中央土地政策，进行二轮承包，给每户发放了承包权证。但多数农户只愿耕种少数土地作口粮，不愿多种，也无精力多种。在这种情况下，各村与农户协商，自愿转包给少数农户经营，从而形成了一些种粮大户。截止目前，萧山市共有 10 亩以上的种粮大户 4781 户，承包面积 30 万亩，承包面积占总耕地面积的 40%，其中 50 亩以上的 1085 户，承包面积 18 万亩。绍兴县共有 10 亩以上的种粮大户 2644 户，承包面积 12 万亩，占 30%。

司法公正，国脉所系*

（2000 年 12 月 29 日）

请罗干同志核转肖扬同志：在全国高级人民法院院长会议召开之际，谨对各级人民法院在依法审判工作中取得的成绩表示充分肯定，对膺选“人民满意的好法官”称号的同志们表示热烈祝贺。建设法治国家，任重而道远。司法公正，国脉所系。罚不在重，而在于公，法律面前，人人平等。执法如山，万民称快。判决必须执行，判决而不执行，法律尊严何在?！姑息养奸，国无宁日。关键在全面加强法官队伍的建设，提高法官的素质。培养一支学法有成、执法如山、清廉如水的法官队伍，是中国法制建设的标志。国务院将竭尽全力保证政法队伍教育培训经费的需要。各级政府财政必须保证办案经费，诉讼费要依法收取，不能过高，让广大人民群众打得起官司。

朱镕基

12.29

---

* 2001 年 1 月 2 日，最高人民法院召开全国高级人民法院院长会议，并对全国 100 名“人民满意的好法官”、100 个“人民满意的好法院”进行表彰。会前，最高人民法院向朱镕基同志报送《关于最高人民法院工作的情况报告》。这是朱镕基同志在该报告上的批语。

关于旅游业发展的几点意见*

（2001年1月9日）

一、要重视保护旅游资源，因地制宜发展旅游业。

我国地域辽阔，自然、人文景观极其丰富，旅游资源也千差万别，一定要因地制宜，充分发挥自己的优势。一些旅游资源特别丰富的地方，要把旅游业作为支柱产业加快发展。但发展旅游业，一定要从市场的客观需求出发。一些不具备旅游资源优势的地区，就不要盲目发展。要根据因地制宜、实事求是的原则，注意研究国外和国内的经验，做好旅游发展规划，加强重点旅游景区的建设。要建设国家级的旅游区，就要达到国家级标准；要建立世界级的旅游区，就要达到世界级标准。大力开发丰富多彩的旅游产品，为满足不同游客需求提供多种多样的旅游项目。设计好合理的旅游线路，让游客慕名而来，尽兴而归。各省区市特别是邻近省区市要互相协调，衔接配合，充分利用好旅游资源。

要深入挖掘旅游景观的人文价值。自然景观、人文景观包括大量文物古迹，都蕴涵着中华民族源远流长的历史。发展旅游业要与弘扬民族优秀传统文化、加强爱国主义教育、促进国际文化交流结合

---

* 2001年1月8日至9日，国务院在北京召开全国旅游发展工作会议。出席会议的有各省、自治区、直辖市和计划单列市，部分副省级省会城市和新疆生产建设兵团的有关负责同志，中共中央和国务院有关部门的负责同志。这是朱镕基同志在会上讲话的主要部分。

2001 年 1 月 9 日，朱镕基在全国旅游发展工作会议上讲话。右为中共中央政治局委员、国务院副总理钱其琛，左为国家计委主任曾培炎。（新华社记者刘建生摄）

起来。我到过四川的三星堆，那里的文化景观真令人惊喜、令人赞叹，我认为可以与玛雅文化相媲美。外国人也对三星堆的文化景观赞叹不已。像这样的景点怎么把它建设好，是个很大的问题，要很好地研究。如果某个景点的文化内涵很丰富，但不把它挖掘出来、整理出来、介绍出来，就会失去它本来的魅力。不能一提开发就是指对自然资源的开发，从某种意义上说，对人文资源的开发更重要。

要特别注意保护旅游资源，合理开发，永续利用。我们一定要吸取各国和我们自己以往的经验教训，决不能做“吃祖宗饭，断子孙路”的事情，要把青山、绿水、蓝天留给子孙后代，把凝结在旅游资源中的中华优秀传统文化传给子孙后代。在大力发展旅游业的时候，各地区的决策者一定要慎重，多听听各方面专家的意见，要高度重视对旅游资源的保护。旅游项目建设要很好地论证，不要匆忙上马，如果破坏了再去修复，将会后悔莫及。

二、要加强旅游基础设施建设。

旅游基础设施薄弱，仍然是我国旅游业发展的制约因素。这几年，国家利用国债资金搞基础设施建设，使民航、铁路、高速公路、水利建设都有了很快的发展，电力供求矛盾大大缓和，促进了西部地区、贫困地区的经济发展，社会效益很好，将来也会产生现实的经济效益，对加快旅游业发展也是很大的促进，但目前旅游基础设施建设还有很大差距。主要表现：一是干线公路与旅游区之间连接不畅，使一些有可能形成热点的旅游区无法产生应有的效益；二是旅游区内交通设施薄弱，造成游客观光不便；三是旅游区的环保、卫生、电力等设施不够完善。各地要针对这些问题，切实采取措施加以解决。

加强旅游基础设施和配套设施建设，要从“行、游、住、食、购、娱”这些主要消费环节着手，从游客的需要出发，创造方便舒适、安全卫生的环境，吸引更多客人。要搞好旅游区所在的城市建设和区内外生态环境建设。与旅游业密切相关的部门和行业，要加快改革步伐，建立适应旅游业发展和国际竞争的市场化运作机制。有关主管部门在简化旅游者出入境手续、适当延长落地签证时间等方面，也要很好研究，采取相应措施。

要多渠道、多方式增加旅游基础设施等方面建设的资金投入。中央财政和各级政府都要增加对旅游业的投入，同时要调动各方面积极性，更多地吸引社会资金发展旅游业。去年，国家安排 13 亿元国债资金搞旅游基础设施建设，至少拉动了 130 亿元的海内外资金投向旅游业，效果非常明显，并且使海内外投资者看到中央和地方对旅游业的重视，增强了投资信心。其他配套的建设资金，还是要由地方、企业来安排。大家要看到，旅游行业的投入产出比还是比较高的，各地一定要舍得在这方面花钱，特别要舍得在创造安全、卫生的环境方面花钱。旅游企业自身也要不断增加积累，增强发展后劲。

三、西部大开发要重视旅游业的发展。

西部地区是我国旅游资源最为富集的地区。西部的大漠风情、溶岩峡谷、高山流水和独特的历史文化景观、深厚的民族文化积淀，富有独特的民族文化魅力，是中华文化的重要组成部分，对中外旅游者具有极大的吸引力。中央在关于"十五"计划的建议中明确提出，开发西部地区要加快培育旅游业。西部地区各省区市凡是有这个优势的地方，都要把旅游业作为特色产业加快发展，形成经济优势。西部地区要集中力量培育若干国际化的旅游城市，带动整个地区旅游业全面发展。在布局上，要从现有基础和条件出发，下工夫建设一批比较像样的旅游基地。

扩大西部地区旅游业的对外开放。西部地区要积极吸引外资和港、澳、台资参加旅游资源开发，兴办旅行社，建设旅游度假村。可以把旅游设施建设项目列入《中西部地区优势产业目录》。同时，要积极吸引东部地区的投资。要逐步实现旅游业对海内外投资者全面开放。要加强机场建设，开辟国际航线，尤其是欧洲航线，欧洲游客从我国西部入境可比从东部入境节约三四个小时。要逐步形成国际游客东进西出、西进东出、东西部互相促进的局面。

四、加强行业管理，规范旅游市场秩序，努力提高服务水平。

目前，我国旅游业在服务质量、管理水平、从业人员素质等方面，都远远不能适应旅游业发展的需要。一些旅行社、景区景点的管理者、导游人员违规经营，欺客宰客，损害了旅游者的权益。旅游企业之间恶性竞争，也影响了旅游业健康发展。旅游业是一个"窗口行业"，这些问题的存在不仅严重制约旅游业发展，损害旅游消费者和投资者的利益，也严重影响我们的国际形象，必须大力整顿，坚决予以纠正。

加快旅游业的法律、法规建设。抓紧制定《旅游法》和配套的法规、实施细则。加大法律、法规的宣传力度。加强旅游执法队伍建设，提高执法人员素质。

全面提高旅游行业的管理水平和服务质量。进一步理顺管理体制，加快推进旅游业标准化工作，在旅游设施、产品、服务等各个方面，制定和实施系统的国家标准和行业标准。积极推进旅游业信息化建设，发展旅游电子商务，完善各类旅游预订服务，把旅游服务水平提高到一个新档次。大力开展人员培训，提高旅游从业人员的思想文化素质和专业服务水平。

保护旅游业消费者和经营者的合法权益。进一步规范旅游服务交易，健全旅游者投诉制度，各级价格主管部门要规范旅游价格行为，加强监督检查。有关部门要协同治理旅游消费环境，加大打击“黄、赌、毒”的力度，倡导健康、文明的旅游消费。安全和社会秩序等环节是游客十分关心的问题，各地要采取有力措施，确保旅游者安全。

清理整顿财政部门办的公司*

（2001年1月10日）

岚清[1]、家宝[2]同志：

财政部自己办的公司，无视财政规定，违规违法，胆子特别大，好像谁也不敢管它。鉴于其一犯再犯，后果严重，我建议请金融工委考虑对其进行清理、整顿，调整其领导班子，甚至可以考虑予以关闭，防止潜在的财政风险。请酌。

朱镕基

1.10

---

* 2000年12月20日，审计署向国务院报送的《关于中国经济开发信托投资公司1999年资产负债损益审计情况的报告》反映，2000年3至10月，审计署对中国经济开发信托投资公司及其19家全资控股公司、14家证券营业部1999年资产负债损益情况进行了审计，查出的主要问题有：资产质量不高，投资效益低下；违规使用财政资金；违规融通资金；违规经营证券业务等。这是朱镕基同志在该报告上的批语。

〔1〕岚清，即李岚清。

〔2〕家宝，即温家宝。

更加重视环境保护和生态建设*

（2001 年 1 月 11 日）

近几年来，我国在环境保护和治理方面做了大量工作，取得了可喜的进展，但目前我国生态环境恶化的趋势还没有得到有效控制，环境形势仍十分严峻。

土地沙化和草原退化现象相当严重，令人非常担忧。内蒙古自治区浑善达克沙漠直接导致沙尘暴的产生，对它的治理非常重要。从蒙古人民共和国刮过来的沙尘我们管不了，但可以与他们加强治沙合作。内蒙古自治区我们管得了，要加快治理，防止沙漠化。去年，北京市的沙尘暴相当频繁，据说主要是外部的因素造成的，但不文明的工程建设使市区的扬尘、扬沙加剧，也起了推波助澜的作用。北京市正申办第 29 届奥运会，要多花些力气把植被搞得好一点。要加强施工管理，不能挖开一个地方后，地面裸露着几年也没有覆盖起来。必须做到文明施工。

从水污染情况的年度曲线看，海河、辽河原来污染就很严重，经过治理后有所好转，但现在污染又在回升。其他几条河流以及太湖的污染治理也没有看出太大的改善，要很好地注意这个问题，加大治理力度。钱正英同志最近转来钱易〔1〕院士给我写的一封信，并附了一

---

* 这是朱镕基同志在国家环境保护总局听取工作汇报后的讲话。

〔1〕钱易，当时任中国工程院院士、清华大学环境科学与工程系教授。

2000 年 5 月 12 日，朱镕基在河北省丰宁满族自治县小坝子乡考察村民几乎被沙尘埋没的房屋。左六为国家环保总局局长解振华。（新华社记者马占成摄）

图为 2007 年经治理后的河北省丰宁满族自治县小坝子乡。

篇文章，表示不同意国家环保总局的意见。钱易院士讲：你们认为工业污染问题已解决了，现在应转到解决别的重点环境问题上；其实水污染现在仍然很严重，治理水污染比解决缺水的问题更加重要。我把这封信批给你们了，希望你们认真考虑这些不同意见。

我希望环境保护专家研究一个问题，就是在城市特别是北方城市适宜多种树还是多种草。我认为种树好于种草，应该多种树少种草，因为种草的环境效果不如种树，种草不仅成本高、耗水多，而且很难维护。不知道你们科学家是不是同意我这个观点？希望你们对此进行科学的研究，这是个很有意义的研究课题。我担心现在追求即时效应，种草成风，不注意种树，将来会走弯路。

环保总局要会同有关部门把环保科研人员的科研成果和生态环境恶化的状况，通过电视等新闻媒体以形象化的方式告诉全国人民，以引起国人警醒，让各级领导干部更加重视环境保护和生态建设。要把刚才你们汇报的情况编写成宣传材料，扩大宣传。把你们研究的结论拍成形象的电视片播放，并送给各地区、各部门的负责同志观看，让大家都知道生态环境仍在恶化，毁林、毁草的速度超过了还林、还草的速度，耕地还在不断地被破坏，水污染还很严重。一定要让各地领导同志明白，只追求一时一地的经济发展，不考虑可持续发展，那是不行的。这样付出的代价太大，古今中外，教训深刻。土地也好，草原也好，一旦破坏了以后，恢复起来是非常困难的。环保总局和地方各级环保局是主管环境保护工作的，要和各级宣传部门、广播电影电视部门一起，宣传我国环境恶化的状况。不要怕，那些没有什么可保密的，也不要护短。这不是否定环保工作的成绩，而是提醒各个方面都要十分注意环境保护。问题已经这么严重，还不向全国人民发出警告，那是我们的失职！环保科学家要和艺术家相结合，要和影视界专家一起，把环保科研成果录制成形象的宣传片，向全国播放。中央电视台的《焦点访谈》节目，要反复播放，以警示广大干部群众。希望各个方面共同做好这个宣传教育工作。

在新世纪里，我们要认真贯彻可持续发展战略，更加重视环境保护和治理。加强生态建设，遏制生态恶化。大力植树种草，加大防沙治沙力度。强化对城市大气污染、水污染、垃圾污染和噪音污染的综合治理，控制和治理工业污染。广泛开展城市绿化。健全环境、气象监测体系。在实施西部大开发中，要切实加强生态建设和环境保护，有计划、分步骤地抓好退耕还林还草工程。

加强和改进金融监管*

（2001 年 1 月 14 日）

一、要十分重视当前金融领域存在的问题和风险

去年我国经济形势是近几年最好的，出现了走向良性循环的重要转机。这集中表现在经济增长质量和效益明显提高，财政收入大幅度增长；投资、消费和出口需求全面回升，产业结构调整取得积极进展，国有企业三年改革和脱困目标基本实现。这些是全国上下认真贯彻中央正确决策和部署、共同奋斗的结果，金融战线广大干部职工也付出了很大的努力。

过去的一年，金融形势也是好的，整个金融保持平稳运行，人民币币值和汇率稳定。金融系统认真贯彻中央的金融方针和政策，做了大量很有成效的工作。一是积极支持经济改革和发展。去年，金融机构在居民储蓄存款增幅下降的情况下，贷款仍有较多增加。全部金融机构新增人民币贷款 1.33 万亿元，同比多增 2500 亿元。特别是配合国债项目建设积极增加贷款。近三年，中央财政发行特

---

* 2001 年 1 月 14 日，朱镕基同志与出席全国银行、证券、保险系统工作会议的部分代表座谈。中共中央、国务院有关单位的负责同志参加了座谈。这是朱镕基同志在座谈会上的讲话，曾发表于《金融工作文献选编（1978—2005）》，原标题为《在全国银行、证券、保险工作会议座谈会上的讲话》。编入本书时，对个别文字作了订正。

别国债3600亿元，银行配套贷款1.1万亿元，形成了1.5万亿元建设规模。同时，积极发展消费信贷业务，去年新增加个人住房、助学和消费贷款2600亿元，同比多增加1700亿元。为了支持国有企业改革和脱困，去年四家金融资产管理公司对569户国有企业实行债转股3950亿元，相应减少企业利息负担180多亿元。二是证券、保险业进一步发展，直接融资比例明显提高。去年我国企业在境外证券市场筹资1721亿元，在境内证券市场筹资1528亿元，总计达3249亿元，比上年增长1.3倍。目前我国直接融资比重已接近30%，资本市场规模不断扩大。虽然近年来我国实际利用外商直接投资增幅有所下降，但通过境外证券市场筹资不断增加。保险业发展也较快，全年保费收入1600亿元，比上年增长14.5%。三是金融整顿和改革取得较大进展，监管工作力度加大。去年国务院向国有重点金融机构派驻了监事会，这是加强金融监管的一项重要举措。同时，中国人民银行、证监会和保监会建立联席会议制度，加强了对金融机构监管的相互协调和配合。严肃查处了一批金融大案要案，全年金融系统查处案件1687起，处理违法违纪人员4719人，依法严厉打击了金融违法犯罪分子。撤销、关闭了一些有严重问题的中小金融机构，稳妥地化解了支付风险。整顿农村合作基金会的工作基本完成。四是国家外汇储备继续增加，去年年底已达1656亿美元，比上年年底增加109亿美元，进一步增强了我国综合国力和抗风险能力。实践充分证明，中央关于金融工作的方针、政策和部署是完全正确的，金融系统的工作是有成绩的。

在充分肯定成绩的同时，我们对金融领域存在的问题也不能低估，对金融风险隐患绝不能忽视。

（一）国有商业银行不良贷款比例还在上升。近三年国务院三令五申，一定要降低银行不良贷款比例，但实际上，按“一逾两呆”[1]原有口径统计（含已剥离的不良贷款），四家国有商业银行合计不良贷款比例每年仍增加三个多百分点，达到38.9%。在不良资产剥离后，目前银行仍有大量的不良资产。据人民银行报告，从去年9月起，四家国有商业银行总的不良贷款比例开始下降，这是一个好消息。我希望，今年能够下降两到三个百分点，但是要真的下降，绝对不能有水分，搞虚假数字。

（二）地方中小金融机构的问题仍相当突出。目前城乡信用社、城市商业银行的不良贷款比例都相当高。城市商业银行虽然成立不久，不良贷款比例却上升很快。不少中小金融机构支付缺口大，挤兑现象时有发生。这两年，为化解一些地方中小金融机构的支付风险，保持社会稳定，国家已付出了很大的代价。为了支持地方政府解决农村合作基金会和供销社股金服务部的问题，撤并部分城乡信用社和信托投资公司，人民银行已批准地方商业银行再贷款计划1144亿元，实际借出770亿元，现在一些地方政府还在继续要求增加。这些贷款实际上是财政性放款，如果不加以严格控制，必然会导致货币的过量发行。

（三）证券市场风险隐患也不少。这几年，我国证券市场发展很快，但很不规范。例如，一些上市公司质量不高，法人治理结构形同虚设，上市公司与母公司在人、财、物上没有分开，蓄意编造、披露虚假信息，随意挪用筹集资金，资金使用效益很差。一些证券公司、基金管理公司同样存在法人治理结构不完善、内部控制机制不健全等问题，肆意违法违规经营，搞机构联手、内幕交易、操纵股价和欺诈客户等。市场信息披露制度不健全，炒作成风。有些地方竟然出现了“证券黑市”，一些非法证券期货交易机构违法进行股票交易，严重破坏证券市场秩序。还要看到，由于我国证券市场监管机制和法制不健

[1]“一逾两呆”，指逾期贷款、呆滞贷款、呆账贷款，合称不良贷款。

全，一些长期有严重问题、连续多年亏损，早就应该退出证券市场的上市公司，仍然留在证券市场，甚至被操纵炒作。这两天，就有几家有严重问题的上市公司股票被疯狂炒作，股价暴涨暴跌，引起证券市场震荡。如果容许那些早就该摘牌的企业还在股市上长期混下去，这样的证券市场还算什么证券市场？证券市场一定要建立健全上市公司退出机制，不然就没有规范、健康的市场经济秩序。据了解，美国纳斯达克股票市场每年都有几百家新的企业进入，又有几百家企业被摘牌淘汰。我国证券市场已建立十多年了，现在境内上市公司已达1088家，至今还没有一家上市公司被摘牌淘汰。这既不符合上市公司的实际情况，也不符合市场经济规律。规范的证券市场应当是公平竞争，优胜劣汰。

这些情况说明，目前我国金融领域存在的问题仍相当严重，对潜伏的金融风险与隐患切不可掉以轻心。在我国加快推进经济结构战略性调整、进一步扩大对外开放的新形势下，我国金融业既有新的机遇，更面临严峻的挑战。金融系统的同志特别是各级领导干部，一定要有强烈的忧患意识和危机感，进一步增强责任心和紧迫感，努力做好各项工作，确保金融安全、高效、稳健运行。

二、切实加强监管，建立现代金融管理制度

加强和改进金融监管，是今年金融工作的重点，也是解决当前金融领域问题、保证金融健康运行的关键。如果金融监管机制不健全、监管工作不真正到位，不但各项金融业务工作很难做好，而且现代金融制度也难以建立起来。因此，银行、证券、保险系统都要把主要精力放在加强和改进监管上，深化改革也要围绕加强金融监管制度建设和推进机制创新来进行。当前，必须着力抓好以下三个主要环节。

一是建立健全金融机构内部控制机制。各商业银行和政策性银行、证券机构、保险公司和其他金融机构，都要层层加强内控机制建设，狠抓内部管理。特别要加强对金融机构各级主要负责人、重要业务人员和重要业务岗位的管理和监督。现在，人民银行、证监会、保监会都制定了加强各类金融机构内部控制的指导原则，关键是要落到实处。所有金融机构都要全面检查内控机制建设和执行情况，缺什么补什么，及时堵塞各种漏洞。人民银行、证监会和保监会系统先要管好自己，实行严格的金融监管责任制。要充分运用现代金融管理方法和先进科技手段，改进监管方式，提高监管水平。要把做好监管工作的责任心、发现问题的能力、查处问题的力度，作为考核监管部门和监管人员的重要依据。对责任心不强、监管不力、严重失职的人员，要坚决调离监管岗位。绝对不允许人民银行、证监会和保监会系统的工作人员以任何形式参与金融经营活动，更不得支持金融违法违规行为。一旦发现，要立即从严查处。

二是实行严格的经营管理考核制度和责任追究制度。不但要加强对各银行、证券机构、保险公司和其他金融机构的综合考核，而且要抓紧完善对各类金融机构高级管理人员的考核办法。人民银行已制定和实施《商业银行考核评价办法》，从资产质量、减亏及盈利能力、流动性和资本充足率四个方面，对国有银行进行评估和审查。对证券机构、保险公司和其他金融机构，有关金融监管部门也要抓紧制订相应的考核办法，并严格执行。这里要重申，成立金融资产管理公司剥离银行过去的不良资产，不仅在于尽可能地收回一些国有资产，更重要的是，要建立健全各国有商业银行主要负责人的经营责任制，严格控制新增不良贷款。前面讲过，国有商业银行去年在剥离部分不良资产后，不良贷款还在继续增加。对此，我已经发出警告。今年不论哪一家国有商业银行不良贷款比例还在上升，就要坚决调整那个银行的领导班子，有的人要调出银行系统。

三是完善和加强金融系统的外部监管。审计、财政、司法等部门和各级地方政府要与金融监管部门同心协力，密切配合。要加强对国有金融机构的财务监督，加大对问题严重的金融机构的审计力度。国务院派驻各重点金融机构的监事会要切实履行职责，认真检查所驻金融机构的财务活动、资产质量、经营效益、利润分配和国有资产保值增值等情况，检查该金融机构主要负责人的经营行为，并对其经营管理业绩进行客观、公正、准确的评价。所有的监事会和监事会成员都要敢于坚持原则，忠于职守，不怕得罪人，按规定对所驻金融机构进行严格检查，认真写出检查报告，并要深入实际，对发现的问题及时写出专项报告，充分发挥监督作用。

加强和改进金融监管，还要认真研究借鉴国外经验，紧密结合我国实际情况，进一步深化金融改革，加快建立现代金融管理制度。要深入研究发达国家的金融监管体系和监管制度。在研究国外有益经验和总结我国经验教训的基础上，根据我国的现阶段国情，进一步改进和完善金融管理制度。

这里需要指出，现在有些做金融工作的同志不是把主要精力放在金融监管上，而是放在了一些今后才可能实施的改革措施上。这里有几个问题，应当统一认识。一是关于利率市场化问题。实行利率市场化一定要有健全、高效的金融监管机制作为基础。在市场经济条件下，市场在资源配置中起基础性作用，必然要求市场对利率的形成起主要作用。但我们现在还缺乏一套规范和健全的金融监管制度，无论是管理基础、干部素质，还是市场发育程度、宏观调控水平都还不适应，特别是吃“大锅饭”的机制还没有完全改变。在目前情况下，利率杠杆仍是我国宏观调控的一个重要手段。因此，尽管利率市场化是改革方向，但目前谈这个问题还为时过早。即使是在西方国家，利率也不是完全放开的。例如在美国，美联储就是通过联邦基金利率和再贴现率经常对利率进行调控。二是关于汇率问题。这个问题很复杂。现在世界上有多种汇率制度，各国要根据自己的情况来选择。我国目前实行以市场为基础、有管理的浮动汇率制度。实践证明，这一制度是符合我国现阶段实际情况的，是有效的。目前扩大汇率浮动幅度的条件还不成熟。因此，不要分散精力，过多地去讨论汇率问题。三是关于金融机构混业经营问题。从国际上看，混业经营是发展趋势，但从分业经营走向混业经营有一个较长过程。美国分业经营也经历了很长时间。20 世纪 30 年代初经济大危机以后，美国为稳定金融，立法限制混业经营，直到半个多世纪后，才于 1999 年取消对混业经营的限制。目前我国银行、证券、保险业实行分业经营，是符合我国实际情况的。当然，从当今国际金融业发展趋势看，金融机构混业经营是个方向，国务院也已部署在个别单位试点，但目前我们还不具备全面实行混业经营的条件。在上述这些问题上，我们不能简单地照搬国外的做法，而应当根据我国实际情况，择机稳步推进。而加强和改进金融监管，就是要为深化改革创造条件。总之，希望大家要把主要精力和工作重点真正放在加强监管上。无论是加强监管，还是深化改革，归根到底，都要进一步降低银行不良贷款比例，其他金融机构也要明显提高资产质量和经营效益。

三、继续整顿和规范金融秩序

全面整顿和规范市场经济秩序，是今年经济工作的一项重要任务，继续整顿和规范金融市场秩序是其中的重要内容。尽管前一阶段整顿金融秩序已取得初步成效，但目前非法从事金融活动、金融机构违法违规经营，以及恶意逃废银行债务和逃汇、骗汇、套汇等问题仍比较严重。今年，银行、证券和保险系统都要用很大力气抓好整顿和规范工作。要健全和强化金融法治，严格执法，严肃查处各种金融违法违规经营行为，严厉打击金融犯罪活动。对多次违法违规的金融机构，必须依法加大监管力度和严厉惩罚，该停业整顿的一定要责令其停业整顿，该撤销、关闭的一定要坚决撤销、关闭。继续认真贯彻“法制、监管、自律、规范”的方针，进一步整顿和规范证券市场。对那些亏损严重和有违法违规行为的上市公司，该处罚的要处罚，该摘牌的要摘牌，该退出市场的必须退出市场，绝不能姑息迁就。只有这样，才能实现上市公司的优胜劣汰，才能有利于投资者理性地选择投资对象，促进证券市场健康稳步发展，积极有效地防范证券市场风险。同时，要依法打击非法证券交易活动，严肃查处“证券黑市”、“基金黑幕”和“庄家操纵股价”的问题，坚决取缔各种非法证券期货交易机构，认真整顿有严重违法违规经营行为的证券公司、基金管理公司和证券中介机构，依法规范和维护证券市场秩序。现在外汇管理方面还有很多漏洞，必须加强和改进外汇管理工作，坚持不懈地打击各种骗汇、逃汇、套汇和非法买卖外汇的犯罪行为。对所有金融大案要案都要一查到底，依法严惩犯罪分子，特别要严惩金融系统中与社会上犯罪分子内外勾结、收受贿赂的腐败分子。大量事实证明，许多经济犯罪大案要案，都有金融机构内部的腐败分子参与其中。在厦门远华特大走私案中，走私犯罪分子就是拉拢腐蚀了一批金融系统干部，从金融内部打开缺口，骗走了巨额银行资金和外汇。因此，必须加大金融系统反腐败斗争的力度。

继续整顿和规范金融秩序，必须严字当头。我们要以对党和人民高度负责的精神，坚持按原则办事。现在令人忧虑的是，金融系统不少领导干部原则性不强，不愿得罪人，在处理人时总是大事化小，小事化了，这实际上是助长了歪风邪气，放纵了犯罪分子。如果我们对违规者不坚决给予相应的降级（职）、撤职、开除公职的行政处分，对违法犯罪者不依法严惩，是根本镇不住歪风邪气的。因此，对各种金融违法违规行为和金融犯罪分子，一定要毫不留情地予以坚决查处和严厉打击，绝不能心慈手软，养痈遗患。

四、坚持实行稳健的货币政策

三年来，我们在实施积极财政政策的同时，坚持实行稳健的货币政策。实践证明，这是完全正确的。今年是实施“十五”计划的第一年，改革、发展和结构调整的任务很繁重，要继续实行稳健的货币政策。金融系统要全面落实支持经济发展和结构调整的各项措施，大力改进金融服务。对国债项目要积极增加配套贷款，对有效益、有市场、守信用企业生产所需的流动资金要予以保证。但对固定资产贷款要十分谨慎，注意防止加工业新的重复建设。要继续扩大消费信贷业务，当然，对消费贷款增长过猛等现象也要引起重视。要通过进一步规范和发展资本市场，继续提高企业直接融资比例，以促进国有企业改革和发展。要熟悉国际金融特别是证券市场运作规则，在我国企业境外上市和筹资过程中，自觉按市场经济规律办事，绝不能政策多变，随意干预上市公司的经营活动。当前，我国经济生活中存在着一些值得注意的问题。例如，银根相对宽松，一些基础性产品价格明显上升，货币增发压力加大等。同时，世界经济发展中也存在一些不确定的因素。因此，我们要在抑制通货紧缩趋势的情况下，警惕和防止可能出现的通货膨胀；要在继续扩大内需和支持经济结构调整的条件下，注意防止经济过热现象。中央银行要密切关注国民经济运行特别是物价总水平的变化，灵活运用多种货币政策工具，合理调节货币供应量，保持人民币币值稳定。

在九届全国人大四次会议湖南省代表团全体会议上的讲话

（2001年3月6日）

该讲的话昨天《政府工作报告》都讲完了，今天主要是来听老乡们提意见。刚才几位同志都讲得很好。国务院副秘书长尤权同志来参加会了，请他把大家的意见都转告给有关部门研究。

说老实话，我平常非常关心自己的家乡。我也再说句老实话，我没有在任何的政策、项目、资金方面对湖南省有什么特殊的照顾，因为我是一个国家的总理，我不能够这样做。但是，我还是心系湖南，每一次看到内参反映湖南的进步的时候，我会很高兴；反映湖南所存在的问题的时候，我心里也确实久久不能平静。我感到，我们湖南，特别要注意干部的作风问题。大家知道，湖南去年出了一些事情，引起江泽民总书记的关心，我想我们在这些方面要更加注意。一个是对我们的干部队伍要求要严，对于贪污受贿、腐败堕落的事情处理一定要严。属于这类性质的问题，不是什么党内警告能够解决的，那不顶用，他不在乎啊！就是要撤销他一切职务，开除他的党籍，送司法机关严办。不然，我们会失去老百姓的支持！另外，在干部中间，特别是基层干部里面，存在一些形式主义、官僚主义的作风。乱收费搞得农民没法活下去。粮价这么低，种粮食赔本，你还乱收费，叫人家活不活呀？所以我希望，在座的人民代表要发挥自己的作用，来监督、检举、揭发，帮助我们的党和政府来解决这些问题。作为党政领导干部，要治政从严，依法办事。特别是政府职能要转变，不要一天到晚都忙于一些官场应付、项目审批，而不关心群众疾苦，这样搞下去是不行的。政府的职能要转变，不要错位。我常常讲，我们政府有时做了一些自己不该做的事情。不要什么事情都去行政干预，要依法办事。当政府的公务员，连国务院发了哪些文件、作了哪些规定你都不知道，做什么官呀?！特别是现在新提拔的一些基层领导干部，对国家的法律、法规都不熟悉，如果作风又不好，那真是不得了呀。

我现在想讲一个问题，就是要关心人民群众的生活，提高人民群众的收入，包括公务员的工资。从1997年亚洲金融危机以来的这三年，要不是中央采取了正确的、积极的财政政策，辅之以稳健的货币政策，我们就没有今天这样好的经济形势，1998年就垮了。就在这几年时间里，我们从一个商品短缺的国家，变成了一个买方市场，连外国人都感到惊奇。之所以这样，第一是我们采取了积极的财政政策，扩大内需。因为1997年我们面临亚洲金融危机的冲击，出口出不去，甚至负增长。国内由于多年的重复建设，生产能力都搞得很大，国有企业没法开工，下岗职工达1000万，很困难。老百姓看到这种形势，不敢消费，把钱都存到银行里，银行一年的存款增加8000亿元到1万亿元。如果这个钱我们不用的话，银行也得给老百姓付利息。要用的话，用到哪里去呢？再搞加工工业是不行的，那都是生产能力过剩，供过于求了。因此，最好的办法就是把这个钱用国家财政的名义从银行借出来，付给利息，然后国家拿这个钱搞基础设施建设。基础设施建设一搞，需要的钢材、水泥、玻璃、建筑材料、机械设备，马上都有市场，一下子把整个生产都搞活了。同时，这些项目都是我们多年来想办而没钱来办的事情。这个情况跟1993年是不一样的。1993年不是靠存款，而是靠发票子来搞建设、搞房地产，又没有物资，钢材从每吨1000元涨到4000元，物价飞涨。这三年干了这么多事情，整个的经济搞活了。

很多同志讲去年是“重大的”转机，我说是一个“重要的”转机，不要讲得太满。毕竟我们的市场机制、企业机制还没有转变，但是这个转机是非常大的，“真金白银”收到口袋里来了。财政收入，在“七五”计划时期，也就是从1986年到1990年这个阶段，非常的困难，平均每年增加186亿元。你说能干什么？“八五”计划期间，从1991年到1995年，尽管经历了1993年的经济过热，但是我们采取了有效的宏观调控政策，平均每年增加的财政收入是661亿元，比上个五年增加两倍多，这就比较松快一点了。从1996年到2000年“九五”计划时期，情况发生了很大的改变，谁都没有料到会转变得这么快。因为这个中间我们经历了亚洲金融危机，出口变成零增长甚

2001年3月6日，朱镕基在九届全国人大四次会议湖南省代表团全体会议上讲话。左一为湖南省委书记杨正午，左三为湖南省省长储波，左四为湖南省委副书记兼长沙市委书记张云川。

（新华社记者姚大伟摄）

至是负增长，国内的生产能力严重过剩，许多工厂开不了工，又碰到1998年严重的水灾，大家都记忆犹新。由于中央采取了正确的政策，看准了这件事情，坚决地执行，三年就把这个情况给扭转过来了。这五年的财政收入平均每年增加1430亿元，比上一个五年的661亿元增加一倍多。分年来看，1996、1997、1998这三年每年增加1200亿元，很平均。1999年发生了重大的变化，当年增加1560亿元，这里面一个很大的因素是1998年打击进口走私，1999年进口产品税收应收尽收，海关的税收一下增加一倍，700多亿元。2000年，财政收入增加1950亿元，这是个重大的突破，其中主要的增收是来自于企业。工业企业确实是活了，国有企业搞活了，全国增加的1950亿元里面来源于国有工业企业的增值税增加650亿元，所得税增加350亿元，共1000亿元。其次，因为我们出口以30%的速度增加，进出口环节税收增加500亿元。还有股票市场的发展，印花税等也有200亿元的增收，利息税也超收了100多亿元，所以去年是个很大的突破。但是，我不能说今年也能够达到这个程度，因为国际情况有变化，美国的经济形势不好，我们出口不可能有那么大的增长，今年再增加一两千亿元是很困难的。我们留有余地，打算增收1200亿元，保持“九五”计划前三年的水平，我估计可以完成，甚至于超额完成，主要是国有企业情况的好转。所以，从这里可以看出来，中央采取积极的财政政策是正确的，不应有任何的怀疑，也没有大的风险。

三年发了3600亿元的国债，一年平均1000亿元多一点，干了多少事情呀！ 3000多亿元的国债，带动了1万多亿元的银行贷款，加上其他的资金，干了1.5万亿元的工程。出现的结果是经济搞活了。铁路的新建、改建、电气化，差不多1万公里。新修公路17万公里，其中高速公路1万公里。长江大堤都进行了整修，还有退田还湖、退耕还林、停止砍伐天然林，做了多少工作呀。所以，才有今天这么一个繁荣的局面。现在国债的余额，到去年年底是 1.2 万亿元，按国际惯例的水平来看并不高；而且从去年的财政收入来看，回收得很快，国债一投进去，工程一干，它马上带动原材料工业、加工工业发展起来，它的税收就交给了国家，还你这个钱还有剩余。去年我们增加了 1950 亿元的财政收入，我们预算增收只有 1200 多亿元，超收了 700 多亿元，超收的钱我们一个也没有乱花。同志们，我可以给你们报个账，超收的 700 多亿元中，拿 200 亿元减少了赤字，这就等于去年的国债又少发了 200 亿元；拿 300 亿元放入全国社会保障基金，准备给各个省用于补贴养老保险、失业保险的缺口。现在成立了一个社会保障基金理事会，由过去的财政部部长刘仲藜任理事长，由他来管着这个钱。财政部历年留的社会保障基金有 300 亿元，也拨给他了，共有 600 亿元了。去年我们的国有企业到境外上市，拿回来 267 亿美元，从中抽 10%，就有二十几亿美元，也是 200 亿元人民币，也都放在社保基金里。这样就能建立完善的社会保障体系，使社会能够稳定，老有所养，能够保证失业者的基本生活，使他们能够再就业。还有超收的 200 多亿元，用于去年抗灾救灾，增加粮食风险基金，增加给种粮农民补贴等。没有这个措施，农民更不种地了。你们看！财政状况很好。而且，这种形势是不可逆转的，只会越来越好。这是已经形成的一个良性循环。

现在我要讲另外一个良性循环。今年国际形势有所变化，我们出口可能不会有很大的增长，尽管计划打了 8%，我也做了出口零增长的准备。我们依靠内需，也可以带动国民经济的发展。我们出口水平已经很高了，去年出口达到 2500 多亿美元。现在还需要另外一种拉动，就是从国内消费方面来拉动。刚才我讲，过去老百姓把钱存在银行，是因为没有安全感，不知道何时下岗，也不知道何时会生病。经过这三年形势的发展，特别是去年节日放长假，推动了经济的发展，老百姓看到形势越好，就越愿意花钱。所以，我们就是要增加工资，前年增加了一次，去年增加了一次。这对消费的拉动，比基础设施建设的拉动更直接。投资拉动主要是拉动生产资料的生产，而消费拉动是直接的拉动，拉动力更大。所以，我们一定要不断地提高人民的生活水平，特别是低收入群众的生活水平，每年都得加工资，使大家感到有希望。现在很多大学生，最优秀的被外国公司给拉走了，清华、北大的一流学生被外国的公司拉走了，外国公司拉走这些人来对付我们呀。他出的是高工资，相当于我们工资的 10 倍、20 倍呀。韩国的工资水平也比我们高 10 倍，但话说回来，它那个物价比较高，生活也不见得比我们好 10 倍。所以我一直讲，我希望今后三年，工资每年加 30%，三年翻一番，我讲的是公务员、机关事业单位的工资。我不是讲企业，因为企业是要根据它的效益，效益好，你多发工资，谁也不会眼红；效益不好，你就得少发，甚至关门、下岗。国家财政是国家纳税人交的钱，养公务员是为了治理这个国家。我讲的公务员的工资加 30%，是说全部工资加 30%，因为工资包括两部分，一个是基本工资，一个叫各种津贴、补贴，标准不一样，有的地方高得很，有的地方要低一点。从中央机关的工资情况来看，大体上是基本工资跟各种补贴各占一半。今年我们增加工资的计划国务院已经批准了，党中央也批准了，你们要做准备工作。这一次增加工资，基本工资每月增加 100 元；另外，今年多发一个月的奖励工资，也就是到 12 月份时发两个月的工资；还有一些边远地区的补贴等等，总算起来明年全部工资大体加了 15%，没加到 30%。主要是考虑两个问题：一个问题是形势还没有看得太准。今年国际形势如何发展？比方美国经济是“硬着陆”还是“软着陆”？美国的经济形势对我们关系极大，它是我们出口的主要对象。日本的经济是停滞不前的，日本是我们第二大贸易伙伴。东南亚的形势不太好，各个地方政治风波不断。这是第一个原因。第二个原因，是各个省区市的差别太大。因为全部增加的工资都要靠中央财政来拿，中央拿不起，所以我们从1999年开始实施的办法就是东部省市，中央原则上不拿钱，但有个别省（如辽宁），中央还是给了一点；中西部地区，中央根据不同情况给予补贴，西藏增加的工资全部都是中央拿，新疆增加工资的85%是中央拿的，自己只拿15%。湖南是中央拿65%，也不算少吧。因此，增加工资的钱中央拿一大半。1999年那次提高工资只有半年，500多亿元，中央拿了340多亿元；去年是加一年的工资，900多亿元，中央要拿700亿元呀。

我们现在就怕一方面你这里加工资，另一方面你欠发工资。那加工资不等于零吗？这个星期四我们要开中央政治局常委会，还要讨论这个问题。最近，我们初步调查了一下各个省区市的情况。去年我们一再重申不能够欠发工资，历史的欠账一下子也还不清，至少要确保当年不能够拖欠。结果去年11月份调查，全国欠200亿元；到12月份再调查时，只欠80亿元了，一个月减少欠发不少。我就怕什么呢？你开始调查，地方以为中央要给它钱，因此报得多一点，后来知道不给了，你又调查，地方为了表示自己的成绩，就报得少一点了，我伤脑筋就在这个地方。我不知道储波〔1〕你们那里怎么样，章锐夫〔2〕你给我报个数，你去年欠发工资多少钱？（答：6.72亿元。）去年以前的慢慢地还，当年就不要拖欠了，6个多亿都拿不出来？还要拖欠人家的工资，叫人家白干活呀？“薪以养廉”嘛，工资不发给人家，你不是叫人家去偷鸡摸狗吗？从哪个地方也可以挤6个亿出来嘛。所以说，后天我们中央政治局常委开完会后要发一个通知，这次加工资，首先保证不拖欠。我们认为是不应该欠的。为什么呢？我们统计过，现在每个省的财政收入中用于发工资的数目，全国平均是40%。只

---

〔1〕储波，当时任湖南省省长。

〔2〕章锐夫，当时任湖南省财政厅厅长。

要你贯彻“一要吃饭，二要建设”的方针，保工资是毫无问题的。你们无论如何要保证工资正常发放，你们过去欠的一年还一点，慢慢还吧。当年不要再拖欠啦，从哪里也能把这个钱挤出来。

我认为目前这个好形势，一方面要稳住，要巩固这个发展形势，要继续坚决执行积极的财政政策。我们现在开工了2.5万亿元的项目，已经完成了1.5万亿元。我们如果今年发1500亿元国债，明年再发1500亿元，从这1500亿元里面每年拿1000亿元来干现有的项目，就能带动差不多3000多亿元的银行贷款，两年就把现有的项目差不多都完成了。另外，每年还有500亿元用于西部地区大开发，搞西气东输、西电东送、青藏铁路、南水北调，都把它们干了。有两年的时光，我估计国有企业就能成长起来，那个时候不需要发这么多国债了。现在银行的存款大量增加，国有企业的存款在银行大量增长，这是国有企业好转的迹象。老百姓的存款有所减少，表示他消费了。现在就是外汇存款也增加了，银行的外汇存款差不多有1300亿美元，其中750亿美元是老百姓的存款，老百姓还是有钱的。另一方面，要千方百计保证提高人民的生活水平。首先，一定要保证政府公务员的工资三年翻一番，我是无论如何要实现这个目标的。希望我们的公务员能够廉洁奉公，维护他们的尊严。本届政府提出的目标第一个就是“廉洁”，然后是“勤政、务实、高效”，政府机关不能保护人民群众的利益那还得了呀，这工资一定要给公务员发的呀。现在好多事情政府没有管，今年我们要把整顿市场经济秩序作为一个大的任务，保证人民群众的生命健康嘛！现在有些地方搞得实在是不像话了，你看电视那个《焦点访谈》节目，河北衡水猪肉的灌水事件，他不是灌自来水，是灌阴沟里的水，我看了以后都恶心呀。四川有人把那些医院里的破纱布、破棉花，上面有脓有血，拿机器一轧，就变成了棉花，外面搞一个被套，就卖出去了，都发臭呀！我那天看了以后，就说我们政府都干什么去了？当时《焦点访谈》节目里面那个质量技术监督局局长还说，“我们还没有相应的法律来制裁这个事情”。我当天晚上就给国家质量技术监督局局长李传卿同志打电话，我说那个局长放屁！还没有法律？保护人民生命健康就是一条法律嘛，还要什么法律呀?!我说你赶快到四川去，跟周永康[1]同志商量，把那些人依法严惩。后来法办了。人民生命健康，政府不保护，谁来保护呀？现在，各种违法乱纪、假冒伪劣、不顾人民死活的情况太严重了。

政府官员不能一天到晚坐在那里干那些不该干的事情，职能错位。你就是要保护人民的生命健康，保护市场公平竞争。最近中央下决心了，把原来的十个国家局，冶金工业局、机械工业局、石油和化学工业局等撤销了九个，人员一部分到国家经贸委，一部分到企业、协会等等。原来那种行业管理分得这么细的国家政府机构已经不适应市场经济的需要，但是那些维护市场经济秩序的机构要加强。最近中央讨论同意，国家工商行政管理局升格为正部级。国家质量技术监督局、国家出入境检验检疫局这两个副部级单位合并，成为国家质量监督检验检疫总局，升格为正部级。要切实加强这个力量，保护人民的利益，保护市场的公平竞争。如果都靠假冒伪劣产品，中国还有什么希望呀？

总之，我今天讲这些的意思，一是希望大家能够统一认识，坚持积极的财政政策、稳健的货币政策；另外一个是要从消费方面推动内需，形成一个良性循环。我相信这个形势会越来越好，今年的经济发展速度原来是8%，我们改成7%，财政收入原来计划增加1400亿元，现在改为1200亿元，都留有充分的余地。我相信今年的形势会超过我们的预料，会一天比一天好。我希望湖南——我的老家的情况一天比一天好。是所厚望！

---

〔1〕周永康，当时任中共四川省委书记。

农民问题的关键是增收减负*

（2001年3月7日）

今天到安徽代表团来，主要是想跟大家商量农业、农村改革的问题。中央提出，当前经济形势出现了重要转机——一个走向良性循环的转机。我们对这个形势是乐观的。当前最主要的问题是什么？是农业问题、农民问题。城市的问题也多得很，但是我们不害怕，都可以解决，也比较容易解决。现在我们经济的综合实力大大增强，什么问题都好解决。过去最担心的是银行挤兑、股民闹事，这些问题如今基本上不存在了。前几年，离退休职工、下岗职工示威游行，阻断铁路，现在也大大减少了。我们在社会保障方面下了很大工夫，党中央、国务院很重视下岗职工问题，目前已不再是很大的问题了。

现在是农民的问题不好办。我们不能像美国那样，3%的人口搞农业，几百万人管着两亿多人吃饭还有余，还大量地出口粮食。我们是80%的人口在搞农业。现在碰到的问题是粮食多了，粮价不断往下掉，农民增产不增收，主产区的农民收入下降，这是个严重的问题。中国历史上哪一个封建王朝的灭亡不是由于农民起义呢？皇帝的换代，那可能是由于内部权力的斗争导致“清君侧”，

* 这是朱镕基同志在九届全国人大四次会议安徽省代表团全体会议上讲话的主要部分。

皇室成员之间的斗争导致皇帝换代是有的，但是改朝主要就是由于农民起义。有些看起来是由于外族的侵入，但实际原因也是民不聊生，农民起义。那么，我们现在农民的收入在减少，大量土地弃耕，不种粮食了，这个问题很值得我们注意。农民的负担又有增无减，这个问题非常严重。农民收入减少，消费缺了一大块，经济无论如何拉动不起来，发多少国债也拉动不起来。今年，中央把农业、农村工作和增加农民收入放在经济工作的首位。今年最大的改革就是农村的税费改革，尽管我们只在安徽省试点，但实际上这是

2001 年 3 月 7 日，朱镕基在九届全国人大四次会议安徽省代表团全体会议上讲话。右二为全国人大常委会副委员长周光召。
(新华社记者马占成摄)

一个翻天覆地的大改革。所以，我今天非常愿意来听各位人大代表的意见。

农民的问题有两个方面，一个是怎么增收，另一个是怎么减负。关于增收的问题，我觉得应该解除一些思想的束缚，加快农业种植结构的调整，把农村经济搞活。现在强调粮食安全是必要的，任何时候都不要忘记吃饭问题。现在国家专储粮有1100多亿斤，地方储备粮300多亿斤，国有粮食企业周转粮三四千亿斤，加起来是5000多亿斤，再加上农民手里的余粮，全国存粮差不多相当于一年的粮食产量。所以，我们不要成天喊粮食安全，要求确保粮食种植面积不减少，那还怎么调整种植结构呢？所以，同志们，我在今年的《政府工作报告》里没有那么讲，我讲的是稳定粮食生产能力。稳定粮食生产能力有一条不可逾越的红线，就是不能把农用地改成非农用地，基本农田不能破坏，水利设施不能破坏。市场需要什么就种什么，什么赚钱就种什么，为什么非要强迫农民都种粮食呢？粮食一多就降价，一降价农民就减收，他就弃耕不种了。一块耕地种什么都是可以的，只要粮食值钱，他马上就改种粮食了，快得很。

为什么每个地方都要强调粮食自给自足啊？如果都自给自足，黑龙江、吉林、山东、河南、安徽、湖南等粮食主产区的粮食往哪儿销售呀？去年年底，我在浙江、江苏等地开座谈会，上海、福建的领导同志也参加了。在那次会上，我说，不要强迫人家种粮食不行吗？让他们去种蔬菜、种水果、挖鱼塘，什么都可以搞呀！黑龙江、吉林有的是粮食，那里种的大米比你们那里种的好吃得多，价钱也便宜。我开了个座谈会，这么一讲，大家恍然大悟。西北、西南地区都强调粮食自给自足，粮食不都种到山上去了吗？把树林子都砍掉了！现在已经不是过去了，水利设施建了那么多，化肥供应充足，还出了个袁隆平[1]，粮食亩产提高那么多！所以，一定要解放思想，加大种植结构的调整力度。但是，绝对不要搞强迫命令，要尊重农民的意愿，根据市场的需要来调整种植结构，把农村经济搞活，不要搞大呼隆，不要千篇一律，大家都种同样的作物就糟糕了。让农民自己搞活，农民比我们那些村党支部书记要聪明，让他们自由发展不好吗？农民该种什么，他们自己清楚得很，不需要你强迫命令。要推广订单农业，由龙头企业出来牵头。像河南“双汇”，就搞得很好，每个省都要培植这样的龙头企业。振兴农村的经济，就是要搞公司加农户的模式，要扶植龙头企业，开拓市场，然后对农民下订单，农民都有稳定的种植养殖方向，他们就富了。不要搞别的名堂，搞别的名堂都是花冤枉钱。

减负问题是中央一直非常操心的问题，想了各种办法。过去我们的办法是把乱收费的项目清单在报纸、电台上公布，规定这些费不许收。可是地方上再想别的名堂，你这里减掉 180 种，他那里加了 280 种，怎么弄呀？想来想去，最后只有这个办法，就是什么费都不要收，只收一个税，便于检查，便于监督。收任何费都是违法的，违法就得法办。实行这样的改革，在农村是翻天覆地的，因此我们很慎重，决定由中央拿钱，先搞试点。原来是四个省愿意试点，后来大概感到难度相当大，有三个省就打退堂鼓了，只有安徽省有勇气决心试点。我们一定支持你们。你们做的这个工作是前无古人的工作！过去的封建王朝也是乱收费呀，哪个皇帝都是喊轻徭薄赋，但没有一个能做到。只收一个农业税或农业特产税，再加上农业税附加，其他一概不收。我算了一下，现在全国农业税包括屠宰税是 300 亿元，“乡统筹、村提留”是 600 亿元，再加上对农民的乱收费、“两工”（义务

[1] 袁隆平，中国杂交水稻育种专家、中国工程院院士。

工、劳动积累工）等，差不多1200亿元全是农民负担的呀！现在保留农业税及其附加，原来是300亿元，现在加收一点，也就是加到500亿元，然后中央再补贴200亿元，地方补贴百把亿元。说句老实话，800亿元能解决那1200亿元的事情吗？很难。当然，我们有很多配套的措施，精简机构，撤并乡镇，市县乡的干部不在编的一律退回，在编的精减20%。这些措施加到一起，也可能勉强平衡。农村税费改革在安徽试点的任务是极其艰巨而繁重的，你们把这件事办成了，成为一个可以推广的样板，那你们就功德无量，名留青史！大家都要有这种责任感、荣誉感，不付出牺牲，想进行这么大的改革，怎么可能！中央非常重视这项工作，当做当前最大的一项改革。在此之前，我们多次开专题会议，反复研究，感到问题还很多，但是非搞不可。我今天讲这么多困难，就是想使安徽的同志感到你们的任务是既光荣又艰巨的，迄今为止没有其他一个省明确地表示愿意试点。我们不搞强迫命令，根据你们的情况，什么时候开始这项改革由你们定，中央财政每年给补贴200亿元。希望安徽同志要有这种背水一战、破釜沉舟的决心。但是我也说句老实话，要实事求是，我最怕的就是虚夸。我经常开玩笑说，很多人说看着我害怕，就安徽人不怕我，敢骗我呀！我不是受过骗吗？芜湖那个粮站本来没有那么多粮，在我去的头几天，花钱把其他地方的粮食都运到那个仓库里，摆在那儿，整整齐齐的。我一看，这个粮站管得很好呀。后来突然收到一封人民来信揭发此事，全是假的。

要注意虚夸的问题，不能勉强，什么事都要实事求是，政策要落实。安徽的试点是举足轻重的，一定要把它办好。我脑子里还有很多问题要解决，准备再到安徽去做一次调查。在去之前，希望有关部门的同志自己先做点调查，微服私访，千万不要听那个一套一套的汇报，预先对很多问题要研究。比方说，如何能够把干部精减下来、把开支压下来，是不是有切实的措施?“乡统筹、村提留”都不收了，用中央、地方财政补贴的这些钱，基层政府能不能维持正常的运转?另外，农业税怎么征收?农业特产税怎么个收法?如果说把这个负担都摊到种粮食人身上，也不是一个公平的办法。外出打工的农民不种地了，什么负担都没有了，这个恐怕也不公平呀。还有，我最担心的就是教育经费没有保证。刚才你们说乡镇财政百分之七八十都是用于教育的开支，县的开支大概有50%是用于教育。所以这样一减了以后，又不许乱收费，义务教育该怎么保?这些都是很大的问题。总之，我希望国务院各个部门和地方上的同志，大家都搞点调查研究，了解实际情况，等心里有底了以后，再决定这个改革在全国要推行多快多慢，务必把这项改革搞成功。所以，我对安徽的同志寄予厚望!

香港应该是稳定第一，团结为重*

（2001年3月8日）

今天我来香港代表团和大家见面，非常高兴。我今天来的目的，一是报告工作，各位代表对我在大会上作的《政府工作报告》，认为有不清楚、不周全的地方，我来作说明；二是听取批评，大家对中央政府的工作有什么批评意见，我虚心听取；三是听取建议，刚才几位代表在发言中提的建议都很好，我们要认真研究。现在我讲些意见，讲错了的地方请大家批评。

关于曾宪梓[1]代表提出的在港中资企业负责人轮换过于频繁的问题。在港中资企业有办得好的，也有办得不好的，办得不好的还比较多，其中人才是个大问题。中央规定，中资企业负责人要定期交流，在港任职时间最长不超过七年。这种交流有好处，包括有利于内地与香港企业管理经验的交流。解决人才问题，我认为最好的办法是多用本地人才。内地派的人要融入香港文化不容易，任职久了又容易出问题。最好利用香港本地的人才，这样花费也会小一些。中央也非常欢迎香港的人才来内地服务，特别是进入银行、证券、保险业和国有大型企业。中央已作出决定，积极聘请境外人才，主要是香港，还有澳门、台湾的人才来内地任职。聘请史美伦担任中国证监会副主

---

* 这是朱镕基同志在九届全国人大四次会议香港特别行政区代表团全体会议上的讲话。

〔1〕 曾宪梓，当时任香港金利来集团有限公司董事局主席。

席，就是一个大胆的尝试。地方人才到中央做官，这种“上调”是正常的。史美伦担任中国证监会副主席就是副部长，有权力，也有责任。相信有志气的人才会出来，用自己的专业知识和经验为国家服务。我现在正在物色，你们也帮我找找，看看哪位香港同胞适合到中央银行当副行长。不是不能当行长，但央行的行长太难当。知识经济中，人才战略是最重要的战略。在这方面，香港能为国家作更多的贡献。我们希望能由此走出一条人才交流的路子，这对香港和内地都有好处。

关于李泽添〔1〕代表提出的加强社会保障、扶助下岗职工的问题。党中央、国务院非常重视社会保障体系建设，这关系到国家的稳定。目前中国有 12 亿人口，其中有 8 亿多农民，会有大量劳动力从农村转移出来。现在大量国有企业职工下岗，需要帮助他们学习新的就业技能。我国人口越来越老龄化，这方面的压力也越来越大。本届政府在社会保障方面尽了很大努力，除了中央投入之外，社会各方面也都有很多投入。社会保障工作比过去有很大进步，养老保险金当年可以确保按时足额发放，去年 95%的下岗职工领到了救济金。中央财政每年拿出几百亿元，建立了全国社会保障基金。去年企业在海外上市筹资 267 亿美元，从中提取 10%进入全国社保基金。这项工作正在逐步完善。

关于梁秉中〔2〕代表提出的应当加大义务教育投入的问题。我们很重视义务教育，提出了具体的目标。这方面需要的投入是很大的。现在，全国县级财政收入平均 60%用于办教育、支付教师工资，有的乡这个比例达到 80%，有的乡甚至把全部财政收入都拿出来还不够。因

〔1〕李泽添，当时任香港工会联合会会务顾问；1988 年至 2000 年，任香港工会联合会会长。

〔2〕梁秉中，当时任香港中文大学教授、香港中医药研究所所长。

2001 年 3 月 8 日，朱镕基在九届全国人大四次会议香港特别行政区代表团全体会议上讲话。右一为中央政府驻港联络办主任姜恩柱。（新华社记者杨磊摄）

此，农村乱收费现象非常严重，农民负担很重。既要达到《中国教育改革和发展纲要》的指标，又不能加重农民负担，这个问题要认真研究解决。安徽的农村税费改革正在试点，这是其中一项重要的内容。

前面讲了“一国”，后面该讲“两制”了。香港的行政事务由特区行政长官和特区政府自行处理。我今天只是作为一名全国人大代表，讲些个人意见。

目前对香港来说，有四句话很重要，这就是：肯定成绩，坚定信心，稳定第一，团结为重。

我每天都看香港的几种报纸，我感到，香港报刊对取得的成绩肯定得不够。香港回归祖国后正好遇到亚洲金融危机，在应对这场危机的过程中，中央政府和香港特区政府都付出了极大的努力，取得了不小的成绩。拿中央来说，对 1997 年的亚洲金融危机有一定准备，召开了会议研究防范，但准备还不充分。1997 年，我国外贸出口增长 20%，而 1998 年几乎变成了零增长。当时很多企业不能开工，过去积累的许多矛盾如重复建设、产业趋同等都爆发出来，大量职工下岗。面对这种局面，中央参考国外的经验，考虑历史和现实的情况，果断决策，采取了积极的财政政策和稳健的货币政策，才有了今天这样的好形势。如果不这样做，国民经济可能就垮了。我们看准了就做，结果三年见效。"九五"计划期间，遇上亚洲金融危机，历史积累的问题爆发，但由于我们决策正确，财政平均每年增收 1430 亿元，比"八五"计划期间翻了一番。有了钱，过去多年想办而办不成的事，现在可以办了。这两年，仅加固长江大堤每年就投入了 100 多亿元，搞水泥护坡加几十米宽的林带，再过两年完成后，如再发生 1998 年那样的大洪水也不怕了。政策对头，就干了很多大事情，来访的外国领导人都很称赞。朝鲜领导人金正日到上海访问时，是我陪同。他上一次到上海是在 1984 年，这次再来，上海变化之大让他非常惊讶，他感到上海确实是发生了翻天覆地的变化。我们每天都会遇到很多很多问题，但还是要看到成绩，这样才有希望，才能感受到人民创造历史的力量。

香港也是一样，取得了不小的成绩。亚洲金融危机给本地区经济造成了巨大冲击，可香港顶住了冲击，经济已经全面复苏。当然，这两年财政有点赤字，但这算不了什么，美国是两年前才消灭赤字的。香港有今天这样的成绩，证明特区政府、特区行政长官、各界人士都干得很好，干得很有水平。这几年出现的禽流感、机场事件、短桩事件等等，与香港取得的成绩相比都是小事，这类事情各国都有。我们应当肯定成绩，对未来充满信心。亚洲金融危机这么大的困难都走过来了，完全可以相信香港人一定能够管好香港。

香港有许多优秀的东西。最近，香港电影《卧虎藏龙》风靡好莱坞，连连得奖，这是中国人的光荣。金庸的小说不断再版，我家里就有两套，一套是我自己买的，另一套是金庸先生送给我的。梁定邦〔1〕先生对我说，他带着内地的一个博士生在香港法院看审案，审了三天。那位博士生对他说，这样的案子在内地半个小时就审完了。我说，内地的法治的确有很多问题，但比过去还是进步多了，想当年"包青天"审案三分钟就开铡了。我讲这个例子，是想说明香港的法治是比较完善的。总之，香港是祖国一颗璀璨的明珠，许多好的东西值得内地学习。

我非常重视香港的舆论。在内地的报纸上找不到骂我的文章，香港报纸上这类文章就多了。"他山之石，可以攻玉"，可以针砭自己。批评可以尖锐，这是新闻自由，但最好不要刻薄、谩骂、挖苦。英国首相布莱尔说他每天只看五分钟的报纸，看多了影响信心。去年香港有家报纸说我是"黑手党"的"教父"，我一笑置之。这家报纸说是转引自美国的报道，而美国报纸只是说我不要像教父一样说教，并没说我是"黑手党"。香港应该是稳定第一，团结为重。不要让一些莫名其妙的事情影响香港的稳定。对影响稳定、破坏团结的行为，大家应该口诛笔伐。

我讲得不对的地方，请大家监督、批评。

〔1〕梁定邦，香港资深大律师，当时任中国证券监督管理委员会首席顾问。

改善生态环境是中西部地区发展的关键*

（2001 年 4 月 8 日）

我是 1944 年至 1946 年在湘西永绥，也就是现在的花垣念了两年高中。1944 年我在新化楚怡高工念高中一年级时，正值第四次湘北会战，长沙沦陷，国立八中到新化招生。被录取后，我从新化出发，步行经过辰溪、泸溪至所里（即现在的吉首市），然后每天到马路旁去等汽车，“求爷爷，拜奶奶”，总算搭上了过路的便车，一路上提心吊胆，行至矮寨时险些翻了车，经过这么多曲折后，才到了永绥。

这次故地重游，很多东西都记不清楚了，主要是变化太大。如当时的所里只有一条麻石街，我就是站在这条麻石街旁搭乘汽车去永绥的。那时汽车以木炭为燃料，在矮寨那样的陡坡上只要一熄火，是很容易车毁人亡、粉身碎骨的。现在的吉首与过去的所里相比，发生了翻天覆地的变化。我到花垣看了也是这种感受，国立八中的老房子——当地的一所孔子庙被烧掉了，小城依旧，但已旧貌换新颜。原国立八中旧址现在是花垣小学，有 2000 多学生，小学旁的民族中学有 1000 多学生，这些都是当时无法比拟的。总之，湘西这个令我梦魂牵绕的地方，经济和社会都有可喜的、巨大的发展和变化。但是，生态环境遭到了很大破坏，恐怕一时半会儿还恢复不了。这种人为破

---

* 2001 年 4 月 5 日至 11 日，朱镕基同志在湖南省考察工作，先后考察了张家界、湘西、长沙等地。这是朱镕基同志在听取湘西土家族苗族自治州负责同志工作汇报后的讲话。

坏可能始于 1958 年的大炼钢铁吧，加上后来人口剧增，为了吃饱饭就毁林造田，现在山上到处都是梯田。所以，我今天要强调的是，湘西（还包括张家界和怀化）发展的关键是要改善生态环境，这是主要和首要的问题；否则，经济是发展不起来的。不从长远考虑，即使得一时之利，有了一时一地的所谓“发展”，那也是不可持续的，那样的行为是短视的，不符合中央的可持续发展战略。

当前湘西地区的最大问题是亟须改善和保护生态环境，这是要集中精力做的工作。要改善生态环境，一项很重要的政策措施就是退耕还林。我们已经商定，湘西、张家界、怀化三个地区退耕还林 300 万亩，请省里作出规划，中央按有关政策尽力支持，以期尽快改善这三个地区的生态环境。各地要认真领会中央关于退耕还林的有关政策规定，执行好、落实好，并且保证退耕还林的质量，保证树苗的成活率。要把中央退耕还林的政策给老百姓讲清楚。至于中央财政对每亩地给多少补贴，这要根据实际情况来确定，具体政策由省里定。总的要求是要调动农民的积极性。我相信每亩退耕地补偿 300 斤粮食，是足以补偿山区每亩地的平均产量的。封山育林，退耕还林，使整个湘西地区真正变得山清水秀、草木葱葱，由此带来的发展机会和农民致富的门道就很多了。湘西地区退耕还林后，我相信粮食问题也是可以解决的，生态环境改善后，雨水好，平地的稻田就可以高产。我们不要过分强调都种粮食，粮价上不去，国家赔钱，农民还是不增收。湖南的骄傲是有个袁隆平〔1〕，提高粮食产量有潜力可挖，粮食是不成问题的。不要盲目强调粮食自给自足，要教育、引导、帮助农民适应市场需要，市场需要什么就种什么，什么赚钱就种什么，不要再到山上种粮食了。现在的实际情况是农民

〔1〕袁隆平，中国杂交水稻育种专家、中国工程院院士。

不缺粮食，缺的是钱，因此，要下大力气调整农业结构。对此，各级领导干部的思想要十分明确。所谓“粮食安全”，更准确的表述应该是食物安全，就是不要破坏耕地。破坏了耕地，粮食就会有危险；只要不破坏耕地，种什么都行，要改变种植结构是很容易的，就不存在“粮食安全”的问题。占用耕地的批准权在国土资源部，各地绝不能随便审批占用耕地，中央没有赋予省区市一级这个权力。各地凡是批准占用耕地建楼堂馆所的，都是不正之风，都是腐败。有些地方私下拿钱买许可证，在地理环境好的耕地上盖宾馆、饭店。

2001 年 4 月 9 日，朱镕基在湖南省考察溆浦县低庄镇连塘村枣子基地时和镇党委书记唐逢显（右一）交谈。前排左二为湖南省省长储波。

这种情况，一定要按政策严肃查处。

在搞好退耕还林的同时，要搞好农村能源结构调整，解决农民做饭、烧水等生活用燃料问题。农民只靠烧柴火，就会破坏森林。对这个问题，昨天我们一路上讨论了几个办法：一是城镇如州政府和县政府所在地，完全可以使用液化气。将来高速公路修通了，从岳阳运液化气过来是没有问题的，况且湘西自治州的城市人口只有40多万，这就更不成问题了。二是看农村是否可以使用蜂窝煤，这要看有没有推广的条件，我不敢主观武断。交通条件发达以后，从外地运煤进来是方便的，每个乡镇搞一个蜂窝煤厂是可以的。而且，烧煤比烧柴要干净、卫生一些，方便一些，农民的生活水平提高以后，不见得不肯花这个钱。三是要发挥小水电的作用。省里有关部门要对湘西地区小水电资源做一些深入的调查研究。大水电一定要搞，这对防洪和发电有双重作用，但大水电的成本太高，还有个生态问题。小水电几十千瓦就可以搞，农民可以贷款集资来搞，还完贷款后用电就不要钱了。我看湘西要因地制宜，重视小水电的发展，而小水电的发展又可以带动机械制造业和建筑业的发展。我觉得，只要有资源而且不破坏资源，这条路子是完全可以走的。四是使用沼气。对使用沼气，原来我有点怀疑，因为我在上海郊区也搞过，也到实地去看过，一到冬天，沼气就不行了。因此，搞沼气还要有电或液化气来做备用才行，冬天没有沼气了，就开备用炉子，上海农民可以搞得起，这里的农民就不一定搞得起了。但据说现在利用沼气的水平提高了，两三头猪的粪便，就可以保证有沼气。解决农民生活用燃料的这些办法和措施，湘西要因地制宜来推广。当然，政府要支持，政府不支持搞不起来。总之，要采取各种方式，通过政策支持，把能源结构调整过来，不去砍树，封山才有效。如果湘西地区能够变得草木葱葱、树木参天，沿途都是青山绿水，那么到凤凰县去旅游的客人就会心情愉悦，去了一次还想去第二次，那旅游业就会有很大发展。现在人们游张家界，按说那里的景色是天然的，非常美，全世界恐怕还找不到第二处，但游客的心情在去的旅途上就给破坏了，途经的城镇破破烂烂，城市建设和管理水平不高。

关于工业发展问题。发展工业一定要贯彻可持续发展战略。我们还是要把生态环境的保护放在首位，工业不要随便搞，这方面的观念要彻底改变。现在已经不是过去那种大办“五小”[1]工业的时代了。整个加工业供过于求，若没有国家积极的财政政策支持，工业生产早已不能维持，很多大工厂早就关门了。现在大工厂什么都做，乡镇企业萧条得很，有些东西就是生产了也没有人要。因此，绝对不要随便去办“五小”，包括湘西地区锰矿、锌矿的开发，绝对不要乱来。那样做的结果一是破坏生态和资源，污染环境，破坏自然景观。二是一旦搞起来就是一个包袱，将来拆起来都费劲，工人也没法安置。要搞锰矿、锌矿，就要在资源集中的地方搞，资源蕴藏量没有到一定的程度不能开采。不要去搞“鸡窝矿”，挖得满山遍野都是坑。况且，目前锰、锌都是供过于求。刚才有位同志讲，可以搞深度加工。搞深度加工需要很高的技术，要有规模效益，还要有大量的资金投入，湘西怎么能搞呢？总之，对发展工业要十分小心。但是，如果你们利用农产品的优势，搞一些有地区特色的农产品加工是可以的，不过也要根据市场需求，认真思考特色是什么、优势是什么、究竟适合发展什么。比如，人们现在都讲究卫生，产品一定要符合卫生标准，手工操作的产品人们就不太敢买，那就很难有市场。对发展工业，省里、州里都要严格控制，别花了冤枉钱还破坏环境。我对这个问题真是十分

[1]“五小”，指技术落后、浪费资源、产品质量低劣、污染环境、不符合安全生产条件的小炼油厂、小火电厂、小钢铁厂、小玻璃厂、小水泥厂。

担心啊！我一直反对浮法玻璃厂的重复建设，虽然通过做工作有了一些改观，但前段时间一下子又建起了几十个厂子。很多人都热衷于干这样的傻事，见到有效益的项目，一窝蜂上马，最后大家的产品质量都不行，互相搞垮了。因此，不要随便搞工业。

扶贫项目的确定也要十分小心，千万不能扶工业项目，如果搞一个项目背一个包袱，钱就白花了。扶贫要扶到点子上。没有生产条件的地方，村民要搬迁。广西的十万大山地区，庄稼种在石头缝里，一块地几根苗，人是没有办法生活的；宁夏的一些高寒地区，也是没有生存条件的。只能把那里面的人迁出来。我说这些的意思是，扶贫不

2001 年 4 月 7 日，朱镕基在湖南省湘西土家族苗族自治州吉首市矮寨镇阳孟村与农民杨再保交谈时开怀大笑。

要做傻事，别给自己找麻烦，别花冤枉钱。再一个问题是要加强对扶贫资金的管理，别让扶贫资金落到一些作风不正的人的个人腰包里。

要倡导移风易俗。这几天沿途看到好多山上都是馒头包似的坟，上面插个白旗，是招魂纸吧！当然，清明节前后上坟，这是民族习惯，但不好的民族习惯也要改。改变一些不好的习惯不能搞强迫命令，但党员干部总应该带头吧，不能以尊重民族习俗为借口不做移风易俗的工作。前天晚上，我看吉首电视台的节目，有的干部西装革履去上坟，上坟三鞠躬就行了，却还要烧纸，烧得乌烟瘴气。作为一名党员干部，你究竟是信马克思主义还是信鬼神呢？对这些事，群众的工作是比较难做，但我们作为党员干部不应该来带这样的头，而且还在电视上加以渲染。昨天，我看了海南电视台的节目，有一个村进村只有一条很窄的路，一座坟挡在路上，就是搬不走，进村只能绕过坟墓走，这说明这样的问题发展得已经很严重了。苏、浙、闽一带，这些问题也很严重。我觉得，对这样的问题还是要多做正面工作，倡导移风易俗。不然的话，不仅占用许多土地，而且老百姓做棺材要用好木头，我们苦口婆心讲要封山育林、植树造林，最后种的树被用来做棺材砍伐掉，岂不痛心？

最后讲一讲干部作风，特别是领导干部的作风问题。在新形势、新情况下，我们的干部如何驾驭市场经济，如何带领群众前进？我多次讲过政府职能转变的问题。我们的政府不是过去计划经济条件下的政府，政府职能要过渡到社会主义市场经济轨道上去，因此，政府的职能不能和企业合在一起，党的职能也不能跟政府完全混在一起，更不能跟企业混在一起。我看今天参加会议人员的名单，湖南湘泉集团党委书记、董事长由一位湘西自治州州委常委兼任。你是董事长又是州委常委，有谁敢管你的企业，谁管得了你？我绝对不相信这个国有企业能办得好，因为企业领导人的权力没有约束，没有人能管他。总不能要州委书记一天到晚去管一个企业的董事长啊。还有一个问题，我们领导干部的作风应当是实事求是的，要根据党的政策和实际情况来办事，不能想干什么就干什么，想说什么就说什么，那是不行的，那样就不能贯彻好中央的政策，就会走弯路。昨天我见到的有个镇的女书记，我看她是一位“拳打脚踢”型的干部，干劲很足，应该说是一个优秀干部。今天汇报工作的一位县长，也是“拳打脚踢”型的干部，有雄心壮志，豪言壮语一串串。这些在“大跃进”年代可能很管用，但现在不行了。现在是市场经济，讲究的是科学决策，讲究的是政企分开，不能想干什么就干什么，要按照经济规律办事，实事求是，脚踏实地做工作。我不是批评这两位同志，没有他们这样的干部，基层工作打不开局面；但要注意提高自己的思想和政策水平，适应新形势的要求，学习市场经济知识，学习政策法规，明了政府职能，这样自己的工作才能做好。

最后我说明一点，我是湖南人，在湖南讲话就不太注意委婉；又因为我的年龄比你们大，有点教训的口吻，倚老卖老，讲得对不对就不一定。但我的心是好的，我希望湘西地区能够富裕，希望湖南能够繁荣，希望湖南人民特别是湘西少数民族地区人民的生活得到改善，消灭个别农民极度贫困的情况。有些情况我们看了心酸啊！大家要脚踏实地，深入基层，为农民群众解决困难办实事。我们政府有能力解决农民的温饱问题，我们完全可以做得到，关键是看同志们的工作。因此，我提了这样一些要求和希望，希望同志们理解我的心情。我是鼓励你们，你们的工作做得很好，希望你们做得更好。

湖南要优先安排治山治水*

（2001年4月11日）

1998年、1999年，我到湖南来主要是指导洞庭湖区的抗洪工作，这次来到湘西地区看了一下。57年前，我曾经在新化、花垣念高中，这次去看觉得变化很大，有的地方已经认不出来了，看起来人们的生活还是不错的。像吉首原来只有一条麻石街，现在是一个很大的城市，吉首大学建得非常好。我当年念清华大学的时候，学校只有2000多人。那个时候清华大学的礼堂、图书馆都是美国人用“庚子赔款”建设的，每一块砖都是从美国运来的。现在吉首大学的礼堂、图书馆，比我念书时候清华大学的礼堂和图书馆要大得多，有1万多学生，真是翻天覆地的变化啊！虽然湘西地区的农民还没有完全脱贫，甚至有的人连温饱问题还没有解决，但总体看来，农民的生活水平有很大的提高。昨天，我们开了个座谈会，我感到湖南省的工作不错，用三句话进行了概括：“方向对头，工作努力，成绩很大”。确实实现了大多数国有大中型骨干企业基本脱困的目标。湖南省从去年六七月份以来，也做到了“两个确保”〔1〕。这些都是不容易的。所以，我认为湖南省委、省政府的工作，从总体说起来，成绩是很大的，应该充分肯定，事实俱在，这是不容怀疑的。但是存在的问题也确实不

---

* 这是朱镕基同志在湖南省考察工作期间，听取省委、省政府工作汇报后的讲话。

〔1〕参见《在二〇〇〇年中央经济工作会议上的讲话》（本卷第69页）。

少，需要我们团结一致，统一认识，认真负责地一个问题一个问题去解决，当然，有的问题也正在解决之中，下一步要抓得更实一点。

我着重讲讲湖南的工作重点即改善生态环境问题。就是两个字，一个是“水”，另一个是“山”。水就是“一湖四水”：洞庭湖，加上湘水、资水、沅水、澧水，现在还没有变害为利，或者说利还不大，害还很多。这个问题不解决，湖南的经济无法发展，湖南人民的生活无法改善，社会无法稳定。山就是“三山五岭”，大概湘南地区就属于五岭山脉吧。湘西地区属于武陵山区，怀化属于雪峰山区，还有一个罗霄山区，大体可以叫“三山”。“五岭”不是指全国的五岭都在湖南，而是指五岭山脉的一支在湖南。要搞好湖南的工作，首要的是要治山治水。我在 1998 年、1999 年到洞庭湖区视察抗洪工作，在此以前也去过洞庭湖，感到那里的生态环境确实恶化得很厉害，洞庭湖的面积大大缩小了，防洪、蓄洪能力很弱。党中央、国务院为此制定了治理洞庭湖的方针，具体规划也正在一步一步实行中。要进一步抓紧实施，特别是对湘、资、沅、澧四水，要配合进行治理，防洪整治要跟洞庭湖的治理相配套。这个工程不是一个五年计划可以完成的，也许不是一代人能够完成的，但是一定要锲而不舍地做下去。

关于山，这次我到湘西地区的三个市州去看了，感觉变化很大，各方面我都很满意，唯独山林破坏得实在太厉害了，跟我在五十七八年前看到的完全不一样，基本上是把树砍光了。我以前只在四川看到过“大字报”田，在那么陡的山上面开垦了田，还不是梯田，就那么在坡上种下庄稼，就像“文化大革命”时的“大字报”。原来我以为湖南的山上没有“大字报”田，现在湘西也有了，不过更多的还是梯田。因为人那么多，没有饭吃，田就一直开垦到山上，这样就把生态环境破坏了。幸亏湖南的气候好，还能够长点草，还有点植被；不然的话，水土流失，那“一湖四水”就真会泛滥成灾，人都没法活下去。因此，我感

2001年4月7日，朱镕基在湖南省花垣县麻栗场镇考察尖岩山万亩农业综合开发区时和镇党委书记龙翠兰交谈。左二为农业部副部长刘坚，左三为湖南省委书记杨正午，左四为国务院专题办副主任陈耀先，左五为湖南省省长储波，左六为国家计委副主任王春正，右三为中财办副主任段应碧，右五为中国人民银行副行长史纪良，右七为湘西州委书记彭对喜。

到湖南保护和治理生态环境的工作，已经到了刻不容缓的时候了！

我们要下很大的力气，作为工作重点，优先来安排治山治水。治水已有规划，现在就是要加速进行；治山还需要更好地规划和落实，当然，治山也包括治水。不解决这个根本问题，湖南好不了。保护生态环境，首先是要停止破坏生态环境，这一点我觉得湖南省委、省政府要下最大的决心，犹犹豫豫不行，畏畏缩缩不行，要断然处置。林木不能乱砍，水不能污染，环境不能破坏。我们实施的是可持续发展战略，破坏生态环境的事情不能再继续搞下去了！我来湖南的时候，收到一位群众的来信，反映在安化廖家坪水库，一些采金的人在库区内乱炼黄金，水库污染日趋严重，当地政府却视而不见。我把这封信批给杨正午〔1〕和储波〔2〕同志了。对类似这些破坏生态环境的行为，一定得严肃处理。这次我在湘西也讲了，不管锰矿也好，还是其他什么矿也好，都不能乱开采，现在是要关“五小”〔3〕。如果要建现代化的冶炼厂、现代化的矿山，那得有集中的资源，那种“鸡窝矿”不能再开，这样才有可能达到国际水平，否则搞什么工业化？搞什么现代化？一定要采取严厉的措施，立即停止破坏生态环境的行为。我们在花垣的时候，看到有一块很好的田，可惜那上面正在盖房子，后来听说是在盖一个变电站。变电站是需要盖的，改造农电线路，为农民送电、降低电价，但为什么一定要占那块好田呢？田都种到山上去了，沟底平坦的地方好不容易有那么一块好田，却占用来盖房子，这是为什么？何况审批手续都没有办，这是不对的，对有关责任人该处分的要处分，该罚款的要罚款。

所以，首先要停止破坏生态环境，然后才是退耕还林。我支持湘西地区的三个市、州能够退耕还林的地方都退耕还林。粮食不用发愁，不要求他们自给自足，这三个地方的高速公路都快通了，可以运粮进去。不强调粮食自给，就是要恢复秀美的山川。退耕还林的速度，要根据各市州县的实际情况，实事求是、扎扎实实地搞，不要一哄而起，不要搞强迫命令。如果准备不够充分，比如说树苗的准备来不及，就不要搞得太快，速度应该和准备情况相适应。又比如种什么树种，事先要好好研究，这些都需要时间。

退耕还林要与农村能源结构的调整相配套，否则即使林造起来了，还会被砍掉。所以，我在湘西说了这样一句话：不要宣传“一年辛苦，八年阳春”的口号，不要形成一年退耕，以后八年粮食国家给

〔1〕 杨正午，当时任中共湖南省委书记。

〔2〕 储波，当时任湖南省省长。

〔3〕 见本卷第 144 页注〔1〕。

的印象。退耕还林的政策，是要求农民退耕以后，八年内政府无偿给农民粮食，农民无偿种八年树，把荒山绿化起来。但同时要强调，不能因为政府无偿补贴了粮食，就叫农民去干无偿修路这类事情，因为补偿粮食是为了退耕还林，只能叫农民种树，不能要农民增加义务工。同时，要调整能源结构，要用多种办法来解决农民的生活用燃料问题，不能老烧柴。

以上是讲治理湖南的山，下面再讲治水。洞庭湖治理的步伐要加快。有人向我反映，现在退田还湖的进度太慢了，农民的积极性还不是很高，主要是国家补助的钱太少，每户 1.5 万元吧，省里加 2000 元。有人提出来如果每户有 3 万元的话，那搬迁的速度就可以加快，湖区面积扩大的速度也就可以加快了。请你们做些调查，看能不能增加一些财政拨款（包括中央财政拨款），加上一点银行贷款，因为湖区发展后，农民还是有一定的还贷能力的。我希望把退田还湖这项工作不停顿地搞下去，一抓到底。你们在湖南做官，如果不治理洞庭湖，那是失职啊！

算是有感而发吧，我在湘西时做了一首诗——《重访湘西有感并怀洞庭湖区》。今天我在这里说一说，以表达我的心情，也是我的希望。诗是这样写的："湘西一梦六十年，故地依稀别有天。吉首学中多俊彦，张家界顶聚神仙。熙熙新市人兴旺，濯濯童山意怏然。浩浩汤汤何日现？葱茏不见梦难圆。"这是说我当年怀着美好的憧憬来到湘西，1943 年在新化，1944 年到花垣（当时叫永绥），是 57 年以前，四舍五入算是 60 年吧。在脑海中，过去我曾经生活过的地方如今什么都看不出来了，什么都变了，模模糊糊了。到了原来的国立八中，那个地方也认不出来了，原来的房子都烧掉了，现在那里盖了小学；城墙也没有了，都盖了房子。记得岳麓书院有一副对联："惟楚有材，於斯为盛。"这是说湖南有人才啊，借用其意吧，我说吉首有人才啊。教育发达，吉首大学有 1 万多学生，办吉首大学是杨正午同志在湘西土家族苗族自治州当州委书记的时候办的一件大好事。张家界的风光有如仙境啊，但可惜现在人太多了，每到一个城市都是人山人海。特别是在新化火车站，那个广场并不小，可人把广场都塞满了，所以说人丁兴旺啊。你看如今那些山呀，像幼童的脑袋，光秃秃的，看到把树砍得那么光，我心里确实难受啊！北宋文学家范仲淹在《岳阳楼记》中描述洞庭湖“浩浩汤汤，横无际涯”，这种景观什么时候才能重现呢？这是我的愿望，我寄希望于在座的各位啊！湘西地区退耕还林还草，改善和保护生态环境，恢复原来的青山绿水，这是我的美好憧憬和梦想啊，希望同志们努力。我想，要治理湖南也就是要治山治水，“一湖四水”、“三山五岭”，把山和水的文章做好了，湖南就真正有希望了。

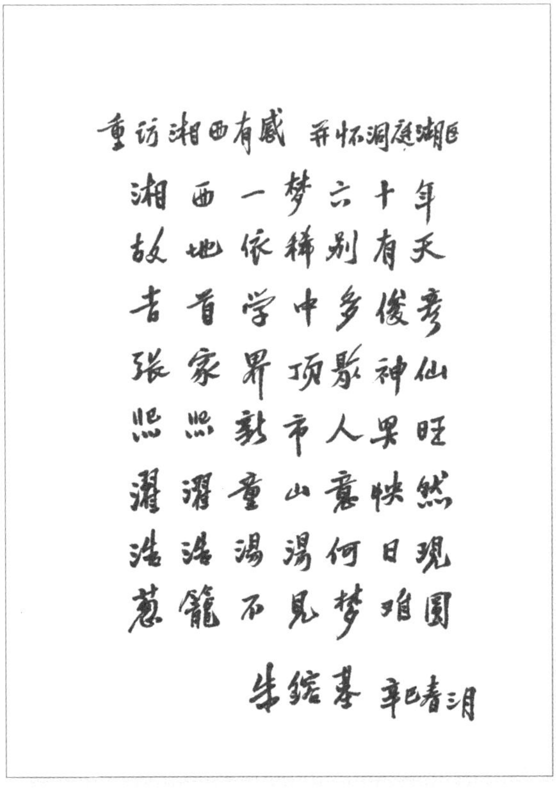

教师是教育的根本推动力*

（2001 年 4 月 27 日）

在生机盎然的春天，大家来到绿草茵茵的清华园，共同庆祝清华大学成立 90 周年，并为如何办好清华大学经济管理学院献计献策，我表示衷心的感谢！

自从上次国际顾问委员会会议召开到现在，半年的时间已经过去，我们建设一流经管学院的步伐也在各位支持下取得了一定进展。清华大学同美国哈佛大学联合举办的高层经理人员培训取得了良好的效果：教师水平得到提高，学员反映收获很大，管理上积累了经验，我们也增进了相互了解与共识。这对清华大学经管学院是一个重要的进步，也是我们国际顾问委员会各位同仁共同努力的成果。我和大家一样，为此感到由衷的高兴。特别要感谢在座诸位的直接推动。

在过去的半年中，国际顾问委员会为如何从根本上提高清华大学经管学院的教学水平，做了大量的工作，提出了很好的建议和意见。刚才大家的讨论，为清华大学经管学院描绘了一个很好的蓝图并提出了实现的措施，令人振奋，让我们充满了美好的憧憬。

下面，我就如何建设好清华大学经管学院提出我的想法，供大家参考。

---

* 这是朱镕基同志在清华大学经济管理学院国际顾问委员会第二次会议上的讲话。

办好这个学院，核心的问题是师资。“师者，所以传道受业解惑也。”[1]教师是教育的根本推动力，他们不仅向学生传授知识、技能，提高学生的全面素质，而且也是新的科学技术、新的管理思想的重要发现者、发明者。教师水平是衡量大学水平的最重要指标。清华大学经管学院有一流的学生，基础设施也正在改进，现在提高教学水平的根本就是要提高师资水平。

提高师资水平，具体地说，一要引进，二要培养。引进，就是要求大胆地、有突破性地吸引国际一流的师资来我们这里任教，我们要尽可能地为他们提供良好的生活条件和研究、教学环境。我们要依靠这些高水平的教授，迅速提高清华大学经管学院的教学和研究水平，同时带动一大批中青年教师好好成长。我们的办学经验表明，一个学科的建设及其人才培养，必须有一位或几位担纲领衔的教授做旗手。清华大学经管学院正在大力推动的讲席教授制度，着眼点就在于此。培养，是更具长远性的措施，特别是培养我们的年轻教师和未来可能做教师的学生。要把我们的年轻人送到国际一流的管理学院去学习，因为“最好的学习方法就是跟最好的人学”。要让我们的年轻人尽早地进入国际学术界的主流，具备同大师对话、交流的能力。这与闭门造车是根本不同的，是建设师资队伍的长远考虑。

当然，要能够吸引大师级的教授加盟，还需要我们进行很大的努力。过去，清华大学经管学院在吸引优秀师资方面做了大量工作，但是还要继续加大力度，把国际顾问委员会的意见、建议落到实处。除了提高物质待遇外，还应该提供良好的教学、研究环境，给予明确的责任和权利，使我们聘来的教授能够在其事业生涯中有新的、更大的成就。我相信，清华大学经管学院在这方面一定会进一步加强的。

---

〔1〕见唐代韩愈《师说》。

2001 年 4 月 27 日，朱镕基出席清华大学经济管理学院国际顾问委员会第二次会议并讲话。右为高盛集团董事长兼首席执行官亨利·保尔森。

建设好一所高水平的经管学院，能够为我们国家、为人类的繁荣作出巨大贡献，是我的一大宏愿。聆听各位同仁的精辟见解，使我受益匪浅，我对建设好这个学院更加具有信心。感谢各位的光临，并祝愿大家在这个充满希望的春天播下美好的种子。

在张维庆同志来信上的批语 *

（2001 年 5 月 28 日）

维庆同志：

我身为总理，实不相称，平生缺失，点滴自知。上次会上失态，并非对您，实为有感而发，然大失分寸，至今歉疚在心。知我谅我，希勿挂怀。自当引以为戒。

朱镕基

5.28

---

* 朱镕基同志在一次会议上对国家计划生育委员会的工作提出了批评。为此，国家计划生育委员会主任张维庆于 2001 年 5 月 10 日致信朱镕基同志，表示诚恳接受批评。这是朱镕基同志在张维庆同志来信上的批语。

维东同志：我身为总理，实不相称，平生缺失，虽病自知。上次会上失态，并非对您，实为有感而发，然大失分寸，至今歉疚在心。知我谅我，希勿挂怀。自当引以为戒。朱镕基 1.28

敬爱的朱总理：

近好！作为本届政府的咨询员，第一次这样称呼您，第一次接受您的批评并诚恳检讨，也是第一次提笔写信，向总理说心理的话。

总理的人格才华、气质、精明、博学、胆识，廉洁、勤政、直言，

清华的精神是追求完美*

（2001年6月5日）

我今天非常激动，在美国白宫南草坪讲话也没这么激动，对外国人我一点不害怕，但是面对同学们我很紧张，也许是因为“后生可畏”吧！

校长、校党委书记要求我跟同学们讲几句话。我希望我的讲话对同学们有些好处，毕竟这是我的经验之谈，但是不是真的有好处，请你们评论。我讲得对的，你们觉得有道理的，可以研究、可以讨论；觉得我讲得不对的，请你们原谅我，因为我一天要看的文件、要开的会、要讲的话实在太多了，要求我百分之一百不“走火”，实在太难了。

1984年清华大学成立经济管理学院的时候，刘达〔1〕同志让我来当这个院长。我那时担任国家经委的党组副书记、常务副主任。当时我也不知深浅，实际上我没有学过经济管理，但对经济管理很感兴趣，就答应来当了。我越当就越感到自己不足、不够格，同时，自己工作也很忙，对于经济管理学院确实没有做很多事情，感到很惭愧。我几次提出来，说我不能当了，但是他们老是说服我：“还是很起作用的”。最近，我又向王大中〔2〕同志、贺美英〔3〕同志谈这件事，说我无论如

---

* 2001年6月5日，朱镕基同志应邀在清华大学作报告。这是报告的一部分。

〔1〕刘达，曾任清华大学党委书记兼校长。

〔2〕王大中，当时任清华大学校长。

〔3〕贺美英，当时任清华大学党委书记。

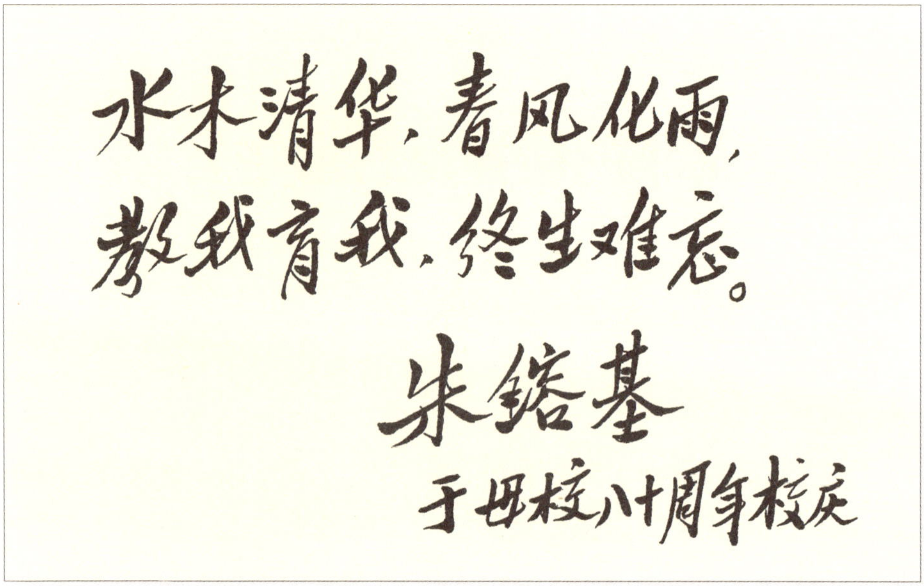

图为朱镕基于 1991 年清华大学八十周年校庆时的题词。

何不能再当院长了。他们考虑后终于同意我辞去经管学院院长的职务，但是他们要求我担任荣誉院长，我觉得这个也不能当。好多外国的大学要送我一个博士头衔，或者让我去领什么奖，我从来都拒绝。我要得到博士学位，一定要凭我自己的本事念出来，没有念出来也不要他们送来。所以，这个荣誉院长我不能当。后来他们说，你是不是可以当经济管理学院顾问委员会的荣誉主席呀？这个我倒可以答应。因为荣誉主席的自由度很大，一点不会影响顾问委员会的工作和操作。

说句老实话，同学们，这样我以后就不来了，我是“荣誉的”，但是请你们放心，我的心始终留在清华大学，留在经管学院。我今天来辞去这个院长，请同学们见证，我没有离开清华，我的心还在清华。清华大学和清华经管学院的每一点成就，我都会引以自豪；你们存在的每一个问题，我都会关心；你们如果有一点缺点，我也会毫不客气地提出，因为我是清华人。

我在十年前清华校庆时写了四句话：“水木清华，春风化雨，教我育我，终生难忘。”清华给我太多了，我为清华做得太少了。我衷心地希望清华越办越好，办成世界一流的大学，我们每一个同学不愧为世界第一流大学的学生，这就是我的心愿。我相信，在座的同学们都已经立定志向，要把清华建成一个世界第一流的大学，把经管学院办成世界第一流的经管学院，来服务于祖国，使中国成为世界上第一流的强国。

下面讲讲我对同学们的希望。

昨天晚上，我没有睡好觉，一直在想应该讲些什么内容。我在九年前为祝贺清华大学电机系成立60周年写过一篇文章，叫做《为学与为人》〔1〕，是当时同学们让我写的。这篇文章写的是章名涛先生。我在清华念书时，他是电机系主任，他在1950年的一次集会上，讲为学与为人这个问题。我就用这个题目写了一篇纪念文章。章名涛先生已经过世多年了。他说，为学与为人，为人比为学重要。为学再好，为人不好，也可能成为害群之马；为人，就是要做一个有骨气的中国人。我始终记得“要做一个有骨气的中国人”这句话。清华并不是一个只注意为学的地方，它确实是在教育我们怎么做人。

我回忆自己在清华的成长，清华教我育我并不只是为学，还在于教育我怎么做人。清华有非常好的传统，民主的传统、科学的传统、革命的传统。我记得从湖南来清华的时候，碰到许多很新的东西。当时，我最崇拜闻一多先生、朱自清先生。我虽然学的是电机，但是我最喜欢听朱自清先生的讲话。我现在还很生动地记得他在同方部一个集会上的讲话，他会写文章，不善于言辞，但他讲话很诚恳、很感动人，我敬佩他的为人。我也敬佩吴晗先生、张奚若先生。我记得北京解放以前我们最喜欢到张奚若先生家里去，很多同学坐在地上，听张

〔1〕《为学与为人》，见本书第一卷第147页。

先生纵论天下形势，大骂国民党反动派，痛快之至。当时，我就在进步同学的影响下参加一些学生运动，做一些工作。特别是北京解放以后，我在清华当班会主席、当学生会主席。我印象最深的是，我的马克思主义的基本知识都是在那个时期学习的，看了很多书，打下了基本理论的基础。所以说，清华这个地方不是一个专门为学的地方，也是教你如何做人的地方。

为学，我坦率地说，我学得并不是很好，当然社会工作对我有一定的影响，但另一方面，我本性也不是很喜欢工学。我英文比较好，我喜欢外国文学、中国文学，曾经一度想改外文系，没改成。当时，我净看文学方面的书。到图书馆去，本来应该看电机工程的书，但我老想去看曹禺的剧本。我是到清华之后看到他的剧本，才知道曹禺本名万家宝，也是清华大学毕业的。

清华给人们一种传统，使你总是要向上。对学习很好的同学，我就很羡慕他们。有一次，我跟张凤祥同学（他后来当过水利电力部副部长）说，我从小学到中学一直是第一名，为什么到清华来以后就觉得我学习起来比那些学得好的同学要困难？他的一句话，到现在快半个世纪了，我还记得清清楚楚。他说，到清华来的我们班上这些人，在中学的时候有哪个不是第一名啊。可见清华竞争是很激烈的，确实有很多出类拔萃的人才。像我们电机系这一个班就出了三个院士。我不是学得好的，但是我也没有布什总统的那种幽默。小布什不是耶鲁大学毕业的吗？他到耶鲁大学发表讲话，他说："我对那些学习好的同学表示祝贺，学习不好的同学也不要着急，学习不好也可以当总统。切尼副总统也是耶鲁毕业的，但他只念了一半，因此他只能当副总统。"我今天绝不是跑到这里来说我学习并不好，但我也能当总理，我没有这个幽默感。我的意思就是说，为人比为学还要重要。

大家都想一想清华的精神是什么。你可以做很多解释，民主

1994 年 3 月 30 日，朱镕基出席清华大学经济管理学院建院十周年庆祝大会。正面第二排右一为国家教委副主任张孝文，右二为清华大学校长王大中；第三排中为清华经管学院副院长赵纯均。

的传统、科学的传统、德先生、赛先生、革命的传统等，你怎么解释都可以，每个人有不同的解释。我有一个解释，也就是我的体会：追求完美。在清华这个环境里，使你感到人才济济。每个人都肩负着建设祖国的任务，这是历史的使命，在这里学习就感到自己要追求完美，要做到最好。

做人要做有骨气的中国人，要做顶天立地的中国人；治学要扎实、严谨，绝不沽名钓誉，更不要说剽窃他人的成果，根本不屑这种行为；做事要扎扎实实，真正地为人民。一个人不可能没有缺点，但要力求自己做到廉洁公正，不要留骂名。

我想，就是清华这种精神鼓舞着我。尽管我被错划成“右派”，

20年没有党籍，但是我从来没有失掉共产主义的信念，我从来没有对自己的工作和学习有半点的放松，我总是不断地要求自己，不辜负清华老师、清华大学和党组织对我的教育，我总是要做到无愧于心，这是我最大的愿望。

我也用这一点来要求我的儿女。我的女儿是1954年出生的，儿子是1958年出生的。在“文化大革命”的时候，他们承受了很大的压力，我自己想到这个事情心里就很难受，但是我对他们的要求始终是很严格的。我记得很清楚，我的儿子还只有十来岁的时候，他要在我们阳台上种菜，有一天，就捡了一块破破烂烂的油毡子放在阳台上，准备搁了土就可以种菜了。我一看见就跟他说，我们再穷也不能拿别人的东西，随手就打了他一个耳光。这是我生平第一次打他，也是最后一次打他。他跟我讲，他没有拿别人的东西，这块破油毡子是从垃圾堆里捡回来的。我当时很后悔打了他，但是也许是因为有点父亲的架子放不下来，我说：“那好，我不应该打你，但是我们要把这块油毡子送回去，不管它是别人的还是垃圾堆里的。”我就陪着他，把这块油毡子扔回垃圾堆上。想起这件事，我心里就很难过。不过我很高兴，他们虽然没有到清华来读书，但是继承了清华的精神。我的女儿和儿子都曾经在国外读书，他们读书的时候，我已经做了上海市市长、副总理，但是从来没有一个外国人知道他们的爸爸是中国的市长、副总理。他们都是靠自己洗盘子、在学校劳动来求学，现在都学成回来了。

我今天讲的也是一些感悟，讲得不是很系统。但是，我衷心地希望大家，在清华不但要为学，而且要学做人，学做事，要追求完美，一定要做到最好。你们一定要树立这个目标。我们要建立第一流的大学，中国成为世界第一流的强国，根本的就是靠科学和教育，教育是科学的基础。你们完全可以做到这一点。将来在你们中间，不知道要出多少个院士，希望大家努力。

对于清华经管学院，我唯一的希望就是能够跟世界上最好的经管学院比，不管是哈佛或者是麻省理工学院或者是哪个国家的商学院，都能够跟它们比。要比就要有一个条件，就是要重视师资队伍的建设，一定要有第一流的师资，不惜重金到外面去聘请，哪怕只是讲学也要请来。过去清华校长梅贻琦先生讲过一句话："大学者，非有大楼之谓也，有大师之谓也。"就是说，一个大学并不是因为有大楼才叫大学，是因为有大师，有国学大师、有科学大师、有管理大师，这才叫大学，才叫一流大学。我希望经管学院今后在师资队伍的建设方面要下很大的工夫。

我还提出一个问题，就是希望经管学院今后全部改用英语教学。我绝对不是崇洋媚外，因为现在经济在全球化，你不能跟外国人交流，又怎么能融入全球的经济呢？我们的经济发展就是靠改革开放，不会英语是绝对不行的，特别是管理。我没有到外国去学习过，但是我很得益于当时清华的教学课本，大多是英文的。只有一本《普通物理》，萨本栋先生写的《普通物理》，是一本中文书，其他全是英文书。教授有些是半英半中，教热力学的庄前鼎先生是无锡人，他说："我讲无锡话反正你们也听不懂，因此我讲英文了，对不起。"所以，英语教学是很重要的。如果现在师资的英语水平还达不到的话可以去学，给你一年两年的培训期，到外国去实习一下，不是太难的。所以我开的这两次顾问委员会会议，因为有外国人参加，我们就坚持一律用英语。搞经济管理不能用英语跟外国人讲话，就很难融入世界经济浪潮里。是不是大学其他系都要这样？那不一定，因为好多学工程的能看懂英文就行，不一定非要能说英语，但学经济管理的要做到这一点。

在我告别清华经管学院时——还没有完全告别，还留了一个顾问委员会的荣誉主席，谨对清华大学和经管学院表示我最良好的祝愿，希望你们在座的后生都能够超过我。

关于四川三个少数民族自治州的经济发展问题*

（2001 年 6 月 11 日）

这次到四川来，第一个目的是来还愿的。原来我答应三个少数民族自治州都要去一下，1996 年去了凉山，1999 年去了阿坝，这次去了甘孜。同时也考虑到最近中央要召开西藏工作会议，会议结束后，青藏铁路将宣布开工。这条铁路对西藏的发展有很重要的作用。我们一定要把这条铁路修成世界第一，因为这条铁路是修在高原冻土上，在世界上没有先例。铁路修通后，以客运为主，可以让世界各国的人们到西藏去看一看，看看西藏的真实情况。青藏铁路在政治上、经济上都有很重要的意义，对西藏人民的意义也很大。我想借此机会，首先到四川的藏族地区看一看，希望能够帮助解决一些问题。

第二个目的是看一看退耕还林在四川的成果。应该说，退耕还林这个政策的形成，最早还是四川给我的启发。1998 年长江流域及嫩江、松花江流域遭遇特大洪水后，我在北戴河向中央政治局汇报，提出了一个 32 字的工作思路，主要是退耕还湖。后来，谢世杰〔1〕、张中伟〔2〕同志来找我，说粮食现在比较多，能不能用以粮代赈的办法让农民少种地、多造林。所以，应该说我是受到这个启发后，到全

---

* 2001 年 6 月 8 日至 12 日，朱镕基同志在四川省考察工作，先后考察了雅安、甘孜、成都等地。这是朱镕基同志在听取省委、省政府工作汇报后的讲话。

〔1〕 谢世杰，1993 年 3 月至 1999 年 12 月任中共四川省委书记。

〔2〕 张中伟，当时任四川省省长。

国各地特别是西部几省区去调研，1999 年在延安才形成了 16 字的工作思路，正式提出退耕还林。1999 年时，谢世杰同志给我提出四川省要退耕还林 300 万亩，我表示同意了。我们所有的工作，都是从各个地方的领导包括群众那里得到营养，然后向中央提出思路，由中央来决策。现在，这项工作的意义已经看得越来越清楚、越来越大了。去年遭受了那么严重的旱灾，粮食减产 900 多亿斤，今年也是旱灾。但现在看起来，并没有改变粮食供过于求的状况，粮食价格并没有上升。所以说，这是一个历史的机遇，是天赐良机，或者说是千载难逢的良机，使我们能够缓一口气，弥补一下我们过去对大自然造成的损失。过去我们对可持续发展战略没有重视，对大自然进行了破坏，破坏了它自我修复的能力，因此造成今天生态环境的恶化。比如在北京就有这样的顺口溜：“北京人真苦，每天一两土，白天吃不够，晚上还得补。”这就是大自然对我们的惩罚。现在我们可以来弥补，这个弥补需要几代人的努力，我们现在就应当开始。

我们这次来，也可以说是一次工作考察。看了一些地区，看到的成绩是很大的，群众的反映是很好的，但是也不要自满。我们还是看到，羊还在退耕还林的山上跑，还没有圈起来。花这么大的代价搞退耕还林，给粮食、给树苗、给补助，但房子还是盖在山顶或半山腰，说明还是没有封山嘛。好多工作还没有做到家，不要自满。在天全县，那个县委书记是个女同志，很能干。她是把羊圈起来了，但圈在河边。她说这是“发羊财”，养羊能够增加收入。我说，你怎么能把羊圈在河旁边养呢？你“发羊财”，那下游的人就要“喝羊尿”了。羊的屎尿都排到河里面去了，造成了污染。退耕还林还有很多工作要做，比方说，每亩地补助 300 斤粮食后，有文件明确规定农民还是要交农业税。你们现在为了减轻农民负担，农业税就不收了。如果你们不想办法给财政补助的话，那困难就会更大。同时我们也要看到，一亩地补了300斤粮食固然不算多，但这个粮食是免费的。过去种地，也许收获300斤甚至400斤粮食，但那是要付出很大代价的，需要种子、化肥、劳力。现在一袋袋退耕还林大米，直接给扛到农户家里来了，过去不少地方根本没有办法吃上大米。我们在康定看到粮袋子上都印着“退耕还林大米”几个大字，这是四川一个很好的经验。当地人还说，有了这种袋子运大米，高速公路就不收费，说明大家都很支持这个政策。大家现在都要求扩大退耕还林的规模，要求增加指标。增加指标就是增加粮食，而且是免费的粮食。我希望把增加的指标尽可能地用来照顾三个少数民族自治州，因为它们是黄河、长江的源头啊！它们这些地方生态环境的改善，对全国的影响是很大的。国家给一亩地补助300斤粮食，不是只补给一年，我们答应的是给八年，到时还可以考虑延长。如果那时农民收入很高，粮食又便宜，要不要补助粮都无所谓了。所以，我们要精心养护，保证成林，我想这个要求不算过分。这方面的政策还需要发展、完善，要严格要求，讲求质量，这方面还有很多工作要做。

我们带着这两个目的来，看了以后感到收获很大，受到很大启发。刚才省委、省政府提出的要求，我们也应该帮助解决一些问题，首先是解决三个少数民族自治州的问题。可以从三个方面来解决这些问题。

第一，扩大退耕还林的规模。刚才王春正[1]同志已经作了答复，增加100万亩指标，我完全同意。

第二，加强基础设施建设。首先是交通问题，还有其他所有基础设施建设项目问题。我们对西部大开发有一条最重要的政策，就是尽可能地用国家资金，也就是用国债，加上银行贷款来安排，地方不

〔1〕王春正，当时任国家发展计划委员会副主任。

出，或者少出配套资金。现在有人总说没有看到西部大开发的优惠政策，这就是最大的优惠政策。考虑到西部地区财政困难和人民负担比较重，用国债安排项目时就有这条政策。川藏公路〔1〕、南充至广安、雅安至攀枝花高速公路共三个项目，都按我刚才讲的原则来办，通通用国债资金加银行贷款解决。这是对少数民族地区和老区的照顾，也是西部大开发最大的一条优惠政策。

关于公路，我再加一条。这三个少数民族自治州首府到所属县里的公路，比方说甘孜州从康定到18个县的公路，从现在开始纳入国

2001年6月8日，朱镕基在四川省甘孜藏族自治州康定县雅拉乡新兴村一藏民家中查看国家补助的退耕还林大米。左为财政部部长项怀诚。（新华社记者齐铁砚摄）

〔1〕川藏公路，由四川成都到西藏拉萨。北线全长2412公里，1954年正式通车；南线全长2149公里，1958年正式通车。

家计划，由国家资助来修这些路。江泽民同志在 1991 年来四川时就讲：“稳藏必先安康”。“康”就是指西康，也就是现在的三个少数民族自治州。我再加一句：“安康必先通康”。交通不方便，是不可能发展经济和改善人民生活的。这些公路当然与前面讲的国道是不一样的，我们在康定与州政府商量时说，国家尽可能资助，但第一占地不要收钱，第二地方政府不要敲竹杠，第三需要的劳务不要钱。至于对劳动力如何补偿，由自治州政府来考虑。总之，修这些公路由中央财政来安排资金，但是你们要认真地配合。这三个自治州加起来有 48 个县，可能有些县已经通公路了。修公路可以分期分批地来安排，根据当地的人口、经济发展的重要性、战略的重要性，先修哪几个县，后修哪几个县，做一个安排，不要企图在一年之内就把它完成。路面等级也可以有所不同，至少要先修柏油路面的公路，这样才是一条永久性的路。把这三个州的由州通到县的公路列入规划，分期实施。这个事情由张春贤〔1〕同志回去组织人来考察一下，然后向国家计委提出计划。我们把这三个自治州修公路的钱纳入国债项目，做一个规划，分期分批地实现。我想别的省区的自治州一定会来攀比，来就来吧，一视同仁，但是要有先有后，先从这三个自治州开始，分期分批安排。

少数民族地区如何发展经济？以前走了很多弯路，花了很多钱，搞那些“五小”〔2〕，最后都是落下一屁股债，没有什么效益。如果把公路修好，交通四通八达，首先就可以发展旅游业。我们这次到甘孜有很大的收获，不虚此行，看到了祖国美丽的河山。还有很多地方我没去，随行的年轻人利用午休时间跑到海拔 4300 米的地方去探险，

〔1〕张春贤，当时任交通部副部长。

〔2〕见本卷第 144 页注〔1〕。

去看风景。海螺沟我还没去呢，等你们把这些公路和康定机场修好以后，我再来。我认为，这是支援少数民族地区最好的办法。先帮它们把基础设施搞好，再配套搞两个真正像样的宾馆，外国人就来了。上天赋予我们这么好的资源，是可以赚很多钱的。但是如果没有交通，就没有一切。我想在这儿做一个试点。本来，这个事情按照分工不用国家来管，国家只管到“五纵七横”〔1〕，不能管到州以下的公路，我愿意拿这三个自治州做试点。我相信这对于发展经济有很大好处。

同时也希望你们保护好资源，规划没有做好，没有经过省或国务院批准，就不要乱开发，否则会破坏你们的资源。最近香港凤凰卫视正在播香港西部访问团西行漫记，我在甘孜看了两个晚上。据他们反映，到西安一下飞机就被拉去谈项目，这给他们的印象不好。而到新疆一下飞机，见到的是民族歌舞，根本不谈项目，可最后在新疆谈成的项目最多。他们谈成的项目大都是旅游项目。很显然，在西部地区搞什么加工工业是没法搞的，所有的消费品基本上都是供过于求，还想拿到内地去竞争吗？距离那么远！乌鲁木齐有一个集贸市场叫“二道桥”，非常出名。跟香港人谈乌鲁木齐他不一定知道，但说“二道桥”他就知道，那是一个很繁华的市场。现在乌鲁木齐要改造那个市场，要搬家，再盖大楼。香港的王敏刚是一个大资本家，他看后说你们不要搬家，绝对不要拆，可以改造，保持“二道桥”市场原来的风貌，前面再修一个文化广场，他来投资。我觉得他这个思路比我们高明。你们把驰名中外的东西随便就破坏了，再去盖一个大楼，那就没有味道了。还有华懋集团的龚如心，她在那里签了八九亿元的项目。我看她签的项目大半是商业项目，其中有一个项目是开采金矿，其他没有工业项目，基本上都是商业项目。对旅游业，他们是非常重

〔1〕“五纵七横”，指由五条南北纵线和七条东西横线组成的国道主干线。

视的。甘孜要搞旅游业，当地没有几个符合国际标准的星级宾馆，外国人是不会来的。既要有好的道路，也要有好的旅游设施，特别要有好的厕所。厕所的问题要是不解决，外国人是不会来的。如果只重视“进口”，不重视“出口”，人家就认为你们现在的文明程度还不够。旅游业的“软件”是非常重要的。当然凉山是有工业的，我感到旅游业应是其他两个少数民族自治州最重要的发展方向。九寨沟就在阿坝，把旅游资源保护好了、开发好了，这个州就富了，停止砍伐天然林能把过去造成的损失弥补回来。我们现在就是为你们创造条件，帮助你们把路修通。路一修通，加上你们自己努力，经济一定就会发展起来，所以我加了这个项目。请你们务必体会我这个意思，我作这个

2001 年 6 月 9 日，朱镕基在四川省雅安市天全县紫石乡考察天然林保护工程和退耕还林还草情况。左一为四川省委书记周永康，右四为四川省省长张中伟。（新华社记者齐铁砚摄）

决定也不容易。把公路管到州以下的县，是没有这个先例的。这体现了中央对少数民族人民的关怀，希望你们的经济能够发展得快一点。

水利项目，包括水电，关键是要把可行性研究做好，把前期工作做好，报到水利部、国家计委，分期分批地都可以安排。原则上我们都同意，而且希望加快建设。但我觉得，最重要的一点是要研究四川的电究竟往哪里送。如果经过全国的平衡，要往广东送，那就要加快规划和建设。从广西、贵州、云南往广东送电是毫无问题了，他们的规划已经做好，正在加紧建设。二滩〔1〕的电现在送不出去，三峡〔2〕的第一台机组2003年就要发电，三峡的电要往广东那边送。你们要赶快规划，赶快决策，赶快建设。所有的项目，都按我刚才讲的原则，主要由中央财政来安排资金。

第三，财政问题。周永康〔3〕同志开的这个盘子太大了，恐怕我们做不到。目前根据实际的需要，我们对三个少数民族自治州提一点要求，就是你们自己要研究如何增收节支，如何减少不必要的支出。一要保证工资，绝对不能拖欠。要保证公务员包括教师的工资发放，那就要精简机构。有些地方政府机构庞大得不得了，但干事的人不多。教师队伍中也有好多人不能教书。这些问题都得想办法，要精简机构，提高效率，廉洁、勤政、高效。二要保证公安机关的办案经费，没有法制，怎么能搞建设呢？三要保证市场管理部门的经费，市

---

〔1〕二滩，指二滩水电站，是中国20世纪建成的最大水电站，位于四川省雅砻江干流下游段，1991年开工，1999年建成。水库总库容58亿立方米，水电站总装机容量330万千瓦，多年平均年发电量170亿千瓦·时。

〔2〕三峡，指三峡水电站，总装机容量1820万千瓦，年平均发电量846.8亿千瓦·时。

〔3〕周永康，当时任中共四川省委书记。

场经济没有秩序，那经济能发展吗？不打“假”就是打“真”，不打“劣”就是打“优”。工商局、技术监督局要加强，经费要保证，但要节约。总之，你们刚才讲的这些缺口，也要靠自己增收节支来弥补才行。

刚才，项怀诚[1]同志讲了，他也给我汇报过，对三个少数民族自治州中央财政从今年开始每年补助4个亿。我再加1个亿，每年补助5个亿。不让项怀诚一个人做好人，我也做一个好人。当然，这个事不能光是我们说了算，回去以后要会同有关部门商量一下，再给国务院打报告，经国务院领导讨论后作决定。定这5个亿，也是有根据的。这次在甘孜听汇报是比较清楚的，财政收入5个亿，开支7个多亿，缺口两亿多元都是挪用的专项资金。我建议你们还是要抓财政，你们的第一、二把手对财政要了如指掌，要知道钱从哪里来、花到哪里去了。我在上海当市长，后来兼市委书记，这是我最重要的经验。现在我当总理，财政在我肚子里都有一本账。我估计阿坝的人口、面积与甘孜差不多，缺口也都是两亿多元。凉山自治州毕竟还是有工业呀！西昌有工业，工业人口比甘孜、阿坝的还是多一点，财源也要多一点，人员工资基本上能保证。5个亿主要是考虑甘孜、阿坝两个州，对凉山的支持，就在增加烟厂生产香烟的指标上。这5个亿主要还是考虑甘孜、阿坝，当然凉山也要给一些，至于分别给多少由省上安排。要跟同志们讲，我们是尽最大努力了。

〔1〕项怀诚，当时任财政部部长。

把基础教育放在更加重要的战略地位*

（2001 年 6 月 12 日）

这次会议是进入新世纪以后国务院召开的第一次全国教育工作会议，专门研究基础教育工作。下面，我讲几点意见。

一、必须把基础教育放在更加重要的战略地位。

教育是科技的基础，基础教育是教育事业的基石，对于提高国民素质、培养各级各类人才，对于实施科教兴国战略，都具有基础性、先导性和全局性的重要作用。目前，我国有两亿多中小学生，再加上学龄前儿童，占全国人口的六分之一。他们是祖国的未来、民族的希望。把基础教育搞上去，就可以显著提高未来的国民素质，为培养大批优秀人才打下坚实基础，这是具有战略意义的大事。

切实加强基础教育，加快基础教育的改革和发展，既是教育工作的当务之急，也是推进我国现代化建设的一项紧迫而艰巨的任务。新中国成立 50 多年特别是改革开放以来，基础教育工作取得了巨大进步，基本普及九年制义务教育和基本扫除青壮年文盲（以下简称“两基”）的目标已经初步实现，这是一个了不起的成就。但基础教育总

* 2001 年 6 月 11 日至 12 日，国务院在北京召开全国基础教育工作会议。出席会议的有各省、自治区、直辖市人民政府的主要负责同志，分管教育工作的负责同志以及教育、财政部门的负责同志，部分中央和国家机关、群众团体的负责同志以及各计划单列市人民政府、新疆生产建设兵团的负责同志等。这是朱镕基同志在会上讲话的主要部分。

体水平不高，发展不平衡，问题还不少。目前，全国尚有15%的人口地区没有完成普及九年制义务教育的任务，还有近5%的青壮年没有脱盲；已经实现“两基”目标的地区，教育质量参差不齐，有的没有真正达到标准；有些地区成果不巩固，中小学辍学率有上升趋势；农村义务教育管理体制不顺，教育经费不足，并由此带来一系列问题。

跨入新世纪，我国进入了全面建设小康社会、加快推进社会主义现代化建设的新的发展阶段，各项任务非常艰巨。我们要抓住世界经济和科技发展的机遇，迎接国际竞争的挑战，要对国民经济进行战略性调整，促进产业结构优化升级，实施西部大开发，进一步深化改革、扩大开放，这些都迫切需要显著提高劳动者的素质和加快培养大批人才。相对而言，我们现在最紧缺的不是资金和资源，而是人才。中国人是很聪明的，只要从小抓起，普及教育，在许多科技领域，特别是在计算机技术、信息技术领域，完全可以较快地赶上世界先进水平。总之，不加强基础教育，就不可能实现中华民族的伟大复兴，更不可能把我国建成强大的现代化国家。我们必须把基础教育作为教育事业发展的重点，放在更加重要的战略地位。

二、完善基础教育管理体制，确保义务教育经费的投入。

加强基础教育的一个重要方面，是要完善教育管理体制，确保经费投入，特别是保障义务教育投入。现行基础教育体制特别是农村义务教育体制的最大问题，是既无法保证义务教育经费的稳定来源，又为乱收费、乱摊派敞开方便之门，造成农民负担过重，到了非改不可的时候。

中央最近研究决定，农村义务教育管理体制“实行在国务院领导下，由地方政府负责、分级管理、以县为主的体制”[1]，明确划分了从

〔1〕见《国务院关于基础教育改革与发展的决定》（《十五大以来重要文献选编》下册，人民出版社2003年版，第1838页）。

中央到省、地（市）、县的职责，特别是明确了县对本地农村义务教育负有主要责任。这里需要强调以下三点：第一，举办基础教育特别是义务教育，主要是政府的责任。这在世界各国都是如此，我国也应当这样做。政府要保证对义务教育的投入，不要把这个钱摊在老百姓身上。宁可少上几个建设项目，宁可把盖办公大楼的标准降低一点，也一定要千方百计保证基础教育经费。第二，省、地（市）、县人民政府都要加大对基础教育的投入。在现行财政体制下，财政的大头在地方。2000 年的国家财政收入共 13380 亿元，包括地方财政收入 6394 亿元、中央财政收入 6986 亿元（其中，中央返还给地方 4668 亿元，包括增值税的返还、补发工资和其他各种补贴，还有转移支付等）。也就是说，80%以上的财力在地方，中央只有 2300 多亿元，用于维持外交、国防和政府的正常运转。同时，地方也是发展基础教育的直接受益者。因此，希望大家进一步认识加强基础教育的重要性，拿出更大的积极性和实际行动支持基础教育。第三，中央要加强对基础教育的宏观管理和指导，并根据实际情况加大对中西部困难地区和民族地区的财政转移支付力度，支持这些地区基础教育的发展。认真实行这样的体制，并加大经费投入，就可以促进我国基础教育持续健康地发展。

为了保证基础教育特别是农村义务教育的经费，当务之急是要采取“一保、二控、三监管”的措施。所谓“保”，就是保证教师工资按时足额发放。确保农村中小学教师工资发放，是地方各级政府的责任，也是稳定教师队伍、搞好农村义务教育的保证。要严格实行教师资格制度，逐县核定教师编制和工资总额，由县级财政部门通过银行把工资直接发放给在编教师。对财力不足、发放教师工资确有困难的县，上级政府要通过调整财政体制和增加转移支付的办法加以解决。所谓“控”，就是控制学校收费标准，坚决制止乱收费，切实减轻学生家长特别是农村学生家长的负担。国务院有关部门要统一制定贫困地区农村义务教育的收费标准和收费制度。其他地区由省级人民政府按照国家有关规定，结合当地实际，确定本地区杂费、书本费的标准。所谓“监管”，就是加强对教师工资发放和教育收费情况的监管和检查，完善举报制度，接受群众监督。对于违反规定、不能保证教师工资发放和挪用、挤占教师工资资金的地方，对于乱收费和挪用、挤占中小学收费资金的行为，要及时严肃查处。严禁借收费搞不正之风和腐败行为。

在农村税费改革中，既要减轻农民负担，又要确保义务教育经费的投入。现在最大的担心，就是税费改革后农村义务教育经费的缺口太大。目前，县财政的60%到70%、乡（镇）财政的70%到80%用于教育。实行税费改革后，教育费附加和集资不能搞了，缺口就出来了。我们工作的一个重要着眼点，是既减轻农民负担，又保证农村义务教育经费的投入。在实行农村税费改革的试点地区，要在减轻农民负担的同时，采取切实措施，确保义务教育经费投入有稳定的来源；没有搞农村税费改革的地方，仍按照国家有关法律、法规和现行办法保证义务教育经费来源，并按照国务院的要求建立农村义务教育新的管理体制，为今后的改革创造条件。总之，无论哪种情况，无论什么地方，都必须保证农村义务教育经费的投入。各级政府有关部门和所有学校都要切实加强财务管理，努力提高经费使用效益。

加强基础教育，还要鼓励社会力量办学。要坚持贯彻“积极鼓励、大力支持、正确引导、加强管理”的方针，利用社会力量，多形式、多途径地发展教育特别是非义务教育。要提倡捐资助学。企事业单位、社会团体和公民个人对基础教育的捐赠，一律享受国家有关优惠政策，捐赠款在应纳税所得额中全额扣除。国家和地方对捐助基础教育有突出贡献的单位和个人要予以表彰。

三、着力提高基础教育质量。

中小学教育对人的一生发展起着关键性作用。必须全面贯彻党的教育方针，扎扎实实推进素质教育。要适应时代发展和现代化建设要求，端正教育思想，转变教育观念，面向全体学生，培养他们的创新精神和实践能力，使学生具有适应终身学习的基础知识、基本技能和方法，具有健壮的体魄和良好的心理素质。为此，要加快课程教学改革和考试制度改革，全面提高基础教育质量。特别要加强德育。现在学校教育中的一个倾向性问题，是对德育重视不够。要对中小学生加强爱国主义、集体主义和社会主义教育，加强中华民族优良传统、革命传统和国防教育，加强思想品德和道德教育。要对中学生进行正确的世界观、人生观、价值观教育。在高中阶段，还要进行马克思主义、毛泽东思想和邓小平理论基本观点的教育。中华民族传统道德中有许多非常优秀的成分，要弘扬这些优秀的传统道德，教导中小学生从小立志、做正直的人，树立为国家、为民族的奉献精神。德育工作要适应新形势的要求，改进方式方法，增强针对性、生动性、有效性。

教师是保证和提高教育质量的关键，要努力建设一支高素质的教师队伍。教师不仅要传道、授业、解惑，更要“学高为师，身正为范”[1]。广大中小学教师非常辛苦，为基础教育事业作出了很大贡献。但也要看到，还有相当一部分教师不能适应素质教育的要求。要抓好教师培训，提高教师的道德素质和业务水平。要严格把关，选录优秀人才进入教师队伍；同时，认真核定编制，坚决辞退不合格人员，精减富余人员。

基础教育是全社会的事业，各个方面都要关心、支持。要在全社会树立和普及正确的教育思想，促进教育观念的转变，为基础教育的改革和发展创造良好的社会环境。

---

〔1〕“学高为师，身正为范”，是中国教育家陶行知的一句名言。

进一步加快西藏经济发展*

（2001 年 6 月 25 日）

一、进一步加快西藏经济发展是十分重要而紧迫的任务。

西藏地处祖国西南边疆，幅员辽阔，战略地位非常重要。党中央、国务院历来高度重视加快西藏发展。早在 20 世纪 80 年代，邓小平同志就指出，要“使西藏很快发展起来，在中国四个现代化建设中走进前列”〔1〕。1994 年，江泽民同志强调：“加快西藏的发展，最根本的是加快西藏经济发展。经济上去了，其他事情就比较好办了。”〔2〕进一步加快西藏经济发展，不只是局部地区的问题，而且是事关国家全局的战略问题；既有重要的经济意义，又有重大的政治意义。

西藏和平解放 50 年来，经过民主改革和社会主义建设，极大地

---

* 2001 年 6 月 25 日至 27 日，中共中央、国务院在北京召开第四次西藏工作座谈会。出席会议的有西藏自治区党政负责同志，自治区各地、市和自治区直属机关的主要负责同志；各省、自治区、直辖市及有关计划单列市的负责同志；中共中央、国务院有关部门负责同志和解放军四总部、武警总部的负责同志。朱镕基同志在会上的讲话，曾发表于《西藏工作文献选编（1949—2005 年）》，原标题为《关于加快西藏经济发展》。编入本书时，对部分内容作了删节。

〔1〕见邓小平《立足民族平等，加快西藏发展》（《邓小平文选》第三卷，人民出版社 1993 年版，第 247 页）。

〔2〕见江泽民《西藏工作要抓好稳定和发展两件大事》（《江泽民文选》第一卷，人民出版社 2006 年版，第 389 页）。

解放和发展了生产力，经济建设取得了长足发展。特别是第三次西藏工作座谈会[1]以来，西藏自治区党委和政府率领全区各族人民团结奋斗，经济社会发展取得了显著成就。从1994年到2000年，西藏地区生产总值年均增长12.4%。国家投资重点建设了交通、能源、通信、农牧业、社会事业等一批基础性骨干项目。科技、教育、文化、卫生等各项事业有较大发展。农牧民和城镇居民收入持续增长，生活水平不断提高。但是，由于历史、自然、社会等原因，西藏经济发展水平仍然很低。经济总量小，自我积累和自我发展能力差。农牧业和生态环境脆弱，基础设施瓶颈制约严重，科技、教育落后。只有进一步加快经济发展，才能尽快从根本上改变西藏的落后面貌。

加快西藏经济发展，是维护民族团结、祖国统一和国家安全的重要保证。加快发展、维护稳定，是西藏面临的两大任务。稳定是发展的前提，发展是稳定的基础。只有加快经济发展，增强经济实力，不断改善人民生活，才能增强凝聚力和向心力，巩固和发展民族大团结，为西藏的社会稳定和长治久安奠定坚实的物质基础和群众基础。西藏有近4000公里的边境线，是保障国家领土安全的重要前沿地区。只有加快西藏经济发展，才能在西南边疆构筑起保障国家统一和安全的钢铁长城。

目前，西藏经济发展、社会进步、局势稳定、民族团结、边防巩固，是历史上最好的时期之一，为进一步加快发展提供了有利条件。西藏各族人民有尽快摆脱落后状态的强烈愿望，这是加快经济发展的强大动力。国家实施西部大开发战略，也为西藏加快发展提供了难得的历史机遇。

---

〔1〕继1980年、1984年两次西藏工作座谈会后，中共中央、国务院又于1994年7月20日至23日，在北京召开了第三次西藏工作座谈会。

二、明确目标，突出重点，推动西藏经济更快更好地发展。

在中央有关部门的协助下，西藏自治区制定了经济和社会发展“十五”计划纲要，提出在“十五”期间，力争地区生产总值年均增长12%以上；到2005年，力争人均地区生产总值进入西部地区前列；到2010年，力争人均地区生产总值达到全国中等水平，为使西藏与全国一道进入现代化打好基础。这样的发展目标是积极的、必要的。西藏自治区和全国各个方面要共同奋斗，努力实现这个目标。

西藏在经济上应有持续的快速增长，以尽快缩小与其他省区市的发展差距。但是，这种快速增长，必须坚持以提高经济效益为中心，实现速度与效益的统一；必须以改革开放和科技进步为动力，大力促进产业结构优化升级；必须合理利用资源和保护生态环境，走可持续发展之路；必须不断增加城乡居民收入，显著改善人民生活。只有这样，才能使西藏经济进入良性循环，实现持续快速健康发展。

必须清醒地看到，从根本上改变西藏的落后面貌，是一项长期的艰巨任务，需要持之以恒地不懈努力。既要积极进取，争取更快地发展；又要坚持从实际出发，按客观规律办事，注重实效。

实现上述西藏经济发展目标，最重要的是加快基础设施建设，培育和壮大特色经济，加强生态环境保护和建设，发展科技和教育事业。

基础设施薄弱是西藏经济发展的主要制约因素。必须加快铁路、公路、机场、电力、通信、水利等基础设施建设。经过充分论证和准备，青藏铁路即将开工。建设这条贯穿青藏高原的铁路大动脉，不仅对加快西藏发展具有重大意义，而且对实施西部大开发战略也有重要作用。一定要精心设计、精心组织、精心施工，力争用六年时间全线建成通车。同时，还要抓紧建设一批关系西藏长远发展的重要基础设施项目，为西藏全面振兴奠定坚实基础。

充分发挥资源优势，形成既有优势又有市场的支柱产业和特色经济。巩固和加强农牧业基础地位，以调整农牧业和农牧区经济结构为重点，搞好农牧业综合开发，千方百计提高农牧民收入。大力培育和发展藏医药业、高原特色生物产业、绿色食品业和民族手工业等特色优势产业，努力把资源优势转化为现实的经济优势。

特别需要强调的是，必须高度重视和切实加快发展旅游业。西藏居于世界屋脊，有独具特色的雪域高原风光和人文景观，对中外游客有着极强的吸引力，发展旅游业潜力巨大、前景广阔。一定要把旅游业作为西藏的支柱产业。这样，不仅可以带动相关产业的发展，使广大农牧民更快地脱贫致富；而且可以扩大西藏对外、对内交流，更好地向世人展现西藏发展的巨大成就。国务院已责成有关部门协助自治区政府制订西藏旅游业中长期发展规划。要加快与旅游相关的交通等各项配套设施建设，逐步扩大旅游开放范围，简化审批手续，大力培养旅游管理和服务人才，开发各类旅游产品，尽快提高旅游管理和服务水平。

西藏的生态环境非常脆弱，大规模的开发建设会给生态环境带来很大压力。在加快西藏经济发展中，必须十分注意保护生态环境，所有工程项目的论证、设计、施工建设和运营使用，都要充分考虑生态环境的保护。要实施天然林保护工程，加强自然保护区建设。切实搞好天然草地建设与保护，遏制草原沙化、退化。加大对资源和生态系统的勘测、监测和科研力度。

加快西藏经济发展，必须认真实施“科教兴藏”战略。要不断提高西藏人口素质。大力培养各类人才，合理用好当地人才，积极引进急需人才。要以加强基础教育和扫除青壮年文盲为重点，办好各级各类教育。继续办好内地的西藏中学和西藏班。重点帮助办好西藏大学。大力推动科技进步和创新，努力采用先进适用技术，使现代科学

2001年6月29日，朱镕基在青海省格尔木市出席青藏铁路开工典礼并宣布青藏铁路全线开工。
（新华社记者樊如钧摄）

技术在经济发展中发挥更大的作用。加强社会主义精神文明建设，积极发展文化艺术、广播影视、新闻出版、卫生、体育等各项社会事业。切实加强文物保护工作。

三、加大扶持力度，积极帮助西藏加快发展。

为了帮助西藏加快经济和社会发展，中央多年来对西藏采取了直接安排建设项目和投资、实行特殊优惠政策等措施，中央有关部门和15个省市还开展了对口支援。这些对促进西藏发展起到了重要作用。在新的形势下，为了更好地加快西藏发展，要进一步加大对西藏的建设资金投入和实行优惠政策的力度，继续加强对口支援。

经过各方面的充分协商，目前确定国家直接投资建设项目117个，总投资约312亿元（含青藏铁路西藏段投资120亿元）。这样的安排，与第三次西藏工作座谈会确定的30个中央援建项目相比，增加了87个；与实际完成的38亿元投资相比，增加了274亿元。这些都是西藏急需、条件具备、今明两年内可以开工的重大项目。还有一些需要建设的重点项目，因不能在近期开工而没有计算在内。对西藏今后需要的建设项目，原则上不封口，成熟一个审批一个，争取在"十五"期间多上一些关系长远发展的项目。考虑到西藏的特殊情况，西藏的重点建设项目资金主要由国家来承担。国家投资和中央财政扶持，主要用于农牧业发展、基础设施、科技教育、基层政权相关设施建设以及生态环境保护和建设，着重解决制约西藏发展的瓶颈和突出困难。

中央在增加直接投资的同时，还要实行特殊的扶持政策。现行的优惠政策，能够继续执行的要继续执行，需要完善的在完善后继续执行。这次还增加了一些新的优惠政策，在财政、税收、金融、投资、价格、工资和产业发展、对外开放、科技教育、人力资源开发、城镇建设、企业改革等方面，都加大了政策扶持力度。这些优惠政策实施后，在“十五”期间，中央财政对西藏的扶持和补助将达到379亿元，比“九五”期间增加一倍。

对口支援工作也要加强。经过认真准备和协调，已经确定有关省市对口支援建设项目70个，总投资约10.6亿元，比第三次西藏工作座谈会确定的项目数量和支援资金，都有较大幅度增加。

国家采取增加投入、实行优惠政策和对口支援等措施，体现了中央对西藏发展的高度重视，凝聚了全国人民的深厚情意。一定要把这些投入和政策运用好，使之充分发挥应有的效益。所有项目都要纳入西藏发展规划，严格按基本建设制度和程序办事，加强项目监管，严把质量关，用一流的工程队伍、一流的施工监理确保一流的质量，绝不能搞“豆腐渣工程”。所有援建项目既要立足于西藏的长远发展，又要着眼于近期改善人民群众的生产、生活条件，提高生活水平。国家直接投资、中央财政补贴和对口支援，以及西藏当地投资和财政支出，都要尽量多安排一些可以使广大农牧民直接受益的项目。同时，加大扶贫工作力度，尽快解决尚未脱贫群众的生活困难。

四、中央各部门、各地区要顾全大局，大力支援西藏加快发展。

全国支援西藏、促进西藏加快发展，是中央确定的一项重大战略决策，是全国各族人民的共同责任，各部门、各地区义不容辞，责无旁贷。各部门、各地区要从讲政治、讲大局的高度，把支援和帮助西藏发展的工作做得更好。一是切实抓好已商定的对口支援项目的落实。中央有关部委、对口支援省市和西藏自治区，都要认真落实这次会议所确定的各项任务，做好衔接和协调工作，确保援建项目如期完成。要注意在项目建设中培养西藏当地的管理人才。没有合格的管理队伍和其他必要条件接续，项目不能“交钥匙”。二是继续建立长期相对稳定的对口支援关系。各部门、各地区要根据自身的能力和西藏的实际需要，采取多种形式，在资金、技术、物资等方面，支持和帮

2001 年 6 月 29 日，青藏铁路开工典礼在青海省格尔木市和西藏自治区首府拉萨市同时举行，朱镕基等同志在格尔木市为工程开工奠基。前排左一为国家计委主任曾培炎，左二为青海省委书记白恩培，右一为财政部部长项怀诚，右二为国务委员兼国务院秘书长王忠禹。
（新华社记者樊如钧摄）

助西藏加快发展。人才支援是重要的支援。要继续选调优秀干部和其他各类人才进藏工作。三是适应社会主义市场经济发展的新形势，积极探索新的支援方式和机制。鼓励和支持各地区的各种所有制企业、个人到西藏投资，采取多种方式兴办实业和从事商贸活动，实现互惠互利、共同发展。

这里需要指出，中央对西藏采取特殊扶持方式和政策，不仅是考虑西藏的特殊困难，而且是着眼于维护民族团结、祖国统一和国家安全，是形势的要求，是大局的需要。加快西藏发展、维护西藏稳定，既直接关系西藏人民的切身利益，也是全国各族人民的共同利益所在。中央对其他民族地区的困难和发展问题，也是十分关心的，并且采取了多方面的措施。当然，中央在制定政策时，需要从全局出发，统筹兼顾，有些方面要区别不同情况。

五、西藏要自强不息，团结奋斗，努力开创经济发展的新局面。

这次中央和各方面对西藏采取的扶持措施，力度之大是前所未有的，为加快西藏发展创造了有利的条件和难得的机遇。而要实现西藏的振兴和发展，归根结底是要靠西藏广大干部群众自力更生，艰苦奋斗，开拓进取。切实把中央的关心、全国的支援变成强大的动力，苦干实干。

加快西藏发展，干部是关键。长期以来，西藏广大干部艰苦奋斗，无私奉献，为西藏的发展和稳定作出了巨大贡献。在新的形势下，广大干部要不断提高政治素质和业务素质，自觉发扬“老西藏”精神。各级政府要做到廉洁、勤政、务实、高效，关心群众生活，注意工作方法，全心全意为西藏各族人民群众服务。要在各族群众中深入持久地进行爱国主义、社会主义、集体主义教育，进行民族政策、宗教政策和法制教育。旗帜鲜明地反对民族分裂主义，依法严厉打击分裂破坏活动，维护民族团结和祖国统一。

引进外资要做到“三个结合”*

（2001 年 7 月 4 日）

一、必须深刻认识外资工作面临的新情况。

从 1997 年召开全国外资工作会议以来，已经有四年时间了。现在召开外资工作会议，是很有意义的，因为国内外形势发生了很大变化，需要及时研究外资工作中的新情况，解决新问题，明确新任务，以利于更好地前进。

首先要充分肯定外资工作取得的成绩。“九五”时期，在错综复杂的国际环境中，我们坚持实行“积极、合理、有效利用外资”的方针，利用外资一直保持良好的势头。即使在亚洲金融危机冲击下，1998 年我国吸收外商直接投资仍达到 454 亿美元。这两年略低一些，1999 年为 403 亿美元，2000 年为 407 亿美元，规模也是很大的。这里还没有包括我国企业在境外发行股票 300 亿美元左右的筹资。加上这一块，这两年我国在吸收外商直接投资方面仍然居于世界第二位，仅次于美国。这就说明，外资工作的成绩是很大的。这对于扩大投资需求和出口贸易，对于推动改革、扩大开放、促进发展，都起到了重

---

* 2001 年 7 月 3 日至 4 日，全国外资工作会议在北京召开。出席会议的有各省、自治区、直辖市人民政府分管外资工作的负责同志，新疆生产建设兵团负责同志，中共中央和国务院有关部门负责同志。这是朱镕基同志在会上讲话的主要部分，曾发表于《十五大以来重要文献选编》下册，原标题为《适应新情况新任务，努力把利用外资工作提高到新水平》。编入本书时，对部分内容作了删节。

要作用。当然，也要看到还有一些缺点和不足，主要是引进外资的质量和效益不够高。要认真总结经验，努力加以改进。

应当看到，过去我国资金紧张、商品短缺、经验不足，利用外资主要是为了多吸收资金、多上项目、多增加生产能力。这在一定的历史条件下是必要的。但是，现在我国经济发生了深刻变化，利用外资工作面临着许多新的情况。

一是国内市场供求关系发生了由卖方市场转为买方市场的重大变化。目前绝大多数生产资料和消费品都供过于求，一般加工工业生产能力约有三分之一得不到充分利用。资金供给也相对充裕，资金已经不是经济运行中的突出问题。在这种形势下，外资工作就不能再把主要注意力放在单纯追求吸收外资的规模上面，而应该致力于提高利用外资的质量和水平。

2001 年 7 月 4 日，朱镕基出席全国外资工作会议并讲话。右为中共中央政治局常委、国务院副总理李岚清。
（新华社记者兰红光摄）

二是我国经济发展的体制环境发生了重大变化。随着改革不断深化，社会主义市场经济体制初步建立，市场机制在资源配置中的基础性作用越来越大。如果仍然沿袭传统计划经济的某些观念、做法，就会妨碍经济发展，利用外资也就不可能收到好的成效。

三是对外开放格局发生了重大变化。随着我国加入世界贸易组织，对外开放将进入新的阶段。这既可以为吸收外资创造更好的机遇，同时国内企业也会面临更加激烈的竞争。加入世贸组织后，限制外商直接投资的领域和规定会减少，外资进来的趋势将增强。还要看到，今年以来世界经济增长趋缓，国际资本正在寻找新的投资机会，境外投资者纷纷看好中国市场。例如，摩根大通银行最近对美国跨国公司的调查显示，虽然它们受世界经济不景气的影响会减少对外投资，但仍会增加对中国的直接投资。因此，我们没有理由担心外资不来，而是要考虑怎么更好地把外资引导到我国现代化建设需要的方面。

总之，在新的形势下，外资工作必须有新的战略思路和举措。观念要转变，领域要拓宽，结构要优化，方式要改进。如果对面临的新情况熟视无睹，墨守成规，还是轻质量、重数量，轻技术、重资金，轻市场法则、重政策优惠，就会影响整个国民经济上新台阶，在激烈的国际竞争中也会越来越被动。所以，努力提高利用外资的质量和水平，势在必行。

二、着力调整和优化利用外资结构。

进入新世纪，我国改革开放和现代化建设面临着艰巨的任务。抓住当前世界经济结构调整和国际资本充裕的有利时机，努力多利用一些外资为我国现代化建设服务，是完全必要的。我们要坚持贯彻中央确定的“积极、合理、有效利用外资”的方针。但在新的形势下，必须根据我国经济发展新任务的要求，调整和优化利用外资结构。

概括地说，今后引进外资要做到以下“三个结合”。

第一，引进外资要同调整经济结构、促进产业优化升级、提高企业效益相结合。中央已经明确提出，对经济结构进行战略性调整是“十五”计划的主线。今年是实施“十五”计划的第一年，外资工作必须紧紧围绕这一主线，优化结构、提高质量，促进经济结构的调整。在当前国内一般工业品市场已经饱和、生产能力相对过剩的情况下，利用外资要从一般加工工业为主转为侧重于高新技术产业。同时，要引进高新技术和先进技术来改造、提升传统产业，主要是增加品种，特别是增加缺门、短线品种，提高产品的质量、技术含量和市场竞争力。如果还是不问技术和管理水平，继续单纯引进资金搞低水平的重复建设，就会加剧结构矛盾，造成更大的困难和包袱。那种以为引进外资、扩大工业生产能力就能增加财源的观念，已经大大落后于形势了。

我们还要用更高、更远的眼光看待产业优化升级。这不仅包括工业结构的调整，也包括第一、二、三产业结构的调整，还包括进出口贸易结构的调整。利用外资要从以工业为主转为着重发展第三产业，包括交通、通信、城市公用事业、旅游、环保等方面，加大在金融、贸易以及咨询、会计、律师、信息、广告、资产评估等市场中介服务业的引资力度。同时，要注意积极扩大在教育、科技、卫生等公益性比较强，对未来社会经济发展具有长远的、决定性影响的行业的合资、合作。

第二，引进外资要同完善社会主义市场经济体制、增强企业的国际竞争力相结合。从总体上看，我国社会主义市场经济体制已经初步建立，但要完善起来仍有很多工作要做。特别是在企业经营机制、管理水平等方面，还远不适应在更大的范围、更深入的程度上参与国际竞争的要求。加入世界贸易组织后，我国将加大银行、保险、证券等行业的开放度，允许外资更多地进入这些行业。这既是着眼于拓展利用外资的领域，优化利用外资结构，更是为了引进国外现代化的管理经验、引进先进技术、引进熟悉国际惯例和资本运作方式的专门人才，提高我国经营管理水平和国际竞争力。

发展市场经济，中介机构很重要。现在有不少国有企业在兼并收购过程中既没有规范约束，也不按国际惯例办事，造成国有资产大量流失。其中一个重要原因，就是缺乏有信誉、有权威的中介机构介入企业兼并收购活动，由它们对企业财务状况、资产价值和交易条件作出公正、合理的评估和分析，并对这些中介服务的法律后果承担责任。所以，要大胆吸引世界著名的基金管理公司、投资公司等同我们搞合资经营，同时要加快发展中外合资的会计、律师、投资咨询等中介机构，使外资金融企业、跨国公司以及会计、资产评估、投资咨询等机构能够参与国有企业的改造、改组。

在当今国际竞争中，人才是决定性因素。没有人才，什么事情也干不好。要知人善任，广纳群贤。吸引人才，就得有一套机制和办法。江泽民同志指出，要“加快建立有利于留住人才和人尽其才的收入分配机制，从制度上保证各类人才得到与他们的劳动和贡献相适应的报酬”〔1〕。这方面，也要在一定程度上符合国际惯例，否则吸引不了人才。但是，工资水平也不能简单攀比，因为国内的物价水平和消费支出结构与发达国家、发达地区有差别。专业人才可以拿高薪，但必须真正有本事，能够为企业创造出更多的效益。如何吸引各类急需人才，外国专家局在新形势下要做更多的工作，发挥更大的作用。港、澳、台地区以及海外华人中的人才，都可以吸引过来。银行、保

〔1〕见江泽民《在庆祝中国共产党成立八十周年大会上的讲话》(《江泽民文选》第三卷，人民出版社 2006 年版，第 290 页)。

险、证券和上市公司、国有大中型企业，都要大胆聘用境外经营管理人才和技术人才。

第三，引进外资要同扩大企业出口、发展外向型经济相结合。今年以来，受世界经济增速减缓的影响，我国出口增速出现了下降的趋势。这值得我们警惕。问题不仅在于出口减少会对国际收支有影响，关键是如果出口减少了，很多企业得关门，一些职工也要下岗。所以，必须千方百计增加出口。这也是对外资工作的一个要求。

加工贸易是利用外资的一种形式，在改革开放过程中发挥了重要的作用，功不可没，今后还要继续发挥作用。但是要看到，在国际经济竞争日趋激烈的情况下，靠劳动力成本低、技术含量不高的加工贸易增加出口，竞争者越来越多，市场前途是有限的，而且也难以真正提高综合国力和企业竞争力。如果现在不致力于调整出口结构，将来会越来越被动。广东今年以来出口大幅减速就是警钟。

总之，外资工作要适应我国经济发展新形势、新任务的要求，着眼于提高国民经济整体素质，增强国际竞争力和抗风险能力，及时调整工作重点和工作方式，真正实现“三个结合”。在当前引进外资规模已经相当大和国内资金（包括外汇）相对充裕的新条件下，应当把外资工作的重点从单纯吸引境外资金为主转移到引进先进技术、引进现代化管理、引进专门人才方面来，更好地利用外资，以促进国民经济持续快速健康发展。

三、努力把国内资金用活用好。

目前国家外汇储备达1800多亿美元，银行在境内吸收的企业和个人外汇存款为1340亿美元，共3100多亿美元。这些外汇绝大部分以购买外国债券、同业拆借等方式放在国外，实际上是外国人利用我们的资金。同时，商业银行的人民币存差逐年扩大，目前已达两万多亿元。要采取有力措施，把利用外资同用好国内资金结合起来。

一要积极用好国内的外汇资金。目前国内银行外汇存款中，拆放境外同业的就达630多亿美元。现在国际货币市场利率很低，伦敦六个月的同业拆放利率只有3.7%，而国内一年期的美元贷款利率为5.8%到5.9%，商业银行在国内发放外汇贷款要比拆放境外同业划算。银行要作出若干规定，让国内的企业能够方便地使用外汇贷款。要鼓励国内大型基建项目、技改项目优先使用国内外汇贷款，鼓励商业银行增加对国内企业和居民用于服务类支出的外汇贷款。外商投资企业流动资金不足、符合信贷条件的，也可以允许在我国银行借入外汇贷款。

二要充分利用国内人民币储蓄存款。各商业银行要认真分析存差增多的原因，加快体制创新、机制创新、管理创新，大力提高服务质量和效率。通过增加贷款、改善经营管理，把防范金融风险与支持经济发展更好地结合起来。凡是有市场、有效益的企业和建设项目，都应积极给予贷款支持。既不能滥放贷款，也不能该贷不贷。

三要减少使用国际商业贷款。国际商业贷款利率较高，风险大，在目前我国外汇资金较多的情况下，没有必要再继续增加使用。我国外债余额中，有800亿美元是中长期国际商业贷款。今后一个时期，除了继续争取外国政府和国际金融机构的优惠贷款外，国有企业原则上尽量少借用国际商业贷款。对已借的国际商业贷款，可以利用当前国际货币市场利率低的时机，争取提前偿还一部分或借新债、还旧债。

四要防止外汇资金外逃。据分析，近几年外汇非法外流比较多，必须采取有力的措施强化外汇监管。海关、外汇管理局等部门要加强对外汇非法出境的管理，并关注内地资金到香港炒H股的情况。绝不能一方面千方百计引进外资，另一方面让外汇资金非法外流。

四、进一步转变政府职能，改进利用外资工作方式。

在外资工作中，各级政府也要转变职能，改进工作方式。这是在新形势下加强和改进外资工作的重要环节。

切实做到政企分开。必须明确，招商引资不是政府的主要任务，而是企业行为。地方各级政府领导人和机关部门负责人一定要明确自己的职责定位。一个时期以来，一些省市，甚至一些县的领导人带领许多部门和企业到境外大规模搞招商引资活动，目前此风愈演愈烈。这是政企职能错位的突出表现。利用外资要实行政企分开的原则，坚持以企业为主体引进外资。吸收外资要真正做到上面讲的“三个结合”，是需要做大量艰苦工作的，要遵循市场经济法则，充分考虑市场、技术等商业因素，投资效果最终也要由企业承担。因此，行政领导绝不能越俎代庖。行政领导直接搞招商引资，不仅扭曲了行政行为，而且劳民伤财，还会滋生大量腐败现象。国务院认为，必须坚决刹住这股风。

坚决纠正竞相出台优惠政策的做法。现在有的地方为了招商引资，违反中央政策和国家法律、法规，在税收减免、土地使用、国有资产处置、产业准入、审批手续等方面擅自出台优惠政策，甚至层层下达指标，要求党政机关、社会团体人人搞引资，并制定引进外资责任制和奖惩考核制度。有些地方还利用报刊、广告、广播、电视等媒体造势，以致不少地方竞相攀比给外商投资优惠。这种做法是错误的，必须坚决予以制止和纠正。

国家对利用外资已有明确的法律、法规和政策措施，不久前还颁布了西部大开发利用外资的若干政策。各地应认真贯彻执行。这里再次强调，各级地方政府都要依法行政，绝不能破坏国家政令统一。任何地方都没有权力制定超越中央政策和国家法律、法规的政策与规定。地方人大、政府有制定地方性法规的权力，但不能与全国人大通过的法律和国务院制定的法规相抵触。绝不允许出现各自为政的现象。各地方要全面清理自行制定的吸引外资的政策和做法，凡不符合中央政策和国家法律、法规要求的，必须加以纠正。

在改善投资“软环境”上下大工夫。这是提高利用外资工作水平的当务之急，也是巩固利用外资成果的必要条件。改善投资环境特别是“软环境”，是政府在利用外资方面的主要职能。经过多年的努力，许多地方的基础设施等“硬环境”已经有了很大改善，但目前突出的问题是“软环境”建设滞后。特别是在保护知识产权、维护外商合法权益、健全法制和信用制度、增加政策透明度以及项目审批和办事效率等方面，都存在亟待改进的地方。不少外商抱怨产品品牌被假冒，乱收费，办事难。外商特别看重“软环境”。有的外商说，一个地方好的信誉和名声是无价之宝，是挣不完的钱；坏的信誉和名声是断财之路、摆不脱的枷锁。这些话值得深思。所以，一个地方要真想把外资工作做好，就必须眼睛向内，下大力气改善投资环境，这是通过自己的努力可以做到的。如果投资环境不好，无论怎样搞招商引资，外商也不会来。

各地要按照中央的部署和要求，进一步整顿和规范市场经济秩序，认真查处外商投诉的案件。同时，要强化法治，改革项目审批制度，保护知识产权，提高办事效率，为吸引外资和吸引各类人才创造良好的环境。

要抓紧研究对外商实行国民待遇的问题。这是加入世界贸易组织以后的大势所趋，是改善投资环境的一个方面，也是优化利用外资结构、提高利用外资质量的一个条件。所谓“国民待遇”，应当是对内资、外资企业一视同仁，公平竞争。如果对外资企业既允许其产品内销，又要给予税收优惠，国有企业如何竞争得过外资企业？当然，这个问题比较复杂，需要周密考虑，采取恰当措施。

关于京津风沙源治理问题的批语 *

（2001 年 7 月 12 日，2002 年 6 月 2 日）

一

（2001 年 7 月 12 日）

请岚清[1]、邦国[2]同志阅。并请培炎[3]、春正[4]、刘江[5]、怀诚[6]、恕诚[7]、宝瑞[8]、志宝[9]、振华[10]同志阅研。去年5月我去河北、内蒙古考察防治沙尘暴问题，当时指定你们成立五人小组负责实施此项工程。现在看来，协调仍存在问题，实施并不顺利。我诚恳、由衷地向你们呼吁，请你们为中国的生态环境着想，为首都人

---

* 2000 年 5 月 12 日至 14 日，朱镕基同志先后在内蒙古自治区、河北省考察京津周边风沙源治理工程情况。2001 年 6 月、2002 年 5 月，国务院办公厅先后两次派人沿朱镕基同志考察的路线进行调查研究。这是朱镕基同志在两份调研报告上的批语。

〔1〕岚清，即李岚清。

〔2〕邦国，即吴邦国。

〔3〕培炎，即曾培炎，当时任国家发展计划委员会主任。

〔4〕春正，即王春正，当时任国家发展计划委员会副主任。

〔5〕刘江，当时任国家发展计划委员会副主任。

〔6〕怀诚，即项怀诚，当时任财政部部长。

〔7〕恕诚，即汪恕诚，当时任水利部部长。

〔8〕宝瑞，即宋宝瑞，当时任国务院经济体制改革办公室副主任。

〔9〕志宝，即王志宝，当时任国务院西部地区开发领导小组办公室副主任。

〔10〕振华，即解振华，当时任国家环境保护总局局长。

民的切身利益着想，真正重视此项工程，亲自关心，不要放任下面扯皮。我建议由刘江、志宝同志负责此项工程的协调、监督、推动工作，你们能坚持五年，做好此项工作，必将留芳青史。如果推不动，请来找我，如果不来找我，那是你们失职。

朱镕基

7.12

二

（2002 年 6 月 2 日）

请培炎、春正、怀诚、恕诚、青林〔1〕、振华、生贤〔2〕同志阅。去年 7 月 12 日我在国办调研报告上批了一段话（附后），诚恳、由衷地呼吁你们重视这件事，坚持不懈地推动此项工作，但看来收效不大。为什么下达计划、下拨资金要拖到这么晚？把最好的绿化季节耽误了。明知不合理的政策也得不到及时调整。我再次诚恳、由衷地呼吁你们站好本届政府最后一年岗，为华北沙源治理留名青史。请春正同志负责牵头落实解决存在的问题。抄报岚清、家宝〔3〕、忠禹〔4〕同志。抄送刘江、志宝等西部开发办同志。

朱镕基

6.2

〔1〕青林，即杜青林，当时任农业部部长。

〔2〕生贤，即周生贤，当时任国家林业局局长。

〔3〕家宝，即温家宝。

〔4〕忠禹，即王忠禹。

加强质量监督检验工作*

（2001 年 7 月 13 日）

质量问题始终是我们经济工作的生命线。现在假冒伪劣商品泛滥，已经到了十分严重的地步，许多商品不能让人放心。有的在大米中掺工业油，在酱油里掺甲醛、“毛发水”；有的在白糖里掺吊白块(含致癌物质)；还有“黑心棉”、“黑心菜”、“注水肉”。“黑心棉”这个名字起得很准确，金玉其外，败絮其中，外面一个套子很漂亮，里面用的是废棉花。最近，发现一些地方的血液制品有病毒，有的甚至将带有艾滋病毒的血液制品卖到医院输给病人，真是害人！我两次将有关材料批给卫生部，要求对这些案例严肃查处，处理结果要公布，在报纸上曝光。

有些假冒伪劣商品已出口到国外。前不久，韩国从进口鸡肉中查出禽流感病毒，就禁止从我国进口禽肉。我对来访的韩国总理李汉东讲，你们不与我们商量，就停止进口，不符合世贸组织规则。他回去后就撤销了禁令。质检部门应该把这样的产品卡在国内，不让它出关。要查清是哪些企业出口的，坚决把这些企业关掉。没有这种精神，怎么能够在世界上站住脚？欧盟国家发生“疯牛病”、禽流感后，就全部屠宰消灭，也不怕曝光。我们国内如果真有口蹄疫、禽流感，

---

* 这是朱镕基同志在国家质量监督检验检疫总局副司级以上干部座谈会上的讲话。2001 年 4 月 30 日，国务院决定，将国家质量技术监督局、国家出入境检验检疫局合并，组建国家质量监督检验检疫总局。

就应该公布，不要让这些东西出去害人。只有把问题暴露出来，人人喊打，才会有效果。最近，中国银行把自己的不良贷款比例如实公布了，得到国际上的一致好评，将中国银行评为中国最好的银行、亚洲最好的银行，就是因为它说实话。我们应该有这个勇气，如果连这点精神也没有，那么国家还有什么前途？

今年，党中央、国务院采取了一系列措施，其中一个很重要的方面，就是深入整顿和规范市场经济秩序。这是要由质检总局负重要责任的。你们要把好“两个关”（出口关和进口关），看好“两个门”（厂门和国门）。不能再让那些假冒伪劣的商品出口，也不能再让那些国内长线的、乱七八糟的国外产品进口。例如大豆，去年进口了1040万吨，据说今年已经签合同要进口的有1200多万吨，如不控制可能要达到1700万吨，这怎么得了！我们现在库存大豆很多，还进口这么多干什么？而且，大部分进口大豆是转基因产品。按国务院最近发布的《农业转基因生物安全管理条例》规定，转基因产品必须加贴标签，没有标签一律不准销售。对于不按规定执行，甚至更改合同日期钻空子的，要严厉处罚。另外，要把住工厂企业的大门，防止假冒伪劣产品进入市场。现在有些被关闭的“五小”〔1〕企业又复活了，继续搞重复建设，将使一些刚刚脱困的国有大中型企业又陷入困境。对此，我们要坚决采取综合整治措施。希望质检系统的同志在关键时刻发挥重要作用，你们要敢于打、敢于管、敢于顶，不管有多少困难，绝不后退。中央会全力支持你们、帮助你们。

开展整顿和规范市场经济秩序工作几个月来，取得了很大成绩。我这里有一个材料，记录了质检部门查处了多少假冒伪劣案件。这不仅是一本功劳簿，记录了质检系统立下的功劳；更重要的，它还是

---

〔1〕见本卷第144页注〔1〕。

一本功德簿，你们造福人民，功德无量。你们这是实实在在为老百姓办实事，要充分肯定这个成绩。同时，我们也不能过高估计打假的成果，如果稍有松懈，制假售假就会卷土重来。现在还没有形成完善的制约机制，法律手段也还不够健全。有的人甚至仍有很大的思想障碍：一是某些地方领导总认为打假会影响当地经济的发展。据说，有个县委书记讲：整顿社会治安要宁“左”勿右，整顿市场经济秩序要宁右勿“左”。他的话就是这种错误思想的典型反映。整顿社会治安宁“左”勿右，就会把好人误打成坏人；整顿市场经济秩序宁右勿“左”，那还打什么假？二是地方保护主义严重。打别人的假可以，打自己的假不行。自己制造的假冒伪劣商品可以横行天下；别人生产的，即使是优质商品也不让进来。三是有的地方政府充当了假冒伪劣商品的后台和保护伞。政府机关中的少数腐败分子与犯罪分子内外勾结，沆瀣一气，制售假冒伪劣商品。最近又发生了几起制售有毒食品的严重案例，简直是谋财害命，丧尽天良。我们必须看到整顿和规范市场经济秩序工作的长期性、艰巨性和复杂性。

在全国整顿和规范市场经济秩序工作会议部署的各项工作基础上，我们还要开展几个大的战役，组织若干专项斗争。一是集中力量，严厉打击直接影响人民群众身体健康和生命安全的假冒伪劣商品，如食品、药品、医疗器械等，并以此推动加大对各种消费品中假冒伪劣商品的打击力度，提高群众消费信心，带动国内消费需求。二是严厉打击出口中的假冒伪劣商品。出口商品必须确保质量，质检总局要特别加强对出口商品的检验检疫。三是继续把好进口关，严防问题疫苗和其他有害商品流入，维护国家安全和人民健康。四是继续严厉打击走私和各种非法进口活动。在开展这些专项斗争中，质检、工商、公安、海关等各有关部门都要密切配合，协同作战，务求取得重大成果。但并不是说打了这几个战役后就天下太平了，需要把整顿和规范市场经济秩序的工作长期坚持下去。通过这项工作，推进我国经济生活全面走上法制化、制度化的健康轨道。

打假要像打击走私一样常抓不懈。1998 年以来打击走私的工作确实取得很大成绩，但现在走私活动又猖獗了，特别是成品油的走私非常严重。过去是大油轮到公海，然后用小渔船“蚂蚁搬家”。现在大油轮把油运到公海后，小油轮直接靠上去，明目张胆地走私，这还得了！海关要一打到底，绝不能手软。

我特别强调一点，对关系人民生命健康的食品，质检总局一定要管好。要有计划地、全面地、狠狠地打击那些危害人民生命健康安全的假冒伪劣食品，这关系到老百姓的切身利益，一定要毫不留情。光靠罚款没有用，光撤职也不行，有的人被撤了职还会易地升官。对违法犯罪分子就得抓起来依法判刑！质检部门查出的案子要依法移交司法机关，大案要案要及时报告国务院。

质检总局还有一个重要任务，就是要指导和督促国有大中型骨干企业提高产品质量，尽快达到世界一流水平，这也是国家命运之所在。你们要特别注意培养名牌意识。现在为什么假冒伪劣商品这么多？就是因为国有企业没有成规模的、真正的名牌商品，消费者往往不知道哪个好，搞不清楚哪个是放心商品。要扶持一些大企业、大集团，帮助它们将名牌商品的声誉树立起来，使生产规模越来越大，那时候，假冒伪劣商品就没有市场了。质检总局要把扶持名牌商品作为一项工作任务。要采取各种宣传手段，大力宣传那些每次检验都合格、可以让人民群众放心的名牌商品。如果大中型企业的产品能够达到世界一流水平，那些小打小闹的假冒伪劣商品就好治理了。

质检总局一定要把好进口和出口关。首先要把好出口关，对于不合格产品一定要把它卡在国门之内，有损国家声誉的产品绝不允许出口。同时，要把好进口关。国外怎么限制我们产品出口的，我们也怎么限制他们的产品进来。你们要加强检验手段，必要时财政部拨专款帮助解决。

质检系统的信息化建设非常重要，这方面要舍得花本钱，财政部和中央机构编制委员会办公室都要给予支持。质检总局在这方面要抓紧赶上去，加快电子执法系统的建设。

要充分认识这次质检总局机构改革的意义。当前，我国正处于社会主义市场经济体制建立和完善的重要时期，加强政府对市场的监管，提高政府行政执法部门的权威性，是完善社会主义市场经济体制和促进经济健康发展的迫切需要。中央决定，将国家质量技术监督局和国家出入境检验检疫局合并，组建国家质量监督检验检疫总局；同时，将国家工商行政管理局和新闻出版署改为国家工商行政管理总局和新闻出版总署；并且，将这三个市场监管部门都提升为正部级机构。这是继去年撤销国家经贸委管理的九个国家专业管理局之后，深化政府机构改革、进一步转变政府职能的又一重大措施，意义非常深远。

第一，强化市场监督管理部门的职能，是建立和完善社会主义市场经济体制的必然要求。搞市场经济，要让市场机制在经济活动中起基础性作用，这就需要公正的执法、监督、管理。如果没有一个公开、公平、公正的竞争环境，就不可能搞好市场经济。因此，加强对市场的监督管理十分必要。

第二，加强市场监督管理部门，是政府职能转变的一个重大举措。现在我们政府职能的转变还不够，特别是地方政府职能的转变还很不够。一些地方干部热衷于招商引资，开洽谈会、交易会，为企业讲情向银行要贷款。没有真正认识到政府的职能是监管，要公平、公正地执法。那些搞地方保护的人，其实根本没有想明白自己在保护什么。为什么非要保护那些落后的东西？据说在河南的一些市县，竟然不让河南双汇肉联厂设点销售。双汇肉联厂的产品质量达到了国际标准，大规模生产，成本也低，你为什么不让它设点销售？应该让它行销全国。外地的企业到你这个市里、县里来销售，你可以收它的营业税。你搞地方保护干什么？保护那些落后的东西干什么？如果总是这样，你这个地方的经济能够发展吗？所以，政府职能的转变是非常重要的，这次质检体制改革就体现了这个精神。

第三，你们两个机构合并，是我20年的心愿。我在国家经委工作的时候，经委管产品质量，外贸部门管出口商品的商检。体制不顺，当时就想把质检和商检合并。现在终于合到一起了，这符合国际惯例，有利于工作。同时，还成立了国家标准化管理委员会和国家认证认可监督管理委员会，由国务院赋予它们一定的行政权力，统一管理、协调、监督这方面的工作。这样，扯皮就少了。

执法部门必须吃“皇粮”，不吃“皇粮”，工资、福利靠罚款，搞得不好，执法机关就会腐败。对于质检单位的专业装备，如实验室的建设、仪器设备的购置、质检手段的改善等所需经费，由财政部每年给予补助。

质检部门在国家经济工作中身负重大责任。我希望质检部门的同志们，忠于职守，勇于负责，严格把关，扎扎实实地为人民群众办实事、办好事，不辜负党和人民的重托与厚望，为社会主义现代化建设事业作出更大的贡献。

做好三峡工程移民、地质防灾和生态保护工作*

（2001 年 7 月 17 日）

这次三峡工程移民暨对口支援工作会议，是在三峡工程建设进入关键时刻召开的，非常重要。下面，我再强调几个问题。

一、移民工作进度必须确保三峡水库初期蓄水的需要

三峡工程开工以来，在全国人民的大力支持下，经过三万多名建设者艰苦奋战和各方面共同努力，已经闯过了大江截流、永久船闸高边坡稳定和混凝土高强度施工等世界级难关，取得了很大的成绩。目前，三峡枢纽工程进展顺利，整个工程正朝着 2003 年 6 月初水库蓄水、首批机组并网发电和永久船闸通航三大目标迈进。库区移民工作也取得显著成绩，总体上符合规划进度的要求。

现在距水库蓄水不到两年时间，尚有 22.8 万人有待搬迁安置，其中今年有 5 万人需要外迁。要按期全部做好搬迁工作，时间紧迫，任务繁重。目前看来，移民工作出现了一些新情况、新问题：一是丰都、巫山两座新县城基础设施的建设进度有些落后。二是 135 米水

---

*　2001 年 7 月 16 日至 18 日，国务院三峡工程移民暨对口支援工作会议在湖北省宜昌市召开。出席会议的有有关省、自治区、直辖市和中共中央、国务院有关部门负责同志，三峡库区涉及的 21 个市（州）、县（区）的负责同志。这是朱镕基同志在会上讲话的主要部分。

位线淹没区内需要迁建的73个集镇中，有33个建设进度落后于计划，其中有的还没有开工。三是港口码头复建进度普遍滞后。同时，还存在部分就地后靠移民生产安置的质量较低，新建城镇的占地移民增加，出省市的外迁移民中有少数人存在迁不出、稳不住的问题。四是库区的库底清理工作滞后。最近，环保总局给我写了一个报告，说还有两年就要蓄水了，但库底清理工作还没有落实。如果不把库底乱七八糟的东西清理干净，一旦蓄水就没法清理了。这些问题在国务院三峡建委第十次会议上都做了研究和部署，关键是抓紧贯彻落实，切实把工作做好，一定要往前赶，否则就会贻误大局。总之，移民工作已经进入倒计时阶段，各有关方面要进一步动员起来，分秒必争，加快移民工作进度，绝不能由于移民工作滞缓而拖了三峡工程的后腿。

二、认真做好库区移民外迁和工矿企业结构调整工作

1999年5月，国务院三峡工程移民工作会议提出了“两个调整”的方针：一是调整和完善库区移民政策，增加农村移民迁往外省市数量；二是调整和完善企业搬迁政策，加大库区搬迁工矿企业结构调整的力度。两年多的实践证明，这一方针符合三峡库区的实际情况，有利于三峡工程建设，是完全正确的，必须继续认真贯彻执行。要千方百计确保完成移民和企业搬迁任务，千方百计确保三峡工程按时蓄水、发电、通航。

当前，要集中力量做好移民外迁安置工作。应当看到，做好外迁移民工作有不少有利条件，有关政策和方案已经明确。当然，这项工作的难度也是相当大的，移民中存在着各种思想顾虑和问题。一是故土难离。让移民离开祖祖辈辈生活的地方，感情一下子难以割舍。二

2001 年 7 月 17 日，朱镕基在三峡工程建设工地考察时与建设者亲切握手。左二为中共中央政治局委员、国务院副总理吴邦国。（新华社记者樊如钧摄）

是顾及眼前利益。有些人举家搬迁，眼前利益会受到一些损失，或多或少地存在着抵触情绪。三是有“特殊公民”思想。有些人讨价还价，提出一些过高的要求。四是有相互攀比心理。库区的移民与坝区的移民攀比，迁往条件差一点地方的移民与迁往条件好的地方的移民攀比。五是对环境不适的担心。移民要到一个新环境，不太容易适应，思想不稳定。因此，无论是库区动员移民外迁，还是其他省区市接收移民，都是一件很麻烦、很难做的事情。但是，我们不能怕这个麻烦。只要大家顾全大局，加强领导，做好工作，这些困难是可以克服的。迁出地各级政府要深入实际，采取多种形式宣传移民外迁政策，做好深入细致的思想政治工作，加强正确引导，搞好组织、协调和服务。三峡工程是造福全国人民的伟大工程，接收和安置好三峡外迁移民是各有关省区市义不容辞的责任。从总体上看，前一阶段有关省区市对移民安置是高度重视的，工作是做得好的。为了圆满完成二期移民任务，还要继续从大局出发，树立全国一盘棋的思想，以高度的政治责任感，满腔热情地做好外迁移民的接收和安置工作，真正把三峡工程和三峡移民工作当做分内的事情来对待，采取切实措施，帮助移民解决好耕地、住房、子女入学等生产、生活问题，使他们搬得出、稳得住、逐步能致富。我国地域广阔，通过外迁多安置一些三峡库区移民是完全可能的。各有关省区市一定要完成计划安排的接收移民任务，能超过得越多越好。同时，要努力提高就近后靠移民的安置质量，抓紧解决部分移民工程进度滞后问题。

我曾多次说过，一个地方移民工作的好坏，在很大程度上取决于那里领导干部的素质。实践证明，哪个地方的干部素质好、政策水平高、工作做得扎实，那个地方的移民工作就一定做得好；哪个地方的干部只顾自己的利益，工作作风漂浮，那个地方的移民工作就一定困难重重，还会留下后患。重庆市最近调整了移民工作落后的库区县级领导班子主要负责人，移民工作马上就有很大的进步。可见，配备好库区领导班子、提高干部素质是多么重要。要加强对移民资金使用、移民工程建设、移民用地分配和土地出让金使用的监督，增加公开性、透明度，对移民工作中发生的腐败案件要坚决查处，严惩不贷。湖北省、重庆市及库区各级政府要把移民外迁摆在各项工作的重中之重，增强责任心，提高政策水平，扎实工作。我相信，只要各方面齐心协力，迎难而上，三峡二期工程的移民任务是一定能够如期完成的。

移民工作要与加快库区经济发展相结合，与库区的长治久安相结合。三峡库区外迁移民数量与库区总人口相比，只占很小的比例。我们要在积极做好移民异地外迁工作的同时，抓住西部大开发的机遇，努力发展库区经济，保证库区人民安居乐业、社会稳定。移民工作只是一个阶段性工作，而库区的经济发展和社会稳定则是长期的任务。移民工作不能留下隐患，不能影响库区的长治久安。目前特别要注意关心和帮助的是三个困难群体：一是占地移民，约6万人，由于他们的土地被占用建了新城镇，生计无着；二是城市搬迁中有8万多居民，原来依靠街面房经商、做小生意谋生，搬迁后生活没有出路；三是关闭、破产企业的下岗职工20多万人，大部分靠遣散费生活。这三部分共有几十万人，他们的问题解决不好，就会影响社会稳定。各级政府一定要时刻关心这个问题，研究制定一些切实可行的政策措施，努力为他们创造就业机会，切实把他们安置好。

对口支援要与库区经济结构调整相结合，与发展库区特色经济相结合。对口支援三峡库区建设，是中央采取的一项重大措施。各地方和国务院各部委积极响应中央号召，大力开展对口支援三峡库区建设，已取得了重大成果。外省市很多知名大企业来到库区，与当地企业合作、合资，进行组合搬迁，生产名牌产品。库区的企业很快就扭亏为盈，把长期亏损的帽子甩掉了。截至2000年年底，对口支援到位资金达93亿元，有力地推动了库区经济结构调整和经济发展。对此，要予以充分肯定。今后，这项工作只能加强，不能削弱。现在要注意的是，在库区搬迁工矿企业结构调整中，要坚持把工作重点放在优化结构、提高质量和效益上，尤其是要根据市场需求，优先发展名、优、特产品。库区经济结构的调整，一定要按照全国统一市场的要求，对那些产品没有市场、技术含量低、浪费资源、污染环境的“五小”[1]企业，要采取断然措施，坚决依法实行关闭或破产，并做好职工的安置和再就业工作。该关闭的企业，晚关

〔1〕见本卷第144页注〔1〕。

不如早关，拖得越久包袱越大，会给将来的发展造成很大困难。我昨天到宜昌市，看到那里“小水泥”不少，还到处冒烟。市委书记孙志刚同志表示，看到一个保证关一个，看到两个保证关两个。没有看见的你关不关呢？我看还有几十个呢，你不关它就污染环境，水泥质量很差，用来盖房子就得垮、得死人。为什么不把这些都关了，让好水泥销进来呢？经济结构调整，一定要着重经济效益，搞规模经济。同时，要通过对口支援，引进名优企业和名优产品，引进先进的技术和管理，采用多种方式对搬迁企业实施嫁接改造。库区各地要抓住机遇，努力改善投资环境，克服地方保护主义，积极发展规模经济。各有关省区市和部门要增强大局意识，进一步加大对口支援的力度，不断拓宽对口支援的渠道和方式，继续为库区经济发展和结构调整作出更大贡献。

三、高度重视三峡库区地质灾害防治和生态环保建设

三峡工程是一个整体，防治地质灾害和进行生态环保建设，是三峡工程密不可分的重要组成部分。我们不仅要把三峡枢纽工程建设好，而且要搞好库区地质灾害防治和周边生态环境保护。只有这样，才可以说三峡工程建设取得了圆满成功。

三峡库区地质灾害隐患较多，绝不可掉以轻心。一是据国土资源部勘察，仅重庆库区影响库岸和移民城镇的地质灾害隐患就有1503处，主要是滑坡、崩塌、危岩等，总体积34.7亿立方米，其中有些是必须治理的。对这个问题，必须高度重视，尽快采取治理措施；否则，就会造成严重后果。今年5月1日，重庆市武隆县发生一起地质滑坡灾害事故，楼房倒塌，造成许多人伤亡。这个沉痛教训，必须认真吸取。二是库区有的新县城地基不可靠。例如，巫山

和奉节两个新县城，房子建成后，才发现房基是软土，打几十米深不见基岩。对此，要抓紧做好后评估，采取相应补救措施。三是还有一些尚未查明或者没有认识到的地质灾害，要继续加强调查和研究。现在看来，对库区崩滑体等地质灾害的治理已经明显滞后，因为原来没有对地质灾害进行大面积的勘察调查，情况不是十分清楚，投资打得很少。按照长江水利委员会编制的崩滑体处理规划，急需工程治理的安排了34处。其中蓄水到135米水位前必须治理的21个工程项目，刚刚下达勘察设计计划，基本上还没有动工。如果拖到2003年蓄水后再治理就晚了，到那个时候水一泡，到处滑坡，会造成重大损失。这个问题是关系到库区人民群众生命、财产安全和子孙后代的大事，刻不容缓，必须在水库蓄水前抓紧治理。特别是对那些在蓄水后可能产生滑坡的崩滑体，要集中力量，抢先治理。现在最重要的是落实资金来源，不然其他各项工作都上不去。地质灾害防治资金要纳入三峡工程建设概算，从三峡工程建设基金中安排。初步考虑，从现在开始到2003年6月，每年安排20亿元，两年共安排40亿元，专项资金用于治理地质灾害。这些钱绝对不许挪用，如发生挪用，县市级干部一律撤职，要追究省长、市长的责任，要记大过。

现在，长江上游和三峡库区的生态环保问题已相当严重。昨天一来，看到这长江水比黄河还黄，我看长江应该改名字了，叫“黄江”。这就是由于长江上游生态环境保护不力，天然林保护工程以及退耕还林工作没有跟上，水土流失严重，泥沙大量流入长江所致。同时，污染问题也很突出。目前，仅重庆段每年向长江排放的污水就有约13亿吨，其中生活污水3亿多吨、工业污水近10亿吨，生活污水处理率只有10%；工业固体废弃物每年排放量为743万吨，其中危险废弃物达40万吨；累积堆放在长江两岸的废弃物达3000万

1998 年 12 月 29 日，朱镕基考察三峡坝区施工现场。前排左一为中国长江三峡工程开发总公司总经理陆佑楣。

吨，175 米水位以下生活垃圾堆放量达 250 万吨，这些在蓄水前都需要清理。重庆是四川盆地最低点，是个“漏斗口”，长江上游流域包括四川和云南、贵州的一部分，排放的废弃物和污水都要流入库区，数量相当惊人。另外，每年还流入库区水域大量化肥、农药和其他有机质。如果不加以治理，将来三峡库区的生态环境势必严重恶化，就会变成“臭水坑”、“垃圾塘”。加强长江上游生态环保建设，治理库区生态环境，必须加大投入。这笔资金主要由国家投入，由国家计委在国债资金中安排，再使用部分商业贷款和其他资金。要抓紧落实各项环保措施。国务院有关部门和长江上游各省区市，特别是重庆市、湖北省，要切实加快三峡库区污水和垃圾处理的工程进度。在环保项目的建设方面，国家计委要重点给予支持。环保总局要会同有关部门做好治理环境污染规划，并切实严格执行。对把工业污水直接排入长江、污染库区的企业，要一律搬迁或者关闭。长江流域的县城，都要修建污水处理设施。总之，未经处理达标的工业和生活污水，不能直接排入长江和库区。必须切实加快长江上游生态环境建设，搞好天然林资源保护，加大退耕还林、退耕还草的力度，国家计委要把这个指标放开一些。昨天在宜昌市，看到山上种地的还不少，岂止25度，45度都有种地的，都得退耕还林。生态环境的治理是长期的事，要锲而不舍，一年投入二三十亿元，搞他个十年，看长江的水是不是变清了。我认为，将来宜昌会成为很大的旅游城市，但一定要搞好城市规划。得想办法把中心区规划好，特别是要把绿化搞好，不要乱盖房子。到这个地方就是要看绿化，谁跑到你这里来看房子？所以，宜昌、重庆等城市要做好城市建设规划，搞好城市绿化。要通过坚持不懈的努力，把三峡库区建设成为青山绿水、经济繁荣、人民安居乐业的新型经济区和旅游胜地。

为了加强对地质灾害防治和生态环保建设的领导，国务院决定成立三峡库区地质灾害防治工作领导小组和生态环境保护与建设领导小组。地质灾害防治工作领导小组由国土资源部牵头，重庆市、湖北省和国务院有关部门负责同志组成。生态环境保护与建设领导小组由环保总局牵头，湖北、重庆、四川、云南、贵州等省市和国务院有关部门负责同志组成。这两个小组主要负责搞好规划，研究项目，组织协调，抓好落实。各领导小组和各有关部门、地方要切实负起责任，齐心协力，密切配合，把地质灾害防治和生态环保建设的各项工作尽快落到实处。对治理工程项目，要快调查、快规划、快立项、快审批、快实施，做到科学论证、简化程序、加快进行。有关地方要切实用好地质灾害防治资金和生态环保建设资金，绝不能挪作他用；否则，要依法严厉查处。

四、三峡工程是中华民族的千秋大业，必须确保质量第一

借此机会，我要再次强调一下工程质量问题。质量是三峡工程的生命，三峡工程成败的关键在于质量。一切工作都要服从于质量，要牢固树立“质量第一”的思想，确保三峡工程质量经得起历史检验。参与三峡工程建设的各有关单位和广大建设者，都要以崇高的责任感和历史使命感，搞好工程质量建设。我在国务院三峡建委第十次会议上说过，“行百里者半九十”。三峡二期枢纽工程已进入了金属结构和设备安装的关键阶段，质量要求高，技术难度大，绝对不能有丝毫松懈和大意。对工程的每一个细小环节都要严格把关，精心组织，精心施工，精心安装，务必做到万无一失，不留任何隐患。我 1998 年 12 月来的时候，跟负责监理的同志照了一张相，我说你们应该站高一点，比施工的都站高一点，比陆佑楣〔1〕还要站高一点，你们得为我们把关，为国家把关。所以，要进一步强化工程监理工作，切实加强对工程质量的全面监督和检查。要处理好施工进度和工程质量的关系，坚持质量第一，进度服从质量。在施工中要十分注意安全生产，避免发生伤亡事故。不仅三峡工程建设中要十分注意安全生产，全国各地都要切实加强对安全生产工作的领导，落实安全生产责任制，防止伤亡特别是防止重大事故的发生。

目前，三峡二期工程建设已经到了最后冲刺的时候。前几天，中

〔1〕陆佑楣，当时任中国长江三峡工程开发总公司总经理。

央电视台播放了《世纪梦》，这部影片反映的就是三峡工程建设者的故事，十分感人。一个世纪的梦想、几代人的梦想，就要在我们这里变成伟大的现实！我们一定要以对党、对人民、对子孙后代高度负责的精神，通力协作，扎扎实实做好各项工作，为确保三峡二期工程各项目标如期实现而努力奋斗。

工商行政管理部门要做市场秩序的坚强卫士*

（2001 年 7 月 27 日）

一、要充分认识新时期工商行政管理部门的重要地位和作用。

在社会主义市场经济条件下，政府管理经济的重要职能之一是监管市场运行，维护市场秩序，为经济发展创造良好的市场环境。没有强有力的监管执法，就没有社会主义市场经济。强化政府的市场监管执法职能，是建立和完善社会主义市场经济体制的必然要求。工商行政管理部门是市场监管和行政执法的重要职能部门，承担着规范和维护市场秩序的重要职责。概括起来说，就是要把好市场主体的入门关、当好市场运行的“裁判员”、做好市场秩序的坚强卫士。党中央、国务院决定将国家工商行政管理局更名为国家工商行政管理总局，由副部级升格为正部级，目的就是为了进一步加强市场监管执法部门的权威和地位。希望工商行政管理系统广大干部职工更好地履行职责，不辜负党和人民的重托与厚望。

二、进一步加大整顿和规范市场经济秩序的力度。

近几个月来，整顿市场经济秩序工作取得了初步成效，但问题仍然很严重，任务还十分艰巨。特别是要清醒地看到，当前又出现一些新情况：一是有些违法犯罪分子顶风作案。有的地方制假售假活动

---

* 这是朱镕基同志在国家工商行政管理总局副司级以上干部座谈会上的讲话。2001 年 4 月 30 日，国务院决定将国家工商行政管理局调整为国家工商行政管理总局。

仍很猖獗，不少被关闭的“五小”[1]企业和无证经营企业还在生产经营，最近在一些地方发生的重大安全事故多数与此有关。二是暴力抗拒执法案件增加，一些不法之徒公然伤害执法人员。三是有些地方在整顿市场经济秩序工作中避重就轻，甚至还在以各种名义强化地方保护。这些情况说明，整顿和规范市场经济秩序的工作，任务十分艰巨和复杂。我们必须下更大的决心，用更大的气力，排除一切困难和阻力，坚定不移地把这项重要工作不断推向前进。

大力整顿和规范市场经济秩序，是巩固当前好的经济形势和战胜面临困难的重大举措。今年以来，我国经济继续保持良好的发展势头，这是由于中央敏锐察觉世界经济出现新变化，及时采取正确的宏观经济政策，全国上下齐心协力、扎实工作的结果，也是与大力开展整顿和规范市场经济秩序工作分不开的。但是，当前全球经济和贸易增长放缓，世界经济衰退的趋势越来越明显，比我们预料的要快、要猛，这种情况势必对我国经济发展产生不利影响，对此我们必须高度重视。要从多方面采取有效措施加以应对，其中一个重要措施就是继续整顿市场经济秩序，规范市场行为，改善经济运行环境，提高经济质量和效益。前几天召开的全国整顿和规范市场经济秩序领导小组第二次会议，对下阶段工作已做出了具体部署，各地区、各部门一定要认真贯彻执行，务求取得更大的进展。

过去，工商行政管理系统在强化市场监管、维护市场秩序、深化体制改革、加强队伍建设方面做了大量的工作。机构升格以后，责任更大、任务更重了，要在整顿和规范市场经济秩序中发挥生力军作用。当前要重点抓好以下几个方面：一是集中力量继续严厉打击制售假冒伪劣商品的违法犯罪活动。对制售直接危害人民群众身体健康

〔1〕见本卷第144页注〔1〕。

和生命安全的食品、药品、医疗器械等假冒伪劣商品的违法犯罪活动，尤其是对制假产地和售假集散地，要重拳出击，确保人民群众的消费安全。二是充分发挥登记注册管理的职能作用。强化企业登记监督工作，严把市场准入关。坚决取缔不符合国家法律、法规要求的各类企业，打击无照经营，从源头上遏制扰乱市场经济秩序行为的发生。三是加大反不正当竞争和反垄断的执法力度。要重点查处不正当竞争和限制竞争行为，坚决打破地区封锁、行业垄断，促进市场公平竞争。四是加强对商标、广告的监管。严厉打击商标侵权假冒行为，加强对商标专用权的保护，对印制假商标、假标识、假包装的企业要从严查处。严厉打击虚假违法广告，净化广告市场。五是继续打

2001 年 7 月 27 日，朱镕基在国家工商行政管理总局考察。前排左一为国务委员兼国务院秘书长王忠禹，左二为中共中央政治局候补委员、国务委员吴仪，左四为中共中央政治局委员、国务院副总理吴邦国，左五为国家工商行政管理总局局长王众孚。

击传销和变相传销违法活动。传销在我国还有存在的土壤，不少素质不高的人容易受骗，被骗的人再去骗亲朋好友，对社会道德形成很大的冲击。要充分发挥新闻媒体的宣传、引导作用，公开揭露传销的欺骗性和严重危害性，提高广大群众自觉抵制传销的能力。工商总局可以成立打击传销办公室，加强对取缔传销工作的组织领导。六是严厉打击走私贩私，对已取缔的私货市场要加强监控，防止死灰复燃。

三、努力开创市场监管执法工作的新局面。

面对新形势、新任务，工商行政管理部门必须以高度负责的态度和奋发有为的精神风貌，努力把工作提高到一个新的水平。

一要切实转变观念，实现职能到位。要适应发展社会主义市场经济的新形势，彻底摆脱计划经济体制下形成的思想观念和工作方式，从主要监管集贸市场进一步转到监管全国统一市场上来，从主要依靠行政手段管理市场进一步转到依法治市上来。工商行政管理部门一定要与所办市场彻底脱钩，绝不能既管市场又办市场，既当“裁判员”又当“运动员”，绝不能明脱暗不脱。既管市场又办市场，这必然产生腐败；不与所办市场脱钩，监管市场就是一句空话。工商行政管理系统与所办市场彻底脱钩，是重大原则问题，绝不能有半点含糊，不能藕断丝连。不愿意脱钩，就必须“脱装”，离开工商行政管理系统。当然，要采取切实措施妥善解决脱钩中遇到的实际问题。对市场、人员、债权、债务，地方一定要接，接了以后，属合情合理的债务，地方确有困难的，中央财政也应该帮助解决。总之，一切都要服从脱钩，债务问题不能成为不脱钩的理由。在这个原则问题上，态度一定要坚决，把市场办管脱钩问题彻底解决。

二要坚持依法行政，严格秉公执法。工商行政管理人员在履行职责时，必须铁面无私，敢于执法，敢抓、敢管、敢碰硬，同一切违法犯罪行为作坚决斗争。所有的行政执法系统，都必须严格执行行政收费和罚没收入“收支两条线”的规定。不能搞按比例返还，要坚决纠正各种形式的收支挂钩，从机制和制度上保证公正执法、严格执法；否则，就不可能避免执法中的腐败行为，就不可能做到监管严格、执法公平。财政部门一定要保证行政执法系统必要的经费，所有行政执法人员都要由财政供养，吃“皇粮”。这方面中央已有明确规定，有关部门必须尽快落实。

三要加强与有关部门的协调配合。质检总局和工商总局的分工已经明确，界限就是“厂门内外”。即厂门之内的监管问题由质量技术监督部门负责，厂门以外的监管问题由工商行政管理部门负责。质量技术监督部门不要进入市场，市场上戴“大盖帽”的人越多，越不起作用。另一个方面，工商行政管理系统不要另搞一套检验机构，商品质量检验可以委托质检系统现有的检验力量来进行。两个部门要配合好，共同把市场秩序整顿好。与此同时，要特别注意与政法机关包括检察院、法院、公安、安全等部门协作配合好，从重、从快、从严处理市场犯罪案件。对于法律不衔接、不完善的地方，工商总局要研究如何进一步加强法制建设。

四要加强队伍建设，提高监管水平。总的看，目前工商行政管理队伍是好的，涌现了一批敢于执法、不畏强暴、不怕牺牲的优秀执法人员。对于严格执法、公正执法并作出突出成绩的执法人员要给予嘉奖。但是必须看到，要适应新形势、新任务的需要，还必须在队伍建设上继续下大工夫。特别是要注意加强领导班子建设，加强对省级工商局领导班子的双重管理。省以下实行垂直管理后，省级工商局领导班子的责任更大了。目前省级工商局领导班子的任免，是由地方党委征求工商总局党组意见，这样协管力度不够。你们再向中央机构编制委员会办公室写个报告，把“征求意见”改为“征得同意”。加强队伍建设，最重要的是反腐倡廉。本届政府提出，要建立廉洁、勤政、务实、高效的政府，把廉洁放在第一位，说明廉洁是最重要的。要严厉惩治执法腐败，加强廉政建设，对那些与破坏市场经济秩序的犯罪分子相互勾结、狼狈为奸的害群之马，必须坚决绳之以法。所有工商行政管理执法人员都要做到忠于职守、勇于负责、刚直不阿，要以清正廉洁的形象、执法如山的威力、坚持原则的精神，做好市场监管执法工作。

五要充分利用现代信息技术，改善监管执法手段。商标局的信息管理搞得很好。要注意运用新的信息手段和信息技术来加强市场监督管理；要吸引更多的人才，特别是信息方面的人才；要搞一个全国范围的信息联通网络，和其他部门的监管网络实现互联，财政部在经费方面要给予支持。要全面推进工商行政管理系统的信息化，继续搞好计算机网络工程建设，提高通信、交通和监管等方面的装备水平，更有效地加强市场监管执法。

对破产逃债的要严查*

（2001 年 7 月 31 日）

请岚清[1]、邦国[2]、家宝[3]、罗干、忠禹[4]同志阅。看了今晚的电视《焦点访谈》后，真感公理何在，国法难容，道德沦丧，党性何存。县委、县政府、县法院沆瀣一气骗国家，转移国家资产，明目张胆，肆无忌惮。名为地方利益，实则县官以权谋私。不信，调查看看。抄报周永康[5]、张中伟[6]同志。

朱镕基

7.31

---

* 2001 年 7 月 31 日中央电视台《焦点访谈》节目报道，为逃废银行债务，四川省中江县委、县政府精心安排，通过县法院违法操作，决定对连续几年经济效益不错、2000 年被四川省人民政府评为贸易企业最佳效益 30 强的中江县丝绸公司实施破产改制。这是朱镕基同志关于此事件的批语。

〔1〕岚清，即李岚清。

〔2〕邦国，即吴邦国。

〔3〕家宝，即温家宝。

〔4〕忠禹，即王忠禹。

〔5〕周永康，当时任中共四川省委书记。

〔6〕张中伟，当时任四川省省长。

严厉打击黑恶势力及其后台*

（2001年8月2日、22日）

一

（2001年8月2日）

请邦国[1]、罗干同志批示，并报锦涛[2]、健行[3]、岚清[4]同志。看来可信。如此重大事故必须查个水落石出，严厉打击黑恶势力勾结官员，草菅人命。当前首先要排除一切阻力，查明遇难人员。请经贸委、公安部牵头组织力量坚决贯彻落实。（此事外国媒体广泛报道，并附有照片。）

---

* 2001年7月17日，广西壮族自治区南丹县龙泉矿冶总厂拉甲坡矿发生特大透水事故，81名矿工遇难。事故发生后，具有黑社会背景的矿主与当地腐败官员勾结，隐瞒事故真相。这是朱镕基同志关于此事件的两次批语。

一、这是朱镕基同志在《人民日报》的《信息专报》第66期刊载的《关于广西南丹矿井重大死亡事故的再次紧急报告》上的批语。

二、这是朱镕基同志在公安部《关于广西壮族自治区南丹县公安机关“打黑除恶”工作有关情况的报告》上的批语。

〔1〕邦国，即吴邦国。

〔2〕锦涛，即胡锦涛。

〔3〕健行，即尉健行。

〔4〕岚清，即李岚清。

（抄送曹伯纯[1]、李兆焯[2]同志）

朱镕基
8.2

二

（2001 年 8 月 22 日）

南丹惨案的特点就是私人资本家豢养一批黑恶势力为非作歹，买通官员为其保驾护航，不把这些黑后台及其庇护者挖出来，判以重刑，只抓一些喽啰，南丹乃至广西某些地方不可能拨乱反正。并请锦涛、健行、庆红[3]同志批示。

朱镕基
8.22

〔1〕曹伯纯，当时任中共广西壮族自治区委书记。

〔2〕李兆焯，当时任广西壮族自治区人民政府主席。

〔3〕庆红，即曾庆红。

加快贵州经济社会发展*

（2001 年 8 月 13 日—17 日）

国家实施西部大开发战略，为贵州加快发展和振兴提供了难得的历史机遇。贵州资源丰富，人民勤劳，发展潜力巨大。要统筹规划，突出重点，打好基础，量力而行，积极而稳步地推进各项工作。

一、加快生态环境建设。

贵州的希望就在青山绿水，到处都是青山绿水，才能令人赏心悦目。要充分认识生态建设和环境保护对贵州经济社会发展的极端重要性，切实搞好天然林保护工程、封山育林和退耕还林，让山青起来，让水绿起来，让人民富起来，使贵州成为长江、珠江上游的重要生态屏障。

这几年，退耕还林试点和天然林保护工作取得明显成效，积累了宝贵经验。实践证明，中央的决策和政策措施是正确的，深受广大群众的拥护和支持。退耕还林工作要在总结试点经验的基础上，适当加快步伐。这方面，思想要再解放一些。特别是贵州，雨水充沛，林草生长快，应该加快退耕还林。现在我国粮食和工业消费品供大于求，是退耕还林、改善生态环境的极好时机，千万不要错过。你们要求增加退耕还林还草任务，可以每年给你们安排 100 万亩的任务，关键是

---

* 2001 年 8 月 13 日至 17 日，朱镕基同志在贵州省考察工作，先后考察了黔南、安顺和贵阳等地。这是朱镕基同志在考察期间讲话的一部分。

要真正抓好落实。

近两年的实践证明，实施退耕还林工程，是贫困地区脱困的有效途径。要坚持把退耕还林与扶贫脱困工作很好地结合起来。凡是实行退耕还林地方的农民，不仅有了可靠的粮食供给，还有余力从事多种经营和副业生产，较大幅度增加了收入。在退耕还林工作中，必须全面落实中央的有关政策。

要解决好退耕农民的当前生计和长远发展生产问题，支持农民发展当地有资源优势和有市场需求的产业。要通过发展小水电、沼气等

2001 年 8 月 14 日，朱镕基在贵州省龙里县考察封山育林天保工程。右四为国务院西部地区开发领导小组办公室副主任王志宝，右五为贵州省委书记钱运录，左一为贵州省省长石秀诗。

（贺培铨摄）

解决农民的燃料和农村能源问题，防止滥伐山林，保护退耕还林成果。实施沼气工程，关键是要注重质量，讲求实效，认真总结，逐步推开。你们提出每年由中央财政补助5000万元，用于搞沼气工程，楼继伟[1]同志已经答应了。我建议，把这5000万元和给你们增加的转移支付资金放在一起，一共安排两亿元。这两亿元由你们统筹安排使用。如果搞沼气有效果，你们也可以多安排一些资金去搞沼气；如果你们觉得暂时不能拿那么多钱去搞沼气，也可以把资金用于别的工程，修路也行，保证发工资也可以。

由于退耕还草当年就可获得收益，因此，退耕还林和退耕还草的补助政策应有所区别，以鼓励和支持农民多造林。要继续搞好天然林保护工程，坚决制止乱砍滥伐。如果把树都砍掉了，贵州生态环境的优势就没有了。对那些“木头财政县”要给予一点补助，让它们不要再砍树。

二、加快实施西电东送工程。

实施西电东送工程，是对西部地区最大的支持。贵州要首先把第一批“四个水电、四个火电”工程抓好，确保按照中央要求的时间和规模向广东省送电。贵州第一批西电东送工程必须抓得实、抓得紧、抓得快，赶快把电站建起来，赶快把输电线路建起来，保证把电送出去。如果你们现在不赶快把第一批电站建起来，就没有理由不让广东省自己上电站。对第二批的“三个水电、四个火电”项目，要认真做好规划，搞好前期工作，先开工建设三个水电站。火电厂一定要利用煤炭资源优势建设坑口电站，盘南电厂可以争取先上，其他的火电厂要根据未来的市场情况再确定上马的时间。我们希望，通过这次电力体制改革，把广东省的电网与西南地区的电网组成一个单独的实体，

---

[1] 楼继伟，当时任财政部副部长。

以便于促进西电东送工程的实施、促进电力企业改善经营管理。不仅要把广东省的电网和西南地区电网并起来，将来有条件，甚至可以把福建省的电网也并进来。这对实施西部大开发战略会有很大的促进。

三、加快发展旅游业。

贵州有旖旎多姿的自然风光和古朴浓郁的民族风情。这次，我们参观了天星桥景区和黄果树瀑布。黄果树瀑布的水量比我上一次来时要大，景色也很壮观，发展旅游很有前途。但是，各方面的建设还差得很远，道路建设、配套设施建设、景点建设，都需要请高手来规划，要做全面的规划。要完善基础设施，通往景区的道路要发展高速公路。国务院早就明确规定，不准在公路两旁修坟墓。现在坟已经建了，叫坟主迁坟，有人会说不近情理，但必须要求坟主在公路两旁的坟区四周种树，把坟墓遮起来，让人在公路上看不到坟。要提倡火葬，不能再像现在这样挖山修坟。请省委、省政府下工夫抓好这件事。

党中央、国务院十分关心贵州的经济和社会发展，希望贵州省委、省政府认真落实江泽民总书记关于“三个代表”的要求，率领全省各族人民团结奋斗，开拓创新，加快建设经济繁荣、社会进步、民族和睦、山河秀美的新贵州。

企业界要进军俄罗斯*

（2001 年 9 月 9 日）

我这次是来参加中俄总理第六次定期会晤的。这次会晤取得了比以往历次会晤更大的成果。其原因有三：第一，不久前，江泽民主席和普京总统签署了《中俄睦邻友好合作条约》（以下简称《条约》），为两国在新世纪的合作指明了方向，明确了方针。我们在此基础上有了更多的共同语言，很多具体问题都落实了，签订了七个协议。第二，最近两年，中俄两国的经济有了更新、更快的发展。自亚洲金融危机以来，中国经济每年仍保持 7%到 8%的增长速度。俄罗斯经济发展也很快，去年的增长速度比我们的还高，外汇储备由去年年初不到 200 亿美元增加到 380 亿美元。由于两国经济实力都加强了，一些具体合作项目得以较快落实。第三，我们进行了大量工作，其中包括使馆同志们的辛勤劳动，中俄双方谈判人员增进了相互了解，都能平等协商，解决问题，以前见面说话闹别扭的情况大大减少了。打个比方，汽车的磨合期已经过去，现在开始进入快车道了。“种瓜得瓜，种豆得豆”，“一分耕耘，一分收获”。现在，应该是一边耕耘、一边收获了。

目前中俄经贸合作中存在的主要问题是什么呢？我只讲一个主要

* 2001 年 9 月 7 日至 12 日，朱镕基同志访问俄罗斯并参加中俄总理第六次定期会晤。这是朱镕基同志到中国驻俄罗斯大使馆看望中国驻俄工作人员时的讲话。

问题，就是贸易不平衡。去年的中俄贸易额为80亿美元，中方逆差36亿美元；今年1到7月的双边贸易额为55亿美元，中方逆差已达29亿美元，估计全年贸易额可能达90亿到100亿美元，中方逆差将大大超过去年。现在我国对俄贸易的逆差累计已达240亿美元，这还不包括我们在军技贸易上支付了较多的现汇。很明显，这种情况如不改变，两国经贸进一步发展就有困难。

问题出在什么地方呢？我们不能把责任完全归咎于俄罗斯方面，应该看到我们自己的问题。就是说，在世界战略这个大格局里面，我们有些同志对俄罗斯地位的重要性还没有足够的认识，还没有达到江泽民主席和普京总统所签署的《条约》的高度，对战略性和前瞻性的东西着眼不多，因而努力得不够，强调困难太多。我印象最深刻的是，自两年半前访俄以来，俄罗斯无论是基础设施建设还是城市建设都有较大发展，人们的精神面貌也有较大变化。据随行的同志说，商店里的商品比上次访问时丰富得多。俄罗斯的发展速度是很快的，我们绝不可忽视它的重要地位。我们国内有的经济专家估计，俄罗斯经济恢复到原来的水平需要20年，我认为这是“书生之见”。俄罗斯有广袤的国土，只有1.4亿人。俄罗斯的资源条件得天独厚，从圣彼得堡到莫斯科，到处都是绿地，西伯利亚则全是森林。它这两年很幸运，石油涨价大大改善了它的外汇平衡。俄罗斯的国民素质普遍较高，科学技术在历史上就是领先的，再加上资源条件和其他方面的条件，底子厚，经济恢复将是很快的，发展不可限量，绝对不可以低估俄罗斯。

我们在新世纪面临着很大的挑战。如果我国加入世贸组织，能否应对加入后遇到的各种问题，经济上有没有竞争力？不敢轻易说啊！我们也不能“把鸡蛋全放在一个篮子里”。现在，我们对美国的贸易额（包括香港转口贸易）已达1000亿美元。美国说它今年对华贸易

2001 年 9 月 11 日，朱镕基在莫斯科克里姆林宫会见俄罗斯总统普京。

的逆差将达 700 亿美元，我们不承认这个数目，但 500 亿美元还是有的。我们主要向美国出口一些消费品，在美国经济萧条的情况下，中美贸易再想有很大的发展非常困难。欧盟对我们的出口也采取很多限制。现在真正有发展前景的市场在俄罗斯。中俄两国贸易起点低，去年是 80 亿美元，今年顶多达到 100 亿美元。去年，我们从国外，主要是中东进口了 7000 万吨原油和 3000 万吨成品油，花去外汇 200 亿到 250 亿美元。这次中俄双方签订了修建石油输送管道的协议[1]，如果我们把从中东地区进口石油的一半数量转移到俄罗斯，仅此一项一年就是一百几十亿美元，双边贸易额马上就会翻番。再说木材，我们

〔1〕2001 年 9 月，中俄两国总理定期会晤时，正式签署了《中俄输油管道可行性研究工作总协议》。按照此协议，中国将是俄罗斯远东输油管道的唯一接收国。

在搞退耕还林、保护天然林，需要进口木材，俄罗斯就是最好的合作对象。俄罗斯的矿产资源也很丰富，有东西、有本钱同我们做生意，而且都是我们需要的。要做到这一点，就必须让它买我们的东西，不然，我们对俄罗斯的贸易逆差就会更大。

现在，我们对俄罗斯市场的开拓远远不够。昨晚我同卡西亚诺夫总理在夏宫的宴会上谈的都是这个问题，他讲得很坦率："现在，俄罗斯人民不熟悉你们的产品，你们的产品有好有坏。"这是客气话，实际上是说我们的产品质量差。我对他讲，可能是中俄两国的"倒爷"把中国的假冒伪劣产品弄到你这儿来了，所以给你造成这样的印象。我们现在的任务就是通过两国大中型企业的合作，共同把"倒爷"倒来的产品挤出市场。我们有价值 2000 亿美元的商品畅销欧美，也没有听说中国商品质量有什么大的问题。他就说，你们把好东西都给了别人，给我们的都是次的。我说，你不能把"倒爷"倒来的产品等同于中国产品。说到底，就是中国的好商品没有大量进入俄罗斯。我们有些同志过去都是埋怨俄罗斯方面，说它市场经济不发达，行政干预很多，法律不规范，社会治安不好，还有黑社会等等，不具备扩大贸易的条件。总之，责任都是人家的，我们没责任。我认为这样的看法是错误的，现在已到了该转变的时候了。你要来开拓市场，就要敢冒风险。都想到美国、欧洲，谁到俄罗斯来啊?！我们要改变俄罗斯人的观念，让他们明白：中国有好东西，你们只是没有看见。我们也要改变自己的观念，认识到：俄罗斯正在变革，将来的前途不可限量。有人说俄罗斯人的生活比我们的差，根本不是这么回事。我了解过，他们的人均月收入 125 美元，还不包括其他收入，比我们人均高得多。莫斯科的人均住房面积 20 平方米，我们有吗？我们比人家差，应该承认自己的不足。不要回去宣传这儿什么都不好，生活不方便，吃得也不好。我看蛮好的，它有很大的进步。俄罗斯在过去十年，把事情耽误了，政策摇摆不定，谁还想干事啊？现在，他们真正干事了。我们确实都有这样的感觉，这个国家，只要齐心干事，那发展前途是不可限量的。所以，绝对不可轻视俄罗斯。

俄罗斯是大国，也是我们的邻国。在当今世界格局多极化发展的情况下，我们需要同俄罗斯建立长期的战略合作关系。中俄双方的经济是互补的，只要我们努力去做，这种关系可以发展得很好。有人认为，俄罗斯会很快屈服于美国的压力。我同张德广大使及其他同志交换过意见，我们都不这么认为。像俄罗斯这样一个大国绝对不甘屈服于美国的压力，也一定会重视发展中俄关系。我们为了世界的和平和多极化，也要同俄罗斯发展良好的战略合作关系。

我们现在应该努力把中俄经贸和技术合作搞上去，而且要很快地

2001 年 9 月 8 日，朱镕基在圣彼得堡会见俄罗斯总理卡西亚诺夫。

搞上去。为此，首先要解决认识上的问题，打破过去的观念。其次，要解决体制上的问题。为什么我们的产品打不进俄罗斯的市场呢？我们国有企业体制上的问题暴露得越来越多。党的十五大已经提出，要探索实现公有制的多种有效形式，要使多种所有制经济共同发展。听说华为公司已打进这里的电信市场，去年销售额达 1 亿美元，这是个民营企业。海尔也正向俄罗斯发展。四川长虹也要打入俄罗斯市场，准备投入 3000 万美元，建立一个年产 100 万台电视机的工厂。我认为他们有眼光。我这次在两国总理会晤时对俄方说："我们要把双方贸易搞上去，就要使中国企业家直接进入你们的市场，请你们支持。"没有开拓精神和冒险精神，怎么能进入俄罗斯市场？昨晚，俄罗斯总理跟我说："你们就是不会做广告。我在纽约买了件夹克，回来一看标牌是'中国制造'，质量很好。但俄罗斯人只穿土耳其制造的夹克，认为中国的多数是假冒伪劣产品。"韩国"三星"电视机已打入俄罗斯市场；圣彼得堡和莫斯科都有"可口可乐"、"雀巢"、"索尼"的分店、招牌和广告，就是没有我们中国的。其原因归根到底是：第一，我们不重视俄罗斯，这是错误的。第二，我们现有企业体制有毛病。不能全靠国有企业，这也说明国有企业不改革是没有前途的。各类所有制企业都可以进入俄罗斯。不要只看重欧美市场，要实现市场多元化。现在俄罗斯潜力很大，而且靠得住，起码石油、天然气就靠得住。

今天，我同部长们在飞机上开了一小时会，我提出个口号："我们的企业界要进军俄罗斯。"部长们都表示赞成。大家要齐心协力，实行鼓励政策，支持各种类型的企业到俄罗斯来。我提个建议：在莫斯科买块地，建一个高度位居该市建筑物第二的中国贸易中心。谁有勇气进军俄罗斯谁就出钱，成为这个中心的股东。要使这个中心成为展览中心、交易中心、信息中心，既搞零售，又搞批发，也搞展览，把中国的好商品都放进去。一定要有这样一个标志性建筑。建这样的贸易中心，有利于向俄罗斯展示我们改革开放以来的成就，让他们知道，我们好多东西他们还没有。

我昨天向俄罗斯总理建议："请你们派出100人的代表团，由中国外经贸部来接待，把你们需要的商品、从别国进口的商品的样品都带来。我们可以介绍有信誉的大企业展示样品，报出价格，就像招标一样，并提供优惠条件。这样，你们就能买到好东西，中俄的贸易才能搞上去。"刚才，我看了一个材料，现在官方统计的中俄贸易额没有包括中俄"倒爷"的那部分，那部分估计达100亿美元之多，比正常贸易的80亿美元还多。一些"倒爷"搞的是假冒伪劣，偷税漏税，数额这么大，怎么得了！中俄两国都要整顿贸易秩序，整顿之道就是双方大中型有信誉的企业直接接触，互相进入对方市场。

我认为，驻俄使馆的同志们大有可为。中俄合作的发展前途不可限量。双方互有需要，经济互补，各有优点。只要我们做工作，我相信无论是从当前还是从长远观点看，中俄关系的发展对两国都是具有重大意义的，将会极大地造福于两国人民。

最后，我要再说一句，进军俄罗斯！也就是让中国质量高、价格低的商品和大中型企业进入俄罗斯市场！

会见索罗斯时的谈话*

（2001 年 9 月 17 日）

朱镕基：欢迎你出席中国人民外交学会举办的国际论坛会议。你的新书在中国出版，我在此表示祝贺。你寄给我的《全球资本主义的危机》已经收到了。我很高兴和你见面。你是从美国飞日本再飞北京的吗？

索罗斯：经蒙古飞过来的。

朱镕基：袭击事件发生时，你在美国吗？

索罗斯：已经离开了。

朱镕基：我对 9 月 11 日美国人民遭受的损失感到震惊，表示慰问和哀悼。据我所知，目前已有 51 位华人丧生。

索罗斯：我很难过。

朱镕基：其中两位是在被劫持的飞机上，其他的都在世贸中心工作。我刚刚看过电视，有一个华人家庭的夫人和孩子，他们在流泪，我也流泪了。你认为这次袭击事件会造成多大影响？

索罗斯：从经济角度看，美国经济中业已存在的趋势，如经济步入衰退期、消费者心态谨慎、美联储利率下调、股市下跌等等，都将因这次事件而加速发展，时间会提前、速度会加快。当然，衰退期也会因而

---

* 这是朱镕基同志在北京中南海紫光阁会见乔治·索罗斯时的谈话。索罗斯是美国金融界人士，长期从事国际资本运作，在 1973 年创立索罗斯基金管理有限责任公司，历任总裁、董事长。

缩短，这是坏消息中的好消息。同时，美国人减少了外出，这等于将需求迟滞到将来，有利于财政和货币稳定。总之，经济下滑趋势会大大加快，但持续时间会缩短。至于此次事件对美国会造成多大影响，很大程度上取决于美国作何反应。美国人当前普遍感到愤怒，但如果美国政府采取的行动伤及阿富汗或其他国家的平民，将导致恶性循环，希望能够避免。

朱镕基：我们也担心美国过分的反应会导致阿拉伯世界的反对，使矛盾更加激化。我们理解美国人民的悲痛，但我们不希望看到为了找到拉登，造成平民伤亡而酿成悲剧的结局。

索罗斯：我个人认为，拉登是一个邪恶的天才，此次恐怖主义袭击事件的策划显示出他的远见。阿富汗内部有许多武装分子反对他，几乎在袭击事件同时（或前一天）发生了针对马苏德[1]的自杀性袭击，而马苏德就是拉登的对头。所以，拉登对美国的军事反应是有心理准备的。

朱镕基：你比较肯定拉登就是主谋？

索罗斯：我没有确凿的证据，只是猜测。

朱镕基：大多数人原来预计美国经济将于明年复苏，这种预计会不会因袭击事件而改变？

索罗斯：袭击事件前，美国经济已下滑至第二阶段。第一阶段的下滑主要集中在技术产业，消费者和起关键作用的消费经济基本不受影响。而现在，已有迹象表明，消费者开始受到影响，经济下滑进入第二阶段。而正是由于此次事件加速了美国经济的下滑趋势，我现在反而更认为，美国经济明年将会复苏。但技术产业由于投资过热，其复苏所需

〔1〕马苏德，即艾哈迈德·沙阿·马苏德，曾任阿富汗北方联盟将领，2001 年 9 月 9 日被谋杀。

时间更长一些，可能要几年。与目前状况最为相似的是1973年，当时股市繁荣，结构不合理，克服这种状况用了十年时间。

朱镕基：国会已授权布什总统动用400亿美元处理袭击事件，如果发动战争，这笔钱是远远不够的。这就意味着美国今年将出现财政赤字，这对美国经济会产生什么样的影响？

索罗斯：可以刺激美国经济，但对利率尤其是长期利率将产生不利影响。我原来预期美国经济会下滑，因而大量购买国债，但今天我已开始抛售10年期和30年期的长期政府债券，不过不会卖出6个月的短期债券。

朱镕基：就是说，美联邦政府会更大幅度地降息？

索罗斯：短期利率会下降，而长、短期利率之差会进一步拉大。

朱镕基：我想问的问题都问完了，现在看看你有什么想说的。

索罗斯：我很高兴时隔12年重访中国。自1989年后一直没能再来。中国的变化和进步给我留下了很深的印象。1989年以前，我对中国有所了解，但现在所知甚少。我想问的是，中国面临的主要任务和最大的问题是什么？

朱镕基：你一下子抓住了最难回答的问题。我们面临的最大问题是什么？王梦奎[1]教授是经济学家，你说一下。

王梦奎：中国面临的最大问题是农业和增加农民收入问题、城市人口就业问题和金融体制的改革等。

朱镕基：我想在王教授回答的基础上再明确一下。我们面临的最大问题是产业结构不合理，需要作很大的调整。现在传统产业已发展到很高的水平，在许多方面，如钢铁和煤炭，产量居世界第一。但传统产业维持目前的生产能力主要是靠政府努力和基础设施的投入，没

〔1〕王梦奎，当时任国务院发展研究中心主任。

有政府推动，这些产业就会开工不足。消费品工业主要依靠廉价商品销往欧美等地，但欧美对此类商品的限制越来越严，出口越来越难。如不及时调整，以信息化带动科技革命和产业结构调整，问题将越来越大。尤其是中国农业人口占80%，由于粮食过剩，出口又出不去，价格高于国际市场，农民收入得不到提高或增长缓慢，城乡矛盾将加大。不调整产业结构尤其是提高农业的水平，整个国民经济都会遇到困难。当然，这些都是长远的问题，我们还有几年时间可以做工作，目前还不会产生尖锐的矛盾。目前的困难是，随着美国经济衰退，日本经济停滞，中国的出口将越来越难。而出口对中国正变得越来越重要，去年出口总值达2550亿美元。现在出口增幅大大降低，我担心今年甚至会出现负增长，成为国民经济的负面因素。为此，我们去年下半年已开始准备，靠动员内需来解决。现在人民对政府有信心，愿意消费，消费在增长，所以出口下降不会影响到我们原定计划的实现。第二个问题是国有企业，可以看出，现在的国有企业越来越不适应经济发展的需要。近几年，我们在国企股份化方面取得了很大成绩，尤其是国企的海外上市，已经筹集到几百亿美元的资金。国内上市企业每年也可筹集1000亿至2000亿元人民币。我们在推进股份制也就是所有制改革方面已有很大的改进。亚洲金融危机的负面影响我们已基本克服，好的一面是中国的投资环境大为改善了。近三年来，外国在华直接投资每年都保持在400亿美元以上，今年将接近500亿美元。但袭击事件发生后，就难以预料了。现在的问题是股市发展快，但不规范，投机行为多，政府监管不够，对人民币没有信心。如何加强监管和规范化很令我们头痛，这方面愿意听听你的意见。第三个问题是银行体制改革。我们过去实行的是国有商业银行体制，最大的问题是不良资产比例过高，最高时曾占到40%。后来我们借鉴美国RTC（处置信托公司）的经验，成立了资产管理公司，将不良资产从银行划出以使这些商业银行规范化、实现自主管理，但问题依然很多。通过改革和加强监管，四大国有商业银行今年的不良资产比例下降了3%至5%。我们希望将这些银行变成股份制银行，它们的不良资产虽有相当部分已经划出，但问题依然很多，上市十分困难。

上面谈了很多令我们头痛的问题，不过我们也取得不少成绩。在建立健全社会保险体系方面，这两年取得的成绩还是可以的。社会保险体系现已基本上实现资金收入和支出平衡，当然，还有过去的欠账。建立了城市居民最低生活保障制度。如果家庭人均收入低于当地最低生活保障标准，国家将提供补贴。

索罗斯：有没有考虑建立信托基金来管理社会保险基金如养老金等？

朱镕基：有。中央政府有劳动和社会保障部，各级政府有劳动和社会保障部门。有一套独立的体系负责基金的管理，工人向其缴纳养老基金后，由其向全国企业的工人发放养老金。

索罗斯：有没有考虑将其分成几块以强化金融市场，允许企业设立独立的养老金账户，个人也可以在几家管理机构间作一选择？

朱镕基：由于我们缺乏有经验和能力的人才，现在的基金主要用于购买政府债券或存入银行吃利息，只允许基金的10%比例进入股市投资。现正考虑如何更好地运用基金。我这里谈的主要是社会保险，不是商业保险。

索罗斯：我想谈几点看法。中国对外态势很好，就出口竞争力、贸易顺差、迅速发展的国内市场对外国直接投资的吸引力而言，可以说是世界上最强的经济体。加入世界贸易组织以后，中国将不得不开放它的金融市场，这是一次真正的挑战。我认为，中国应首先发展国内金融市场，为对外开放金融市场做铺垫。开放的顺序是很重要的，要分步走，先大力推动国内金融市场的开放，再着手金融市场的对外开放。其他国家如日本有过类似的经历。日本一度曾是世界上最强的经济体，经济快速增长。目前日本工业虽依然强大，但金融体系一塌糊涂。日本的工业产出多少，金融体系就丢掉多少。中国应避免重蹈日本的覆辙。中国逃脱了亚洲金融危机的冲击，主要是因为它的金融体系对外封闭，如果对外开放，将面临更大的风险，因此，应先加强后开放。你已谈过坏账问题，我认为首先应发展内部银行体系。中国储蓄率高，应给储户提供银行以外的其他金融工具供其选择。至于监管人才，中国并不缺乏，我最近见过两位这方面的优秀人才。但中国的股市基本上只有散户，没有机构投资者，而股市和债券市场的稳定很大程度上依靠机构投资者的参与。养老基金等可由机构投资者而非政府机构按商业原则入市运作。日本的问题就是，它的金融机构只听大藏省的，没有学会对市场信号作出反应，进入国际市场后，要同国际银行界打交道，结果输得只剩下了衬衫。

朱镕基：你说的还是客气的，你还没有说输得只剩下了裤衩。

索罗斯：应该创立机构投资者，而且是不受政府控制的。我认为中国有这方面的人才，如留学归国人员及香港、台湾等地华人有这方面的能力，可以在开放前培育中国的金融市场。最后一点，中国要开放，还要允许信息的自由流动、自由讨论、思想自由——如果可以这样形容的话。我在苏联和东欧国家待过较长时间，在这些国家设有基金会，对它们有所了解。我对中国和苏联作过比较：中国政治是成功的，人民支持政府、乐观、有热情。可能是因为我只去过中国东部，对中国了解不够，观点失之偏颇，不过我觉得目前的环境对中国的政治开放和建设开放社会是有利的，民众的心态是建设性的。要知道，变化的历程是非线性的，总有一天形势将变得不那么有利，如果还没能建立起一个开放的体系允许自由表达，就会出现崩溃的严重局面。东南亚的印度尼西亚一度发展很快，雅加达宛如中国的上海，但它的体制中存在着僵化的成分，如政治体制、与美元挂钩的汇率机制等。由于缺乏调节机制，一旦出现问题便导致崩溃和危机。因此，在经济繁荣时应作出一些灵活的安排。

朱镕基：你的观察很深入，观点也很深刻。中国目前最大的问题在金融市场。中国已实现了经常项目下人民币的自由兑换，但离资本项目下的可自由兑换还很远，有许多问题尚待克服。谈到人才，华人中人才是多，但很多已被外企聘用，成为其驻华代表。

索罗斯：可以考虑建立合资企业来发挥这些人才的作用。

朱镕基：我们每年400多亿美元外国直接投资都用于建立合资企业了。中国需要人才激励机制。中国的工资水平低。见到有人工资高就眼红，这种心态不改变，难以吸引国内人才。

索罗斯：据我了解，中国尚未允许外国共同基金来华建立合资企业。通过这次访问，我有意在中国设立一个合资企业吸引年轻人才前来管理。

朱镕基：中国尚未允许外国共同基金来华投资，因为我们自己已有的一些基金都不能令人相信，由于监管能力不足，我们的这些基金在股市上弄虚作假。也许可以考虑你的意见，与外国共同基金合作，可能比自己的基金还要好些。

索罗斯：这样还可以吸引股市上的散户，他们目前在股市上犹如赌博，而通过共同基金的专业管理可以得到更好的回报。金融市场的发展不光是个监管的问题，主要还是一个文化的问题，如投资心态、行为、标准等，应该向机制化发展。中国有这方面的人才，可以吸引过来。

朱镕基：中国加入世界贸易组织也有开放金融市场包括共同基金的时间表。

索罗斯：时间表还应提前。应在对外开放金融市场前，利用外国技术和经验培育国内机构。日本在这方面就犯过错误，它到最后一刻才允许摩根士丹利和高盛等进入日本，此前并没对日本企业进行国际化和现代化改造。所以，中国应通过合资企业等方式与外企争夺人才。

朱镕基：从你的谈话里，我学到很多东西，以后有机会再谈。你有什么意见可直接告诉我，可以写信给我。也可以找他们（指王梦奎、辛福坦[1]）。

索罗斯：我还是找他们。我的公司与投资银行不同。如果可以找到中方合作伙伴，我愿意在中国建立合资企业并持少数股份。

朱镕基：欢迎。

索罗斯：大的银行或其他机构都可以从合资企业中获益。

朱镕基：我更看重你的经验。

〔1〕辛福坦，当时任中国人民外交学会副会长。

走向更加开放和繁荣的中国经济*

（2001 年 9 月 19 日）

来宾们、朋友们、乡亲们：

大家好！

在跨入新世纪之际，第六届世界华商大会在中国召开，具有特殊的重要意义。我代表中国政府和人民，对来自世界各地的贵宾们表示诚挚的欢迎！

新中国成立 50 多年特别是改革开放以来，中国的经济蒸蒸日上，取得了举世瞩目的巨大发展。在新的历史起点上，中国经济正以雄健的步伐，走向更加开放和繁荣。

近几年，世界经济环境复杂多变，中国经济历经考验。我们成功地抵御了亚洲金融危机的冲击，实现了经济的持续快速健康发展。今年以来，在世界经济增长明显减缓的情况下，我国经济依然保持了良好的发展势头。上半年，国内生产总值同比增长 7.9%。1 到 8 月份和去年同期相比，工业增加值增长 10.4%，财政收入增长 24.7%，固定资产投资增长 18.9%，社会消费品零售总额增长 10.1%，居民消费价格上涨 1.2%；进出口总额 3305.32 亿美元，增长 9.6%，其中出口 1709.94 亿美元，增长 7.3%；实际使用外商直接投资 274.4 亿美元，

---

* 2001 年 9 月 17 日至 19 日，第六届世界华商大会在江苏省南京市召开。出席大会的有来自世界各地以及香港特别行政区、澳门特别行政区、台湾地区和中国内地的近 5000 名华商。这是朱镕基同志在本届世界华商大会中国经济论坛上的演讲。

2001 年 9 月 19 日，朱镕基在第六届世界华商大会中国经济论坛上发表演讲。

（新华社记者兰红光摄）

增长 20.4%；国家外汇储备在今年 9 月 15 日达到 1935 亿美元。即使世界经济环境还可能出现某些不利因素，但我们相信中国经济仍将继续在快增长、高效益、低通胀的良性循环轨道上前进。

上面的这些成绩来之不易，是以江泽民同志为核心的党中央驾驭全局，审时度势，及时采取了一系列有力政策措施的结果。我们立足于扩大国内的需求，实施积极的财政政策和稳健的货币政策，并且始终保持政策的连续性和必要的力度，重点是加强基础设施建设，增加对科技、教育、环保的投入，提高城乡居民特别是中低收入者的收入。同时，加快产业结构调整和国有企业改革、改组，采取多种措施鼓励出口。实践证明，我们实行的方针政策是完全正确的，对国民经济的健康发展已经并将继续发挥重要的作用。

随着新世纪的到来，中国的改革开放和社会主义现代化建设进入了一个新的发展阶段。面对经济全球化进程的加快和科技革命迅猛发展的新形势，顺应世界发展潮流，我们将大力实施经济结构调整战略、西部大开发战略、科教兴国战略、可持续发展战略，来显著提高我们经济的创新力、竞争力和抗风险能力，使中国经济以更大的规模和更高的水平持续向前发展。

第一，实施经济结构战略性调整，这是一项重大而紧迫的任务。刚才，我讲了一连串数字说明中国的经济总量不算小，当然，人均就很低了。我们的经济总量主要是在一些传统的产业方面占优势，比方去年生产了 1.4 亿吨钢、10 亿吨煤、1.2 万亿度电，这些传统产业产品的产量居世界第一，水平已经是很高了。但是，我们的高新技术产业、现代化的金融等服务行业的发展还很落后。当然在某些领域，比方说信息产业，我们并不落后。例如，现在全国的程控电话已经达到 1.5 亿线，移动电话交换机总容量已经达到 1.2 亿门，总量超过了美国，居世界第一。这些信息产业设备的生产也是立足于国内，达到了世界的先进技术水平。但是其中的核心技术，比方说集成电路的生产技术和研究发展，还落后于世界上最先进的水平，我们还需要努力。因此，如果不调整我们的经济结构，我们要保持国民经济持续快速健康的发展，就非常困难。所以，我们在继续推进工业化的同时，要不失时机地加快信息化发展，实现经济和社会信息化，以信息化带动工业化和整个经济现代化。大力发展高新技术产业，加快发展银行、证券、保险等现代服务业，广泛运用先进技术来改造和提升我们的传统产业。

与此同时，我们还要加快农业结构调整，推动传统的农业向现代的农业转变。我这里想讲一个问题：中国人民的吃饭问题。十二亿几千万人口的吃饭问题，始终是一个很大的问题。有人曾经预言，中国养不活它的人口。确实，我们在1993年到1994年的时候曾经很困难，粮食歉收。当时我们抛售了国家储备粮的一半，来稳定粮食市场。但是从1995年开始，由于我们采取了一系列正确的农业政策，特别是三次提高粮食价格，从1995年的秋季开始，我们的粮食就自给自足了。而且在后来的几年，粮食供过于求，每年富余几百亿斤存在仓库里面。现在我们粮食的库存已经达到了5000亿斤，包括国家的储备加上周转库存。现在我们伤脑筋的是粮食太多了，也出口了3000万吨，还是太少了。今年、去年都有严重的旱灾，但是粮价一点也没动，因为粮食库存还是多得不得了。虽然国家采取以保护价敞开收购农民余粮的政策，但是在这种供过于求的形势下，粮食的价格逐年都在下降。因此，农民的收入就难以增加。从全国讲，农民的收入每年都增加，但是对粮食主产区来讲，像东北三省、中部地区的几个省，那里的农民收入就有下降的趋势。现在如果不采取调整粮食种植结构的措施，就会出现城乡人民收入差距拉大的问题。因此，我们在加紧调整粮食的种植结构，逐步放开粮食商品化的市场，沿海各省市什么赚钱就种什么，不要再多种粮食了，让粮食主产区发挥它的优势。当然，还有一个最重大的措施，我在后面再讲，就是退耕还林。粮食多了，别再跑到山上去种地了，把树林种起来。不要在洞庭湖区再围湖造田了，把耕地退了，把湖面扩大，增加它的防洪和蓄洪能力，并改善生态环境。恢复洞庭湖以及鄱阳湖、洪泽湖、太湖等等湖泊的历史原貌，恢复范仲淹在《岳阳楼记》里讲的"浩浩汤汤，横无际涯"，我看这个景象的恢复也很快了。这样有利于全面调整和优化经济结构，有利于促进农业、工业与服务业，传统产业与高新技术产业，乡村经济与城市经济良性互动，共同繁荣。这是我们最重要的产业结构调整的战略。

第二，加快西部地区大开发，是实现地区协调发展和为全国经济发展开拓广阔空间的重大战略举措。今后一个时期，西部地区大开发的重点是加强基础设施和生态环境的建设。力争用五年到十年的时间取得突破性进展。目前，西气东输、西电东送、青藏铁路、天然林保护、退耕还林等一批对中西部地区发展有全局意义的骨干工程已经相继开工，进展顺利。关于这几个项目，我稍微说一说。西气东输就是把我们在新疆塔里木油田发现的大量天然气，通过管道输送到上海，全长 4200 公里，对沿途九个省区市的工业经济及城市的热力供应，都要进行结构调整，这个项目的效益是很大的。这个工程已经进行了国际招标，今年就要开工，很快就可以建成。不久前，我访问俄罗斯，跟它签了一个建设 1400 公里输油管道的协议，把伊尔库茨克的石油送到满洲里，从满洲里送到大庆，再从大庆送到全国。从俄罗斯进口石油，比从海上进口要便宜，来源可靠、稳定。西电东送就是我们西南地区四川、云南、贵州、广西有大量的水电资源，开发的成本很低，电价要便宜很多。而广东 3000 万千瓦的电很大一部分是烧油，烧重油、烧柴油，电价很贵；而且，广东在“十五”期间可能要增加 1500 万千瓦的用电量。因此，最好的办法就是把西南各省区的水电，通过 50 万千伏的输电线路送到广东，电价比它原来的便宜得多。既满足了沿海地区特别是广东用电的需要，又能够使我们西南地区的贫困人民更好地脱贫。因此，我们现在不但把几十年想开工而没有开工的水电站，基本上都开工了，而且正在抢修通向广东的几条 50 万千伏的输电线路，齐头并进。青藏铁路，就是从青海修建到拉萨的 1000 多公里长的铁路，这条铁路施工难度是很大的，因为它是在 4000 米以上的高原冻土上施工建设，世界上没有先例，所需资金也是巨大的，但是我们一定要修。我亲自到青海的格尔木，宣布青藏铁路开工了。本来这条铁路四五年就可以修通，但是我们为了保护青藏高原的植被、生态环境，尽量缩小工作面，把建设时间延长到六年，到 2006 年建成。我已经向外国人宣布，你们有人不是老说西藏没有宗教信仰自由吗？现在修了一条舒适而豪华的客运铁路，请你们愿意到西藏去的，都去看一看西藏究竟有没有人权，究竟有没有宗教信仰的自由，你们自己去看嘛！退耕还林，我在前面已经讲过了，前年、今年，我分别到四川的阿坝藏族羌族自治州、甘孜藏族自治州考察。过去这些地区，为了保证吃饭的问题，把地都种在高山峻岭上了。现在，我们的粮食都在仓库里面发霉了，还到山上去种地干什么？根本就没这个必要了，退耕还林，把原来在山上种粮食的耕地改为种树。我在甘孜藏族自治州看到只经过一年半的时间，原来种地的山上，现在全是绿的了，都种上树了，很有希望。我相信，只要五到十年，这个面貌就完全改观了。

各位来宾、各位朋友、各位乡亲，你们可以看看南京的绿化情

2001 年 9 月 19 日，朱镕基在江苏省南京市接见出席第六届世界华商大会的部分嘉宾。
（新华社记者兰红光摄）

况。应该承认，南京的绿化是多少年的成果，特别是中山陵。我跟南京市和江苏省的领导同志说，你们光在城外种树不行，还要把大树移到这个城市里面来，农民就发财了，不然农民的收入怎么增加？所以，你们今天看到南京郁郁葱葱，是下了很大的工夫啊，光从省内外就移进四万多棵大树。这几年城市基础设施建设的发展，我都说不清了，因为中国这么大，我没有到所有的地方去啊，但面貌确实全部焕然一新，这就是我们实行正确的发展战略的结果。

回头来讲西部大开发。国家已经决定对西部地区实行重点的倾斜政策，在建设资金投入、项目安排和财政转移支付等等方面，加大了支持的力度，制定了鼓励国内外投资者参与西部大开发的政策措施。广袤的西部地区正迎来大开发、大发展的新局面。不但我们全国人民关心西部大开发，外国人也非常关心中国西部地区的开发。几乎世界上所有大的石油公司都来投标西气东输。在俄罗斯，我见到普京总统，专门谈到西部大开发。他们表示要参加西部大开发，为此，我们新成立了中俄的工作协调小组。西部大开发是几代人的事情，但是我们在未来的五年到十年要有一个突破性的进展，这是我们一个重大发展战略。

第三，继续实施科教兴国的战略。高度重视发展科技、教育，把科技创新和人才培养放在突出的战略位置。继续推进国家创新体系建设，促进企业成为技术进步和创新的主体，提高自主创新的能力。集中力量在高科技的领域取得重大突破，大力促进科技成果产业化。振兴教育事业，全面提高国民素质。实施人才战略，广纳天下贤才，培养和造就大批适应时代发展需要的新型人才。我们过去有很多优秀的人才都到美国去了，回来的很少。现在，这个情况已经开始改变了，很多在海外的华人学成后，甚至是一些有相当经验的人才，愿意回到祖国来，因为他们觉得中国是有前途、有希望的。我们欢迎他们回来，希望他们回来。我们采取了各种优惠政策欢迎他们回来，他们在外面拿多少钱，我们也可以出那么多钱。实际上，这些在海外求学的、工作的人才，他们并不是要求很高的工资，但是，要给他们一个能够发展的机会。因此我相信，这些人才会越来越多地回到祖国，中华民族振兴的希望会越来越大。

第四，坚持可持续发展的战略。我们对这个战略的重要性的认识，是经历了一个长期的、痛苦的过程。我们人均占有的自然资源，在全世界算是很低的。过去呢，我们这么多人要吃饭、要发展，所以，我们曾经走过牺牲环境来换取发展速度这条路。不好说它是弯路，因为很可能这是一条很难避免的路，不走这条路，不把地种到山上去，怎么养活这十几亿人口？但是，它造成了严重的后果。山上种田能不导致水土流失吗？长江、黄河的泥沙就淤积，这样问题就来了。现在可以说，我们对这个教训有了深刻认识，因此，我们将坚决贯彻执行保护环境的基本国策，全面加强国土综合整治和生态环境建设，着力形成有利于节约资源、保护环境的消费方式和生产结构。建设经济繁荣、山川秀美的美好家园，这就是我们的目标。

为了实施上述的发展战略，我们将坚定不移地深化改革，扩大开放，为经济更大的发展提供持久的强大动力。

首先，我们将继续推进经济体制的深层次改革。进一步调整和完善所有制的结构，巩固和发展公有制为主体、多种所有制经济共同发展的格局。目前的格局有了很大的改变。朋友们，1991 年，我从上海到中央工作的时候，国有企业产值占整个国民经济的比重是 55%，集体企业包括乡镇企业的产值比重约为 35%，外资企业以及个体、私营企业产值只占 10%。现在是什么情况呢？三分天下了。国有企业只有三分之一了，而且还在减少；集体企业占三分之一；私营企业或者说民营企业加外资企业，已经占到三分之一以上了。所有制的结构有了很大的调整，公有制本身的实现形式也有很大的改变。根据党的十五大的方针，我们积极探索实现公有制的多种形式，最主要的是股份制。国内股票市场的市值已经达到5.5万亿元，很多企业都上市了，提高了它们的透明度，也探索了公有制的实现形式。到海外上市的公司越来越多，特别是我们的大型企业包括中国石油、中国石化、中国移动、中国联通等等，在香港地区和外国的（如伦敦、纽约）证券交易所上市，募集的资金约300亿美元。我们现在还在进一步建立规范的现代企业制度，进一步全面深化国有企业改革。我们也正在研究并采取措施，推进电力、铁路、民航、通信等垄断性行业的体制改革。通过完善市场体系、整顿和规范市场行为，健全社会主义市场经济的新秩序。加快推进社会保障体系建设，构筑社会“安全网”，为改革和发展营造稳定的社会环境。

其次，我们将以更积极的姿态推进全方位、多层次、宽领域的对外开放。中国即将加入世贸组织，这个已成定局了。在日内瓦召开的世贸组织中国工作组第18次会议已经通过了决议，就等待11月份召开世贸组织所有成员国部长级会议时正式通过。加入世贸组织后面临的竞争会有多大，我心里也不是很有底，麻烦将会不少，但是我还相信，中国的企业有足够的竞争力来迎接加入世贸组织以后全面开放的挑战。我们还是有这个能力的。

我们会信守承诺，进一步开放国内市场，扩大开放的领域和地域，有步骤地推进金融、保险、电信、贸易、旅游等服务领域的对外开放，积极开辟利用外资的新形式、新途径。我们要把吸收外资同调整国内产业结构、推进西部大开发、深化国有企业改革紧密地结合起来，着重引进先进技术、现代化管理和专业人才。

朋友们，请你们注意我这句话：我们今后开放的重点、引进的重点并不着重于资金，我们现在不是很缺乏资金。我刚才已经告诉大家，中国现在已经有1935亿美元的外汇储备，到年底会达到2000亿美元；我们国内的外汇存款有1300亿美元。一方面，我们国内在利用外资，去年是400多亿美元，今年可能达到480亿美元。另一方面，我们国内的外汇资产在国外通过购买债券、拆借等有3000亿美元。中国在利用外资，外国也在利用中资。所以，现在中国并不十分缺乏资金，包括外汇。我们现在缺乏的是先进技术、现代化管理，特别是人才。现在经济的竞争是人才的竞争，我们特别希望海外的华人同胞、海外的学子、留在海外的人才能够回到祖国来。回到国内来发展你们的事业，是大有空间、大有发展余地的。当然，我们必须继续改善内地的投资环境和经营环境，包括改善社会的环境。所以，今年我们开展的整顿社会治安，打击黑社会、恶势力，规范和整顿市场经济的秩序，是非常重要的，我们下了很大的力气。只有改善了投资环境和经营环境，依法保护投资者的权益，人家才能进来。我想这个需要时间，但是我们决心是很大的，我相信这个目标也会比较快地实现。同时，我们也鼓励有条件的国内企业到境外投资和经营，增进与世界各国的经济往来与合作。比方俄罗斯的市场，我认为将来很有前途。我刚从那里回来，他们进步很快，发展速度很快。他们有资源，这一点是我们没有的优势，所以从俄罗斯一回来，我就号召中国大型的、有信誉的企业，要进入俄罗斯的市场，不要怕风险，俄罗斯将来的发展也是不可限量的。

尽管中国经济目前仍有不少困难，今后也还会遇到这样那样的挑战，但是，我们的有利条件很多。最重要的是我们国内市场巨大，人力资源丰富，社会政治稳定，发展道路符合我们中国的国情。我们的朋友遍天下，特别是有海外广大华侨、华人的关心和支持。我们将继续坚定不移地走自己的道路，完全有信心、有能力战胜前进道路上面的一切艰难险阻，使国民经济得到更好的发展，不断攀登新的高峰。

中国经济的更加开放和繁荣，不仅会大大增进中国十几亿人民的福祉，而且还会给包括广大华商在内的世界各国企业家提供广阔的市场和无限的商机，也必将对世界的繁荣和发展作出更大贡献。我们华人估计有6000万在海外各地，我原来以为我们在海外的移民是世界上最多的。我最近到爱尔兰访问，改变了这个看法。爱尔兰的移民是8000万人，光在美国就有4500万人。这个情况跟我们差不多。那些人当年也是由于战争、饥荒等原因，离乡背井、抛妻弃子，到海外去找生路，现在都发达了。他们对爱尔兰的发展、资金的支持、人才的引进、技术的转让都起了很大的作用，因此，爱尔兰在很短的时间里，从一个农牧业国家跨越式地上升成为工业、科技高度发展的国家。我这次去的时间很短，只有两三天。我去了香农开发区，观摩了它的高新技术。我特别感兴趣的，就是它的海外同胞对国家发展的贡献。

我讲一个插曲。爱尔兰这个国家有它的特点，独立性很强，人民长期为独立而斗争。我在那儿访问期间有一个印象，爱尔兰高层领导人对我们很友好。爱尔兰的普通人民对我们也很友好。我们在街上走的时候，周围老百姓都向我们招手。但是，就是新闻媒体实在是不友好。我在访问期间，看当地的报纸，最大的照片是“西藏独立”和“法轮功”的游行示威，我和他们总理的照片只在报屁股有一幅。我现在说不上“年少气盛”，但年老还是有点“气盛”，就在公开的工商界早餐会上发表讲话时说了这件事。我说，我们中国人民很关心也很了解你们爱尔兰，我们知道你们是一个长期为民族独立和国家建设而奋斗自强的民族，你们发展得很快，我们很钦佩。但是我说，你们了解中国吗？你们只了解中国三件事情：第一，人权；第二，西藏；第三，“法轮功”。我说，除此之外，你们还了解中国什么呢？没有更多。我这个话讲得有点不太客气，但是没办法，我还是说了。我说，你们爱尔兰是发展得很快，但是你们知不知道中国的发展比你们还快呢？你们爱尔兰有7万平方公里的土地、380万人口，国内生产总值780亿美元，人均2万美元以上，不简单哪！但是，你们知不知道上海只有6300平方公里，它的地区生产总值跟你们的国内生产总值是一样多，我告诉你们“天外还有天”哪。最后，我跟他们的女总统麦卡利斯会谈，谈了一个小时，辩论“西藏问题”就用了50分钟。这位女总统出生于北爱尔兰，她跟达赖喇嘛有过接触，因此对西藏“独立”特别感兴趣。我就跟她辩论了，我说西藏过去是农奴社会，过的是什么生活？现在跨越式地一下子进入了现代文明社会。它的生活水平和人均财政收入水平，超过了全国平均数好多，那都是中央财政补贴的。她说，人不但要有物质生活，还要有精神生活。我说精神生活，中国的宗教信仰自由是《宪法》规定的，我们没有侵犯，个别事例就很难说了。可你讲你的，她不相信。她说她跟达赖喇嘛接触过，达赖访问了爱尔兰。在爱尔兰，很多佛教弟子都去亲他的手，表示这种“爱心”。她说，我也希望总理阁下能够发挥这种爱心，使西藏人民也爱你们。我就说，总统阁下，任何人要使所有人都爱他、都喜欢他，是不可能的。我说，我知道在国内相当一部分老百姓是很喜欢我的，但是有一部分人对我是恨之入骨。一个人怎么能够让所有人都爱他呀？我们这个代表团里面，所有陪同我访问的部长都坐在这里了，我相信他们中的大部分人都喜欢我，但我也相信有一小部分人对我对他的批评很不满意，等我下台以后可能要对我进行“报复”。这个总统就说，哎呀，你非常富于幽默感。她说，据她所知，中国人是没有幽默感的，她很喜欢我的幽默感。这时候，我就不好回答了。我怎么回答呢？我只好说，我们国家是一个开放的国家，我们的民族从来都是兼收并蓄、博采众长的。中国有56个民族，历史上都是长期融合的。我心里还有一句话没讲呢，也不好翻译。你说中国人没有幽默感，但两千多年前，西汉时期司马迁写的《史记》里面就有《滑稽列传》了。滑稽者，中国之幽默也。中国人怎么没有幽默感呢？两千多年前就在幽默了。我这个话扯得太远了，但是看起来大家还是很有兴趣的。

现在，我回到这个问题，讲我们华人。中国改革开放的总设计师邓小平同志曾指出：几千万华侨、华人是一支了不起的力量，是中国大发展的独特的机遇。长期以来，广大海外华侨、华人以不同方式热心支持和参与中国的经济建设。迄今为止，在华投资的外资企业，大多数的项目和资金是来自于华商。中国经济所取得的辉煌成就，海外华侨、华人功不可没。你们始终不忘乡里之情、桑梓之谊，闯过道道难关，作出许多贡献，你们的创业精神已经载入中国经济发展的辉煌史册。遍布世界各地的华商朋友，有各领域的专业人才，既精通国际市场经济运作，又熟悉中国的传统文化，具有在中国发展的独特优势。不论是已经在中国投资的，还是正在寻找项目的华商朋友，都可以在中国这片热土上找到众多的发展机会，大展宏图。我们热诚欢迎广大华商朋友以各种方式，继续踊跃参与中国的现代化建设。

充满蓬勃生机和拥有广阔前景的中国经济，正以强劲的姿态向新的高度跨越。让我们大家携起手来，为在新世纪实现中国的现代化和中华民族的伟大复兴而奋发努力！

“9·11”事件对我国经济的影响和对策*

（2001年9月27日）

美国“9·11”事件以后，国际形势的不确定因素增加。这个事件对美国经济和世界经济的影响究竟有多大，尚难预料。看样子，美国非动武不可，但打也不是那么容易，打起来还不知道会有什么后果。所以，我们必须早做充分准备，深入谋划对策，研究一旦战争爆发，应该采取什么措施。

“9·11”事件的发生和发展，对我国经济的影响将是多方面的，我们一定要有清醒的认识和足够的估计。现在看，最直接的影响主要有以下三个方面。

第一，最敏感的是对外汇储备的影响。“9·11”事件发生当天，我正在莫斯科访问。第二天，我对俄罗斯领导人说，由于美元贬值，昨天一天，我国外汇储备（主要是美元资产）账面上损失了40亿美元。那天，美元兑欧元从0.89美元兑换1欧元贬到0.91美元兑换1欧元，日元兑美元也升值了。从这个情况看，我们改变汇率形成机制的研究还可以继续进行，但现在不宜变动。因为人民币是紧盯美元的，美元贬值，人民币兑日元、欧元也随之贬值，这就提高了我们对日本、欧盟的出口竞争力，部分达到了我们原来的目的。现在改变汇率形成机制不是时机，如果现在实行人民币与美元、日元、欧元一揽

* 这是朱镕基同志在国务院党组第16次会议上讲话的一部分。

子货币挂钩，人民币还有可能升值。所以，这个问题要从长计议，现在还是盯住美元、稳定汇率比较好。我相信，美国主观上还是想保持强势美元政策的。但是美元贬值一点，对我们向日本、欧盟出口也有好处。

第二，对出口会产生很大的影响。近几年，我国出口增长很快，去年出口额达 2492 亿美元，折合成人民币超过 2 万亿元，相当于国内生产总值 8.94 万亿元的 22.4%。如果出口额一年下降 10%，当年经济发展速度就会降低两个多百分点，就会有更多的人失业，这是多么大的影响啊！千万不要低估。大的影响不在今年，而在明年。明年的出口额比今年减少 10%，也是有可能的，因为美国的老百姓存在观望心理，消费和投资信心下降，普遍压缩消费和投资开支，不敢坐飞机，也不敢出去旅游了，不少相关企业纷纷裁员。这对美国的购买力影响是很大的。在这种情况下，我们应力争保持对美国的出口量，美国市场还是需要价廉物美的必需消费品的。当然，由于美国经济增长明显减速，我们要增加对他们的出口也是不容易的。现在对美国经济估计最乐观的是国际货币基金组织，它说美国经济今明两年都可保持 2.5%的增长速度，这是捧场的话。美国商务部在今年 7 月底公布，第二季度美国经济增长 0.7%；最近经调整后公布为增长 0.3%。很明显，美国经济在今年第三、四季度将是负增长，明年上半年还会负增长。这是大多数人的估计。格林斯潘[1]认为，要弥补“9·11”事件造成的损失，美国政府需要拿出 1000 亿美元，这还不见得能真正补偿损失。所以，美国经济趋于衰退是肯定的，日本经济持续低迷也是肯定的，我们要充分地考虑到这个问题。

第三，对股市的直接影响不会太大。主要原因是我们的证券市场

〔1〕格林斯潘，即艾伦·格林斯潘，当时任美国联邦储备委员会主席。

基本上是封闭的。固然“9·11”事件以后这段时间，我们的股市指数有上有下，下得多一点，但这同前一阶段很多事情有关系，包括“银广夏”等上市公司欺骗股民的问题以及调查银行信贷资金入市、减持国有股、增发新股等问题，这些事情对股民的心理产生了一定的影响。多年来，我们的股市很特别，人家涨我们跌，人家跌我们涨，外部对股市影响不大，关键是国内因素。目前股价下降一点有好处，可以缩缩水，减一点肥，趁此机会挤掉一些泡沫。几十倍的市盈率，怎么得了！道德风险太大，企业都去炒股票，谁去搞生产？但也有一条，就是不要发生股市的大震荡甚至崩溃，一定要努力避免造成社会不稳定。总的来看，目前股市还没有受到很大的影响。

我主要讲以上三条，此外还有其他一些影响，大家要深入研究。总之，既要考虑近期影响，又要考虑长远影响。要多考虑几种可能性，有多种预案，做到未雨绸缪、有备无患。

对于国际经济形势的新情况、新变化，我们要冷静观察，沉着应对；同时，要抓紧研究有力的因应之策。这里，我着重讲以下三点。

第一，最根本的应对措施，是扩大内需。立足国内需求，是我们必须长期坚持的战略方针，在近期尤其重要。内需从哪里来？现在扩大内需的重要措施，在生产建设领域，就是发行国债，加上银行信贷资金配套，拉动经济发展。国债资金又从哪里来？虽然国债主要是向银行发行的，但这些钱还是老百姓的储蓄。在消费领域，直接扩大消费需求，就要增加城乡居民收入，包括给干部和职工加工资、减轻农民负担等。我认为现在要明确提出这么一条，就是要培育和保护来自老百姓的内需。扩大内需不是无限的，不是可以予取予求的。有人告诉我，前两年财政部发行凭证式国债，老百姓头天晚上就开始排队，第二天上午9点多钟就卖光了。这次财政部发行200亿元凭证式国债，20多天前就开始卖了，现在还在卖，没有人抢买了。这是因为居民的购买力已开始分流了。我们管宏观经济的人，特别是国家计委、国家经贸委、财政、银行等部门的同志，要很好地研究这些问题，分析一下究竟还有多大的社会购买力、扩大内需还有多大潜力。不能说一发国债就可以拉动经济，不是这么简单，发国债也是有限度的，所以要重视培育内需。

培育内需是什么意思呢？这是多方面的。从根本上说，必须继续增加城乡居民特别是低收入者的收入。其中很重要的一点，是要继续给公务员加工资和坚决做到“两个确保”[1]。增加公务员的工资，有利于他们安心工作，也有利于减少腐败现象。公务员的行为，直接影响企业的经济效益。如果政府的工作效率提高了，寻租行为制止了，行政干预、乱收费减少了，企业就会盈利。企业盈利了，才会给职工加工资，才能调动职工的积极性，才能留得住人才。落实这些措施，可以稳定人心，增强人们的消费信心，拉动消费增长。财政部要从培育内需着眼来考虑问题。

培育内需的另一个重要方面，是努力增加农民收入，提高农村购买力水平。这几年，由于粮食生产出现阶段性供大于求，粮价回落，农村经济结构矛盾突出，农民收入增长缓慢，以粮食生产为主的地区的农民收入甚至有所下降。这是国内需求不振的重要原因。我国最大的市场需求在广大农村，必须采取更加有力的措施，使农民收入有较快增长。关键是要大力推进农业和农村经济结构调整，推进传统农业向现代农业转变，拓宽农民增收途径；同时，切实减轻农民负担，轻徭薄赋。请中央农村工作领导小组负责研究提出增加农民收入的政策措施；农业部要深入研究加快农业结构调整的举措；国务院农村税费改革工作小组要抓紧总结安徽省等地试点经验，提出明年推进农村税

---

〔1〕参见《在二〇〇〇年中央经济工作会议上的讲话》（本卷第69页）。

费改革的意见。

第二，一定要防止无效的建设。这几年，中央没有或者很少用国债资金安排加工工业项目。但是，不少地方用银行信贷搞的加工工业重复建设仍然很多，比如这两年，仅浮法玻璃就新上了30多条生产线。还应该注意，基础设施也不能搞重复建设或者过分超前。不能说修高速公路都好，路多了，没有多少车跑，实际上也是一种浪费。城市里修公路环线，同样不是越多越好。所有建设项目都必须讲求实效，基础设施建设也要考虑效益。不然的话，资金压在那里，不能发挥效益，将来就会超过承受能力，到那时国债就发不出去了，因为投入的资金收不回来，财政增收的能力就会减弱。

第三，厉行勤俭节约，反对奢侈浪费。在国际经济环境日趋严峻的情况下，要克服困难，保持我国经济持续稳定增长，还必须合理使用、节约使用一切资源。现在，无论是生产、建设、流通还是消费领域，都存在大量劳民伤财、铺张浪费的现象。有的地方热衷于搞华而不实和脱离实际的“形象工程”、“政绩工程”；有些地方连工资都不能按时发放，却乱上建设项目，敞开口子胡花钱；有的地方违反规定修建楼堂馆所，办公大楼越盖越大、越盖越豪华；有的地方搞名目繁多的庆典活动，讲排场、比阔气；相当普遍地存在公款宴请、公费出国旅游，以及大吃大喝、挥金如土的现象。凡此种种，耗费了巨额资财，再大的家底也经不起这样挥霍。要坚决刹住这种铺张浪费和奢靡之风，这不仅有利于把有限的财力、物力用于经济改革和发展的急需，而且有利于端正党风、政风。

对这个问题，我要强调几点：第一，要以贯彻落实党的十五届六中全会精神为契机，在全党、全社会大张旗鼓地倡导艰苦创业、勤俭建国、勤俭办一切事业，切实制止各种不切实际、不计效果的错误做法。第二，努力节省开支。生产、建设、流通领域都要大力降低成本和费用。企业、事业单位，机关和学校，都要精打细算，杜绝各种不必要的开支。明年，要对各地区、各行业、各单位节省开支提出明确具体的目标和要求。第三，加强财经监督管理，严肃财经纪律。强化预算管理和审计监督，实施财政专户管理。要严厉查处各种违反规定乱花钱的行为，禁止用公款大吃大喝、游山玩水和进行高消费的娱乐活动，禁止巧立名目的出国旅游。第四，积极调整财政支出结构。要区别轻重缓急，该保的一定要保，如增加农业、科技、教育、环保、国防、政法的投入，落实“两个确保”，增加机关和事业单位人员工资等。该压缩的开支一定要压缩。要把调整财政支出结构，与调整经济结构、大兴艰苦奋斗之风结合起来。

顺便再讲一下外汇储备问题。关于我国目前外汇储备 2000 亿美元的规模。第一，我认为不多。日本国内生产总值 4 万亿美元，拥有 3900 亿美元储备；韩国国内生产总值 4700 多亿美元，而外汇储备在去年年底达到 960 亿美元；中国香港、台湾的地区生产总值分别只有 1600 亿美元、3000 亿美元，相当于内地的几分之一，但外汇储备分别在 1000 亿美元、1100 亿美元以上；连新加坡这样小的国家，外汇储备也已达到 727 亿美元。同这些国家和地区相比，我们这么大的国家，国内生产总值 1.1 万亿美元，有 2000 亿美元的外汇储备，不能算多。第二，按新的口径统计，我国外债已超过 1800 亿美元。当然，这些外债包括企业借的，但企业还债也要向国家买外汇。相对于这些外债规模，我们的外汇储备更不算多。第三，外汇储备多了是好事。外汇储备多，说明我们国家有实力，这有利于保持人民币币值稳定。我们在任何时候都有充足的外汇支付能力，人家才愿意和我们做生意。外汇储备逐月增加，是外贸顺差和吸引外资增加的结果，更是好事。总不能盲目扩大进口，减少顺差，如果这样，国内企业也承受不了。第四，当今世界风云多变，在错综复杂的国际环境下，推进改革开放和发展，保障国家经济安全，必须有相当规模的外汇储备。特别是我国即将加入世贸组织，保持充裕的外汇储备，可以应对各种不测之需。第五，国家外汇储备是资本，它可以生息。问题的关键，是怎么经营好外汇储备。应该说，过去这些年外汇储备的经营是不错的，每年都能够保证5%以上的收益率，一年能拿回几十亿美元，即使考虑外汇占用人民币资金的成本，净回报也是很可观的。如果把这些人民币放在国内投资，根本收不来这么多钱。

"9·11"事件以后，国际政治和世界经济的格局肯定会发生巨大变化，对我国经济的影响绝不能低估。这对我们可能是又一次重大挑战，甚至是比1997年亚洲金融危机更大的挑战。因为当时的危机只限于亚洲，美国、欧洲的经济还处于景气时期。而"9·11"事件以前，美国经济已开始减速，日本经济进入衰退，欧盟经济总体也不景气，阿根廷等拉美国家正在经历严重的金融危机，东南亚国家也很困难。今后一个时期，世界经济可能会进入一定程度的低迷状态。我国外部的经济环境肯定会给我国经济发展带来相当大的负面影响，对明年的影响会更大。但是，只要我们统一认识，团结一致，应对得当，这也可能成为一次难得的机遇。我们一定要认真贯彻党中央、国务院的各项政策措施，改进党的作风，转变政府职能，整顿和规范市场经济秩序，改善投资环境。这样，中国将不仅能成为全世界一个最大的市场，而且可能成为一片投资乐土、一个世界性的工厂、一个最安全的旅游胜地、一个繁荣稳定的伟大社会主义国家。

中国能够成为世界的一片投资乐土*

（2001 年 10 月 22 日）

同胞们、朋友们：

大家早上好！

我们都是同胞，本是同根生，所以，我还是叫你们海外同胞。我知道你们在各个领域里的专业知识非常深厚，也作出了杰出的成就。我对你们很钦佩。为什么呢？因为我是学工程出身的，至今对工程还怀有很浓厚的兴趣。但是，我跟大家不同，我没有工程实践经验，最多就是架过低压的电力线路，修了一两个变电站。出了大学校门，我基本上就是搞宏观经济了。搞宏观经济最头疼的问题是金融。今年的股市到底会掉成什么样，还不知道呢。我要有关部门赶快及时向我报告，但我也没办法，股票要上要下，政府管不了啊。我当初在清华大学学经济就好了，现在要补课，实在是困难。我有一个美国朋友叫斯蒂格利茨，斯坦福大学教授，在世界银行工作，当过克林顿的经济顾问。听说他得了诺贝尔经济学奖，题目是关于不对称信息。他这人非

---

* 这是朱镕基同志在会见出席第五届中美工程技术研讨会的海外华人专家时的讲话。本届研讨会由国家经济贸易委员会、国家外国专家局、中国国际人才交流协会和美洲中国工程师学会共同举办，来自北美的 67 位专家与来自中方 60 余家企业的 210 多位专家出席。与会的北美专家在考察了 25 个中国企业后，围绕计算机网络与软件、光电和通信、环境数字电器、机械、石化与化工、医药与生物工程、新材料、能源与环境工程八个领域，与中方专家展开了对口研讨，并提出了不少具有针对性的建议。

常直爽，批评国际货币基金组织时够厉害的。他也批评世界银行，由于在世界银行当高级副行长兼首席经济学家，所以，他批评世行轻些，批评国际货币基金组织重些，这也是"不对称"的。如果你们有来自斯坦福大学的，请代我向他获奖表示祝贺。

我在昨天把你们67位的履历表都看了一下，对你们的专业很感兴趣。诸位能在"9·11"恐怖袭击事件以后，不辞辛劳，到中国参加中美工程技术研讨会，这种精神很值得我学习。我非常钦佩你们，对你们表示热烈的欢迎！

中美工程技术研讨会从1993年开始，到现在已经是第五届了，为提高中国的科学技术水平，特别是企业的技术革新水平，起了很大作用。我看到蔡焕堂[1]先生给我们介绍的转炉炼钢补炉技术，可以

2001年10月22日，朱镕基在北京人民大会堂会见出席第五届中美工程技术研讨会的海外华人专家。
（新华社记者齐铁砚摄）

〔1〕蔡焕堂，1950年生于台湾地区，曾任第二、三届中美工程技术研讨会冶金组组长。

极大地提高转炉的炉龄，具有很高的实用价值，当然也有很高的科学技术价值。我只是举了这么一个例子，相信还有很多对中国经济建设，以及对人民生活水平的提高都起了很好、很大作用的例子。我知道诸位已经去了海尔、武钢、宝钢、华北制药、中石化等内地的很多工厂。这些是比较好的企业，差的你们还没有看到。我相信，你们能提出很多很好的意见来提高我们的技术进步和技术革新水平。对于你们的意见，我们一定会非常重视。我们对中美工程技术研讨会的意义认识得越来越深了，希望研讨会一直开下去。因为我相信，这样一个研讨会对于中国、美国，对于中美两国之间的友谊与合作，一定会起很多难以估计的作用。最近在上海的亚太经济合作组织会议〔1〕的成功召开，不仅有利于推进亚太地区各成员之间的合作与友谊，而且中美友谊也可以借此契机得到更好的发展。我预祝各位中国之行愉快，对中美两国的友谊与合作作出更大的贡献。

我不久前在南京举行的第六届世界华商大会上，敞开讲了几句。我没想到现场有电视直播，要是知道香港凤凰台在现场直播，我就不会那么“放肆”了。当时，我确实是很动情地呼吁海外同胞、海外侨胞、华人学子回到中国来，参加我们的经济建设。说中国经济现在“一枝独秀”，我是不这么看的。一枝独秀，那就麻烦了。一枝独秀，“秀”不了多久，总得大家都好，你才能好啊。大家都不好，你一个人独好，我看恐怕不是这么回事。不论怎么讲，中国的经济始终依靠自己的国内市场。我们采取了各种政策措施，来扩大内需。什么是内需？就是人民的购买力啊。人民不富起来，银行哪来那么多钱？银行没有钱，政府向谁去发国债？人民没有钱，怎么去买消费品呢？我们采取了很多措施去培

〔1〕指2001年10月15日至21日在上海召开的亚太经济合作组织第九次领导人非正式会议及第十三届部长级会议。

育、扶持、保护人民的购买力。光给公务员加工资，今年就加了两次。说实话，我的工资比你们的低多了，但话说回来，中国的物价比你们那里便宜得多，买一件东西，在你们那里要十块钱，在我们这里只要一块钱就够了。工资虽然低，但人民生活得还很愉快，因此，积极性比较高，消费信心也较高，我们的内需也一直在扩大。我们也不是不重视国外的市场，这几年，出口对我们非常重要，去年出口额近 2500 亿美元，接近我国国内生产总值的四分之一，这个数字很高了。目前，美国经济在减速，欧洲经济低迷，日本经济实际上已进入衰退，我们的出口势必受到很大的影响，但是，我们还是采取各种措施扩大出口。相信美国人民还是需要价廉物美的消费品吧。你总不能说，恐怖主义分子把世贸中心大楼撞倒了，大家就不消费了吧。消费还是需要的，我们的市场也还是有希望的。同时，我们还要开拓新兴的市场，特别是吸引外资在今年有很大的发展。今年 1 到 9 月份，我国吸收国外直接投资达 320 亿美元（不是指签合同，而是指实际到汇），比去年同期增加 22%，增加幅度超出我的意料。这说明，我们的投资环境已经改善了。对中国的投资环境，关于硬件，就是基础设施，我是有把握的；软环境，确实还不太理想，我是指那些法律、法规还不能完全同国际接轨，大有改进的地方。但社会安全还是很好的，我保证你们在这里绝对安全。我们吸引外资，每年都在 400 亿美元左右。今年搞好的话，可以超过 400 亿美元。可见，吸引外资还是大有希望的。我们这里安全、稳定嘛。西方老是批评我们的人权，说实话，我们的人权状况还不错嘛。你说我们腐败，我们把腐败分子一个个抓出来，你还要怎么样啊？你说你们搞民主、自由、多党制、普选，对啊，你们搞得很好啊。我们不也在吸收你们好的东西吗？但不好的东西或者是不适合我们情况的东西，就不一定都要吸收了吧。不一定都是一个模式嘛。你们的腐败也不是没有，比我们好一点。我们这里还是有法制的，不是无法无天的。对于现在的世界形势，我承认对

“9·11”事件的影响绝对不可低估，可能会改变世界政治和经济格局，但我还是乐观的，还是相信中国只要应对得当，措施符合实际情况，我们的经济在今后几年仍能保持快速增长，就是保持在7%左右，高了也不行。这样的速度还可以保持下去，我们不仅依靠内需，还要依靠外资和出口，最重要的是依靠你们，你们代表了我们炎黄子孙。海外同胞啊，这是一支支持祖国的非常强大的力量。我在第六届世界华商大会上大声地呼吁：“请你们回来！”我讲了以后，心里很虚，因为我们的投资环境不行，你们回来都向我投诉怎么办？但是我也讲了，不是我一声喊，你们就能回来的。如果我们的投资环境不改善，不能让你们在这里生活得很愉快，有用武之地，放开手脚创造自己的事业，你们就不会回来。我相信，尽管我们有不少缺点，但总是在改进，总是在向前走嘛。现在比较起来，外国人也承认，世界上最安全的地方还是中国。布什总统那么忙，正在指挥打仗，太平洋那么宽，还要战斗机为他的“空军一号”专机护航，要是中国不安全，他怎么会来呢？可见，这里还是一块乐土。我相信，中国将来会是世界的一片乐土，是个世界性的大工厂。大家都搬到这里来，因为这里成本很低，生产出来的产品有竞争力啊。中国将来肯定又是一个世界性的旅游胜地，五千年的文明，有多少文物古迹啊！我们正在修青藏铁路，也准备开通豪华客车，让世界上的人都可以方便地到西藏去看一看，看看那里的藏传佛教文化，看看中国是不是有宗教信仰自由。说我们干预宗教信仰自由，那是不了解实际情况。

各位同胞，我希望你们多来，来了以后，把中国的实际情况告诉美国人民。我不希望你们只说好的，希望你们还要说坏的，并且把坏的告诉我们，或者在报纸上发表。现在是资讯世界，我们都能看到，这样才能改进我们的工作，才能让美国人民对中国有一个真实的了解。我相信，在这个基础上，中美两国的友谊与合作一定会发展起来，而在座各位能够起很大的作用。

在二〇〇一年中央经济工作会议上的讲话*

（2001年11月27日）

江泽民同志今天上午的重要讲话，全面分析了当前国际国内的形势，深刻阐述了明年经济工作的总体要求和主要任务，我们要认真地学习领会和贯彻执行。下面，我根据中央讨论和江泽民同志讲话的精神，就明年经济工作的具体部署，讲几点意见。书面稿子已经发给大家了，过去是讲完以后听取大家的意见，修改以后再发给大家，今天我先把稿子发给大家，主要是因为时间关系，我恐怕没法照这个稿子念下去了。我没有讲到的内容，不是不重要，是没有时间讲了，请同志们会后再看一看。我就对几个重点的问题，突出地说一说观点。

今年的经济形势，总体还是好的。经济增长速度可能超过7%，但主要不是看速度，主要看财政收入。财政收入1到9月份增加20%左右，预计全年增加16%。这个预计不算很高，按这个数字计算，今年的财政收入比去年增收还是会超过2000亿元。另外，外汇储备也有比较大的增加，到今年10月底，已达到2030亿美元。物价也是稳定的，零售物价指数上升1%。所以我想，今年的日子是可以过得去的，而且还保持了去年的经济发展势头。

---

* 2001年11月27日至29日，中共中央、国务院在北京召开中央经济工作会议。出席会议的有各省、自治区、直辖市和计划单列市、新疆生产建设兵团的党政主要负责同志，中共中央有关部门、国务院各部委和有关单位的主要负责同志，解放军四总部和武警总部的负责同志。这是朱镕基同志在会上讲话的主要部分。

2001 年 11 月 27 日，江泽民、李鹏、朱镕基、李瑞环、胡锦涛、尉健行、李岚清等中央领导同志出席中央经济工作会议。（新华社记者樊如钧摄）

但是问题就在于，趋势是往下走，特别是出口的形势，除了个别月份的速度有所反弹以外，基本上都是一直往下。现在有人预计今年世界经济的发展速度是 2%，能不能达到还很难说。前天美国的经济研究局，是个半官方的机构，宣布美国在今年 3 月份已经进入衰退。我们很难想象一个经济负增长的国家还能够大量增加从中国的进口，所以对此不能寄予太大的希望。欧盟经济受美国经济的影响，发展趋势几乎是与美国同步的。日本已经是长期的低迷了，预计今年是负增长。在这种情况下，我们的出口就不会上去。去年出口 2500 亿美元，相当于2万亿元人民币，国内生产总值是9万亿元。出口少一大块儿，那么影响是很大的。我算了一下，如果明年的出口比今年下降 10%，那就可能影响国内生产总值增长速度两个多百分点。这样的话，我们许多生产能力就没法发挥，导致一些企业特别是中小企业倒闭，导致更多的人下岗。对这个问题，我们把它看得严重一点好，要有思想准备。特别是加入世贸组织以后，国内外的形势都会有变化，如果我们不把困难看得严重一点，那困难到来的时候，就可能措手不及。我们一定要有思想准备，就是说，要看到现在的经济形势可能比 1998 年亚洲金融危机后的情况还严重。我就是想提醒大家这一点，要足够地估计困难，这样才能使我们工作更主动一点，办事情的时候头脑更冷静一点。关于具体部署，我突出地讲一讲主要问题，其他问题也要抓，稿子上都有。

一、增加城乡居民收入，培育国内消费需求

现在大家都知道这个道理了，一碰到困难就是要依靠内需。扩大国内需求，这是我们克服困难的一个根本的对策。不扩大国内需求，国有企业就没法生产，也没有财政收入，工人也要失业。那现在问一句：什么叫内需？大家都知道，内需无非就是投资需求和消费需求。你要有大规模的建设，才能带动那些生产资料工业的生产。没有消费需求，消费品也不能生产。归根结底，内需就是老百姓的购买力。老百姓口袋里要是没有钱，就没有消费能力，也就没有内需，银行里就没有储蓄，你发国债搞基础设施建设也发不出去啊！我们现在还没有碰到这个情况，但是我们一定要认识到这一点，如果老百姓口袋里没有钱，老是说“我扩大内需”，那是一句空话。我们分析一下就可以看出，这几年老百姓口袋里的钱其实已经花得差不多了。我问了身边的人，他们买房子，都是要一次性地拿出几万、十几万元，其余的还要分期付款。这几年，城镇干部职工买房子，许多人把多年的积蓄都用光了。现在全国用消费信贷买房子、买汽车、申请助学贷款等等，加起来已经达到6400多亿元，实际上是把购买力给预支了，已经是借钱消费了，有点像美国人了。另外还有种种社会投资，包括买股票、买债券、买商业保险等等，约有两万多亿元。购买潜力最大的应该说是农民，但是现在农民的购买力没有提上来，因为农业结构调整是个长期的任务，很不容易完成，沿海地区做得好一点，中西部地区跟不上。粮食供过于求，粮食价格上不去。上午，江泽民同志

讲了，去年遭那么大的灾，粮食减产9%，但粮价丝毫不动，还在下降。今年又是大灾，我们花了50亿元去救灾，粮价还是不动。根本原因就是粮食多了。粮价上不去，农民收入增加得很缓慢。说今年农民收入有恢复性增长，去年平均增长2%，今年增长4%，这个数字也很难查考。沿海地区农民增加的收入多，粮食主产区的农民收入上不去，有些地区的农民甚至收入减少，不平衡。现在化肥价格已经下降很多，还是没有人买，农民哪里还有钱消费呢？农村电网改造，农业银行一千几百亿元花下去了，还要继续花，那确实为农民的消费提供了方便，有的地方还做到了同网同价。但是，如果农民没有钱买家用电器，他们也用不上这个电啊。因此，我希望国务院各部门以及各地方的同志，都要做一点调查研究。究竟老百姓有多大的购买力、究竟内需还有多大的潜力，好好调查一下。这也说明，扩大内需是有限度的，发行国债也是有限度的，超过这个限度就没有人买了。那么剩下只有一条了，就是发票子了。我希望不要到那个程度。如果我们不从现在开始重视、培育和保护内需，那么扩大内需就是一句空话。要培育内需就要让老百姓增加收入，要保护内需就不能乱花钱。中央讨论应对明年困难的根本措施就是扩大内需。明年要采取一些什么措施呢？

第一，要适当增加机关和事业单位职工的工资。因为现在公务员的工资还是比较低的，当然跟一些困难的企业比起来是高的，但是跟那些好的企业比起来还是很低的。低工资有低工资的好处，可以提高自己商品的竞争力。因此，现在也不要随随便便地乱提工资啊，特别是企业，有效益的可以提，没效益的就不能提。有效益的也要注意工资的水平，如果一下子把工资提得很高的话，你出口就没有竞争力了。但是我想，公务员的工资现在确实还是应该继续提高。不但是“薪以养廉”，而且确实能够拉动消费。但是也要考虑到一个问题：预计明年一些指标的增幅不如今年，财政收入的增加也有困难，因此，工资也不能提高太多。现在沿海地区提工资基本上没有问题，只要你给指标就可以提，他们自己有这个财力，中西部地区则不行。从去年第四季度开始，提工资就采取除沿海省市以外，其他中西部地区提工资全部由中央财政拿钱，这就是考虑到地方的困难嘛。现在一些地区县乡干部的工资拖欠是一个严重的问题。一方面我们在加工资，另一方面一些县和乡还在拖欠工资，这不是一个讽刺吗？财政部做了一个测算，现在地方可动用的财力，就是把地方自己的财政收入加上中央转移支付的财力，发工资所占的比例在东部地区每个省只有40%或者多一点，中西部地区是50%或者多一点。也就是说，你手里有的钱用来发工资的只占一半或者不到一半，由此可见，不能保工资发放是没有道理的。也就是说，你还是乱花钱，搞了很多不必要的建设。我们一再讲先吃饭后建设，但是有的地方有钱不去首先保工资的发放，而首先去搞建设，那些建设的效益怎么样也搞不清楚。我说这是没有贯彻好中央的方针，不能这样做。所以，我衷心地说一句，现在发不出工资或者拖欠工资是毫无道理的，就看重视不重视这个问题。我希望明年无论如何把这个问题解决了，别拖欠工资啦！压缩一点别的开支嘛，少出点国，节省一点，一定给大家先把工资解决了。

第二，要加强社会保障体系建设。这个问题不解决好，不但没有内需，而且会有“内乱”。

关于城镇社会保障体系，最近几年我们狠抓了“三条保障线”：一是养老保障，二是失业保障，三是城镇居民的最低生活保障；提出了“两个确保”，就是确保下岗职工的基本生活费、确保企业离退休职工养老金的按时足额发放。这个从全国总体来讲是保了，收支也大体平衡。但是地区之间很不平衡。好的地区有节余，困难的地区还不能够按时足额发放。劳动和社会保障部发表的那个数字说99.1%都保了，除黑龙江、云南的一些农垦企业外，全都保了。我看并没有全保，都掩盖在大账下面了。说老实话，我这不是怪劳动和社会保障部，但是从每天很多封人民来信看，确实还没有全保。这其中有养老保险收缴率不高的问题。收不上钱，本来应该是你在工作的时候由企业帮你交养老保险，退休的时候才能给你发养老金，但现在有的企业不交，收缴率恐怕只有百分之八十几，有些地方更低了。所以我认为，现在要解决养老保险的问题，一要提高收缴率。必须作出严格的规定，企业不管亏损不亏损，必须把养老金先交了，这是职工的根本利益。跟交税一样，一方面要交税，一方面要交养老保险金，不交，你就没有资格当这个厂长。二要扩大覆盖面。所有的企业都应该交，特别是那些新兴的企业，民营、个体的，都得交。它们现在退休的人很少，职工还年轻，交的人多，发的人少，这样才能把这个缺口补上。明年无论如何要采取有效的措施，提高收缴率，扩大收缴覆盖面，把“两个确保”的工作做好。

二、促进农业的发展，扩大农村的市场需求

这是个老大难的问题。江主席在看我这个稿子的时候，给我写了一封信，意思是说我对怎么增加农民的收入还是没有讲具体，他也在日夜思考这个问题。为此我希望在座诸位，我们大家一起日夜思考一下这个问题：如何增加农民的收入？农民占全国总人口的 64%，加上进城打工的占到 74%，全国八九亿农民，他们的收入上不去，哪有内需？怎么拉动生产？现在的状况确实不能令人满意，富的很富，穷的也很穷。特别是在粮食供过于求的情况下，农民增加收入的困难是很大的。增加农民收入，从根本上说要靠加快农业和农村经济结构的调整，积极推动传统农业向现代农业转变。但调整农村经济的结构、

农业的结构是极不容易的，而且需要一个比较长的历史过程。这个问题很明显，我们必须做，努力去做，但是它不是那么快地见效。沿海地区做得好一点，做得快一点，因为它对外开放，不需要种粮食来自给自足，可以什么东西赚钱就种什么，由主产区给它提供粮食。因此，它可以种蔬菜特别是种大葱、大蒜、蘑菇等等，向日本、韩国出口，发了大财。但今年，日本、韩国一下子提高关税好几倍，听说山东种的好多大蒜、大葱都出不去了，都烂在家里了。可见调整农业种植结构是个非常难的事情，实行公司带农户，公司必须办得好，不然不知道把农户带到什么地方去了，也许带向破产。农业种植结构要调整，农业的生产力要提高，如果一家一户、小本经营，始终是没有竞争力的。这个问题需要很长的时间才能解决，这里我就讲几条明年应急的措施。

第一，扩大退耕还林的规模。退耕还林，包括还草、还湖等等。但是我讲的退耕还林，这个“林”是最根本的，要植树造林，才能改变中国的生态环境。当然，造林要“乔、灌、草”相结合，因地制宜。我认为，扩大退耕还林的规模是目前增加农民收入最直接、最有效的一个办法。所以，我再一次地向同志们提醒，每个省都要根据自己的实际情况，实事求是，大搞退耕还林。国务院已经增加了退耕还林的指标，而且退耕还林除了补偿粮食外，每亩地给 30 元苗木费、20 元零用钱，现在正是绿化中国最好的历史机遇。这等于给农民发钱了，他们的消费就可以增加了；然后相应地搞一些依附于林业的资源的开发、利用等等，农民马上就能增加收入。我希望国家计委、西部开发办思想解放一点，我也希望各省区市的同志工作扎实一点，不要搞虚夸，真正地把林造起来，把粮食分到农民的手里。我今年到四川特别是到川西地区看了一下，这样做确实是很有成效的，原来的荒山上现在树木都长起来了。希望各个地方狠抓这项工作。

第二，加快推进农村税费改革的步伐。去年以来，在安徽全省和个别省一些县进行了税费改革的试点。国务院的领导同志都去过，认为试点还是很有成绩的，一个就是确实减轻了农民的负担，“三提五统”不收了，只收农业税及其附加，总体上农民的负担减轻了；另外一个就是农村必要的开支保证了，首先是义务教育，还有很多其他的社会开支。在这两方面，安徽都作出了很多成绩。明年应该怎么办呢？我们想还是要慎重一点，还不能在全国全面推广。东部地

2001 年 7 月 18 日，朱镕基在安徽省颍上县五十里铺乡粉坊村与农民座谈农村税费改革工作。前排右一为安徽省省长许仲林；第二排左一为中编办主任张志坚，左二为中财办副主任韩长赋，左三为中国人民银行副行长史纪良，左五为农业部副部长万宝瑞。

区农民的负担不是太重，还有很多生财之路，所以，东部地区搞农村税费改革的进度由东部省市自己定。中西部地区农民负担很重，农民的生计也不多，这些地区在安徽试点经验的基础上，明年可以有

一部分省扩大试点，以自愿为原则，中央给予财政补助。

第三，继续认真落实深化粮棉体制改革的措施。东部地区粮食的购销全部放开了，让粮食的主销区可以多发展一些高附加值的经济作物和养殖业，同时也为粮食主产区腾出一块市场空间。现在我想讲一个问题，就是加入世贸组织以后，大家要有思想准备，不要让东部地区腾出来的粮食销售空间被美国的粮食给占据了。从总体上讲，我们的粮食价格是很高的，一家一户生产，成本很高，在国际上没有竞争力。这是我们当前一个很棘手的问题。所以在我访问文莱期间，香港记者对我说，中国加入世贸组织应该是一件开心的大事嘛！我就开玩笑说，就我一个人不开心。我说不开心也许过分了一点，其实是有点担心吧，担心什么问题呢？就是农业问题。工业是一个问题，但毕竟我们的产业还有一定的竞争能力，起码劳动力成本便宜，还可以抵挡一阵子，但是也得小心了。第三产业，我们本来就没有现代第三产业，外资进来打垮不了我们什么东西，它进来总还得用中国人，也不是太害怕，我们的银行、证券、保险业都有一点保护措施。现在最担心的就是农业。之所以谈判这么多年，谈来谈去就是跟它谈农业。它就是想大量倾销它的农产品，我们就是要把它顶住，所以拖了这么多年。现在我们保护自己农业的措施就是两条：一条是关税配额，一条是专营。我今天在这里多讲一点，就是我们东部沿海地区还是要顾全大局，如果大量地进口外国粮食，不买中西部地区的粮食，那么中西部地区就受不了；另外，中西部地区也要考虑到，粮食主销区进口的外国粮食要比我们便宜得多，所以要赶快改变经营管理方式，降低粮食成本，不然将来粮食是种不下去的。我们大家都要配合。大豆就是个教训，过去我们不进口大豆，大豆产量也不是很多，所以我提出在东北种大豆，大豆榨油可以代替进口棕榈油，于是东北地区种了一些大豆，最近几年产量也上去了一些；但是我们没有想到美国的大豆一下子冲进了中国的市场，因为我们对它失掉警惕啊！它便宜得很，比我们的大豆便宜一半，出油率又高得多，它是转基因的大豆。今年前几个月已经进口了 1100 万吨，有人预计全年要进口 1700 万吨，差不多相当于我们大豆的总产量，那我们还怎么种得下去呀？现在我们就亡羊补牢，想了一个办法，叫做标识制度。欧洲抵抗美国农产品倾销用的就是这个办法，在包装上面贴个标识，标明这是转基因大豆榨的油，你愿意买就买，你不愿意买就别买了。总之，加入世贸组织以后，有积极的因素，它有助于我们扩大出口或者跟外面的接触，有利于开放。但另一方面，在市场准入的问题上，我们面对越来越激烈的竞争，当然，我们在谈判的时候就设了一道一道的关卡。我们要更好地利用这个积极因素，迎接这个挑战。

三、继续实施积极的财政政策和稳健的货币政策

刚才讲了培育和保护内需，把内需培养出来以后才能发国债，这个需求才能变成现实，再去拉动生产。我们原来设想明年国债少发一点，因为很多同志特别是全国人大的很多同志反映，说我们现在发国债发得太多了。去年的国债余额为 1.5 万多亿元，相当于国内生产总值的 15%以上，今年再发 1500 亿元，有可能接近 20%。另外还有很多同志讲，不光是国债，地方也发了很多债券，如果把这个算进去，可能已经超过警戒线了。我们并不想发更多的国债，也算过账，考虑发 1000 亿元，但是后来向中央汇报，多数同志的意见还是认为力度不能减弱，因为明年经济面临的困难很大，超过 1998 年，出口要是有下降，如果内需不扩大，投资不扩大，就不能拉动生产，那会有更多的企业倒闭，更多的人下岗、失业。所以国务院讨论多次，向中央政治局常委会报告，最后常委会同意，明年还是发 1500 亿元的国债。这

2001 年 1 月 5 日，朱镕基在重庆市考察西南铝业（集团）有限责任公司。前排右一为重庆市委书记贺国强，右二为西南铝业（集团）有限责任公司董事长肖亚庆。

（新华社记者李学仁摄）

2001 年 4 月 9 日，朱镕基在湖南省溆浦县低庄镇信用社考察，要求信用社加大对农民的支持力度。左二为湖南省委书记杨正午。（新华社记者李学仁摄）

1500亿元的国债，可以带动银行贷款大概五六千亿元的规模。这样就可以在明年，把本届政府以来所开工的大概2.6万多亿元的国债项目全部完成。举些例子来说，到明年年底，整个长江的堤防可以全部达标，再发生1998年那样的洪水，我们的解放军也不必开到抗洪前线去了，沿线各省市自己可以解决它的问题了。高速公路、铁路、机场这些项目都开工了，完成了百分之七八十。明年这一年，我们大家下定决心，努一把力，把它们统统地完成。这是长治久安之策。当然，一些西部大开发的项目完不了工。像西电东送这样的项目是好得不得了，广西、贵州穷得要死，水电价格很便宜，广东用柴油发电电价很贵，现在把电送过去，这可以使西部地区的各个省财政增收、农民脱困，广东买到更便宜的电。这一步棋把两个地区的经济都搞活了。西气东输，把新疆的天然气送出来到上海，整个沿线九个省区市都可以用气了。通过提高资源税，给新疆财政多作一点贡献，这也是开发西部地区的一个非常重要的措施。还有南水北调，虽然它不属于西部大开发的项目，但也是非常重要的，要保证华北地区天津、北京的用水。国务院已经初步通过了方案，明年可能开工。这些项目，以后都要继续建设。早两年开工的项目，基本上明年可以完成。中央权衡了上述情况，还是同意发1500亿元国债。尽管我们的债务负担要重一点，但现在看起来，它是一举多得，因为不发这个债，负担会更重。为什么？银行的钱没法用出去啊。今天，江主席讲银行的存贷差有2.6万多亿元，你要是不贷出去，银行就可能亏损，银行亏损最终还得要财政赔钱。那还不如财政以比较低的利息把这个钱借出来，投入基础设施建设，拉动生产，增加税收，这样财政也就有还款的能力了。另一方面，现在跟1993年时完全不一样，那时没有物资，你一大规模地搞建设，钢材价格就从每吨1000元跳到4000元。现在是钢材、水泥生产能力过剩，扩大建设规模完全有物资和设备供应的能力，外汇也有，所以不会引起通货膨胀。如果这个资金不利用，银行就会亏损。另外，大量的企业倒闭，大批的工人下岗，财政还得拿多少钱去维持这个局面呢？这都是很难的事情。所以现在尽管增加了一点财政的风险，但是我们认为这个风险还是能够承受的。

四、继续推进国有企业改革和其他各项改革

国有企业三年脱困任务基本完成，但是更大的问题是现代企业制度并没有很好地建立，缺乏制约和监督的机制，所以，国有企业的经营状况还不能够说是好了，还要下很大的工夫。我想特别提醒两个问题：第一，一方面要积极地推动国有企业的重组，不重组、不调整产业结构，国有企业没有出路。但另一方面，在改组、重组的过程中间，要特别注意防止国有资产的流失。这个问题是很严重的，特别是地方的企业，往往是借重组之名，借破产兼并之名，把银行的贷款给破掉，把银行的债权给破掉。在这方面，银行一定要注意保护自己的债权，不能够轻易地让步。第二，在企业的兼并破产过程中要特别注意安置好职工，维护社会的稳定。有些企业是非破不行的，但一定要考虑到职工的安置，如果你没有方案能够安置好职工，就不要贸然地破产，否则社会不能稳定。

关于所得税的调整。所得税是两个部分，一个是企业所得税，一个是个人所得税。1994 年税制改革的时候，把个人所得税全部划为地方税，由地方征收，收入归地方。企业所得税，属于中央的企业收入归中央，属于地方的企业收入归各个省。现在来看，企业所得税按管辖体制来划分，很不利于防止重复建设。地方自己办的企业的所得税是归地方，所以谁都愿意办企业。陕西有这个问题，甘肃也有这个问题，所以这个机制需要调整。就是不管中央企业、地方企业，所得

税统统放在一起，共同分享。无论中央企业、地方企业，凡是在你这个地方的企业，都是你的“亲儿子”，都是一样的分成比例。这才有利于西部大开发，有利于防止重复建设，有利于调节中央和地方的利益机制。

另外一个问题是个人所得税完全归地方，而在发达国家，个人所得税一般都是归中央政府的，因为它有利于调剂收入差别。特别是沿海地区个人收入越来越高，所得税越来越多，而西部地区个人收入上不去，它收不到个人所得税，这就不利于调剂收入的分配。所以经过反复考虑，经过中央同意，决定对个人所得税的分配也作一点调整，原来是地方的收入，现在也变为分享的收入，和企业所得税加在一起分成。这样分大概是多少呢？我们想一开始不要分得太多，以2001年为基数，增量分成。你原来收的是多少还是多少，不变，明年比今年增加的部分，实行中央和地方分成，第一年先按五五分成，中央收50%，地方收50%；第二年六四分成，中央收60%，地方收40%，这叫增量分成。中央分成的这一部分，统统转移到中西部地区，中央一个钱不留，支援西部地区的大开发。我想，这个改革对于整个财税体制的完善，对于支援中西部地区，对于防止重复建设，都是有好处的，我们希望能够把这么一个小小调整搞好。另外，我们征收的渠道一律不变，就是说，原来个人所得税由地税局收的还由地税局收，原来中央企业所得税由国税局收还是由国税局收，原来地方企业所得税由地税局收还是由地税局收。这样就不会搞得天下大乱。反正收了以后再分成、再统算嘛。

关于金融的问题，主要是如何加强对商业银行的监管，抑制不良贷款的上升。证券市场还是要加强监管、要规范，提高上市公司、证券公司、中介机构的质量，要严肃纪律处分，保证证券市场的健康发展。

五、整顿和规范市场经济秩序

这实际上也是培育和保护内需（或者说人民购买力）的一个重要措施。如果都是坑蒙拐骗，那人民群众就没有消费意愿，也就不可能建立起社会主义市场经济的秩序。我觉得，这个问题首先应该是执法要从严。现在很多的查处流于形式，最后给点行政处分了事。实际上，绝大部分案件都应该给予刑事处分，不是一个行政处分或者罚款可以解决问题的。在这方面要衔接，《民法通则》跟《刑法》要衔接，要做到有法可依、有规可据。

建立社会主义市场经济秩序，还要加强技术手段，有好多案子只靠人是查不出来的。像打击走私，当然要依靠党和政府的力量、群众的检举，但是，如果没有电子口岸执法系统，是很难保证打击走私不出漏洞的，这叫“金关工程”〔1〕。最近税务总局搞了“金税工程”〔2〕，实现了交叉稽核、电子联网，你这个发票什么地方开的、什么号码、是不是真的，一查就知道，现在已经发挥作用了。这个信息化本身对整顿市场经济秩序是很有效果的，另外也可以推动信息产业的发展，转变政府的作风。

六、转变政府职能，反对奢侈浪费

党的十五届六中全会要求我们坚决反对形式主义、官僚主义，我想这不光是对各个省区市的要求，也是对我们国务院的要求。现在

〔1〕见本卷第 17 页注〔1〕。
〔2〕见本卷第 14 页注〔3〕。

“文山会海”确实是不得了，国家计委、财政部一个部门一年要发几千份文件，恐怕要专门找一批人来看文件啊，结果贯彻文件的人就没有了。所以就出现这样一种风气，就是“以会议去贯彻会议，以文件来落实文件”。中央开什么会，到省里也开什么会，开完会就完了。中央发什么文件，省里也向下面发个什么文件，是不是落实了也不知道。这个毛病恐怕我们大家都有。我们还是要严格执行过去的一些规定，各个部门召开的会议，除了个别的经过国务院批准以外，不要请省里的领导来参加；省区市开的有关会议，也不要请国务院有关部门去参加。凡是能用电视电话会议或其他方式解决的问题，一般不要再召开大会。

我现在感到，明年面临的困难可能比我们想象的要大一点。在这种时候，大家都要树立勤俭建国的精神，反对奢侈浪费的作风，不要因为形势好，财政手里的钱多，就花钱如流水，讲排场、比阔气。我是担心明年这困难一来，大家手里没那么多钱，结果一些必须的开支都不能保证，那个时候就措手不及啊。所以我奉劝大家，都节省一点。还是保大家的工资发放，保社会保障费用的按时足额发放，保农民负担的减轻，保农民收入的增加。这样才能够稳定社会，大家才能够团结起来，共同战胜困难。

加强舆论监督*

（2001年12月6日）

加强舆论监督十分重要。如果没有舆论监督，靠现在这样的行政力量和政法力量，是不足以解决当前许多严重问题的。为什么我拿出很多时间来看人民来信，看《内部参考》，看《焦点访谈》呢？现在不仅中央电视一台有《焦点访谈》，中央电视台有几个频道和地方各个电视台也都有类似的栏目，揭发一些问题，批评一些腐败的现象，我认为这是一个很好的事情。《内部参考》我看得最多，包括《人民日报》的《信息专报》。最近，广西南丹锡矿死了七八十人，要不是《人民日报》的《信息专报》报道，我还真不知道，那差不多上百人就要冤沉水底了。那个矿主买通了南丹县委书记、县长等领导干部，私自开这个矿，什么安全措施也没有，雇的工人都是湖南、贵州的穷苦农民，死了也没人管。大水一冲，七八十人就沉入水底了，但是县里隐瞒说没死一个人。《人民日报》的记者反映上来以后，我就批给广西壮族自治区的党委书记。我说，《人民日报》记者反映的是真实的，无论如何要把水抽干，活要见人，死要见尸，不能草菅人命。水一抽干，尸体都出来了。那个矿主是用钱买通县长、县委书记，蒙蔽自治区一级的领导。这样的问题，山西的煤矿不知道整改多少次了，我们也不知发了多少通知、文件，还处分了人，但是事故依然，最近

* 这是朱镕基同志在新华通讯社总社各部门负责同志座谈会上讲话的一部分。

仅仅九天之内就爆炸了五次，死了一百几十人。都是小矿主买通了有关部门的负责人，不顾人民的生命，既不交税，又不负责任，大笔大笔的钱进了他们的腰包。现在煤价大涨30%，他们发大财了，却根本不管人家的性命。这些事不认真地揭发，不严肃地处理，这样下去怎么得了?！党的政策怎么贯彻?！我是新华社《国内动态清样》最忠实的读者，每期我都看，看了我就批。根据我的印象，没有人反映我批下去的是完全失实的，当然也可能有部分不是那么完全符合事实。所以，《内部参考》、《国内动态清样》的作用是很大的，可以帮助领导头脑清醒，让我们知道有些什么问题，这些问题发展到什么程度。去年，我批了200件；今年到11月，就达到200件了。但是现在，效果好像没有过去那么好了。刚开始批的时候，下面都很紧张，领导亲临现场调查研究；现在效果就越来越弱，处理也不像过去那么认真了。河南省夏邑县曹集乡违规集资盖办公大楼，就只给了乡领导一个党内警告处分。我看了以后伤心不已，这件事得判刑的，党内警告哪能解决问题啊！我说这个话不是我泄气了，更不是要打击大家的积极性，以为我对新华社《国内动态清样》不那么重视了，不是这样的。你们的《国内动态清样》我还是照看，究竟怎么批，我还要考虑考虑。我是要讲求效果。你们勤奋工作，大量反映情况，不是我一个人重视，党中央都很重视，中央政治局常委都很重视。你们搞的东西我还是要看，从中了解全国的情况。

当然，以正面报道为主，这是完全正确的，这个方针你们贯彻得非常好，不能让人民群众丧失信心。但是我心里想，不论是三七开，还是二八开、一九开，总不能不揭露问题吧？总不能不进行舆论监督吧？我们共产党员讲究科学，讲究矛盾。不反映矛盾，就不符合事实。作为共产党员、人民的勤务员，我们当然要全心全意为人民服务，反映人民疾苦，而且对不良现象要进行揭露、口诛笔伐，这样才能得到人民群众的拥护，也才能使人民群众看到信心。如果只是掩饰矛盾，没有解决问题，人民群众还是没有信心。不能说你在那里光宣传“莺歌燕舞”，他们就有信心。他们看到那些问题解决了，他们才有信心啊。所以，我还是强调以正面报道为主，但是一定要有舆论监督。当然，我也知道舆论监督只能起一定的作用，根本的问题是法治。不但是法治，而且整个的精神文明建设都很重要。这次中央经济工作会议也谈到信用文化的问题。整个社会如果没有建立起信用文化、精神力量、道德力量，我们的银行、证券市场都是办不好的。欺骗可以不付出代价，借了钱可以不还，这个社会信用就荡然无存了。

我不是过分突出舆论监督的力量，各方面的监督，比方对国有企业的监督，那不是舆论监督能够解决的。体制的问题特别重要，搞了多年的企业改革，但大多数的国有大中型企业还没有建立起现代企业制度及相应的机制。现在看得很清楚，单纯的国有企业体制已经走到头了，因为它没有制约，一把手说了算。党中央明确提出要搞股份制，但股份制如果仅仅是国有企业之间参股，股东大会、董事会对管理层没有制约作用，那么现代企业制度还是建立不起来。我们主张股票上市要向公众披露信息，让股民和公众进行监督，现在看起来这样做也不完全行。还有什么设独立董事，代表中小股民的利益。现在请的那些独立董事都是经济学家，对谁也不敢得罪，他们敢为中小股民说话吗？所以，不建立起一种监督制约的机制，还是让那个厂长、经理一个人说了算的话，就仍然不能把国有企业办好。如果企业内部没有一种机制来制约企业领导人的话，国有企业的问题还是解决不了。因此，还是要探索公有制的多种实现形式，并且真正建立起对管理层的制约和监督机制。这其中最重要的一条是不能造假账。最近，审计署审计了1290个企业，严重造假账的占68%。这个消息一公布，马上就被全世界媒体采用。香港报纸大肆宣传，说我们腐败。

2001 年 12 月 6 日，朱镕基在新华通讯社考察时参观社史展览室。右一为中共中央政治局委员、中宣部部长丁关根，右二为新华社社长田聪明。

我不知道你们新华社发了这个消息没有，我估计你们可能有顾虑。其实，你们根本不用顾虑，不用等外国人来发这条消息，因为外国人会把消息发上互联网，香港报纸也就把消息传到内地来，传得很广。这个是没有关系的，发表了以后可以引起大家注意。首先该批评的就是我，我主管经济工作十年了，至今还有 68%的国有企业造假账，我首先应该引咎辞职，跟别人没有关系，他们是做具体工作的嘛。我深刻地感觉到造假账这个问题的严重性。我在 1995 年就看到了这个问题，想要建立国家会计学院，培养真正的会计师。而且，如果会计师造了假账，会计师事务所的合伙人就要罚他倾家荡产，使他名誉扫地，要取消他的从业资格，他要负“无限责任”，有多少存款都要赔进去。我们现在还没有这个制度。刚才讲的 1290 个企业造的假账使国家损失了 1500 亿元，多么严重啊！因此，我主张要建三个国家会计学院，广州一个，上海一个，北京一个，但是讲了好几年没有建起来，财政部不给钱，只是拖延。我当了总理以后，这几个国家会计学院建成了。上海国家会计学院第一个建成；北京国家会计学院我也去看了，建成了；广州不够积极，改建在厦门。厦门非常积极，把海岸上最漂亮的一块绿化的地方，500 亩，拿来建会计学院。我在今年视察上海国家会计学院，题了个校训："不做假账"，就四个字。三所国家会计学院是我倡议设立的，经过千辛万苦才建立起来，你们要是给我造假账，我会伤心死的啊！我们辛辛苦苦办的国家会计学院把你们培养出来了，你们都造假账，中国还有希望吗？当然还要有法制，刚才讲的，要罚他个倾家荡产、名誉扫地，看他还敢不敢造假账。在这些方面，我们要做艰苦的工作，建立信用文化，实行讲信用的法治。不然的话，银行、证券、保险将来都会一塌糊涂，国有企业也都会一塌糊涂。根本问题没解决，经济好、财政好都是暂时的。今年 10 月

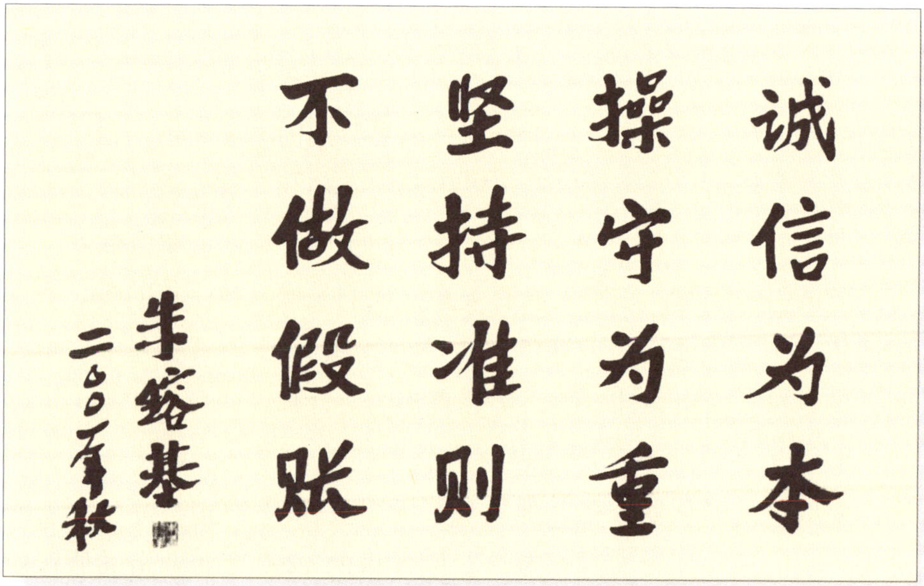

图为朱镕基于 2001 年 10 月 29 日考察北京国家会计学院时的题词。

份我到北京国家会计学院视察时，他们也让我题词，学院领导向我建议题：“凡我校友，不做假账！”难道不是我校友的就可以做假账吗？因此，我就改成：“诚信为本，操守为重，坚持准则，不做假账。”这样就更全面一点。如果我这一任政府做了一件事情，就是中国不做假账，那我就死可瞑目了。如果将来从国家会计学院培养出来的学生还做假账的话，我就死不瞑目了。不解决这个问题，我们怎么实现工业化、怎么实现现代化？

我讲来讲去，还是希望同志们意识到你们责任的重大，你们的工作是能够发挥很大作用的，你们是代表人民群众的。希望你们在宣传党的政策、反映人民群众的疾苦方面做得更好，我绝对地支持你们。凡是我批出去的东西，包括人民来信、《内部参考》、《国内动态清样》等等，如果下面不重视的，我都要求国家信访局、国务院办公厅去催办；如果回来的报告在一些细节上进行辩解，我就予以驳斥。我已经驳斥过好多回了。总之，请你们相信，我永远是你们忠实的读者和支持者。

加强对出版物市场的监管*

（2001 年 12 月 13 日）

今天，我和李岚清同志、丁关根同志以及各有关部门的负责同志到新闻出版总署来，有三个目的。一是表示祝贺，祝贺新闻出版总署机构的调整、升级。这表示党中央、国务院赋予你们的任务更加艰巨，要求你们发挥更加重大的作用。二是表示肯定，你们在党中央、国务院的领导下，做了大量的工作，要肯定这个成绩。我们刚才参观了“扫黄打非”展览，这是加强监管方面的成绩；也看了一个繁荣出版物市场的展览。可以看出来，你们做了很多的工作。三是来给同志们打气、撑腰，希望你们取得更好的成绩。但是还应该看到，出版物市场里的问题还很多，“扫黄打非”是扫不完、打不绝的。要一直打下去，年年打、天天打。这项工作是不可能一劳永逸的，说不定会出现波浪式的起伏，稍微松懈一点，问题马上就起来。因此，必须付出很大的努力，也会有很多阻力。每个地区都有一点保护主义，你表扬它，它很欢迎；你批评它，它就很紧张，而且想出各种办法来阻止你的批评。没有批评就没有监督，也就没有法制了。今天，我们几个同志一起来，表示党中央、国务院，还有各个部门都十分支持你们履行监管职责，促进出版物市场的繁荣。不管碰到多大的阻力，我们都会

* 这是朱镕基同志在新闻出版总署副司级以上干部座谈会上讲话的一部分。2001 年 4 月 30 日，国务院决定将新闻出版署（国家版权局）调整为新闻出版总署（国家版权局）。

支持你们，没什么好怕的！我相信，对于严格的执法、严格的监督，地方各级党委、政府也是会支持的。下面，我讲三点希望：

第一，希望新闻出版总署转变职能，强化市场监管，推进新闻出版管理的法制化，同时逐步克服、纠正行业不正之风。

新闻出版管理实际上属于意识形态领域的工作。这项工作非常重要，如果没有法制，这个领域的问题是难以监管的。昨天，国务院通过了新修订的《出版管理条例》和《音像制品管理条例》。为了适应进一步的市场化，特别是加入世贸组织以后我们面临的新形势，需要补充若干条款。我们一方面要对外开放；另外一方面，还要抵御敌对势力对我们的思想渗透和侵蚀。这个问题值得我们为之作出艰苦的努力和不懈的奋斗。行业不正之风问题不小，新闻出版单位几次出现大问题、出现政治错误，都是因为买卖书号，躲避审查。虽然目前审查的手段并不是十分有效，但是也不能够完全取消。所以，要通过法制化的手段，制止行业不正之风，制止不管政治后果的唯利是图行为。

第二，要加大整顿和规范市场秩序的力度。

我刚才谈到“扫黄打非”不是一项短期的工作，一定要深入持久地开展下去；同样，整顿和规范市场经济秩序，也是一项要持续不断进行的工作。出版物市场是个非常重要的市场，假冒伪劣的食品、药品毒害人的生命，而非法出版物会毒害整个年轻的一代人，后患无穷。所以，对解决这个问题一定要下大决心，绝不能手软，而且不能满足于现在的成绩。非法出版物有利可图，而且是暴利，不下很大的力量来打击，是很难把它打下去的，需要各方面的配合，大家协同作战。要认识到，文化市场的整顿和规范，是整顿和规范社会主义市场经济秩序的一个非常重要的部分，也可以说是一个非常艰难的部分，要共同努力。

第三，要进一步做好知识产权的保护工作。

保护知识产权是个国际惯例。我们加入世贸组织，签了三个协定，其中一个就是与贸易有关的保护知识产权的协定。我们要履行这个承诺。知识产权不保护，出版物市场就不能够繁荣；如果假冒伪劣产品横行，中国就永远实现不了现代化。因为假冒伪劣产品泛滥，以低价格抢占了市场，优质产品就搞不出来。

2001 年 12 月 13 日，朱镕基在新闻出版总署考察工作。左一为中宣部副部长刘云山，左二为新闻出版总署副署长杨牧之，左三为新闻出版总署署长石宗源，左四为中共中央政治局常委、国务院副总理李岚清，左五为中共中央政治局委员、中宣部部长丁关根。

我非常重视中小学教材问题，因为它是我们农村政策的一部分。当前，我们最担心的事是加入世贸组织以后美国农产品的大量倾销。虽然我们有些保护制度，如关税配额的保护、专营制度的保护，保护制度的过渡期是五年，但在这五年里也未必都能够保护得了，一旦进口农产品形成倾销，市场价格就会降低，农民的收入马上就会减少。因为美国是大规模生产，粮食价格比我们便宜30%到40%，所以，我们面临的压力很大。现在除了要调整农业结构外，还要大量地减轻农民的负担，增加农民的收入，这是我们面临的一个非常严峻的课题。而中小学书本费就是强加在农民身上的一个沉重负担，一年几百块钱的书本费，农民根本无力承担。另外，书本的质量很差，有的是盗版，甚至是复印出来的。这个问题很值得我们注意。现在，要进行中小学教材出版发行招投标改革试点，由试点地区的省级政府来招标，有资质的出版社来竞标，竞标以后就只能由这个出版社印制，必须这样才行。招标，竞争以后获得承印权，就要保护这个承印权，如果再出现盗版的话，要严厉打击。

我今天特别来拜托大家重视农村中小学教材，对印刷、出版一定要严加监管，把它作为我们党减轻农民负担、增加农民收入的一个重要政策来落实。首先是保证教材的质量，保护知识产权；然后就是减轻农民的中小学书本费负担。你们现在还是两个牌子、一个机构，国家版权局也在这里。招标的时候最重要的是看各竞标出版社的成本，要把成本降到最低，教材特别是农村中小学的教材不要印得那么豪华。我们不是不希望教材印得豪华一点，问题是农民负担不起，要考虑现实。不一定要搞很多彩色套印，就是要把成本降下来。这件事我就拜托你们了，请大家重视。

建立全国社保基金是完善社会保障体系的重要举措*

（2001 年 12 月 17 日）

建立全国社会保障基金，是党中央、国务院作出的重要战略决策，是完善城镇社会保障体系的一项重要措施，同时也开辟了筹集社会保障资金的一个稳定渠道。

目前的城镇社会保障体系有三个重要组成部分：一是职工养老保险，二是失业保险，三是城市居民最低生活保障制度。这三项社会保障制度，对维护改革、发展、稳定的大局发挥了重要作用。那么，目前存在的主要问题是什么呢？

首先，职工养老保险基金的地区分配不平衡。从全国范围来讲，企业养老保险基金收入大约是 1800 亿元，支出大致也是这个数，总量基本上能做到平衡；但是，地区之间就很不平衡了，各省区市之间差别很大，每个省区市内部也不同，而且这种不平衡的情况可能会越来越严重，中央调剂不了，省区市内也很难调剂。同时，目前我们还没有形成一套约束机制，使企业真正按时足额为在职职工缴纳养老保险费。有的企业即使有能力也不缴费，等职工退休了，再来向国家要养老金。因此，要找到一条有效的路子，依法强化养老保险费的征缴，提高征缴率，扩大养老保险的覆盖面，筹集和积累足够的资金。

---

* 这是朱镕基同志在全国社会保障基金理事会第一届理事大会第一次会议上的讲话。

其次，下岗职工基本生活保障过于依赖财政资金，失业保险基金面临的压力也很大。目前，失业保险基金有一部分被用于下岗职工的基本生活费。下岗职工基本生活费按要求应当是按“三三制”原则筹集，即国家、企业和社会各负担三分之一；现在实际上是三七开，财政要拿70%，企业和失业保险基金一共只承担30%，这种做法必须改变。辽宁省正在进行完善城镇社会保障体系试点，主要任务之一就是不再建立新的再就业服务中心，推动下岗职工基本生活保障向失业保险并轨。待总结试点经验后，再考虑在全国推广。1998年亚洲金融危机以后，国有企业下岗职工人数是1000万人。这是统计数，实际上大大高于这个数。经过几年的努力，下岗职工人数已下降到600万人，但由于外部经济环境严峻，明年有可能增加到1000万人。没有足够的准备，是不能克服经济困难、保证社会稳定的。失业保险基金是不够的，只是矛盾还没有暴露出来，因为目前还有再就业服务中心顶在那里，靠中央财政支持。

再次，城市居民最低生活保障制度没有稳定的资金来源。党中央、国务院非常重视城市居民最低生活保障工作，这件事如果能和社区工作结合在一起，建成一个比较完整的体系，效果会更好。现在的问题是缺少资金。这项工作由民政部门负责，过去主要是搞些“五保”[1]救济，财政预算安排的资金很少。中央为了推动这项工作，近年来用于补贴地方的支出几乎每年增加一倍多，去年是8亿元，今年大约是23亿元。下岗职工基本生活保障向失业保险并轨之后，职工失业两年以后

〔1〕“五保”，是中国农村实行的一种社会保险。农村合作经济组织或基层群众性自治组织（如村民委员会）为了使鳏、寡、孤、独的生养死葬得到保障，对缺乏劳动力、生活没有依靠的成员，在生产上给以适当安排，使他们能够参加力能胜任的劳动；在生活上给以适当照顾，做到保吃、保穿、保烧（燃料）、保教（少年儿童）、保葬。被保住户，称为“五保户”。

如果还不能再就业，就要进入城市居民最低生活保障体系。这方面的任务会越来越重，资金投入必须大大增加，不是现在的20多亿元，而应该是上百亿元。中央财政已经尽了很大努力，希望地方财政也要多拿些钱。今后，各级财政预算一定要把社会保障支出打足。如果不这样的话，企业无法改革，社会主义市场经济体制无法建立，社会稳定也无法保证。

当前，城镇企业职工的养老保险和失业保险基金主要依靠参保企业和职工缴费。不少企业现在日子的确不好过，基金征缴相当困难。

2001年8月16日，朱镕基在贵州省贵阳市主持召开国有企业改革和社会保障工作座谈会并讲话。前排左一为民政部部长多吉才让，左三为国家计委主任曾培炎，左四为国家经贸委副主任石万鹏。

如果不开辟新的资金来源，社会保障工作将难以为继。为了满足社会保障资金日益增长的需要，党中央、国务院决定建立全国社会保障基金，从多个渠道筹集和积累资金，建立一个公开透明的、国家的“大金库”，作为储备，发挥补充和调剂作用。

全国社保基金的主要来源，是减持国有股所得到的资金、中央财政拨款以及其他方式筹集的资金。到目前为止，财政已经拨款近500亿元。这笔钱是经过全国人大同意，从每年财政预算中挤出来的。但仅靠财政拨款不能解决问题，彩票发行筹集的钱也不多。资金不够怎么办？将部分国有资产变现，可能是一个比较有效的办法。这在党的十五届四中全会通过的《中共中央关于国有企业改革和发展若干重大问题的决定》中已经明确提出来了。要选择一些信誉好、发展潜力大的国有控股上市公司，适当减持部分国有股。这样做，是为了促进国有企业的改革和发展，不是搞私有化，没有背离社会主义原则。减持变现的钱要交给全国社保基金，以应对将来可能出现的社会保障问题。这个决策是党中央、国务院经过深思熟虑后作出的，也得到了社会各界的认可，是不会改变的。当然，国有股减持的具体操作办法需要慎重研究，要进一步征求各方面的意见，制订一个切实可行的办法。到目前为止，境内的上市公司减持变现部分国有股，已经划给全国社保基金20多亿元，境外减持也缴了12亿多美元。上述资金都是职工的保命钱，是社会稳定的一个砝码。我想，有了较为完善的养老保险、失业保险和城市居民最低生活保障这几条保障线，再加上全国社保基金这条资金渠道，就能够做到老有所养、失业有保障了。这是国务院关于社会保障体系建设的大体思路和设想。

建立全国社保基金，在我国还是个新生事物。我相信这个事业开创以后，一定能够发扬光大。全国社保基金理事会成立以来，工作是努力的，成绩是应当肯定的，前途是光明的。有了这笔基金，还要有一套很好的章程来管理它，使它既不流失，又能很好地运营，能够增值。这是为人民造福的事业，意义非常重大。所以，我们请各方面的同志参加理事会，代表广大人民群众，监督全国社保基金的运作。

关于全国社保基金的运作，我提几点要求。第一，要规范运作。要有一个规范的章程，有一系列管理制度，做每一件事情都要合法合规。第二，要稳健运作。全国社保基金运营的首要原则是安全性。宁肯少赚几个钱，也不要赔本，要有足够的风险意识。第三，要专业化运作。全国社保基金理事会的人才再多，也是不够的，所以，要选择并委托专业性基金管理公司来帮助运作。在业务问题上，要多征求专业机构、专业人士的意见。为了吸引并留住专业人才，理事会将来要实行具有激励作用的工资制度。第四，要市场化运作。要特别强调公开透明，不搞“暗箱操作”。我们请来这么多老同志、知名人士来参加理事会，表明事情是摆在桌面上的，账目是经得起推敲和检查的。国家拨了多少钱、怎么用的，哪一笔亏了、哪一笔赚了，都要向社会公布。

对于明年经济形势的严峻性，大家一定要有足够的估计。我们明年碰到的经济环境，有可能比亚洲金融危机时更严峻。我国加入世界贸易组织后，大量的外资和产品会涌进来，国有企业将面临十分激烈的市场竞争。一些企业退出市场后，职工就要进入社会保障体系，社会保障的任务很重。明年，我国进口关税下调，估计财政收入可能会减少两三百亿元，财政将趋于紧张。做好明年的社会保障工作，可能要动用全国社保基金。但我还是希望不要动用，要争取多储备一点，因为这是最后的防线。

我想提醒各位，一定要深刻理解中央经济工作会议关于明年经济形势的分析，把困难估计得充分一些，要未雨绸缪，千万不要盲目乐观，否则会出大问题。如果到处都是讲排场、比阔气，花钱如流水，那怎么得了！现在要大力提倡勤俭建国、勤俭办一切事业，各方面都要想办法提高资金使用效益，把有限的资金用在刀刃上。

我对理事会的工作寄予很大的希望。全国社保基金这笔钱很重要，是为子孙后代准备的钱，你们一定要切实管好，对全国人民负责。拜托你们了！

审计工作要突出重点 *

（2002 年 1 月 4 日）

审计署去年做了大量工作，对制止犯罪、规范财经秩序起了很大的作用，这是有目共睹的，应当予以充分肯定。党中央、国务院都是支持审计工作的。我们一定要不负人民的重托，不但本身要廉洁，一定要坚持“八不准”〔1〕，而且要不怕得罪恶人，为人民执法，刚直不阿，进一步把审计工作做好。下面，我讲几点意见。

第一，去年我强调审计工作要突出重点，是觉得审计署没有那么大的力量去搞全面审计，越是全面铺开就越抓不出工作成果，起不到威慑、震动的作用。今年，要继续强调突出重点，并且要对每个重点解剖麻雀，把问题搞深搞透，从完善制度、机制上提出意见。你们虽然抓住了重点，但是如果对重点问题没有摸透，对违规、犯法的各个环节和细节没有搞清楚，那还是找不到能够制止犯罪的机制和措施，也就不可能提出有效的意见。举个例子来说，你们对中国银行的审计是很好的，我希望把中国银行这个例子专门写一个材料，搞深搞透，

---

* 这是朱镕基同志在听取审计署工作汇报后的讲话。

〔1〕“八不准”，指 2000 年 1 月 28 日，审计署作出《关于加强审计纪律的规定》，要求不准由被审计单位安排住宿，不准接受被审计单位安排的就餐和宴请，不准无偿使用被审计单位的交通工具，不准参加被审计单位安排的旅游、娱乐和联欢等活动，不准无偿使用被审计单位的通讯工具和办公用品，不准接受被审计单位的任何纪念品、礼品、礼金和各种有价证券，不准向被审计单位提出与审计工作无关的要求，不准在被审计单位报销任何因公因私的费用。

如果不可能全部搞透，就把一两个案件搞透。比如，用假贷款来补过去的缺口，这是非常恶劣的行为，要如实地揭发出来，如实地报告国务院，然后再来分清责任并决定如何处理。我建议今年把金融审计作为一个重点。金融是一个容易出问题的地方，有时出的问题比财政还严重。财政不就是一万多亿元资金吗？金融有十几万亿元资金，这里面出问题是不得了的。你们审计了中国银行，对其他几大国有银行还没有审计，要重点抓对大银行的审计。出问题就出在它们身上。今年2月初要开全国金融工作会议，你们要给我提供材料，写一个经过解剖，比较深、比较细，有分析、有见解的报告给我。不要全面铺开，全面铺开就没有重点了。去年审计了中国银行，今年就审计中国建设银行，一个一个来嘛。

第二，现在犯罪的机会太多了，管理非常松弛。这个检查那个检查、这个监管那个监管，实际上往往是没人管。国有企业就是一个很突出的例子。现在的国有企业领导人、一把手，决策的权力大得很，他一个人就可以决定投资多少亿元，出了问题却撒手不管了，找国务院来救这个企业。虽然有时候从社会稳定的角度考虑，我们不得不去救它，但我一直坚持认为，它自己搞出来的问题我们是不能管的，就是要让它破产。既然是企业决策失误造成的，我们政府就不能管它。现在搞电解铝成风，很多地区都把它作为重点发展行业，还说这是产业结构调整。我看他们是胡来，发展电解铝怎么叫产业结构调整呢？一是没有原料氧化铝；二是用电多，电的成本很高；三是重复建设，没有那么大的市场需求。到处都搞电解铝，不光是搞小的、土的，而且还搞大的，这怎么行?!进口氧化铝一下子增长了一两倍。我已经把这个问题批给国家经贸委了，一定要控制住，不能这么搞呀！我们的银行也是没有这方面的知识，电解铝明明是市场上供过于求的东西，怎么还给它们贷款呢？这么大的项目没有银行贷款能搞得起来吗？我的批语是这么讲的：现在，电解铝又成为浮法玻璃以后的第二个严重重复建设行业。最后产品没销路，欠了银行的贷款没法还，又要求我们去救它，把欠债冲掉，失业的人员还要求我们去安置，一天到晚搞这种无效劳动做什么呀！看了你们揭发出来的案子真是气死人呀！

所以，我觉得审计署重点审计还不够，还要解剖麻雀。审计的结果你们不能不管，你们还负有督促检查的责任，要跟踪追击。要专门找一批人来跟踪你们查出案件的处理情况。一定要跟踪到底，不能不了了之；否则，就不能敲山震虎。特别是对那些已移交刑事处理的案件，要看它们处理了没有。每年向国务院写两次报告，年中一次，年末一次，报告审计的案件处理了没有、是不是在哪个部门卡住了？你推不动，我们来推呀。李金华〔1〕，你们送来的审计报告我都批示了，应该谁来处理就批给谁处理，但是下面的检查就得由你们来做了。他没有处理，你再来告状，说你推不动。审计署的《审计要情》报到国务院，王忠禹同志一定批，我一定看，审计署一定要查，一定要跟踪。

第三，要完善审计的手段，要搞政务信息化、审计信息化，就叫“金审工程”嘛。一定要利用先进的手段呀，这是一举多得的事，既使我们国家的审计技术水平上一个新台阶，又推进了信息工业的发展。而且，这种审计利用交叉稽核，更加有效。财政部也应该有“金财工程”〔2〕，“金财”、“金税”〔3〕、“金关”〔4〕、“金审”都得联网，有关部

〔1〕李金华，当时任审计署审计长。

〔2〕“金财工程”，是“政府财政管理信息系统”的简称，是政府利用先进的信息技术，对公共财政进行管理的现代化综合信息系统。

〔3〕见本卷第 14 页注〔3〕。

〔4〕见本卷第 17 页注〔1〕。

门应该进行充分的协商，要有一个总体的规划，特别是交叉稽核联网的问题，要很好地研究一下。

关于审计署和财政部重复监督的问题。你们双方再协商一下，减少重复，降低审计的成本，也转变政府的职能，分工各有侧重，大家都搞点有效的工作。在监督国有企业方面，可以加强税务总局的作用，它应该更有条件、更有手段去检查有关信息是否失真，而且与它利益攸关，信息一失真，它就要少收税。

关于“收支两条线”执行得不好的问题。财政部工作不得力，要负很大责任。搞了十几年，“收支两条线”都没有推行，我下台时怎么交代？今年要下定决心把“收支两条线”搞成，无论如何要严格执行“收支两条线”，谁敢反对就撤谁的职。这不但对解决今年的财政困难有很大好处，而且杜绝了腐败的一个根源。政法系统乱罚款造成了很坏的影响；质量监督检验检疫总局的问题也很严重，它有权呢，戴大盖帽呀，乱罚起款来你是没办法的。第一，从现在开始，执法部门的罚款、收费一律上缴财政，违反这个规定就给处分。第二，你的开支，去年报来的我都承认，但乱发的奖金、补贴我是不会给你增加的，以后怎么办再说。基数一律都认账，报多了将来我要去审计，审计一个，纠正一个。第三，如果不执行、造假账，就撤职。要用半年时间把这个制度巩固下来，收多少钱、支多少钱，都摆得明明白白。审计署要审计它是不是都按“收支两条线”执行，罚的款、收的费是否都入账了。下半年，再对它审计。看它发钱有没有不合法的地方，如果是历史原因造成的，不必去纠正；明目张胆的、做得太过分的，取消它，查出来再酌情处理。审计署在今年下半年要把“收支两条线”当做重点来审计。

关于审计署和财政部驻地方专员办公室的任务有相近的地方，能不能合起来的问题。财政专员办也只能做到重点审计，与审计署审计

2002年1月4日，朱镕基在北京中南海听取审计署工作汇报，并与审计署有关领导合影。前排左一为副审计长翟熙贵，左二为审计长李金华，右一为副审计长令狐安，右二为国务委员兼国务院秘书长王忠禹；后排从左至右依次为：副审计长董大胜、副审计长刘家义、副审计长刘鹤章、中纪委驻审计署纪检组组长王道成、副审计长项俊波。

的内容是重复的。我的意见，把财政部驻地方专员办的战线收缩一下，首先从国有企业收缩，把专员办的精力重点转移到审计国库支付上。不要跟审计署冲突，审计署把审计结果告诉你们，你们负责处理，这不是很好吗?!

关于中央组织部监管的企业的审计问题。这些企业都有监事会，监事会整天在那里审计；你们审计署再去审，就应该在他们工作的基础上审，这样可以节省很多工作，避免做虚功、重复审计。你们可以明确：对中央大型企业工委监管的或中央组织部监管的、已经设有监事会的国有企业，不再进行专业审计，只进行离任审计。进行离任审计，要利用监事会的材料。当然不是说你们要百分之百地相信他们的材料，但在他们工作的基础上去审计可以减少很多虚功。

关于审计署提出国务院《关于违反财政法规处罚的暂行规定》有很多地方不符合实际、应该修订的问题。这个文件要完善，特别是关于处罚的规定已经落后了、过时了。另外，财政部的有关监督条例已经在制订了，要把财政部与审计署的分工搞清楚、协调好，别做那些劳而无功的事情。《注册会计师条例》应该具体化，特别是其中的处罚条款。现在到处是弄虚作假，整个社会没有信用文化，这样下去，中国的市场经济体制是建不成的。会计师事务所、律师事务所，这些都是基础。外国的法律是很严格的，出了问题，事务所合伙人都要被抄家的，除了保留一辆汽车以外，全部财产都要被罚掉。最近，美国的安然公司破产，安达信做的审计，有包庇这个公司的情况，因而可能被罚款10亿美元以上。没有这些法律，搞什么市场经济呢？如果到处都是假账，靠我们这种从上到下的检查，是查不出什么来的。财政部要研究一下，如果这些条例还没有出台，要研究赶快出台。

关于审计署提出的地方财政随便返还税收问题。地方没有权减免税收，也没有权返还税收。我觉得，有些事情应该在电视等新闻媒体上经常宣传，但现在还在宣传地方的财政税收优惠政策，以吸引外资，这就不对了。早已经规定地方无权减免税了，以前的减免税现在都到期了，地方没有返还税收的权力了。另外，我还有个想法，审计出来有问题的部门这么多，像水利部、教育部等等，挪用救灾款，挪用教育款，都是不应该的。今后财政部分钱只管分账，但钱不到他们那里，行不行？实行国库的集中支付，包括各部门的专款，各部门只告诉财政部这个钱要怎么用，由财政部集中支付。国库集中支付迟迟实行不了，说来说去是各单位顶着，并不是因为这个事情难办。那我现在发一条命令，谁顶着就不给谁钱，让他来找我，行不行？你们财政部有没有决心？这个事情绝对不需要八年，今年就可以完成。我越来越感到你们的信息化手段太不行了，你们应该搞“金财工程”。你们回去讨论一下，为什么今年完不成，写出理由。我给你们创造条件，不用试点，全国推行，哪个部门不干，就不要给它钱。一个“收支两条线”，另一个国库集中拨付，今年必须完成。时不我待，要赶快抓住这个时机，建立这个德政，老百姓是不会忘记你们的。

关于建立审计公告制度，这个事情一定要搞，这就是使审计工作发挥效果，起到威慑作用。我们现在就缺舆论监督。国有企业的审计结果一出来，问题很大，真把我气死了。你们就登在报纸上面嘛，把那个企业的领导人搞得名誉扫地嘛。只要讲的是事实，群众自有公论。这个制度一定要建立。我本来要求你们要有专人来检查督促审计结果的执行，就要包括这一条，把审计结果公布于众。但是一定要证据确凿，不能夸大事实，否则容易引起社会不稳定。

至于请外国会计师事务所来审计，现在先在中国证监会试点。对新的上市公司，不但要有国内的会计师事务所，而且还要有外国的会计师事务所来审计，审计它的信息和账目。我过去讲过，要依靠会计师事务所的力量；我也特地讲到，要注意一点：请外国的会计师事务所，钱花得很多，但未必有效，来的那帮人实际上并不了解中国的情况。审计署依靠中国的中介力量还是应该的，但是刚才你们讲，60%以上的内地会计师事务所被查出造假账。所以，你们要找会计师事务所来帮你们做中介的话，我劝你们先对它进行审计，审计完了以后再决定请谁，包括请外国的会计师事务所。对政府机构的审计，最好还是请国内的会计师事务所；对国有企业的审计，可以请些外国的会计师事务所。

制止城市规模盲目扩大的势头*

（2002 年 1 月 9 日）

去年经济形势大好，但实际上隐藏着很多问题，今年就可能要逐步暴露出来。现在我们在许多方面，特别是在城市建设方面，存在一种浮夸、铺张浪费、不顾实际情况之风。“安居工程”没有解决，很多房子老百姓还是买不起。一万多块钱一平方米，盖了给谁住呀？这种很危险的倾向现在发展得越来越厉害。全国 182 个城市都要建国际化都市，怎么得了！忘了中国还有几千万人生活在贫困线以下！有些地方连“低保”都保不了，发工资都保不了，就保建所谓的国际化都市。真的搞不成就搞假的，15 年的规划要 15 个月完成，楼盖不起来就临街盖一面墙，自欺欺人！这种作风非常恶劣，就是为了升官、升级。老百姓都看得清清楚楚，但是我们的一些地方领导干部并没有意识到这个问题的严重性。我觉得现在搞的这个加强城乡规划监督管理的文件，不单纯是要求加强城乡规划的管理，还要狠刹这股歪风。一方面，职工拿不到工资，农民穷得要命；另一方面，到处要建大城市，大搞国际化都市，高楼林立，都是为有钱人服务的。我看可以把这个文件的重点放在这个方面，加强城乡规划管理可以放在后面措施里讲。前面要把这个问题讲清楚，指出当前存在的这种风气，对有些

---

* 2002 年 1 月 9 日，朱镕基同志主持总理办公会议，研究加强城乡规划建设管理等问题。这是朱镕基同志在听取建设部负责同志关于进一步加强城乡规划建设管理有关问题的汇报后讲话的要点。

地方要点名批评，要举例子，然后作一点规定。我觉得现在是不是可以考虑城市先不再扩建。至于城市什么时候扩建，你先做规划，做完五年的规划以后再说。目前就是不要再去占农民的地了，到此为止，城市人口规模有多少人就是多少人，人口还会自然增长呢！工作重点要放在城市基础设施建设上，像修上下水道、解决城市交通等。解决老百姓的住房问题是重点，不是去盖那些高楼大厦。如果已经有总体规划，你放慢建设；没有总体规划，你继续做总体规划，暂时不要动，集中力量把城市的基础设施搞好。

这个文件的主题要改变一下，既是通报又是规定，然后有几条措施。建设部要会同环保、计委、国土资源、旅游、文化、文物等有关部门抓紧进行研究。国务院再讨论一次，然后再报中央政治局常委会。要刹住在城市建设方面脱离实际、好大喜功的风气，包括旅游方面，不要把我们的风景资源、人文环境、自然资源都给破坏掉了。

另外，我建议，建设部和中央电视台联合起来，拍一个电视片，把城市建设中的丑态都揭露出来：三层楼有一层只有一面墙，是假的；一个小小的城市搞一个十几万平方米的大广场；还有违法违规乱搞旅游设施等等，都给他们“扬扬名”嘛！

国税局不能执法犯法 *

（2002 年 2 月 2 日）

请怀诚〔1〕、继伟〔2〕同志阅并派人参加国税局组织查处。国库、财政都徇私放纵，形同虚设，必须彻查严处，以警示财税系统。执法犯法，有何脸面管别人。

朱镕基

2.2

---

* 这是朱镕基同志在审计署《审计要情》刊载的《吐鲁番地区国税局截留增值税1.05 亿元用于建高档酒店》一文上的批语。

〔1〕 怀诚，即项怀诚，当时任财政部部长。

〔2〕 继伟，即楼继伟，当时任财政部副部长。

充分利用加入世界贸易组织的机遇发展自己 *

（2002 年 2 月 24 日）

党中央、国务院非常重视这次研究班。根据讲课和讨论的情况，我着重讲两个问题。

一、充分利用我国加入世界贸易组织的机遇

这几天，不少同志的发言中，讲了很多加入世贸组织以后我们如何应对、如何保护自己，而且为了强调问题的重要性，讲得似乎严重了一点。当然，把问题看得严重一点是必要的，但对另一方面，参加世贸组织以后对我们究竟有什么好处，似乎讲得不够。也就是说，讲“防御”的多，讲“进攻”的比较少；讲应对挑战的多，讲利用机遇的少。因此，可能会得出这样一个结论，这么多问题和麻烦，搞得我们应接不暇，那还参加世贸组织干什么呢？如果是这样的话，我们就不会为此进行 15 年的谈判了。

我们从 1986 年开始，就恢复我国在关贸总协定的缔约国地位问题进行谈判。在此以前，我国虽然进行了改革开放，但是由于计划经济观念的束缚，对外经济联系还不是那么多。本来我国是关贸总

---

* 2002 年 2 月 21 日至 25 日，中共中央举办省部级主要领导干部国际形势与世界贸易组织专题研究班。这是朱镕基同志在研究班上所作报告的主要部分。

协定的发起国之一，但直到1986年以前我们始终没有积极去进行谈判。1993年，江泽民同志在美国西雅图与克林顿总统会谈，开始进行直接的对话，提出三项原则〔1〕，推动了谈判。去年，我们终于加入了世贸组织。这是与我国改革开放的进程、经济实力的增强联系在一起的。在20世纪80年代，我们的经济实力还不是很强，各方面的规章制度也不健全。在那种情况下，如果作过多的让步去参加关贸总协定，确实会造成损失。所以，要有一个不断谈判、互相让步的过程，时间拖了15年。在这个过程中，我们也越来越认识到加入世贸组织的重要性和必要性。因为对外开放的扩大、对外经济贸易与合作的拓展，对我们经济的发展越来越重要。现在外贸出口情况如何，对国民经济影响很大。如果出口额一年下降10%，就会导致国内生产总值增长速度减少两个百分点。另外，不参加世贸组织，我们连讲理都没有一个地方，人家可以随便"制裁"我们、歧视我们。参加世贸组织以后，就必须给我们最惠国待遇，给我们国民待遇，给我们非歧视待调；同时，可以利用世贸组织的规则，解决贸易纠纷，与它们打官司。打官司不一定都会赢，但总是有地方可以打了。

我印象最深的，就是去年我们跟日本进行农产品谈判的斗争。那个时候，我们还没有加入世贸组织，先是日本对我们出口的大葱、蘑菇、蔺草三种农产品进行"制裁"，把进口关税提高了好多，那我们就没法出口了，山东农民的大葱都烂在家里了。我们认为，日本这样做，不符合世贸组织的规则，于是也制裁它向我国出口的汽车、手

〔1〕三项原则，指1993年11月19日，江泽民同志出席在美国西雅图举行的亚太经济合作组织领导人非正式会议期间，同美国总统克林顿举行首次正式会晤时，阐述的我国处理"复关"问题的三项原则：第一，关贸总协定是一个国际性组织，如果没有中国这个最大的发展中国家参加是不完整的；第二，中国要参加，毫无疑问是作为发展中国家参加；第三，中国加入这个组织，其权利和义务一定要平衡。

机、空调三种产品。我们的大葱不值多少钱，它的汽车可值钱了，我们也对它提高进口关税。总共谈判了 19 次，我们寸步不让，最后日本只好妥协，取消“制裁”。它取消我们就取消，它不取消我们也不取消，看谁吃亏？当然，日本的名堂挺多的，又对我们出口的蔬菜进行批量检查农药残余含量，想抵制我们的农产品出口。因此，加入世贸组织后，总算有个仲裁的地方，我们也不是那么好欺负了。我们不但在政治上从来不是好欺负的，就是在经济上谁也别想欺负我们。我们跟日本的贸易现在基本上是平衡的，它赚不到我们的外汇，我们也赚不到它的外汇。尽管贸易量还是挺大的，日本在名义上是我国居第一位的贸易伙伴，实际上我们现在的对外贸易，如果包括转口贸易，居第一位的贸易伙伴是美国。所以应该说，参加世贸组织使我们有了一个发动“进攻”的阵地，而不只是被动地“防御”。我们要享受别国的最惠国待遇，也必须付出代价，也得降低进口关税，给别国最惠国待遇。当然，我们有一个理由，就是我国是发展中国家，还不能跟发达国家处于平等竞争的地位。因此，我们要有一个过渡期，不能够一下子达到发达国家那样的程度。应该说，在过渡期里，我们还是占有优势的。我们可以利用加入世贸组织这个机会，来扩大出口，你对我们进行反倾销诉讼，我们同样也可以对你进行反倾销诉讼。但在这个方面，恐怕我们的准备工作做得还不够。我们已经在国家经贸委、外经贸部成立了相应机构，专门来对付反倾销。要集中一批专家，专门跟国外打官司，抢占它们的阵地。我们并不是为了找麻烦而参加世贸组织。如果加入世贸组织以后，光是麻烦，疲于奔命，何必搞这个名堂？干脆封闭起来得了，还搞过去的那一套，把我们自己保护起来。那样做固然可以保护自己，但也就不能发展自己。我们的很多体制如果不进行相应改革，就不能适应经济全球化趋势，企业也永远是吃“大锅饭”的企业、受国家保护的企业，经不起国际市场的竞争。

我觉得，对这个问题要研究清楚。

我们要利用加入世贸组织这个机遇，更好地“走出去”，增加我们的外贸出口。最近，我看到外经贸部提供的一个信息：前些年在亚洲金融危机冲击下，俄罗斯受到很大损害，经济很疲弱，所以，它对

2001年10月14日，朱镕基在广东省广州市参观第90届中国出口商品交易会。前排右一为全国政协副主席马万祺，右二为外经贸部部长石广生，右三为中共中央政治局候补委员、国务委员吴仪；第二排右二为全国人大常委会副委员长周光召，右四为广州市委书记黄华华，左一为广东省省长卢瑞华。

参加世贸组织不积极。据说，已有32个国家提出来就俄罗斯参加世贸组织问题进行双边谈判。俄罗斯是我们一个很大的、潜在的市场，我们有关部门一定要做好准备，跟它进行双边谈判，争取对我们有利的条件。要研究俄罗斯市场，研究如何进入俄罗斯市场。我在去年访

问俄罗斯的时候，在大使馆作过一篇讲话，提出一个口号：“进军俄罗斯”。因为俄罗斯这个市场还没有开放，我们的商品对它有很大吸引力。中俄正规的贸易额有100亿美元，不算小。但是，在正规贸易以外的所谓“边境贸易”加“倒爷买卖”也有100亿美元，合起来就是200亿美元。而这种“倒爷买卖”，有些还是好的，可以满足俄罗斯边境地区人民的需要，但也有很多产品的质量非常糟糕，败坏了我们的声誉。我想，边境贸易也不能够取消，但要使它们逐步规范发展。同俄罗斯的贸易对我们是极为有利的，完全不用担心它没有支付能力。它的外汇储备不多，现在约为380亿美元，但有石油、木材，这些都是我们缺乏的。我们的西气东输有个长远资源问题，我国东部地区的石油资源也会逐步枯竭，现在从中东地区进口石油要通过很长的海域。我们要考虑将来的后备石油资源，如俄罗斯和哈萨克斯坦的石油资源。我们实行保护天然林的政策，一个重要条件就在于能够从俄罗斯和东南亚地区进口木材，不然，国内木材的需求怎么满足啊？俄罗斯在叶利钦执政的那个年代不让我们进口它的木材，后来尽管稍微好一点，但戒心仍很大，很担心会变成中国的原料附庸。

从长远来讲，我们绝对不能把“鸡蛋放在一个篮子里”，把宝完全押在美国和欧盟的身上。现在对美国、欧盟、日本三家的贸易占了我们对外贸易的绝大多数，一定要看到将来这个问题的严重性。去年我们对美国的贸易顺差，美国人说有830亿美元，我们的统计是280亿美元，如果包括转口贸易，可能有500多亿美元。我们对日本的贸易顺差只有20亿美元，对欧盟的贸易顺差大约是50亿到80亿美元，而在其他地方，我们都拿不到贸易顺差。我们对台湾地区有220亿美元的贸易逆差。另有几十亿美元的贸易逆差是对东南亚地区的，他们对木材出口也是控制得很紧的。去年我们对韩国的贸易逆差也有108亿美元，他们大量的汽车、钢坯、钢材、机械产品、化工原料出口到中国来。对拉丁美洲、非洲，我们都是贸易顺差，他们没有多少产品卖给我们。如果我们不开拓新市场，只想着美国、欧洲市场，是很危险的，我们对他们的出口基数很大，要再增长一点都不容易。美国经济在去年一减速，我们的出口马上就受到了影响。所以，我们一定要实施出口市场多元化战略，要未雨绸缪，积极开拓新的市场。

我在今年访问了印度，又提出了一个口号："向印度市场进军"。印度是一个很大的市场，有十亿人口，现在确实是相当贫穷。他们不了解中国，还以为我们国家跟他们一样贫穷。在孟买举行的企业家报告会上，有一个企业家说："我感到很奇怪，我前几年去中国的时候，你们的移动电话加固定电话还不到一亿户，没有想到你们现在发展得这么快。"我说，我们现在已经有 3.5 亿用户，超过美国啦！我们价廉物美的日用家电产品、轻工纺织产品在印度是大有市场的。但是，印度的贸易保护主义是非常严重的，去机场接我的汽车，是印度国产的"甲壳虫"车，两个人坐在里面就显得很挤。我想，印度还没有穷到这个程度吧！他们就是这样，在国内只用他们印度的国产车，贸易保护得很厉害。韩国的贸易保护主义也是很厉害的，虽然他们的汽车工业规模很大，每年向国外出口几百万辆，国内消费一百多万辆，但每年只进口几千辆，国内基本上用国产车。韩国已经参加了世贸组织，但它把自己保护得很好，老百姓都自觉地保护。这次在印度，我让随行的同志到市场上调查了一下，它的家电产品，包括彩电、空调、电冰箱等，价格相当于我国出口到印度的三到五倍，可见我们在价格上有绝对的竞争力。他们保护自己，我们也有办法打入他们的市场，就是搞来料加工。班加罗尔号称"印度的硅谷"，我到那儿的时候对邦长说，我们把家电产品的零部件给你，在你们的工厂组装，股份我们一家一半，你用我们的零部件装配出来的家电产品比你们市场卖的便宜二分之一到三分之二。这样，印度人民就可以买得起，可以改善印度人民的生活，也会增加印度人民的就业机会。那个邦长说，这个办法很好。

我们要进入俄罗斯、印度等国家的市场，在体制、机制上必须有所改变，要特别鼓励民营企业打进这些市场。一些民营企业非常灵活，敢于冒风险。“华为”就是个民营企业，技术很先进，规模也不小，在印度、俄罗斯都有它的企业，搞加工、搞装配。就是要有这样一批敢于冒风险的人，就是要深入到各个国家去。最近，我国驻阿富汗大使馆反映，国内有好多民营企业给他们打电话、发传真询问，能不能去阿富汗做生意？当地的安全有没有问题？我们有关部门应该提供各种方便，鼓励这些企业“走出去”。去年，我们还决定在俄罗斯建立一个贸易中心，在莫斯科建一个比较像样的建筑让他们看看。在这个贸易中心里，不但搞批发，也搞零售、搞商品展览、办理各种咨询，为中国的企业家到俄罗斯去进行贸易提供方便、提供咨询。对于印度，我们也要想办法尽量地跟进，打破他们的贸易保护主义。

现在很伤脑筋的一个问题，就是我们一些企业家包括民营企业家，缺乏长远的观点，老是做一锤子买卖，捞一笔就算了，这是在败坏国家的声誉。有关部门在质量检验方面既要把好关，也要督促这些企业家树立长远的观点，要在那里扎下根。如果没有一个名牌，维修、售后服务跟不上，那还是占领不了那个市场的。所以，加入世贸组织以后，我们应该充分利用参加世贸组织的地位，利用一切过去没有的条件，充分发挥优势打入国际市场，扩大我们的市场份额，这才是我们参加世贸组织的本意。我们讲过，加入世贸组织有利有弊，如果工作做得好，就利大于弊；如果我们不去做工作或者工作没有做好，那么潜台词就是弊大于利了。我希望这次研究班结束以后，大家既要研究如何保护自己，更重要的是要研究怎么“走出去”，尽快熟悉世贸组织的“游戏规则”，研究各个国家的法律，采用各种方式

"走出去"。

我们"走出去"，首先要依靠提高产品质量，不能完全靠低廉的价格。我们具备价格的优势，但是，光靠这个"走出去"是不行的。产品质量差了不行，那只能做一锤子买卖。我现在最担心的，不是我们应对不了挑战，不是经济上会出现什么大问题，而是我们产品的质量。我们很多企业始终没有把质量当做企业的生命，还是靠以量取胜、以廉取胜，而不是以质取胜。如果这样下去的话，我们国家是没有前途的。

所以，我们一定要全面地看待加入世贸组织的问题。要"走出去"，进军一些有潜力的市场。既要讲挑战，更要讲机遇；既要讲"防御"，更要讲"进攻"。也就是说，要以更加积极的态度，认识和应对加入世贸组织。希望各主管部门和各省区市的领导同志，都要考虑一下本部门、本地区的发展战略，研究国际市场的需要，充分地利用机遇，发挥加入世贸组织的好处。

二、善于在扩大开放中保护自己

加入世贸组织，确实会带来很多的麻烦，但对这些麻烦应该承受，应该愉快地承受，因为我们是为了得到更多的好处。参加世贸组织最头痛的问题，首先是农产品，其次是服务行业，谈判之所以拖了这么多年，主要是在这两个问题上拖得久，来回地"打仗"，最后才达成了我们认为能够承受的一个让步。

关于农产品问题。我们现在主要的农产品国内市场都是供过于求。加入世贸组织以后，国外特别是美国的农产品要以他们的优势进入我国市场。他们是进行大规模的机械化生产，有现代化的销售和服务体系，我们在很多方面确实是竞争不过他们。在这个问题上，我们现在争取到的，第一个是关税配额保护，就是对几种主要农产品确定一个配额。这个配额并不是一定都要进口，而是有一个限度，在这个配额数量以内进口，享受优惠的关税待遇；如果超过这个配额，我们就加一倍关税。这是一种保护。第二个是专营制度保护。在过渡时期，我们只允许绝大多数配额由国有企业来进口，以便于控制。现在的问题，就是进口的配额还是相当大，只靠关税配额保护难以抑制进口。小麦、玉米、两种大米等四种粮食，现在一年的配额就有1830万吨，所以，我们建立了专营制度来保护自己，但我仍然有些担心。我们已经放开了沿海各省市粮食的种植和收购，也不要求他们自给自足，他们种什么赚钱就种什么，这样就为我们的粮食主产区吉林、黑龙江等地方腾出一个粮食销售的空间。粮食放开的政策从浙江开始，在沿海各省市实行后，非常成功，确实增加了主产区粮食的销售量。我现在担心的是，国外更便宜的粮食要登陆了，它们有比我们粮食主产区粮食更加便宜的优势。这个问题是值得我们注意的，也要想一些对策。这需要大家统一认识，从各方面来实现。人家对付我们有办法，难道我们对付人家就没有办法？人家对我们出口的打火机，可以随便来个法案就把我们限制住了。我们也要有办法对付他们。至少今、明两年，还不会出太大的问题，我们还有时间来加强自己的地位。

现在有一个大豆问题。大豆没有配额，因为它不算粮食。在2000年以前，我们进口的大豆每年不超过400万吨，2000年进口了1000万吨，去年进口了1380万吨。我们的大豆生产主要在吉林，全国年产大豆1500万吨。去年的大豆进口量就已经接近我们的年产量，国内当然就有一些反映了。但是，我们现在已不能再来搞一个关税配额，再搞什么专营制度了。想来想去只有一个办法，就是由于进口的美国大豆中70%是转基因的，我们就要求必须标明进口的大豆是否是转基因的。如果是转基因的大豆，做成产品后，必须有一个标识，标明这个产品是由转基因大豆制造的。据了解，欧盟、日本、韩国、新西兰都实行这个标识办法。因此，我们在去年5月份制定了《农业转基因生物安全管理条例》，并于今年1月份颁布了实施细则。这件事在美国引起了很大轰动，他们攻击中国不信守承诺。去年，鲍威尔〔1〕访华的时候说，你们采取措施要慎重，这笔买卖在10亿美元以上，不要因此影响美中关系大局。这次布什〔2〕来，也和江泽民主席谈了大豆问题。他那天和我吃早饭的时候，一开始又是谈大豆，说他受到美国农民的压力比我大。我说，不对！我们八亿农民的压力比你们的大。我们实行这个标识办法，不是自己创造的，完全是借鉴欧盟、日本、韩国等国家的做法。我详细地了解了一下，我国大豆与从美国进口大豆的价格差，已经不是很大了。美国大豆出油率高，因为是转基因的。据说，我们现在推广的优良品种，出油率也只差一到两个百分点。只要我们自强、下工夫，我们的大豆不会竞争不过美国的大豆。那么，主要的问题在什么地方？为什么他们销得多，我们销得不好呢？很重要的一点就是服务的问题、销售的问题。美国大豆的销售是一条龙服务，你什么时候订货，他们就什么时候按期送到你的工厂里，质量也有保证。而我们大都是个体收购，然后在粮食企业里周转，有时候订了货以后，半年一年都送不来，质量也保证不了。确实存在一些这样的问题，因此，还是要在销售服务方面下工夫，组织一条龙服务，改善服务态度，提高服务水平。我们凭实力，还是可以把对美国大豆的进口水平压到每年1000万吨左右的，对这个数量过去我们都是能够承受的，没什么

〔1〕鲍威尔，即科林·卢瑟·鲍威尔，当时任美国国务卿。

〔2〕布什，即乔治·沃克·布什，当时任美国总统。

太大的变化，不必把这个问题变成中美之间贸易的一个最大争端，甚至影响国家关系。当然，那天我和布什会谈的时候，就大豆问题也进行了反驳。我说，中国是一个农业国，而且农产品都是供过于求。美国现在拼命地对我们施加压力，要把农产品压给我们，但是你们对科技含量稍微高一点的产品，就不出口给我们，这公平吗？我举了两个例子：一个是你们不让我们的运载火箭发射美国制造的人造卫星，你们不向中国出口人造卫星。第二个是，我们买了美国的“黑鹰”直升飞机，买完以后，你们现在不给我们零部件。那不就变成一堆废铁了吗？我问，这公平吗？布什不回答问题，不说公平，也不说不公平，只顾左右而言他，那种气焰好像没有了。布什这次来，整个的会谈气氛还是好的。他原来想提的一些问题都没提，比如要求我们再批准他们进来几个保险公司；指责我们的年度配额工作做得太晚，没有履行对世贸组织的承诺等。因为参加世贸组织的承诺规定，今年的配额和管理办法一定要在去年年底公布，而我们拖到今年 2 月 10 日才公布，确实是我们不对。但是，我们有理由呀，我们在去年 12 月 11 日才加入世贸组织啊，怎么能这么要求呢？这能算不遵守承诺吗？我们这不已经公布了吗？以后也就不会有这样的事情发生了。我准备了布什要来质问这个事情，但是他没问，那么我也没讲。还有一些商务方面的要求，他一个都没讲。

另外，还有一个服务行业的问题。主要是在银行、保险、证券方面，我们的立场是非常清楚的，也不是没有作任何让步，但让步很少。对资本市场方面的底线，我们守得很紧。在保险方面，争论很大，我们坚持外国保险企业在中国设分公司，最多只能够占 50%的股份。尽管过去有过美国国际集团是独资的保险公司，也有过外资的股份达到 51%的，但这一次我们就是守住 50%这一条线，而且确实是守住了。在银行方面，无非是在允许外资银行做人民币业务、开放一些地区让它设分行等方面作了一些让步。根据目前我国银行业的情况，我们还是可以经得起这种竞争的，不会有很大的影响。在服务行业方面，尽管谈得很久，但是问题不是太大。当然，我们要赶快完善自己的法律、法规，来应对外国银行进入以后的态势。比如，我们的信用卡使用程度很低，原因是每家银行各搞各的，四大国有银行的信用卡不通用，网点也不够，这就没法在全国推广。现在要急起直追，解决信用卡通用的问题。香港地区有人预言，外国银行进来以后，会搞“一卡通”，要占领我们40%以上的市场。我看这也未必，它要设那么多网点不是很容易；但是，它也可以利用中国的银行网点。对这个问题要注意，我们自己还是要尽快搞上去。在电视、广播、文化方面的谈判，我们的让步很小，这个关也把得很紧，没有什么太大的问题。

总的说来，我认为在加入世贸组织以后，农业是需要我们密切关注的问题，这关系到农民的收入，其他问题不是很大。在工业方面，例如汽车，我们成规模的汽车制造厂都是中外合营的，所以不太担心这方面的竞争。当然，最近一个时期进口的汽车成倍增长，是不正常的现象，要加以注意。总之，从我们的规模企业看起来，它们都具有相当的竞争力。目前，外国产品要大规模“打进来”，占领我们市场的可能性不是很大，但是也绝对不能掉以轻心。比方说，中小企业就要注意，汽车生产厂没有问题，汽车零部件生产企业就有问题。对这些都需要认真研究，提高我们企业的竞争力。我相信，我们能应对得了。特别是要研究如何“走出去”，把我们的产品销到国外去，这是一个很重要的发展方向。

内蒙古的发展要发挥本地优势*

（2002年3月7日）

我非常高兴到内蒙古代表团来听取同志们对《政府工作报告》的意见。内蒙古是中国北部最大的少数民族自治区，党中央、国务院历来非常重视。1966年，我曾在锡林郭勒盟阿巴嘎旗蹲点一年。我对内蒙古是很有感情的。这些年，内蒙古发展很快、很好。只要各民族人民大团结，一心一意搞建设，内蒙古就会越来越好。

总结同志们的意见，我想提出两点看法。

第一，在产业发展方面，要充分发挥内蒙古的优势。内蒙古各方面的资源都有，但比较起来，还是草原资源最丰富，应该利用它来发挥畜牧业优势。现在我国每年的粮食产量为1万亿斤左右，人均约800斤，相当于世界平均水平。我国人民的食物消费主要是粮食，按现在这种吃粮食的水平，我国的粮食已经过剩了，但如果人们的食物构成中主要是肉、蛋、奶的话，粮食就少了，因为生产一斤肉要消耗几斤粮食。我国人民生活水平总是要提高的，吃肉、蛋、奶的数量总是会逐步增加的，对肉、蛋、奶制品的需求会越来越大。内蒙古应该成为我国一个很好的畜牧业基地。发展畜牧业，也是农牧民群众致富的一个最现实的途径。畜牧产品还可以出口。现在北京市场上的奶制

---

* 这是朱镕基同志在九届全国人大五次会议内蒙古自治区代表团全体会议上的讲话。

2002 年 3 月 7 日，朱镕基在九届全国人大五次会议内蒙古自治区代表团全体会议上讲话。右一为全国人大常委会副委员长布赫，右三为内蒙古自治区党委书记储波，右四为内蒙古自治区政府主席乌云其木格。（新华社记者饶爱民摄）

品，许多是进口的，为什么我们自己不能够占领这个市场呢？刚才，通辽市的市长讲养殖业应该优先于种植业，我觉得是很对的。但是，他讲工业要优先于农业，我就不太赞成了。对内蒙古来讲，不一定走与内地一样的发展路子，似乎只有搞工业才能实现现代化、才能致富，不是这样的。内蒙古的产业优势、地缘优势、自然环境优势，都有利于发展畜牧业。这在中国有很大的发展市场，这就是内蒙古的致富之道。我觉得，内蒙古的发展思路应该更加明确这一点。

但这绝不是说内蒙古不要搞工业，像包头这些地方本身就有矿产资源，发展工业是有基础的，而且已经发展到相当大的规模。也不是说农牧区就不要发展工业。我到新西兰访问的时候，看了它的牧场，也参观了它的肉、奶制品加工厂。那是完全现代化的，是与畜牧业优势相配套的。特别是新西兰有保证畜牧产品高质量的检疫检验配套设施，非常现代化，加工很精细，卫生条件非常好。这是现代化的工业，这种工业是一定要发展的，与畜牧业配套地发展。如果没有这种现代化的加工工业，没有先进的检疫检验设施，生产出来的食品人民群众就不放心，我们的市场就会被澳大利亚、新西兰等国的畜牧产品占领。所以，这方面的工业和配套设施，我们应该按世界上最先进的、现代化的水平来建设。

我们千万别重复过去那种工业化的路子，搞什么“五小”〔1〕工业，遍地开花，村村冒烟，户户起火，大炼钢铁，那条路是走不得的。搞了以后，没有一点竞争力；现在要关闭，又伤透了脑筋。什么小煤矿、小化工、小造纸等等都不能搞。要搞工业，就得搞现代化的、达到规模经济的工业，否则就没有市场竞争力。特别是在边远地区，交通不便，运输成本高，不要说出口，在国内市场也没有竞争力。我们一定要吸取历史的教训，不要以为办一个工厂就能赚钱，结果往往搞不了两年就垮了。原来搞得红红火火的那些乡镇企业，现在不少已经垮台了，它们的产品成本高，质量也不好，怎么能有竞争力呢？内蒙古搞工业，一定要搞现代化的工业，要搞有国际竞争力的工业，否则就不要搞。应该一心一意地把畜牧业的优势发挥起来，把草原建设起来；同时，与此相配套地发展一些现代化的畜牧产品加工工业。

粮食生产也要讲发挥优势。全国粮食已经很充裕，不需要在草原上种粮食。玉米也已经过剩，不出口就都烂在仓库里面了，但价钱又没有竞争力，国外的便宜呀。所以，种粮不是优势的地区，就不要种。我希望内蒙古的经济发展思路要非常明确，过去一些老的观念，已经不适应于目前这种情况。

基础设施建设是一定要搞的，公路要畅通，电信一定要通到村。

---

〔1〕见本卷第144页注〔1〕。

内蒙古幅员这么广阔，哪个地方一遭灾，如果电话都不通，怎么救灾呢？这些钱一定要花。城市的建设一定要往小而精的方向发展。内蒙古人口也不是那么多，不要把摊子铺得太大。这方面，满洲里就吃了亏，摊子铺得太大。城市的建设，要适当集中，城市的基础设施才好解决，上下水、通气、通电、集中供热都好解决。

第二，要切实加强生态环境保护和建设。现在，改善生态环境已经刻不容缓、迫在眉睫了，因为荒漠化在发展，土地沙化越来越严重，生态环境日益恶化，不能回避这个现实。内蒙古作为我国北部地区的重要生态屏障，无论如何要把生态环境建设放在很重要的位置。这不仅直接关系内蒙古各族人民的生存和发展，而且对全国实施可持续发展战略具有重大意义。

前年，我带了一些部长考察治理沙化，从北京坐汽车一直到了浑善达克沙地边缘，沿途看到大量土地沙化，感到心情沉重。在河北省

2000 年 5 月 13 日，朱镕基在内蒙古自治区锡林郭勒盟正蓝旗考察草原承包试点情况，与承包了 2300 亩牧场的牧民毕力格（左二）交谈。右二为内蒙古自治区党委书记刘明祖，右四为国家环保总局局长解振华。（新华社记者马占成摄）

丰宁县的一些沙化地区，离天安门直线距离已不到100公里了。所以，我沿途一直跟省市领导同志讲，大家要动员起来保卫党中央所在地的生态安全啊！这个沙漠快要侵袭到天安门了。内蒙古一定要把生态环境的治理和建设放在第一位，尽快遏制生态环境恶化的势头。对这个问题，党中央很重视，国务院很重视。国家为防治荒漠化做了一个规划，并且准备了大量资金。但是事在人为，这是需要发动群众的工作，光拿钱不行。你们现在已经有很多办法了，关键是要加大工作力度。

发展畜牧业，绝不能以牺牲生态环境为代价。要切实解决草原超载放牧的问题。草原不能再过载放牧了，载畜量不能再增加了。应该把草原的使用权划分一下，实行家庭承包责任制。在此基础上，推行围栏饲养、舍饲圈养；同时加强草原的建设，大力改良草场，发展优质牲畜品种，形成草原生态改善与畜牧业发展、牧民增收的良性循环。要加强各种配套设施的建设，特别是检疫检验。你们要实现无疫区，这确实是要下很大工夫的，我很同意加强这些方面的建设。具体问题怎么解决，要与有关部门商量。如果只是需要中央财政支持2000万元，是没有问题的；问题是批准你们搞无疫区，就必须真正做到，否则就没有国际信誉了。刚才，你们讲能不能把牧业税免掉，在中央转移支付方面给你们一些补助，我是倾向于同意的。具体做法要研究一下，请你们和有关部门协商，我想这是可以考虑的。总得给牧民一些支持，包括财政、物资上的支持，使他们能够实行休牧还草等政策，否则没有措施还是一句空话。中央财政应该给予尽可能的支持，地方财政也要在这方面下一点力量。

改善生态环境、发挥草原的优势，我是非常支持的，并寄予厚望。要全面规划、合理布局、突出重点、注重实效、分步实施，坚持不懈地干下去，下定决心使广袤草原重现水丰草茂，使祖国北疆山清水秀。

浙江要富而思进、富而思源*

（2002年3月8日）

我今天十分高兴和浙江省代表团的同志们一起来审议《政府工作报告》，听取大家的意见。刚才，李泽民[1]同志实际上是在批评我，说盼望了多年我才去过浙江一次。请同志们谅解，作为总理，我不能老到经济发达、钱包很大的地方去，我要到贫困地区去；不然，他们要批评我嫌贫爱富了。浙江我已去过不少次了，也不敢多去了；否则，有人要批评我老跑到浙江去游西湖了。

我感到非常高兴的是，浙江省在省委、省政府的领导下，工作取得了很大成绩，国民经济发展很快，人民的生活水平也提高得很快，逐步成为一个经济强省、出口大省，各方面工作都做得不错。特别是听到外贸出口已接近上海，我很高兴。我前年在南京开会时说你们要超过上海。现在，你们快要做到了。你们还要向广东、江苏挑战，这也是有希望的。

浙江不但富而思进，还富而思源，表现出来的风格很不错。我就讲一点，去年进行所得税税制改革，个人所得税原来是属于地方收入，改为中央与地方分成；企业所得税由原来中央收中央的、地方收地方企业的，改为统收分成。改革后，沿海经济强省就要多作贡献，

---

* 这是朱镕基同志在九届全国人大五次会议浙江省代表团全体会议上的讲话。

〔1〕李泽民，当时任浙江省人大常委会主任。

有一部分财政收入要交给中央；这笔钱中央一分也不留，全部转移到西部地区去。在这个改革过程中，江苏、浙江表现得最顾全大局，不但没说一个不字，而且是积极赞成，这不容易。这笔钱，本来是能更好地发展本省经济，改善本省人民生活的。但是，浙江省领导顾全大局，认为这一改革有利于全国经济发展，有利于西部大开发，愿意作出贡献。对此，我认为是值得表扬的。广东表现得也很好，他们的基数大，作出的贡献要比江苏、浙江多，但他们也是毫不含糊地服从中央的决定。这项改革基本上是很顺利地完成了。我从来没想到一项改革能在两三个月时间里就定板，哪一项改革都没有那么快。要是没有你们这几个省带头，服从大局，这一改革就搞不成。你们对西部地区

2002 年 3 月 8 日，朱镕基在九届全国人大五次会议浙江省代表团全体会议上讲话。左为浙江省委书记张德江。
（新华社记者刘建生摄）

的人民、对国家的大局是作了贡献的。这是第一点。

第二，粮食购销体制改革首先在浙江实行。过去，很多同志都说我们的粮食总是不放开。实际上，我们的粮食销售已经全部放开，只是粮食的收购没有放开。主要是顾虑，放开后如果不能用保护价敞开收购粮食，那农民的收入就很成问题了。在东部沿海地区，完全具备放开收购的条件，购销可以全部市场化。但是主产区就不同了，不能贸然放开收购，这我们是有历史教训的。主销区农民不需要都去种粮食，什么赚钱就可以种什么，这样就可以给粮食主产区腾出市场的空间。这项改革，浙江敢于试点。那年，我到浙江调研后马上定板，当即起草文件，然后在沿海地区全面试行，而且效果很好。这项改革意义重大。如果你们每年能从主产区吸纳140亿斤粮食，这将对中国农业的发展作出很大贡献，大大地有利于农业种植结构的调整。这也证明浙江实行改革的效率还是挺高的，贯彻得很准确，落实得很快。

现在，我们还面临一个问题，就是加入世贸组织后，美国的粮食要在江苏、浙江登陆。它的粮食总体上有优势，小麦、玉米、大豆都比我们便宜得多，而且服务设施都比我们好，因此占领了我们很大的一块市场。加入世贸组织之后，我们最担心的就是农产品。我们有保护自己的措施和关税配额、专营制度，但都不那么保险。在这种情况下就需要沿海的同志顾全大局，去买东北的大米，买东北的大豆、玉米。不能贪便宜，贪便宜要吃亏啊！全国经济发展不起来，浙江也好不了。

第三，浙江出口发展比我想象的快，这确实是很不容易的。这证明浙江人有自己的优点、长处，艰苦创业，敢于“走出去”。要发扬这个精神，这是我们应对加入世贸组织的良策。加入世贸组织有利有弊，要经过努力以后才能利大于弊。有利就是可以享受最惠国待遇，外国的关税很低，原来不让我们享受或者给我们很多配额限制，现在他们要放松，我们就要抓住这个机遇“走出去”。但另一方面，我们的关税也得降低，今年降低三个百分点，明年还要继续降。降低关税这一项就将减少600亿元财政收入。去年财政赤字2598亿元，今年预计3098亿元，多打了500亿元，就是因为这个原因。进口关税收入减少，连带着进口环节的增值税也减少了。我们不能总吃亏，要赶快利用这个机会“走出去”，把这个600亿元赚回来。这就要靠你们浙江、广东、江苏“走出去”，就是要有点本事。当然，这不是那么容易的。我上次在中央党校省部级主要领导干部研究班上讲浙江出口打火机的事。世界上的打火机主要产在温州，两欧元以下的打火机全是温州生产的。打火机出口到欧盟，欧盟就立一条法规，每个打火机都要加一个连锁装置，让小孩打不开。如果不装，就禁止你出口到欧盟。如果装上这个装置，两欧元就下不来了，价格的优势没有了，就很难出口了。他们总会想各种对策、办法来挡住我们的发展。最近，美国宣布把进口钢材的税率提高8%到30%，主要是针对三个国家：中国、俄罗斯、韩国。我们的出口量最大，受到影响也最大。俄罗斯和韩国都表态反对了。我们的外经贸部还没有表态，反应很慢，说明我们对同人家打官司这一套还不太熟悉。连欧盟都强烈抗议，施罗德〔1〕也发表讲话，说这不符合世贸组织规定，是擅自提高关税。人家千方百计要堵住我们出口的门，我们“走出去”就要想许多办法，要学会打官司。我非常希望，今年浙江的出口要想方设法再上一个台阶。只有沿海几个省把出口搞上去了，全国的出口才不至于下降，否则很危险。浙江要积极应对加入世贸组织的形势，充分地利用这一机遇，千方百计地“走出去”。这对浙江人民有好处，对全国经济发展也有好处。

---

〔1〕施罗德，即格哈德·施罗德，当时任德国总理。

对河北省高碑店市白沟镇民工中毒事件的批语*

（2002 年 3 月 28 日）

此案可能带有全国性（北京丰台区已发现类似事件），为了保护劳动人民生命健康，严明法纪，必须首先依法严厉惩处有关人员；二要保护劳工利益，责令涉案企业、工厂发还工资、给予民工补偿、对中毒致死人员给予抚恤费、致病者给予医疗赔偿；三要举一反三，加强劳动保护立法，对使用以苯类有毒物质作为溶剂的黏结剂、装饰材料等的企业，必须规定明确的劳动保护条件（如产品质量认证、车间通风条件、检测手段等），请法制办会同有关部门立即就此补充立法，两周内报国务院总理办公会审议通告，颁布实行。最后应将此事通报全国，要求各省区市组织全面检查，有案必查，有错必纠，对人民生命健康负责，对违法违规、伤天害理者绳之以法。同时也要查处基层干部是否牵涉在内，包庇作案。

朱镕基

3.28

---

* 2002 年 2 月 27 日，劳动和社会保障部向国务院报送的《关于河北省高碑店市白沟镇民工中毒事件调查情况的报告》反映，数百名在河北省高碑店市白沟镇从事皮包加工的务工人员，由于长期受加工原料苯的危害，不少人患上重型再生障碍性贫血，已有六人（其中童工一人）不治身亡，五人正在医院接受治疗。这是朱镕基同志在该报告上的批语。

山西经济发展的思路要调整*

（2002年4月2日）

我今天主要讲一下山西经济发展的指导思想如何调整的问题。

山西过去是畸形经济，概括地说就是：重工业太重，轻工业太轻，第三产业不行。山西的财政收入主要靠煤炭。现在，重工业太重的情况有所转变，像这次来看的太原钢铁（集团）有限公司，已经调整了产品结构，淘汰了很多普通钢种，向高精尖的方向发展，不仅使生态环境有很大的改善，经济效益也有很大的提高。轻工业有很大的进步，第三产业也开始有所发展。像晋中市的平遥县，下决心把企业、学校、居民等从旧城搬迁出来，这一点就很不容易。把平遥古城开发出来，所取得的效益比开几个大煤矿还好。可以说，山西的畸形经济结构已开始有所改变，但是在指导思想上还需要作进一步的调整。

山西的当务之急，我认为就是改善生态环境和投资环境。现在山西的生态环境太差了。太原的空气质量虽有所改善，但还远远不够。我们沿途看到的多是荒山秃岭、沟壑纵横。黄土多、植被少，有河必干、有水必污，这种状况在山西是比较严重的。山西的生态环境如果这样下去的话，投资环境肯定好不了。投资环境不好，国内外的投

---

* 2002年3月29日至4月2日，朱镕基同志在山西省考察工作，先后考察了太原、晋中、临汾等地。这是朱镕基同志在听取省委、省政府工作汇报后的讲话。

资者就不会来。光靠挖几个煤矿，山西是富不了的。晋商发家致富，不是靠挖煤，而是靠到处开银号、开票号，像王家[1]、乔家[2]都是这样。所以，一定要把劲头放在改善生态环境上，这样才能改善投资环境，山西才能富起来。这一次我请印度外长到山西来见我，就是想让他来这儿看一看，山西是全国人均财力较少的省，比较穷，但他看了觉得挺满意。说老实话，在印度还找不到几个像太原这样的城市。本来还想在太原找一家五星级宾馆给印度外长住，因为印度人认为自己很先进、中国很落后，如果在最穷的地方请他住五星级宾馆，他肯定会有所震动。可惜在太原找不到一家五星级宾馆，这一点就不如印度了。印度再穷的城市也有一家外资的或合资的星级宾馆。所以我觉得，山西一定要确立这样的思想：传统的工业化道路，特别是搞原始积累的工业化道路，不能再走了。靠挖煤是富不了山西的，首先要改善生态环境。生态环境不改善不行呀！太原把汾河水一截留，汾河下游就断流了。下游地区要发展，只好取地下水，导致地下水位越来越低。因此我认为，山西经济发展的指导思想一定要作进一步调整，山西的工作重点一定要放在生态环境的改善上。因为生态环境的改善，带来的是投资环境的改善；只有生态环境和投资环境改善了，山西才能大发展。

生态环境的改善，我认为第一位的是退耕还林。这是全国性的政策，不单是西部地区要搞，全国都要退耕还林，山西尤其如此。山西 6000 多万亩耕地中只有 3000 万亩产量比较高，剩下的 3000 多万

---

〔1〕王家，指山西省灵石县静升镇的王氏家族。王氏家族鼎盛于清朝康熙、乾隆、嘉庆年间，是当地一大望族。

〔2〕乔家，指山西省祁县乔家堡的乔氏家族。以全国著名的商业金融资本家乔致庸为代表的乔氏家族，鼎盛于清朝末叶及民国初年，家资千万，经营的商业遍布全国。

亩都是低产田，一亩地打不下百把斤粮食。全国粮食是不会缺的，好多潜力还没挖掘出来。粮食多了，为什么还不把部分耕地退掉，搞植树造林，使山川秀美、山清水秀呢？这个工作我喊了四个年头，到今年大家的思想才算比较统一了，但步子还不够大。山西退耕还林只有100多万亩，那是不行的。但如果搞到300万到400万亩，我又担心树苗供不上，工作做不实，容易变成虚夸。这次我到吉县一看，更加坚定了一个信心，那就是退耕还林对于山西太重要了，是改善山西生态环境、促使农民脱贫致富的根本措施。我刚才讲，如果山西退耕还林能搞到400万亩的话，国家就给山西8亿多斤粮食，相当于5.6亿元钱，然后再加上50块钱一亩的种苗费、20块钱一亩的零用钱，这又是3亿多元，全部加起来将近10亿元，你说农民能不富吗？他们还可以外出打工，找点别的活干，那不就致富了嘛！这次我到山西的最大收获，就是总结出关于退耕还林的四句话：产权是核心，给粮是关键，种苗要先行，干部是保证。前面两句话是吉县县委书记给我讲的。“产权是核心”，主要解决产权问题。产权不明确就没人愿意去种树，更不会退耕了。农民承包的地种了树，树却不归他们了，他们怎么会干呢？“给粮是关键”，一定要每亩给农民200斤粮食。四川在这方面有一条好经验值得推广。在西昌，退耕还林的成绩非常显著，过去的坡地，现在都种上树了。他们在粮食的包装袋子上写上“退耕还林大米”、“退耕还林面粉”，这些粮食在运输的时候，车辆不收养路费，送到农民手里，农民感动得热泪盈眶，从内心里感谢共产党。这是农民脱贫致富的最好办法。“种苗要先行”，是几位部长讲的，种苗是很重要的，没有种苗给农民，他怎么种树呢？“干部是保证”，这句话算是我的一点小贡献吧。香港的报纸最近讽刺我们，说中央的政策再好，基层干部不好也是不行的。如果选拔的基层干部都有良心的话，中国的问题就解决了。这不是对我们共产党的讽刺吗？我们岂止

2002 年 3 月 29 日，朱镕基在山西省晋中市太谷县任村乡段村考察时看望村民。前排左二为山西省委书记田成平。

有良心，我们是全心全意为人民服务！

这四句话，要把它们写进有关文件里去。这四句话做到了，退耕还林就搞成功了。

对你们治水的思路，我也做一点修改或补充、完善。山西是有河必干、有水必污，连汾河都干了。在这样严重缺水的情况下，只有大力植树造林，才能涵养水分。再经过若干年，河里才会有水。现在你们多修水库是没有用的，坝修得越快，河干得越快。我觉得，修一些拦沙坝是可以的。我们沿途看到的是沟壑纵横，如果在那些地方打一点拦沙坝，不让泥沙进入黄河，这是可以做到的，以后再逐步种树。你们讲加强以水利为重点的基础设施建设，好像就是要大修水库。太原这个地方，汾河不修个水库不行，这情有可原。其他地方你们还修水库？我看算了吧。重点要放在改善生态环境上，要使土壤能够涵养水分，不把泥沙冲下去。大力发展节水农业是对的，旱作农业就不要搞了，不缺你们这点粮食嘛。发展林业，种树种草，把山西的黄土盖起来，建设山川秀美的生态环境。

你们发展工业的思路也要调整。小煤矿是绝对不能再搞了。开这些小煤矿，把一大片植被都破坏了。小煤矿再怎么去检查安全生产措施都不行，阳奉阴违，天天死人。去年 11 月 11 日至 20 日，九天时间，山西发生五次煤矿瓦斯大爆炸。这样的小煤矿有什么用处呢？小煤矿的产量要一年一年地减少，将来我们用的煤都应该是大型煤矿开采的，而且要搞“煤制油”，因为煤炭是污染环境的能源。只有大规模开采的煤矿才可以让它保留，小煤矿是不能开的。中国并不缺煤炭，目前煤价上涨是因为我们宏观调控有问题，是暂时的。你们这个汇报稿里有一个地方，就是发展单井规模年产 30 万吨以上的煤炭企业，要修改。30 万吨就是个小煤窑，还发展它干什么？不要吃“煤炭饭”了，吃“煤炭饭”是没有前途的。我刚才讲，一个平遥古城就相当于几个年产几百万吨的大煤矿。发展煤炭工业的思路一定要改变，不能再搞小煤矿了。调王显政来山西当副省长，不是让他发展山西煤炭的，而是叫他来整顿山西煤炭的。王显政的任务就是要把大同、长治、阳泉这些地方的大煤矿发展起来，把小煤矿统统关了。不要说什么合格不合格，小煤矿永远不合格！再说炼焦，沿途看到烟囱林立，给人的印象是工业化的程度很高，其实不然，污染得不得了！要同国家经贸委研究个对策，把小机焦消灭掉，搞大机焦。要想办法整治小煤矿、小炼焦厂，不允许小煤矿去侵占国有资源。

总之，我觉得山西经济发展的思路要进一步完善。在推进现代化大煤矿建设的同时，大力改善生态环境和投资环境，再加上恢复山西人经商的传统，山西完全可以富起来。我希望，你们考虑一下我提的这个山西经济发展或者说是产业结构调整的思路。

对国有商业银行考核评价办法的意见

（2002 年 4 月 3 日）

家宝[1]同志：

我看了工、农、中、建四大国有商业银行有关考核评价办法后，总的感觉，各国有商业银行考核体系过于烦琐，有些指标实际上有内在联系，不必重复规定。所谓发展指标中，把存款增长率、人均存款额或人均新增存款额列为考核指标，容易导致高息揽储，弊端很大。我的意见，应取消这些指标。很重要的一点是资金的流动性，当前不少银行为降低近期的不良贷款比例，有意识地多搞长期贷款，掩盖了贷款的风险，因此应加大对贷款流动性考核规定的权重，而且要定期检查，不能一年算一次账。还有，财政部给各国有商业银行下达的利润指标形同虚设，可以取消。

以上意见，请酌。

朱镕基

2002 年 4 月 3 日

〔1〕家宝，即温家宝。

全力维护企业和社会稳定*

（2002 年 4 月 9 日）

这次会议的主要任务，是从改革发展稳定的大局出发，研究部署做好维护企业和社会稳定的工作。根据中央政治局常委会议的精神，我讲几点意见。

一、充分认识做好企业和社会稳定工作的重要性与紧迫性

当前，我国政治、经济形势是好的。同时，在改革和发展过程中，也存在不少困难和矛盾，特别是企业和社会稳定方面出现了一些新情况、新问题。今年以来，一些地方先后发生规模较大的企业职工群体性的聚集上访事件。这些事件有几个特点：一是规模比较大，行为激烈，反复性强，持续时间也长。二是出现组织化倾向，跨地区、跨行业串联集体上访的增多。三是境内外敌对势力极力插手。特别是大庆和辽阳发生的聚集上访事件，是近期规模大、影响面广的社会群体性事件。

中国石油天然气集团公司所属的大庆石油管理局和油田公司，从 2000 年开始分流企业富余人员，共依法解除劳动合同关系 7.3 万人。

* 2002 年 4 月 9 日，中央针对当时企业和社会稳定方面存在的一些突出问题，决定召开各省区市有关负责同志会议，研究部署做好企业和社会稳定工作。这是朱镕基同志在会上讲话的主要部分。

今年 3 月 1 日以来，大庆石油管理局数千名已经与企业签订解除劳动关系协议的人员，到石油管理局机关上访，持续了一个多月，聚集人员最多时达上万人，甚至出现上街游行、拦截列车、阻断交通、损毁车辆等过激行为，至今还没有完全平息。造成这次事件的直接原因，我们认为不是政策上有什么大的偏差。1994 年通过的《劳动法》明确规定可以解除劳动合同关系，但是要给予经济补偿，即一年工龄发一个月的工资，一次性发完；以后可以享受两年失业保险；两年后如还没有再就业，可以享受社会救济，现在叫最低生活保障。1994 年，国务院又发了通知，国有企业破产以后，职工解除与企业的劳动关系自谋职业，可以发给三年工资，作为一次性的遣散费，这实际上比《劳动法》的规定还优惠。大庆油田与职工解除劳动关系，一个人给予经济补偿最多的 17 万元，最低的也有 16 万多元，相当于他们原来年工资的五六倍，远远超过国家规定的标准。那么，发生这次事件的真正原因是什么呢?

第一，“买断工龄”这个提法不符合事实，也是不正确的。把一次性发安置费叫做“买断工龄”，实际上工龄并没有买断，因为国务院的文件规定得很清楚，工人虽然解除了跟企业的劳动关系，但国家对他原来的工龄是承认的，过去企业或者他个人所交的社会保险费，国家也都承认，将来他退休时，社会劳动保障机构仍然要给他发养老金，所以并没有“买断”。“买断工龄”的错误提法，给工人造成很大的误会，好像不管他了，对他过去的贡献都不认账了，根本不是这么一回事。

第二，国家政策规定职工有偿解除劳动关系以后，如果再就业了，那么劳动保障关系就接上了，就由新工作单位交社会保险费；如果没有再就业，职工可以自己交社会保险费，交不交完全自愿。交了以后有一个好处，就是退休的时候，养老金给付的标准高。这本来是为下岗工人和解除劳动关系人员着想的一条政策，但是大庆油田在执行黑龙江省政府关于调整养老保险个人缴费方式政策的时候，宣传解释得不够，而且制定的标准由国家规定的两档改为六档，最高的相当于工资的三倍。当然，这是自愿的，你交不交都可以，但这一点并没有给职工讲清楚。他刚拿了十几万块钱的补偿，如果一年要交一万多块，这钱还不够他交十年的，那他有什么安全感呀？这也是工作上存在的问题。

第三，油田的经济效益好转以后，在岗职工的奖金增加得太快，引起部分有偿解除劳动关系人员的心态不平衡。他们觉得解除劳动关

2002年3月29日，朱镕基在山西省太原钢铁（集团）有限公司不锈钢冷轧厂考察。左一为山西省委副书记张宝顺，左四为山西省委书记田成平，左五为国家计委副主任王春正，左六为财政部部长项怀诚，左七为国家经贸委主任李荣融，左八为劳动和社会保障部部长张左己，左九为山西省省长刘振华，右一为太钢董事长陈川平。

系吃了亏，所以要求重新恢复劳动关系，恢复上岗。

第四，部分解除劳动关系人员对如何解决住房和交物业管理费、采暖费等遗留问题，心里不托底，担心没有保障，对子女的就业难也有意见。

第五，思想政治工作不到位。对有偿解除劳动关系人员缺乏深入细致的思想工作，没有及时消除他们的误解，党组织的作用也没有很好地发挥。

另外，少数别有用心的人利用有偿解除劳动关系人员的不满情绪，传播谣言，进行煽动。境外敌对分子也极力收集这次事件的信息，伺机插手；境外媒体大肆恶意炒作，造谣诬蔑，煽风点火。这也是一个因素。

大庆过去是工业战线的一面旗帜，功不可没。石油行业重组上市、减员增效、提高市场竞争能力的改革方向是对的，也是有成绩的。大庆油田解除部分职工劳动关系，是依法进行的，经济补偿的标准与其他行业和企业相比较，也是很高的。这次出现聚集上访事件，主要是由于有些改革措施没有向群众讲清楚，工作不细致。大庆这样的企业，发生如此大规模、长时间的群体性事件，不仅严重影响了大庆油田正常的生产经营秩序和大庆地区的稳定，而且在国内外也造成了很不好的影响，教训是十分深刻的。

3月11日至20日，辽宁省辽阳市铁合金厂部分职工，因对企业破产后拖欠职工工资、医疗费，经济补偿金没有全部兑现，以及企业领导人员腐败等问题不满，联合其他13家企业的职工，多次大规模上访，前后达十天之久。经多方工作，特别是在公安机关拘留了几个与境外勾结的煽动闹事者以及涉嫌腐败的企业领导人之后，上访事态才趋于缓解。调查结果表明，这起群体性事件发生后，境内外敌对分子极力插手，企图扩大事态。上个星期，我会见了美国17位国会议员，其中一位议员对我说，你们辽阳发生了镇压工人的事件，你如何解释这个问题？我就告诉他，我们从来没有镇压过工人。这是一起由一些“民运”分子操纵的、组织地下工会针对政府的事件，我们传讯了几个人，指挥这次事件的“民运”分子就住在你美国。他不吭声了。

目前，大庆、辽阳两地社会群体性事件的局势虽已得到初步控制，但仍有反弹甚至升级、扩大的可能。金融领域的较大群体性事件也不少。我们一定要充分看到问题的严重性和复杂性，不能漠然置之，掉以轻心。当前，影响社会稳定的因素还大量存在。从国际上看，西方敌对势力继续对我国推行西化、分化战略，境内外敌对势力相互勾结，不断进行渗透和破坏活动，千方百计利用或制造不稳定事端，一有风吹草动，就大做文章，煽动闹事。从国内看，人民内部矛盾和社会热点问题较多，制约经济发展的体制性障碍和结构性矛盾相当突出，解决这些问题必然要涉及利益关系的调整，企业改制重组、破产倒闭的情况也会增加，人员下岗和再就业压力一时难以缓解。我国加入世贸组织在带来新机遇的同时，也面临一些新的挑战，一些竞争力不强的产业和企业受到一定冲击。农民负担重，增加收入困难。一些地方干群关系紧张，社会治安状况不好，消极和腐败现象仍然比较严重。所有这些，都是社会不稳定的因素。我们在推进改革和发展的同时，必须高度重视社会稳定工作，对可能引发不稳定的各种问题，必须未雨绸缪。宁可把困难估计得严重一些，把影响稳定的因素预想得多一些，把应对预案准备得充分一些，这样才能争取主动，防患于未然。

二、当前要努力解决的几个问题

第一，坚持国有企业改革方向，正确处理改革、发展与稳定的关系。国有企业改革多年来已经取得了很大进展，但是任务仍十分艰巨，相当多的国有企业仍然存在体制不顺、机制不活、冗员过多、效率低下等问题。我国加入世贸组织后，市场竞争更加激烈。不坚持推进改革，国有企业就没有出路，中国经济就没有希望。现在一些企业和地方出现的群体性事件，不是改革本身造成的，也不是党中央、国务院制定的方针政策有什么问题，主要还是由于没有完全执行中央统一的政策，或者是配套措施还不够完善，在执行过程中工作不力，有的是由于部分职工的思想观念还不能够适应新的形势变化。在计划经济体制向社会主义市场经济体制转变过程中，难免会出现一些问题。在这种情况下，改革要坚持，法律要坚持，思想政治工作要做透。在处理国有企业下岗职工和破产企业职工安置问题上，一定要严格依照国家的有关法律和政策规定办事，妥善解决好解除劳动关系时的经济补偿、接续社会保险关系等相关问题。只要工作做得好、做得细致，问题是可以平稳、妥善解决的。

各地区、各部门在推进国有企业改革时，要统筹考虑财政、就业、社会服务等有关方面，特别是企业职工的承受能力。凡是涉及职工切身利益的改革措施出台，一定要十分慎重。在进行企业改制重组、关闭破产时，首先要保证安置好职工。对企业分流富余人员，要进一步规范并严格执行有关的程序和制度。凡是职工安置和社会保障办法不完善、资金没有落实的，不能进入关闭破产程序。如果有的企业关闭破产涉及职工较多，工作一时又比较难做，就不要急于求成，贸然行事。在制定有关改革的政策时，要从实际出发，注意与相邻地区、其他行业的政策措施相衔接，也要与已出台的有关政策措施相衔接；同时，还要兼顾到企业内部不同群体之间的利益平衡。企业推进内部分配制度改革，也要适当兼顾上市公司与存续企业职工、留岗人员与分流人员的收入和福利水平，差距不能过于悬殊。企业增加职工工资、福利，一定要以提高经济效益为前提。企业效益好转了，也不能乱提工资、滥发奖金和过多增加福利。中央企业实施改制重组、关闭破产和分流富余人员，要与企业所在地政府充分协商，取得地方政府的支持，做好职工分流安置、接续社会保险关系等衔接工作。同时，要更加重视发挥党组织和党员的作用，党的组织不能散，党的工作不能停。对有偿解除劳动关系的党员职工也要加强组织管理。

还要强调，正确的改革政策措施，不能因为遇到困难和矛盾就加以改变，但是，在政策的实施中要周密考虑、精心操作。根据形势的发展变化，有些政策需要完善的，要抓紧加以完善。有些重大的改革措施，在试点没有取得成熟经验之前，不要急于铺开。

第二,千方百计开辟就业门路，切实做好再就业工作。党中央、国务院高度重视再就业工作，1998 年专门召开了国有企业下岗职工基本生活保障和再就业工作会议。这几年，下岗职工再就业工作取得了很大成绩。从 1998 年到 2000 年年底，国有企业下岗职工累计 2550 万人，已实现再就业 1700 万人，除办理退休手续和解除劳动关系的，目前下岗职工还有 500 多万人留在再就业服务中心等待再就业。随着国有企业改革的深入，还将有一些职工下岗分流，甚至失业。同时，社会其他方面的就业压力也很大。这是一项比较困难的工作，我们一定要努力去做，尽量地做好。

各级党委和政府要把就业和再就业作为一项重大任务，加大再就业工作力度，大力开拓就业领域，积极创造就业岗位。要发展具有广阔就业空间的第三产业特别是社区服务业，积极探索开发公益性就业岗位，如卫生保洁、环保绿化、交通管理、治安联防等等。有条件的大中型企业，通过主辅分离、开展多种经营等渠道提供新的就业岗位，尽可能多地安置分流人员。

要认真落实下岗职工再就业的各项优惠扶持政策。近几年，国家已经出台了一系列鼓励再就业的优惠政策，包括工商登记、场地安排、税费减免、资金信贷等，关键是有些地方没有很好落实。据反映，一些地方下岗职工没有享受到再就业的优惠政策，还存在着办证难、登记难、乱收费、乱罚款等问题。最近看到一份材料：一对下岗夫妇开了一间酱肉店，竟要办十多种证，交几十种费。这还怎么再就业啊？乱收费的现象这么严重，必须下大力气加以解决。各地政府要指定专门部门牵头负责，尽快建立健全下岗职工再就业优惠政策检查制度、部门协商通气制度、社会举报监督制度。要组织监察、计委、劳动保障、经贸、工商、税务、价格等部门，进行一次全面检查，对发现的问题要严肃处理。

同时，要加强再就业培训和就业服务，做好对下岗失业人员的管理工作。现在一些下岗职工就业技能低，是影响再就业的重要原因。国外有些好的做法，如订单式培训、对特殊地区和行业进行财政补贴、减免企业社会保险费用、补贴就业困难人员工资等，这些都可供我们研究借鉴。国内不少地方也都创造了一些经验，要总结推广。

第三，加快完善社会保障体系，构筑“社会安全网”。这些年，社会保障工作特别是“两个确保”[1]取得很大成绩，为推进改革和发展、保持社会稳定发挥了重要作用。但还有一些政策没有落实到位，存在不少问题。从目前参与群体性事件的人员来看，有偿解除劳动关系人员和下岗职工等参与的最多；从引发群体性事件的直接导火线来看，主要是养老、医疗以及工资福利待遇不落实，以及相互的攀比等问题。因此，必须认真扎实地做好社会保障的各项

〔1〕参见《在二○○○年中央经济工作会议上的讲话》（本卷第69页）。

工作。

当务之急，仍然是落实“两个确保”。要确保国有企业下岗职工基本生活费、离退休人员基本养老金按时足额发放，任何地方都不得发生新的拖欠。各地都要认真检查一下“两个确保”工作的落实情况。要加大对困难行业和困难企业“两个确保”工作监督检查的力度，切实做到不留死角。中央已经加大财政转移支付力度，增加“两个确保”资金，去年共拿出了485亿元，今年预算中已增加到512亿元。各级地方政府也必须大力调整财政支出结构，宁可减少其他方面的开支，也要增加社会保障资金。

要切实做好“三条保障线”的衔接工作，防止出现脱节现象。下岗职工基本生活保障、失业保险和城市居民最低生活保障，这“三条保障线”构成一个环环相扣的“社会保障网”。搞好衔接工作，就可以保证群众的基本生活，做到“人人无饥寒”，从而保证社会稳定。一些下岗职工本来就有困难，加上一些措施不配套，具体操作办法和标准不统一，如果社会保险关系接续不上，出现断档，就很容易酿成事端。必须做好社会保障的各项衔接工作，解除下岗失业人员的后顾之忧。

与此同时，要切实加强城市居民最低生活保障工作。各级财政都要逐年增大这方面的预算投入，扩大“低保”面，确保“低保”水平。尽快把所有符合条件的城市贫困居民都纳入“低保”范围，做到应保尽保。发放最低生活费补贴时，不要计算脱离实际的“虚拟收入”，而要核查真实生活状况。要按照属地化管理原则，将中央、省属企业，尤其是远离城镇的军工、矿山等企业符合条件的贫困职工家庭纳入最低生活保障范围。对企业改组改制和产业结构调整过程中出现的特殊困难群体，特别是中央、省属企业和城镇集体企业的特困职工家庭，以及下岗职工基本生活保障向失业保险并轨中新出现的需要最低生活保障的人员，要作为工作重点，切实解决他们的“低保”问题。

维护企业和社会稳定是全局性的工作，涉及社会各个方面。中央各部门之间、中央各部门与地方之间、地方与地方之间、地方与中央企业之间，一定要加强信息沟通，密切协商配合。对需要研究解决的有关政策问题，一定要各负其责，通过调查研究，及时解决，共同做好维护企业和社会稳定工作。

会见美国前国务卿基辛格时的谈话*

（2002年4月14日）

朱镕基：今天，我非常高兴能与基辛格博士、南希女士和芮效俭大使见面。我昨天刚从海南回来。今年是尼克松总统访华和中美《上海公报》发表30周年，我想这个日子不仅对中美两国关系是个重要的日子，对基辛格博士也是个重要的日子。基辛格博士和新中国的三代领导人都有很好的关系，像你这样的领导人在世界上已经不多了，所以我一定要从海南回来和你吃顿饭。

基辛格：很抱歉，我无法去海南。我感谢中方的盛情款待。我知道你在过去的十年间发挥了重要作用。我相信两国关系是亚太地区和平稳定的关键。

朱镕基：你对中美关系作出了杰出贡献，用什么方式来欢迎你都不过分。当然，我们不能用阅兵式来欢迎你，但我们可以用真挚的友谊来欢迎你。

基辛格：如果用阅兵式的话，那你就把我在华盛顿那里给毁了。

朱镕基：你与我们的三代领导人都有交往。我是个晚辈，但与你也交往很久了，算是个老朋友。我在与你的交往中，总是得到十分善意友好的帮助，我十分感谢。尤其是我1999年访美时得到你很多的

---

* 这是朱镕基同志在北京人民大会堂会见并宴请美国前国务卿亨利·艾尔弗雷德·基辛格博士时的谈话。基辛格是来华参加中美《上海公报》发表30周年纪念活动的。

2002年4月14日，朱镕基在北京人民大会堂会见美国前国务卿亨利·基辛格。

（新华社记者胡海昕摄）

帮助，很感谢。在中美关系忽冷忽热的时候，尤其需要你的帮助。

基辛格： 我感谢你在我历次访华期间给予我的款待和对与我谈话的重视。和我谈起你的人都赞赏你的才能、礼貌和敬业精神。在当前形势下，两国关系进入了一个个循环，其中一部分的问题是由于每届新政府都要制定新的外交政策，不同部门在执行外交政策时也有不同，但美中关系的基本方向是积极的。我见到的美方人士都希望中方不要作出一些对抗性的举动。

朱镕基： 我们还是不太习惯布什（指乔治·沃克·布什）总统的一些做法。

基辛格： 他从美国中部得克萨斯来，与纽约人的想法不太一样。他上台有赖于共和党保守派的支持。他正在向既定的对华政策过渡，需要在中国方式和得州方式之间作出调和。中国方式更加间接，而得州方式则是很直接的。

朱镕基：所以，我们应该多看西部片。

基辛格：有帮助。重要的是要找到一个合适的方式。我在回国后会向赖斯[1]女士转达我访华后的印象，但美方需要理解中国的方式。

朱镕基：开始，我们与老布什和克林顿也有分歧，相处不好；但是后来接触多了，相互了解了，关系变得不错，友谊也就产生了。

基辛格：相信和布什总统也会这样，但所有的一切都会受到中东问题的干扰。

朱镕基：你如何看中东问题？我看了使馆报来的你关于中东问题的讲话。

基辛格：我的观点是应该在外交上取得进展，但不能让恐怖分子认为我们在支持他们。任何协议的达成都需要让步，但让步不能被看成是向恐怖主义所作的让步。因此，我们要小心从事。据我看，两年前以色列从黎巴嫩撤军是把情况搞得更糟了，当时撤军是以一种突然的方式进行的，不要让人认为以色列现在也会突然从巴勒斯坦撤军。这是我的观点。至于美国政府的观点，每几个月就会改变一次，一会儿与我的观点相似，一会儿又不同。

朱镕基：这也是得州风格？

基辛格：这是没有经验的表现。巴勒斯坦和以色列考虑问题的方式不一样。以色列是从法律的角度看问题；而阿拉伯世界则比较浪漫，他们认为一些方法可靠，但事实上并不可靠。

朱镕基：但对阿拉法特[2]的安全是必须保证的，不然，阿拉伯世

〔1〕赖斯，即康多莉扎·赖斯，当时任美国总统国家安全事务助理。

〔2〕阿拉法特，即亚西尔·阿拉法特，当时任巴勒斯坦国总统、巴勒斯坦民族权力机构主席。

界都会反对美国。

基辛格： 我个人认为以色列军人冲入阿拉法特的官邸是不明智的，其结果是在阿拉法特还活着的时候就把他变成了受人尊敬的烈士。绝对保证他的安全一定要做到。鲍威尔国务卿今天要会见阿拉法特，这样就可以使阿拉法特的安全得到保证。

朱镕基： 我们的使馆说，你认为国防部部长拉姆斯菲尔德很好相处，但我觉得美国国防部的那些人都是站在台湾一边的。

基辛格： 很多人是，但拉姆斯菲尔德看得比较高，大家对他的评价很高。不是所有的观点我都和他一样。他对中方的想法还不了解。在美国，批评中国的人都认为中国大陆决心与台湾摊牌，他们是从军事的角度看待台湾问题的。绝大部分人都不了解中国愿以和平方式解决台湾问题，除非台湾宣布“独立”。

朱镕基： 我觉得美国的当权派不了解中国，希望他们能多来中国访问。

基辛格： 我想切尼副总统和拉姆斯菲尔德如果能访华的话会很好。他们如果访华，会谈的话题不应是技术性的，应该和今天一样。

朱镕基： 我希望他们的访问可以多少改变他们的看法。赖斯来了一次，希望她的看法有所改变。

基辛格： 赖斯对华没有什么具体的观点，但她了解一些情况总有益处。

当前要抓紧研究解决的几个经济问题*

（2002 年 4 月 30 日）

这次出访回来以后，我看了一些简报、材料，感到需要认真分析一下当前的经济形势。

总的看，今年第一季度的经济情况不理想。国家统计局公布，国内生产总值同比增长 7.6%。第一季度经济情况比较好的是三个方面。一是国债项目安排得比往年早，起到了拉动经济的作用；二是外商直接投资增长比较快，实际到位资金增长 26%；三是外贸出口比原来预计的好一些，同比增长 9.9%。

第一季度经济情况低于预期的方面，主要是财政收入增长缓慢。虽然“两税”〔1〕收入增长 15%，比较好，但由于关税算术平均税率降低了 3.1 个百分点，加权平均税率降低了 4.1 个百分点，海关的关税和代征税比去年同期减少 48 亿元，这个影响很大。财政收入增幅下降，还有其他一些减收因素。如果不努力增加收入，今年的财政赤字就会扩大。对此，必须引起高度重视。同时，近期安全事故比较多，公路、民航、铁路都发生了重大事故。中国国际航空公司成立 47 年从来没有发生过重大安全事故，半个月前却在韩国发生了坠

* 2002 年 4 月 15 日至 26 日，朱镕基同志对土耳其、埃及、肯尼亚进行了正式访问。这是朱镕基同志出访回京后在国务院第 57 次常务会议上的讲话。

〔1〕“两税”，指国内增值税和消费税。

机事件[1]。一些地方的煤矿、有色金属矿接连发生爆炸事件，伤亡了很多人。当然，我们这么大一个国家，一点安全事故都没有是不可能的，现在的问题是发生得太多了。社会群体性事件增加也是一个问题。特别是大庆市发生的群体性事件，在国内外的影响都很不好。

我感到，现在对经济形势缺乏综合分析。没有综合分析，就不能对整个经济形势作出正确的判断。每个季度都应该有一个对经济形势的综合分析，要加强这方面的工作。

当前，要抓紧研究解决以下几个问题。

一、关于财政收入问题

我现在最关心的是这个问题。一定要想办法增加财政收入。财政支出增加了，如果不能相应增加收入，赤字就要扩大。今年财政预算已经多发了500亿元的国债，不能再扩大。对此，一定要及时采取有效措施，千方百计增收节支。

第一，要切实加强税收征管。目前税收“跑冒滴漏”现象仍然很严重。特别是私营、个体企业偷税漏税相当普遍。一些拥有几亿、几十亿元财产的私营企业老板，生活极为奢华，却不缴纳个人所得税。这是不允许的，必须想办法解决这类问题。税务部门要去查账，依法收税。在许多国家和我国香港地区，不管你是什么大老板、是什么大官，都要照章纳税，否则就得坐牢。我们无疑要进一步发展多种所有制经济，非公有制经济是我国社会主义市场经济的重要组成部分，要继续鼓励和支持它们发展。但各类所有制企业都必须依法纳税，在税

〔1〕坠机事件，指2002年4月15日，中国国际航空公司执行北京至韩国釜山CA129航班飞行任务的波音767客机，在韩国庆尚南道金海市坠毁。机上166人中，有128人死亡。

收征管上要一视同仁。只靠国有企业交税，这怎么行呢？私营、个体经营者的合法利益应予保障，但是他们的企业必须交增值税、所得税和社会保险费，他们自己的所得也应当缴纳个人所得税，否则就是违法。现在，有些企业和机关、事业单位滥发补贴、奖金，多得惊人，又不交个人所得税，不但造成税收大量流失，还造成相互攀比，导致社会心理不平衡。我们要研究、借鉴国外的做法，强化对各类企业和个人所得的税收征管。

第二，对涉外的一些税收政策，要调整、完善。有些税收优惠政策已经到期了，有些政策应加以修改，或者按照世贸组织的规则加以调整。总的原则是，对各类企业要逐步统一政策，公平税赋，目的在于促进平等竞争、增加国家财政收入。今年 1 月 1 日起，对生产企业出口货物实行免、抵、退税改革，增值税已开始减收，但出口退税政策还在执行。要严格把关，防止“扁担没扎，两头打塌”。

第三，加强财务管理，节省开支。严格按预算支出，不该花的钱坚决不花，节省一切不必要的开支。没有列入预算的支出项目，即使有需要，也不能随意追加开支。要按照国务院的部署，推行“收支两条线”改革，特别是执法部门如果再不实行“收支两条线”不得了。要彻底改变一些部门和单位用“小金库”滥发奖金、补贴的现象。

二、关于进出口问题

今年 3 月底，国家外汇储备已达到 2276 亿美元。因此，在继续抓好出口的同时，适当增加一些进口，不会影响外汇平衡，还可以增加海关环节的税收。对一些不会冲击国内农业和工业企业的产品，可以考虑多进口一点。粮食现在供大于求，不能多进，否则冲击农民，那不得了；汽车不能多进，多进口收不到多少税，还挤占了国内汽车企业的市场。当然，要按加入世贸组织的承诺办事。对有些国内有市场、又不会影响国有企业和农民利益的商品，多进口一点，既有利于增加海关税收，也有利于市场竞争，打击假冒伪劣商品。

从当前情况看，我们可以从外汇储备中拿出一两百亿美元，用于支持外贸出口和"走出去"投资办厂。最近，我出访了几个发展中国家，也接待了一些来访的发展中国家领导人。我国对这些国家的外贸出口都是顺差，这主要是由于它们没有多少我国市场需要的商品。要改变同它们的贸易不平衡状况，一个比较好的办法，就是要鼓励我国企业到这些国家去投资兴办企业，同当地企业合资或合作生产，适当让利，就像我国改革开放初期搞加工贸易的办法那样。我们主要赚元器件、零部件的钱，它们赚加工装配的钱。在对外承包工程方面，可以再放开一点。在国外要能承包到工程，就得带资承包；即使我们的建筑成本低，有竞争力，但如果不搞带资承包，也难以中标。所谓"带资承包"，就是给外方贷款，一种是无息贷款，一种是优惠贷款，一种是商业贷款，还有一种是无偿援助。要根据不同情况来决定。在外方接受带资承包的条件下，我们可以推荐几家国内公司投标。但是，如果不让我方承包，我们就不给贷款。这样做，可以带动我国的设备、原材料和劳务出口，会拉动国内的生产。为此，要适当放开一点出口信贷的规模。当然，也一定要考虑到在一些国家的投资风险，要看这些国家是否有一定的偿还能力，不能一拥而上。

对发展中国家，特别是周边国家搞一些工程承包，帮助它们建设一些项目，花点钱是值得的。就像越南、缅甸和巴基斯坦，这些国家同我国关系友好，对它们的投资，实际上是一种"友谊投资"，政治意义重大。当然，我们还是发展中国家，只能量力而行。要根据国家利益和对方的还款能力，确定不同的贷款方式。在国外搞商品贸易中心，既搞商品展销、贸易信息服务，又搞批发贸易、零售贸易，也是促进外贸出口的有效办法，这方面我们与俄罗斯已经开始搞了。

要鼓励各类所有制企业“走出去”，重点还是要支持国有企业“走出去”。我国的一些家电产品、通信产品和其他消费品，都是很有竞争力的。我们的国有企业再不“走出去”，就会越来越困难。同时，也要积极支持一些有实力、有信誉的私营企业“走出去”，开拓国际市场。要扩大出口贸易，还要邀请国外企业家来我国看看，他们了解了我国的产品和市场，就会来做生意。要“放长线，钓大鱼”，着眼于还没有开发的市场。

三、关于整顿市场经济秩序问题

目前，一些地方的市场经济秩序仍然相当混乱，整顿市场经济秩序的工作绝对不能放松。去年整顿了一年，今年仍然是“整顿年”，明年还要整顿。中央电视台《焦点访谈》节目，经常反映一些市场经济秩序混乱的问题，希望各部门的负责人都要经常看这个节目。如果不能每天看，可以跟中央电视台打个招呼，凡是有关经济方面的内容，请他们送一个文字摘要过来。最近，《焦点访谈》揭露某些私营企业生产质量低劣的“地条钢”〔1〕；某些企业在劳动保护、环境监管方面严重违法，损害工人的安全、健康，甚至大量死人等。在《焦点访谈》揭露之前，有关部门、地方领导还不知道，这是很不应该的。

当前，有些私营企业用原始积累那一套残酷剥削工人的办法来发展自己，这个问题值得注意。它们只顾追求利润，而置工人的利益和生命、健康于不顾，这是与发展社会主义市场经济根本不相容的。各

〔1〕“地条钢”，指以废钢铁为原料，经熔化而成的不能有效地进行成分和质量控制的钢。

部门、各地方要贯彻“三个代表”的要求，绝不能让这种情况继续存在下去。质检总局、工商总局等部门要切实负起责任。对违法犯罪分子手下留情，就是对人民群众的无情。如果再让“地条钢”等假冒伪劣商品横行，将来不知道要垮多少栋楼、死多少人。所以，整顿和规范市场经济秩序、打击违法犯罪分子的任务还非常重。国务院整顿和规范市场经济秩序领导小组要继续存在，还得大力推动这项工作，狠狠打击制售假冒伪劣商品等违法犯罪活动。这样，才可以增强消费者的信心，扩大国内的消费市场，国家也才可以增加税收。

四、关于再就业问题

当前要特别重视保持企业和社会稳定，其中非常重要的方面，就是要进一步做好下岗职工再就业工作。对于大庆市发生的社会群体性事件要很好总结教训。现在看来，在做好“两个确保”〔1〕的同时，要用更大的力量抓好下岗职工再就业工作。光花钱把人养起来不行，如果没有事干，闲散游荡，无事容易生非。大庆的事件到现在还没有完，有些人还在闹事。从这个事件可以得到一个教训，有偿解除劳动关系的做法不能简单地叫做“买断工龄”，实际上买不断，也并没有买断。今后要慎重，尤其是在像大庆那样原来企业和城市一体的地区。我想到南唐后主李煜的一首词中说：“剪不断，理还乱，是离愁。别是一般滋味在心头。”〔2〕我把它改成：“买不断，理还乱，是隐忧。总是一个麻烦在手头。”工龄是买不断的。你把人家几十年作的贡献都买断了，他能承认吗？还是要采取一套方法，就是国有企业职

〔1〕参见《在二〇〇〇年中央经济工作会议上的讲话》（本卷第69页）。

〔2〕见李煜《相见欢》。原词是：“无言独上西楼，月如钩。寂寞梧桐深院锁清秋。剪不断，理还乱，是离愁。别是一般滋味在心头。”

工下岗出再就业服务中心与失业保险并轨，如果找不到工作，就实行城市居民最低生活保障。大庆已经实行“买断”的办法不能动摇，如果动摇，麻烦就更大了，但是教训一定要吸取。深化国有企业改革，还是要精减富余人员，不然企业就难以增强竞争力，但是，精减富余人员的做法也要改进。上市公司如果要精减人员，先要安排他们到存续企业；存续企业安排不了，再安排别的就业门路；实在不能再就业的，就进入社会保险。劳动和社会保障部要从大庆等事件中总结经验教训，检查再就业工作的具体政策措施。辽宁省的试点，要把下岗职工出再就业服务中心同与失业保险并轨结合起来，要把扩大再就业作为试点工作的重要内容。

要千方百计扩大再就业，在这方面花点钱、多下一些工夫，是必要的，也是值得的。各级财政要专门拿出一笔钱来做这个事。我记得前两年，大连市推广下岗职工在24小时内就可以找到就业岗位的做法。给下岗职工介绍工作，如果你不去、挑挑拣拣，那是你的事，是你的择业观念有问题。各地要专门组织一批人，到再就业工作搞得好的地方学习经验，有关部门也要很好地总结和推广这些经验。对下岗职工要办培训班，提高他们再就业的职业技能。扩大再就业工作要发挥社区、街道的作用，社区、街道的工作要跟上去。对离退休职工要关心，不能把他们打入另册。总之，关键是要高度重视再就业问题。

最后，各部门都要总结今年以来的经济工作，切实加强经济形势分析。上面讲的意见，请各部门负责同志认真考虑。国务院办公厅要发个通知，要求各部门认真总结今年前四个月的工作，全面检查并总结对党中央、国务院确定的各项重大决策、改革措施和重点工作的落实与执行情况，并对今年上半年乃至全年的经济走势作出预测，提出需要进一步采取的政策措施和建议。今年还有困难，而且困难还相当大，大家不能盲目乐观、掉以轻心。

参观胡雪岩故居后的留言*

（2002 年 5 月 5 日）

胡雪岩故居，见雕梁砖刻，重楼叠嶂，极江南园林之妙，尽吴越文化之巧。富埒王侯，财倾半壁。古云：富不过三代。以红顶商人之老谋深算，竟不过十载。骄奢淫靡，忘乎所以，有以致之，可不戒乎？

朱镕基

二〇〇二年五月偕夫人及
爱女于胡雪岩故居

---

* 2002 年 5 月 5 日，朱镕基同志偕夫人劳安和女儿朱燕来在浙江省杭州市参观了胡雪岩故居。

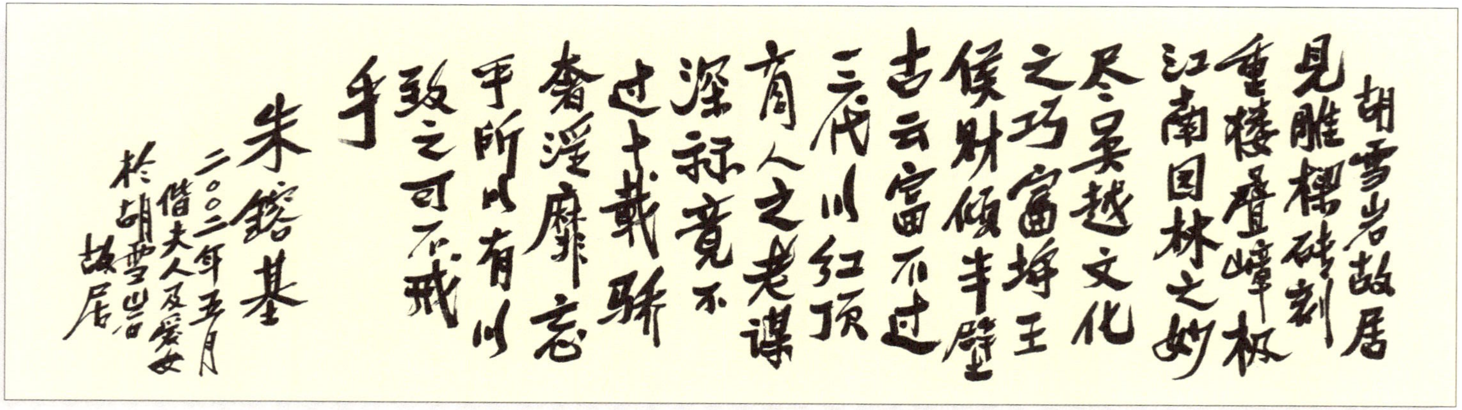
胡雪岩故居
見雕樑磚刻
重樓疊嶂极
江南园林之妙
尽吴越文化
之巧富埒王
侯财倾半壁
古云富不过
三代以红顶
商人之老谋
深算竟不
过十载骄
奢淫靡忘
乎所以有
致之可不戒
乎
朱镕基
二〇〇二年五月偕夫人及爱女
於胡雪岩故居

中国有希望成为世界第一造船大国*

（2002年5月5日）

发展船舶制造对拉动经济增长和劳动力就业，作用很大，而且看得见，不像某些小商品。因此不要等闲看待这个问题，中国有希望成为世界第一造船大国（就吨位比较）。因此，财政部、外经贸部、进出口银行、外汇管理局等有关部门要下决心支持造船业发展。我们现在也有这个条件。

朱镕基

5.5

* 这是朱镕基同志在国务院办公厅关于国家发展计划委员会等部门《关于出口船和内销远洋船政策问题的请示》签报上的批语。

抓紧做好对三峡库区水污染防治和库底固体废物清理工作*

（2002年5月7日）

请岚清[1]、邦国[2]、家宝[3]同志批示。由于时间紧迫，为免遗祸子孙，建议所有资金缺口（包括30%部分和超预算部分），请主管部门审核后，先由中央垫付，以后再算账。如果由于资金问题扯皮而耽误工程者，要严肃查处。（此项原则适用于库区水污染防治，库底固体废物清理和山体滑坡治理，请计委、财政部、三峡建委、重庆市、湖北省一体周知。）

朱镕基

5.7

---

* 这是朱镕基同志在国家环境保护总局《关于三峡库区水污染防治和库底固体废物清理工作的报告》上的批语。

〔1〕岚清，即李岚清。

〔2〕邦国，即吴邦国。

〔3〕家宝，即温家宝。

高度重视安全生产工作*

（2002 年 5 月 8 日）

现在召开一个紧急的国务院常务扩大会议，主要是研究和部署当前安全生产工作。我先讲几个问题。

一、当前交通、生产安全形势严峻。

昨天晚上 8 点半，北方航空公司的一架 MD82 飞机从北京飞往大连。机上有 103 名乘客、9 名机组人员，一共 112 人。晚上 9 点 32 分，飞机到了大连上空，机上报告客舱起火，但马上就失去联系了，8 分钟后，在大连机场附近海面坠毁。昨天晚上我接到报告后，立即打电话告知王忠禹同志三条意见：（一）立即派出人员前往事故现场组织抢救，国务院副秘书长尤权，国家经贸委、交通部、中国民航总局各派一位负责同志，于今晚连夜赶往大连，全力以赴组织抢救。（二）立即将此情况报告中央政治局常委各同志。（三）立即与中央军委办公厅联系，请给予支持。当时我说，不管怎么样，就是要救人，不管有没有生还的希望，都要尽最大努力抢救。我给王忠禹同志挂完电话，马上就给江泽民总书记去了电话，向他报告了事故情况。江总书记接到我的电话后，指示要尽力抢救，并马上告诉中央军委办公厅派出海军舰艇参加抢救。在此之前，国务院办公厅已与中央军委办公厅联系，李岚清同志也将报告批给胡锦涛同志，胡锦涛同志指示中央

---

* 这是朱镕基同志在国务院第 58 次常务扩大会议上的讲话。

军委办公厅要积极配合抢救。国务院组织的事故处理小组，已于今天凌晨2时10分乘飞机赶赴大连。救援和事故调查工作正在抓紧进行。我们要按照江总书记的指示精神，全力做好搜寻、打捞等各项救援工作，并做好遇难人员家属的慰问和安抚工作。辽宁省、大连市和国务院有关部门，要密切配合，协调行动。要根据有关国际公约和国际惯例，做好外籍遇难人员的善后工作。

这次空难事故的原因还没有查清，但这是从4月15日国航飞机在韩国釜山坠毁以来22天时间里，发生的第二次坠机事故。大家都还记得，“4·15”坠机事故发生后，我就立即指出，要注意防止连锁反应，不能再发生空难。这句话我在国务院总理办公会议上也讲过。空难连续发生，造成大量人员伤亡，我们何以面对人民！

还要看到，最近除民航发生了两起重大事故外，公路运输、煤矿生产等方面也是事故不断。仅4月1日到28日，全国煤矿就发生事故125起，死亡329人；其中，一次死亡10人以上的特大事故7起，死亡114人，超过了去年整治前的月平均数。5月4日，贵州省毕节地区威宁县一无证煤矿发生瓦斯爆炸，造成23人死亡、4人受伤。最令人难以置信的是，5月5日，湖北省十堰市的一辆大客车，在行驶途中被山上坠落的一个大石头砸中，死了17人，受伤几十人。

各种事故不断，特别是两次重大的空难事故，影响是非常恶劣的。面对这种情况，我的心情非常沉重，怎么就会频繁地发生这些重大事故呢？我觉得很对不起人民。我建议国务院各个部门，特别是有关主管部门的负责同志，要把互联网上人民群众对我们的批评，让秘书给你下载一些看看。我们不能漠视群众的意见啊！当前交通、生产安全问题严重，必须引起大家高度重视。

二、务必集中精力加强安全生产工作。

从现在起，各地区、各部门和各单位都要坚决采取有力措施，防止各类重大安全事故发生，特别要抓好以下三个方面。

第一，切实树立安全第一的观念。安全生产事关人民群众生命、财产安全，事关社会稳定。一定要从改革、发展、稳定的大局出发，真正警醒起来，集中力量抓安全生产，坚持安全第一。任何企业都不能为追求一时的利益草菅人命。民航、铁路、交通、矿山，以及各类生产企业，都要认真吸取教训，举一反三，引以为戒，绝不能存有任何侥幸心理。现在有些个体、私营企业老板不管群众的死活，一些公共娱乐场所根本没有消防设施，甚至有的为了干不可告人的勾当，把门都锁起来，不许里面的人出去，一起火就不得了。国务院各个部门的领导同志一定要切实抓好安全生产工作。

现在，有些同志认为要开党的十六大了，政府快要到届了，心都散了，忙着出国。我不是讲不应该出国，但出国不能耽误工作。我们是共产党的高级领导干部，重任在肩，心不能散，如果该管的事情不管了，怎么行？现在去香港的代表团太多了，有的省一个代表团几百人，最多的达 500 人；不仅是省级干部带人去，不少市县也纷纷组团去。我多次讲过，招商引资是企业行为，要经过可行性研究，进行许多谈判。一个小城市的代表团跑到香港签好多个协议，不是骗人的吗？我感到，现在由于我们的经济形势好一点，手里钱多了，产生了一股奢靡之风，到处建楼堂馆所。我们表扬一些地方、一些城市的面貌有明显改变，是讲那里的基础设施建设进展比较快，不是讲要到处盖房子。房地产业一拥而上，根本卖不出去，还在那里盖房子。应当指出，改变城市面貌，不是靠多盖房子、乱花钱，这都是老百姓的血汗钱，绝不能任凭这个风气继续下去。

同志们，别把我们当前的经济形势看得太好了，还存在很大的隐忧。如果不警觉，好的经济形势也有可能发生逆转。为什么这么说呢？因为我们的底子薄，经不起折腾。每个人只要多花国家财政一分钱，就不得了。如果还是那样地乱花钱，今年的日子就过不下去，这是非常危险的。是到了大家警醒的时候了，要当头棒喝，不要忘乎所以。各部门的领导同志要统一步调。今年的改革步子不小，对所得税收入实行中央和地方按比例分享的改革、扩大农村“费改税”范围，这些都是很大的步子，不能掉以轻心。所以，大家都要把心收起来，把精力全部贯注在主管的工作上。首先要抓好安全生产，别死人。我们这一届的内阁成员，有的人还年轻，后面还有很长的路要走；有的人年纪快到了，大家都要给自己的工作画上一个圆满的句号，别在这个时候画上一个惊叹号或一个问号呀。大家都要兢兢业业，站好本届政府最后一班岗。

第二，在国务院安全生产委员会的组织下，立即在全国各个领域全面开展一次安全生产大检查，认真查找隐患，堵塞漏洞。我刚才讲最怕人心涣散；死人，就会涣散人心。安全生产抓好了，能够创造很大的效益。处理一次空难要花多少钱，花多少精力！国务院已经确定的安全生产五个专项整治工作（包括民用爆破器材和烟花爆竹、道路和水上交通运输、煤矿安全、化学危险品的储运、公众聚集场所消防），要继续深入开展下去。特别是公共娱乐场所也要进行整治。这次还要将民航、铁路、水上交通、石油石化、电力、军工等行业，作为安全生产大检查的重点领域。市场管理部门，包括工商管理、质量检查、公安、安全管理等部门，绝不能够手软，对存在安全隐患的企业，该关闭的坚决依法关闭，该停产整顿的坚决停产整顿。重大安全事故的发生，大都与管理不严、安全措施不落实有关。安全生产管理工作必须加强，要搞好安全生产监督管理工作的基础性建设，建立健全安全生产监督管理体系和工作机制，认真落实各项规章制度和操作规程，加强日常安全生产的检查工作，坚决纠正各种违规指挥和作业现象，做到有章必循、违章必究，绝不能姑息迁就。必须确保飞机、船只、车辆、道路等各种设备设施处于良好的技术状态，该淘汰的坚决淘汰，该维修的抓紧维修，绝不能带病运行。

第三，严格执行安全生产责任制。安全生产责任重于泰山。各地方政府一把手，要对本地区安全生产工作负总责。各职能部门要按照各自职责分工，切实负起责任。各企业主要负责人要对安全生产负责任。我们一直在强调责任制，出了事故就要找出事故责任人，出了事故不处分责任人是不行的。要告诉地方的领导同志，不能只靠中央来追究省长的安全生产责任。各地方都要把本地区的安全生产责任制建立起来，发生安全事故就要严厉查处，该撤职的就要撤职。如果这一点还做不到的话，我们党和政府的威信何在呢？国务院在去年已经颁发了《关于特大安全事故行政责任追究的规定》，发生特大安全事故要追究有关领导干部的行政责任，构成犯罪的还要依法追究刑事责任。中央要严格执行这方面的规定，地方各级政府也要切实贯彻执行，严厉查处各种安全事故，严肃追究有关领导者和直接责任人的责任。各部门、各省区市对造成安全事故的领导人员和直接责任人绝不能讲情面。

我在4月30日的国务院第57次常务会议上有一个讲话，讲了第一季度的经济形势，也特别讲了安全事故，很担心会发生连锁反应。发生一次，可能马上要来第二次甚至第三次。这是我的经验。我再次拜托中国民航总局的领导同志，千万别再摔第三架飞机了，如果再摔第三架飞机，就请你们自己辞职。我希望这次空难事故，能够使我们警醒起来。

三、认真传达贯彻这次会议精神。

第一，各部门领导同志回去后，尽快召开党组（委）会议，传达贯彻这次会议的精神。要认真总结本部门、本系统的安全生产工作。在党组（委）开会讨论了一些具体措施以后，再向司局级以下的干部传达。一方面，传达国务院这次常务扩大会议精神；另一方面，把你们本部门需要整改的问题和准备采取的措施，传达到每个司局级以下的干部。特别是几个重点部门，包括交通运输部门、安全生产管理部门、工商总局、质检总局等，你们开完党组会，研究出具体的措施以后，应该立即传达到部门的全体同志。每个行业都有安全生产的问题。我最近听到一个反映，现在老百姓对食品卫生、家具质量、室内装修，都非常不放心，因为里面含有许多有毒、有害的物质。这些也都是人命关天的事情。如果人民群众没有安全感，还有什么消费意愿?!

第二，请同志们把我 4 月 30 日在国务院常务会议上的讲话再看一看。我那个讲话是要求每个部门都要总结今年第一季度的经济工作，或者前四个月的工作，然后提出改进措施。对第一季度的经济情况绝不可盲目乐观。我们对外讲有时候要说一些鼓劲的话，但千万不要以为经济形势就好得不得了，工作也放松了，这是不行的。现在的经济发展有点危险，几项改革的任务很重，大意不得，搞得不好就会出偏差，财政就要减收，形势就会急转直下。参加世贸组织本身就是一个很大的挑战，我现在越来越感到这个挑战的严峻性。目前是我们最困难的时候，也许度过这一两年困难时期，形势就可以好一点。

同志们，无论如何要把今年的工作做好。今年可能有很多意想不到的困难，碰到很多意想不到的新情况，我们绝对不能掉以轻心。让我们大家共同站好本届政府的最后一班岗，不辜负党对我们的期望，也不辜负人民对我们的信任，以优异成绩迎接党的十六大的召开。

深圳改革发展要走在全国前面*

（2002年5月10日）

你们汇报谈到全面优化投资、发展环境，提高城市综合竞争力的问题，我觉得这个问题对深圳来说非常重要，应该作为第一位的工作来抓。深圳要发扬过去在改革、发展的许多方面走在全国前面的精神，为继续走在前面而努力。现在不敢说深圳各方面都已走在了前面，其他省市这些年发展也很快，有些方面走在了你们前面。深圳的干部要有危机感，这样才能使工作有新的进步。

第一，全面改善和优化投资、发展环境，还有许多问题要解决，不仅仅是减少收费、降低企业负担的问题。开放要走在前面，吸引外资，发展高新技术产业、第三产业都要赶上去。如果不花大力气进一步优化投资环境，特别是"软环境"，那就难以在激烈的国际竞争中立于不败之地。深圳一定要抓住当前有利的国际机遇，依靠优化投资环境，特别是"软环境"，吸引外资和跨国公司大批地进来。深圳的"硬环境"是不错的，像基础设施、道路交通、电信、城市环境等等，就全国来说也是在前面的。当然，也还有需要进一步改进、提高的地方。深圳当前最重要的是要进一步优化"软环境"，靠"软环境"

* 这是朱镕基同志在北京中南海办公室听取深圳市委、市政府负责同志工作汇报后的谈话。深圳市委、市政府负责同志汇报了在我国加入世界贸易组织新形势下，深圳加快改革、发展步伐，争取在若干服务业领域率先对外开放，先行先试为全国探路的一些设想、思路和建议。

吸引跨国公司进来。深圳的“软环境”现在不一定有上海的好，上海这几年赶上来了，你们要急起直追。跨国公司很看重“软环境”，包括法制环境、市场秩序，也包括你们刚才谈到的政府行政体制的改革创新、政府行政效率的提高等等。在这些方面，我们还是要看到差距，看到存在的问题，下大力气去改进。目前，在我们国内，不只是深圳，就是上海，在投资“软环境”方面也还是比不过香港。香港是世界上投资环境最好的地区之一，有很多方面值得我们学习、借鉴。深圳的投资环境，还要注意社会治安问题。看一个城市的投资、发展环境，也包括老百姓能不能安居乐业，安全是最重要的。所以，深圳在这个方面还要急起直追。上海有些经验也是值得你们学习的。我每天都看香港报纸，起码看一份。香港报纸对深圳社会治安存在问题的一些批评性报道还是时常有的，比如抢劫凶杀、“黄赌毒”、黑社会性质团伙犯罪等等，我看了也不全信。但是，我们从中也能发现一些问题，引起我们的重视。深圳要十分注意把社会治安搞好，让人家来这里投资、发展有安全感。现在吸引外资不能再靠优惠政策、靠减免税，地方也无权去减免税。靠这些是不行的，现在要靠硬功夫，这个硬功夫就是改善投资环境，特别是“软环境”。深圳在这方面的条件、基础比上海还要好，而且城市规模没有那么大，情况没有上海那么复杂，人也少得多，总会好办一些。深圳的同志一定要认识到深圳的生命在于“软环境”。

第二，你们汇报提到以树立诚信形象为核心，标本兼治，整顿、规范市场经济秩序。这个讲得很好，希望深圳在这方面也走在全国前面。一个国家、一个地区、一个城市，如果没有信用文化、没有社会的诚信，是不行的。现在，我们国家在这些方面还存在不少问题。可以说有法不依、执法不严的现象相当普遍。市场经济秩序就是要靠法律来规范、靠法制来保护。还有，要注意对社会中介组织进行整顿，使这些社会中介组织能够比较规范，在社会上重新树立起公正、诚信的形象。

第三，你们提到要加大力度培养、引进高素质人才，我觉得这对深圳来说也是至关重要的。深圳不仅要引进资金和技术，更重要的是要引进人才，特别是熟悉国际贸易、金融、法律、管理的高级人才。深圳有没有活力、有没有竞争力，很重要的一个方面就看人才的情况怎么样，看能不能大批引进高素质的人才。

我还想谈谈你们提出的希望国务院能够给予支持、帮助解决的几个问题。你们提出加入世贸组织以后深圳希望在服务领域先行先试，在这方面提出了一些具体要求，也有一些设想和措施，我原则上都同意，你们都可以大胆地去试验。但是，一定要注意做好可行性研究，认真分析、权衡利弊，确实是利大于弊的，对深圳的建设、发展有好处的，对全国发展也是有好处的，就可以大胆地去探索、去试验。比如，你们提到让香港的中小银行到深圳来开展业务的问题、深圳机场与香港机场合作的问题等等。我看，这些在权衡利弊以后，只要是利大于弊的，都可以做。又比如，是不是可以让香港的执业会计师、律师等进入深圳？我觉得这是一件好事，因为这些方面正是我们内地薄弱的地方，香港在这些方面的人才比较多，也积累了一些比较好的经验。我想，你们可以在这些方面大胆去做。但是，香港在这些方面也是良莠不齐的，有一些很好的会计师事务所、律师事务所，也有一些做假账的、没有诚信的。所以，要注意筛选，选择一些好的合作伙伴，引进一些好的中介组织。还有其他一些问题，如深圳在商贸服务、物流等方面对外开放的一些要求和设想，你们都可以大胆地探索和试验。在这些领域的有些方面，我国政府在加入世贸组织的时候有一个总体的承诺。这个总体的承诺是不能突破的，但深圳可以做一些试验，探探路。只要是利大于弊的，都可以先行先试。这些问题，你们可以进一步与各有关部门去商量、研究。还有，你们提到跨国公司、外国财团到深圳来设立总部或者采购中心等，现在受到的主要限制和障碍是个人所得税税率太高。在香港个人所得税税率是15%；到了中国内地来，在深圳也好、上海也好，个人所得税累进税税率最高是45%。这确实是个问题。当然，税法是非常严肃的，从全国来看要很慎重。我现在考虑，深圳既然提出这个问题了，就可以让财政部、税务总局都来研究，让深圳先做个试点，看看情况怎么样。企业所得税也有一个税率高的问题，但这个问题现在对外资有照顾、有优惠，比如经济特区企业所得税税率是15%，其他经济技术开发区企业所得税税率有的是24%。加入世贸组织以后，就要考虑税负公平问题，比如都征25%的企业所得税，不管内资、外资、在什么地区，都一样。这些问题都是下一步要研究的。还有，你们提出证券市场恢复主板或创业板上市的问题。我原来是答应在深圳设立创业板的市场，目前还没有完全实现，原因主要是考虑怎么把握创业板上市时机和创业板上市的条件是否成熟的问题。现在我国的主板市场还存在很多问题，在这些问题没有能够得到很好解决的情况下又推出创业板，会出现什么样的情况呢？对于这个问题确实要慎重地考虑。现在，我可以明确地说，创业板市场还是要开办的，还是在深圳上市。我们现在正在对主板市场进行一些整顿，也逐步到位了；国有股减持问题如果能够解决好，对主板市场不会引起大幅度的振荡，在这样的情况下，创业板就可以上市了。目前还是请深圳耐心等待，也不宜现在恢复主板市场，因为创业板迟早要上市，而且时间不会太长，如果又去把主板市场恢复了，不太好。从长远发展来说，全国还是一个主板市场比较好。

最后，我想讲讲你们提到的关于国有企业改革的问题。我觉得你们汇报中有个别的提法要修改，要把握好。比如，你们提到：公益性的国有独资企业要改造为国有控股企业，我建议把“要改造为”改为“可以改造为”。也就是说，并不是所有的公益性国有企业都要减持股份、都要改造为国有控股企业，而是应该根据不同的情况，有些可以减持股份，改造为国有控股企业，有些也还可以是国有独资企业。另外，就是对于一般竞争性领域的国有企业，也不必都要减持股份、都要改制，也不应该全部退出。在一般竞争性领域里，搞得比较好的国有企业，效益比较好、有竞争力的国有企业，就不应该退出，而且要继续办好，帮助它发展壮大；只是那些搞不好的国有企业才让它退出。当然，退出有减持股份、转制改造、关闭破产等多种形式。在关闭破产的时候要注意安置好员工，维护社会稳定。总之，我在这里强调的一条就是，不管是在什么领域，搞得好的国有企业都不要退出，不必都要去减持股份、转制改造为股份制或是其他性质的企业。这点意见也希望你们认真考虑，在实践中把握好这个问题。

会见美国国会众议员时的谈话*

（2002 年 5 月 30 日）

朱镕基：今天非常高兴与两位众议员和你们的夫人，还有韦尔曼〔1〕副总裁见面。听说你们到了河北遵化，到了农村，赞助那里的教育事业，并且亲自参加劳动，我非常感动。我们的外长告诉我外交部的两位司长也去了，要是我去，我肯定可以干得和你们一样好，因为我在农村劳动了五六年。我应该代表河北的农民感谢你们，你们为他们做了一件好事。你们这次来对中国的农村有所了解，对中国也有了更好的了解，这对促进两国关系有益。听说你们参观了那里的长城，那段长城从来没有外国人去过。那边路不好，很抱歉，乡村有的地方路还没有修好。最近四五年，市、县一级的路都修好了，县以下的修路任务还很艰巨。我欢迎你们访问中国，先听听你们的意见。

特纳：我以我本人的名义，并代表巴库斯先生夫妇和韦尔曼先生，对我们在中国受到的友好款待和深情厚谊表示感谢。这次能来中国是得益于UPS公司的赞助。UPS公司赞助10万美元在遵化盖了一所新的小学，还赞助了一个电脑实验室，并配备了电脑。在两天时间里，我们和 UPS 公司的 50 名雇员共同建成了这个实验室。这次我们访问了北京，也到了农村，中国人民的热情友好使我们难以忘怀。50 名 UPS 雇员、3 位

---

* 这是朱镕基同志在北京中南海紫光阁会见美国国会众议员吉姆·特纳夫妇和斯潘塞·巴库斯夫妇等人时谈话的主要部分。

〔1〕韦尔曼，即阿诺德·韦尔曼，当时任美国联合包裹服务公司（UPS）副总裁。

议员及其夫人对建筑知之甚少，但两天之内完成了任务，作出了很好的成绩。中国的儿童非常聪明，他们都在学英文，还想学电脑、上网，给我们留下了深刻的印象。提起乡村的道路，我本人来自得克萨斯州的农村，我们的选区就有土路。城乡之间的差异，中国有，美国也有。这次我们很高兴看到中国的两个方面——城市和乡村。我同意你的观点，我们应该为加强美中友谊而共同努力。UPS 公司的韦尔曼先生是个热心人，他希望把从中国得到的回报给中国。巴库斯议员也说今后如果有中国人去华盛顿，他会给予同样热情的款待。

巴库斯：总理先生，我从小就学习有关中国的知识，中国有几千年的历史，美国只有几百年的历史。两国的共同点是都爱好和平，都不喜欢战争。我们去参观的那段长城所在的地区，在二次大战期间受到过日本人的侵略。在美国历史上，也有外国人想掠夺我们的土地，对我们进行攻击。像中国一样，美国对他人的领土没有图谋，我们两国成为伙伴是再合适不过的。希望两国热爱和平的人民一起为世界和平努力。在遵化的学校，我看到了中国的学生。我自己有五个孩子。让所有孩子都有美好的未来取决于我们两国如何相处，是做朋友还是做敌人。我们总是说儿童和少年的未来，实际上他们的未来取决于我们。我保证作为一名议员，作为布什总统的朋友，我愿与中国爱好和平的兄弟姐妹建立更好的关系，为世界和平作出贡献。你是一个很关心别人的人，你刚才和我们单独照相就体现了这一点。中国的儿童非常友好，遵化的市长人非常好。今天见到你，我愈加发觉自己一直喜欢中国人，愿意成为中国人民的朋友，更希望美国也成为中国的好朋友。

韦尔曼：总理先生，很高兴给我发言的机会。我们公司在河北没有业务，但我们了解那里的需要。去年 10 月亚太经合组织上海会议结束后，我就去了河北，走访了几个地方，去了一个满族村和一个汉族村。最后我们决定两个村子都赞助。给钱并不难，难的是亲自来。这段时间对议员来说是紧要的关头，因为他们的同事们正在国内参加战争纪念日的活动，还要为竞选做准备。他们把夫人也带来了。毛主席说过，“妇女能顶半边天”，我们团里的妇女顶起了半个项目。我们这次还经历了一个特别的时刻，在遵化的学校举行了一次作文比赛，每个孩子写一篇作文，题目是《新学校对他们意味着什么》。汉族村庄一个6岁女孩从来没有见过电脑，她在大家面前朗诵她的作文，她念得好极了，声情并茂，给我们留下了深刻的印象。我想我的12岁的孩子做不到她那样。中国有很多需求，美国也一样。我们希望帮助中国满足一部分需求，这次我们只是迈出了一小步，中国有句话“千里之行，始于足下”。我们已经走出了第一步，我们从中国学到的远比我们给予的多。

朱镕基：你这一小步是我从来没听过的，你讲了一个非常感人的故事。你们说做了一件小事，我认为那是一件非常有意义的事情。能不能请两位夫人也谈谈感想？

琳达·巴库斯：非常感谢给我这个机会，我非常激动。过去几天的经历不知从何说起。我在美国所从事的职业是教师。我很荣幸能来贵国访问，这里的孩子如此美丽、迷人、可爱。正像几位先生说过的，我们这次得到了非常珍贵的东西，我们知道了自己是什么人。现在我更坚定了自己的想法，要努力促进与中国人民的友好关系。

弗吉尼亚·特纳：朱总理，感谢你今天上午接见我们。这次来中国访问是我一生最难忘的一段经历。正如几位先生说过的，我们在学校里与中国的孩子们生活了两天，这将是我们永远珍惜的。我们帮他们建好了电脑实验室，我期待着回到美国后，能收到遵化的朋友发来的电子邮件。

我和我丈夫来自得克萨斯州，我们一直认为得克萨斯是天下最大、最好的。来到中国后，我发现中国才是天下最大、最好的。中国人和美国人讲不同的语言，长相各异，但我们的心是一样的。

朱镕基：正如特纳先生讲的，我非常高兴会见美国的议员，前不久，我见了20位美国参众两院议员。原定谈一小时，实际谈了两个小时，让土耳其的一位领导人等了一个小时。我会见过的美国参众两院议员加起来够整个国会的一半了。

特纳：非常好。他们来看看中国非常重要。

朱镕基：我为什么尽可能见美国议员呢？因为我认为美国参众两院针对中国的提案绝大部分是不友好的，包括最近通过的《2003财年国防授权法》，也是不友好的。我会见的美国议员，谈得都很好，都是朋友。我们两国之间不存在根本利益冲突，可以成为朋友。出现矛盾主要是因为相互不了解。换句话说，就是美国一部分议员对中国不了解。为了促进相互了解，我希望美国国会议员都来中国看看，你们来一次，就能把大部分中美之间的误解消除。我认为UPS做了一件很好的工作，你们把巴库斯议员和特纳议员请来了。希望你们继续努力，把所有的议员都请来，中美之间没有不能解决的分歧。

中美实现关系正常化已经30年了，这30年，两国关系有时很好，有时不那么好，总的来说两国关系一直保持友好状态。根本问题是台湾问题，没有比这更敏感的问题。其实，我跟我见过的美国议员都说，台湾与大陆统一，对台湾、对美国都有利，没有任何坏处。首先，台湾与大陆统一以后，现行的制度不会改变，也不可能改变，台湾可以有自己的军队，我们不会也没有手段去改变台湾的现行制度。其次，台湾既没有资源，也没有市场，它要进一步发展，要依靠大陆的资源和市场。我告诉你们一件事，你们可能不知道，与台湾的贸易，中国大陆是逆差。去年中国大陆的逆差是250亿美元。没有中国大陆的支持，台湾不可能有这样的发展。坦率地说，统一就是要“一个中国”的名，其他什么也没变。但我们必须要这个名，不然，我们的人民不答应。我们坚决不允许“台独”。

2002年5月30日，朱镕基在北京中南海紫光阁会见美国国会众议员。左二为外交部副部长李肇星，左三为UPS公司副总裁阿诺德·韦尔曼，左四为巴库斯夫人琳达·巴库斯，左五为国会众议员斯潘塞·巴库斯，左七为国会众议员吉姆·特纳，左八为特纳夫人弗吉尼亚·特纳，左九为对外友协会长陈昊苏，左十为对外友协副会长李小林。

议员先生和夫人到中国，看到中国人民致力于经济发展，改变贫困现状，渴望和平的生活。中美合作、中国与世界的合作对我们双方、对世界和平都有利。我们希望统一，不会对台湾人民动武，统一后不会改变台湾现行制度，希望美国议员了解这一点，不要给台湾错误信息，使它越来越走向"台独"这一轨道。你们还年轻，1946年、1947年生的吧？我是1928年生的。你们出生时，二战已经结束了。我的童年、青年时代是在流浪、奔波中度过的。我们有着不同的经历，你们不希望战争，我们更不希望战争。我们并不希望使用武力，希望用和平的手段统一台湾。我们充分相信只要美国不给台湾政权错误信息，和平统一是可能的。为什么不这样做呢？能得到市场、美元，又不需要改变什么。我不想把我的意见强加于你们，只是希望你们了解我们的立场。

UPS公司的先生，我知道你们有问题。关于快递业务，去年“9·11”事件后，在中国多次发现通过信件传播炭疽病菌。为加强反恐管理，我们颁布了新的快递业务管理办法，规定外国企业在华开展邮递业务要经过中方主管部门的批准。我知道这个办法公布以后，UPS公司、联邦快递公司对法律的内容、方法和透明度都有意见，有强烈的不满。我想请你们谅解中国的处境，我们也是形势所迫，不能不这么做。当然，我们会充分考虑你们的意见。你们可以和对外贸易经济合作部、信息产业部谈，请他们做一些增补。我们会保护外企在中国的公平竞争。就我个人说，我很愿意帮你们，因为你们帮我们了。你们请了议员来中国，做了这么好的事，单凭这一点，我个人就想发给你们许可证。

特纳：我想简单讲几句。美国一贯坚持一个中国，我认为美国政府和国会都支持中国和平统一。但是台湾人在美国国会游说的水平很高。

朱镕基：我们比他们差多了。

韦尔曼：最好的说客是外交部李肇星副部长。

特纳：有时台湾人跟我们谈他们的观点，那仅仅是观点而已。我们也会作出回应，那也仅仅是回应而已。我们希望与中国大陆和海峡的另一边都保持良好的关系。我们确实向台湾发出过好坏混乱的信号，但美国政府的立场是一个中国。我在国会多年，记忆最清晰的事是投票支持给予中国永久正常贸易关系，为中国加入世界贸易组织打开大门。我作为众议院军事委员会成员，之所以投那一票，是因为我相信世界的和平、稳定与繁荣有赖于美中两国共同合作、发展友好关系。你了解，在我们的政府框架内，每个议员可以自由发表意见，有时国会与总统的意见不一致，媒体有时断章取义。你们可能听到过相互矛盾的言论。美国将履行一个中国的承诺。大陆人和台湾人都是中国人，而且经济联系发展得很快。我们应该站在正确的一边，理解一个中国的含义。中国政府在香港的做法就是一个很好的例证。我们愿意为中国的和平统一作出贡献。

朱镕基：你去过香港吗？

特纳：没有，我非常愿意去看看。

巴库斯：要解决台湾问题只有一个方法，就是和平统一、一个中国，这是正确的方法，是解决问题的基础。正如特纳议员所说，在美国，议员不负责制定外交政策，外交政策的制定由总统负责。总统是代表国家的，我们只是代表个人的观点。我将用我的影响力，使美国放下包袱。过去50年，我们相互之间确有误解、恐惧和偏见，这些一旦产生，就很难消除。赫鲁晓夫曾说要埋葬美国，美国害怕苏联的军事力量。我们认为中国是苏联的盟友，因此也惧怕中国。如今赫鲁晓夫已经去世，俄罗斯不想把美国埋葬，美国对俄政策有了180度的大转弯。我们对中国也应如此。今天你讲的中国对和平统一的良好愿望，我看是十分恰当的，希望中国尽早实现和平统一。美国人民愿意与中国人民发展友好关系，愿与中方合作朝着和平统一的方向努力。我们的政府有时言行不一，我们的政策是一个中国，但行动上有时却偏离了这一点。我曾在国会公开质疑过，台湾问题不应该由我们决定，台湾是中国的一部分，应该由中国人民自己决定。现在缺少像你这样有才干的、开放的、真诚的、高效率的人士向美国传递信息，你对我们的政策是有影响力的。你有很强的沟通能力，在美国一定会赢得尊重的。

朱镕基：祝你们访问中国成功，欢迎下次再来。希望下次不仅来3位议员，应该来得更多，来30位最好。特纳议员刚才讲到香港是一个很好的例证。香港回归后，中央政府没有干涉。香港有的报纸每天都在骂中国的领导人，比美国的媒体骂你们的领导人还厉害，这说明我们没有对香港施加任何压力。

做好防大汛、抗大洪的准备*

（2002年6月6日）

我这次到湖北省来检查防汛工作，应该说是第三次了，1998年来了一次，1999年来了一次，再加上这一次。这中间，我还到过湖北省其他一些地方，比方说去年到过三峡、宜昌等。党中央、国务院对湖北省的工作是非常关心、非常支持的。湖北省的工作在省委、省政府的领导下不断取得进步，特别是在防汛工作方面，可以说是今非昔比了。1998年抗洪最紧张的时候，我到龙王庙去，当时的危急状态今天记忆犹新。到现在，工程已经完成，应该说是坚如磐石了！

今年的汛情出现了一些异常的变化。前三个月，雨量偏多，包括湖北省的江汉关、湖南省的城陵矶，水位都超过了历史同期最高水位。这值得我们高度警惕。同时，我们感到虽然花了大量的资金建设水利工程、堤防工程，但不一定就天下太平了。这方面的钱花了多少呢？全国水利建设的投资在最近四年花了1100亿元，其中用于堤防建设的是630亿元。这630亿元里面用于长江流域四个省的有397亿元；其中用于湖北省的有200亿元，占了一半以上，约占全国的三分之一。大量的资金投在湖北省，如果在今年汛期，湖北省的堤防特别是荆江大堤还是出了问题，我们没法向全国人民交代。现在是提高警

* 2002年6月4日至13日，朱镕基同志先后在湖北、湖南、江西、安徽省考察长江防汛工作。这是朱镕基同志在听取湖北省委、省政府工作汇报后的讲话。

惕的时候了，因为很难保证今年不会发生异常的洪水，何况现在已经出现了异常的情况。从客观的不利情况来看，隐患主要有：

第一，虽然我们投入了大量的资金，建设、修筑堤防，但工程还没有全部完成，大概完成了 90%吧。特别是前三个月，由于下雨影响了施工进度，很多工程要到今年年底或跨年才能完成。这就影响了今年抗洪的能力，是一个很大的隐患。

第二，工程的质量很难保证没有“豆腐渣工程”出现。我们 1999 年曾经在这个地方召开长江流域防洪工作会议，就是为了总结吸取洪湖燕窝大堤出现质量问题的教训，当时引起了各省的注意。绝对不能搞“豆腐渣工程”。工程质量一出问题，千万老百姓要受害。这次我们从荆州、沙市坐汽车到监利，然后从监利乘船到洪湖，再从洪湖坐车到武汉，沿途看到的江堤，总体来说是令人满意的。但是，我感到还是有很多地方没有达标。有的地方种树，没按规则种，甚至种到堤上来了，防护林与堤脚的距离太近了，一旦将来发生管涌，很难发现和找到。特别是砍树的时候，如果没有把根挖出来，根部腐朽，滋生白蚁，就很难保证堤防的安全。前不久出现的文村夹崩岸，就说明堤防的隐患还很多。当然崩岸难免，也不要大惊小怪，但是崩岸的危险是很大的。1998 年出了问题的地方，现在加固了，但还有很多未发现问题的地方，那些堤防还是旧的，可能存在隐患。所以，对工程的质量绝不能盲目自满，麻痹大意。

第三，工程建设中还是有挪用资金、截留资金的情况，没有把该用于堤防建设的钱全部花在堤防上，而是挪用、截留了。我不敢说具体金额有多少，但这种情况是存在的，这是产生“豆腐渣工程”的原因。同时，地方资金不配套以及基层政府的乱收费，也影响了建设资金的到位和工程的建设。

尽管上述几个方面都是一些支流，但是，堤防必须万无一失！如果100公里，有几十米出了问题，那不就前功尽弃了吗?!所以，对工程质量不能盲目自满，特别是对堤防的维护、管护是不是到位，我看不一定。举个例子讲，我们到监利的时候，离监利15公里的地方，就在堤上面，有一辆汽车已经烧掉了，剩下一个架子在那个地方，留下了一个坑。我看至少有三个月了，没有人管，没有人把烧掉的汽车挪走，把那个堤补起来。这么一点小事都做不到，找一个拖车不就拉走了嘛。正因为工程和管理里面存在着种种漏洞，特别是工程还没有完全竣工，所以在这种时候，我们必须提高防大汛、抗大洪的意识，绝不可麻痹大意。

2002年6月6日，朱镕基在湖北省洪湖市考察长江干堤。前排右二为湖北省委书记俞正声。

同志们，我送大家一句话："大意失荆州"哇！这事就发生在你们湖北省，说的是关公大意失荆州。刘克毅[1]呀！你记住我这句话，将来别在历史上写下一句：刘克毅大意失荆州！那你这几年做的好事，就会被一笔抹杀了。绝对不可以麻痹大意。我已向水利部、长江水利委员会提出目标：现在不是按1998年的洪水来防汛的问题，而应该考虑到如果发生了1954年那样的洪水，我们还能够确保大堤安全，不分洪！现在如果发生1998年那样的洪水，我认为是不成问题的。当时在毫无设防的情况下，特别在洪湖、监利一带，用化纤袋堆起来的堤岸差不多有两米高，把水挡住了，没有分洪。现在这个堤岸已经提高了1.7米到两米，所以说，遇到1998年的洪水应该不成问题了。如果出现1954年那样的洪水，我提的目标是：不分洪，全力抢险，确保大堤。分洪不得了呀！现在跟1954年的情况根本不一样，那个时候只是淹几栋破房子；现在人口增加了多少倍，财物增加了多少倍，粮食增加了多少倍，房子增加了多少倍，现在是淹不得呀！分洪以后的损失是难以想象的，多少灾民没有地方安置，那个损失不知道以多少亿元来计算。所以，我希望大家现在一定要提高警惕，做好一切准备工作，一旦发生1954年那样的洪水，应该怎么调度，事先要有预案。我向水利部、长江水利委员会提出了这个任务。你们按照这个目标去做方案、论证。当然，我们也不能人为地去违反自然规律，到时非要分洪不可的话，也要有个分洪的方案，先分到什么地方，后分到什么地方。防大汛、抗大洪，首先要把方案制订好，有什么样的洪水，就用什么样的方案来应对。把指挥系统、信息系统都建立起来，一进入汛期，就定期巡视。对大堤上的"管理屋"，要很好地检查一遍，看他们的工作做得怎么样。我看那些"管理屋"都是一

〔1〕刘克毅，当时任中共荆州市委书记。

家子一家子住在那里，标准蛮高，但是不是尽了职责要认真检查。所有险工险段、未完工程和可能发生管涌的地方，都要准备好沙石料、化纤袋子，集中在仓库里，堤上已有公路了，到时运输还是比较方便的。沙石料现在就要备，不然到时运也来不及呀！另外，三峡工程建设以后，河流的走势会有什么改变，要作分析；明年6月份三峡工程开始蓄水，蓄水以后对河流的走势有什么影响，也要研究。

总之，我希望大家动员起来，要开一个会，把这些话讲下去，不要麻痹大意。荆江大堤如果出现危险，今天在座的谁也无法向全国人民交代！现在就要做准备。“凡事预则立，不预则废”，只能按照最坏的情况准备，争取最好。不要心存侥幸！我希望在座的各位都要意识到肩上的责任重大，绝不可以有丝毫松懈麻痹，要迅速做好各项准备工作。

为了支持大家把这个工作做好，这两天，我们在路上商定，资金问题中央财政要给予必要的支持。

第一笔，干堤加固工程资金。过去是中央拿80%，地方配套20%。经我们调查，地方配套投资实际上都没到位。真的是拿不出钱吗？监利拿不出钱，我倒是相信的。仙桃拿不出钱，我就不大相信了，大楼盖得那么好，怎么会没钱呢？现在，我也不跟你们算这个账了。20%的配套资金，这四年来你们一元钱都没拿，这个堤全是拿中央的资金修的。差了20%，那80%就等于白修。因此决定，这20%的配套资金，具体来说是4亿元，我从总理预备费里面拨给你们，不要你们还了。湖北省确实有好多市县财政困难，特别是荆州。中央拿出这笔钱的目的，就是希望大家赶快把工程搞完。

第二笔，移民建镇的基础设施建设资金。第一期移民，当时没考虑到移民建镇基础设施的建设，后来我们从第二期开始，对每户加2000元钱，使每户的补助款达到1.7万元。现在这些钱，由中央拿，

2002 年 6 月 9 日，朱镕基在江西省九江市考察防汛工作。左一为江西省委书记孟建柱，左三为水利部副部长张基尧，前排右三为江西省省长黄智权。

补到移民建镇基础设施建设不完备的地方。当然，现在第一期、第二期移民补助都在一起了。补助一些钱来加强基础设施建设，在湖北省就是 6000 万元。这笔钱由国家计委在国债筹资里面来安排，回去就拨给你们，不需要按进度拨了。

第三笔，平垸行洪资金。由国家计委在国债筹资里安排，湖北省是 1.3 亿元，马上拨给你们，赶快搞。这项工程也许有可能在汛期以前抢完。

这三笔钱拨出来了，目的就是考虑到你们财政困难，帮助你们赶快把这些工程搞完，抢上去。有些地方要日夜施工。至于刚才讲抢险防汛的备料，你们要赶快做规划，报水利部、国家防汛抗旱总指挥部。我们给你们垫钱，要把这个准备起来，将来这个资金怎么开支，再研究。

此外，你们提出的长江抗洪国债资金由地方转贷的问题，明年开始还本，每年都要付息。这对地方来说是一个负担，因为水利工程本身没什么直接经济效益。我想，这个问题不只存在于湖北省，也不只是反映在长江，而是全国的问题。这个资金怎么处理？我个人的意见，全部转为中央国债，我讲的是用于水利的国债。这个意见还需国务院研究讨论，但对你们来讲，今年不要交了，明年也不要还了，这样至少可以缓解你们的困难。具体办法由国务院讨论后下发文件。

另外，对荆江河势的观察研究、信息预报都要抓紧。从工作方面来讲，我们要从最坏处着想。希望大家同心协力，把今年的汛期度过，不要出任何问题。为了保证荆江大堤不垮，中央全力支持你们！

恢复“浩浩汤汤”的洞庭湖*

（2002年6月9日）

今天谈到移民建镇、平垸行洪，我想谈一个问题，就是何时恢复洞庭湖的“浩浩汤汤”。这个问题值得我们长远地考虑一下。我去年来湖南时写了一首诗[1]，末了两句是：“浩浩汤汤何日现？葱茏不见梦难圆。”在湖南没有见到洞庭湖的“浩浩汤汤”，我这个梦圆不了，不就“梦断潇湘”了吗？据说19世纪的洞庭湖湖面有6000多平方公里，新中国成立时是4350平方公里，现在是2691平方公里。洞庭湖是全国四大湖之一，是湖南省的“宝湖”，是一个保国安民的湖，也是一个风景生态群落。但是，现在它被分割成不像样子了，乱七八糟的。这主要是因为当时没有饭吃，大家去围湖造田，造成了目前这个模样。现在情况已经改变了，我国的粮食已经供过于求了，这一点袁隆平[2]作出了很大的贡献。我在1952年到国家计委工作，参与制订第一个五年计划。我记得很清楚，当时粮食平均亩产（包括水地、旱地）是201斤。湖南现在水稻亩产都1400斤了，小麦亩产也是1000斤以上啊。跟新中国刚成立时比较，情况已经大变了。所以，现在就提出来要退耕还林、退田还湖、平垸行洪，恢复水面。水面不

---

* 这是朱镕基同志在湖南省考察长江防汛工作期间，听取省委、省政府工作汇报后讲话的一部分。

〔1〕朱镕基同志的这首诗题为《重访湘西有感并怀洞庭湖区》，详见本卷第152页。

〔2〕袁隆平，中国杂交水稻育种专家、中国工程院院士。

2002年6月7日，朱镕基在湖南省常德市考察城市防洪大堤。左一为湖南省省长张云川。
（新华社记者齐铁砚摄）

仅与中国的生态，而且与世界的生态都有关系。

当然，现在要平垸行洪、恢复水面，困难不小，主要是一大堆人都住在湖区里面，要他们搬走是很难的。要他们搬走，屋子要拆掉，得给他们盖房子，还要给他们开辟生路。所以，这件事太着急是不行的，目前只能够先搞一点“单退”〔1〕，有必要的地方搞“双退”〔2〕，但还是保留了堤垸分割的局面。我觉得，现在应该为子孙后代考虑这个问题。科技越来越发展，袁隆平不是还要使水稻亩产达到1600斤吗？我看亩产2000斤也有可能，总是有潜力的嘛。所以，现在应该

〔1〕“单退”，移民建镇项目的一种类型，指退人不退耕。

〔2〕“双退”，移民建镇项目的一种类型，指退人退耕。

考虑以后的情况，应该作出规划来，在洞庭湖边上建几个城市，不是大城市而是中小城市，就像常德、益阳这样的城市，把基础设施逐步地建好，然后一年一年地把洞庭湖区的人往这些城市搬。昨天，我们看了“单退”的围堤湖，围堤湖里种的是意大利杨树，长得那么快，现在国家缺的就是木材。在围堤湖里面种意大利杨，再来洪水，只要不没顶，它们还是能够生长的，虽然那时候看不到“浩浩汤汤”，也可以看到“郁郁葱葱”嘛！那为什么还要去种粮食，还要跑到湖里面去盖房子呢？可以出一条政策：凡把房子、宅基地平了种树的，收益归自己。这样，大家就都会从湖区搬出来了，搬到城里来，城市的经济就发展起来了，服务行业也就发展起来了。我说，总要有一个长远规划，就是恢复到至少是4350平方公里的湖面。我国东部沿海地区农村比较富，盖的房子已是第四代、第五代了，屋顶像罗马式、希腊式的都有了。但它有很大的弱点：太分散，星罗棋布，也没有基础设施，上下水道不通，看家里都挺好，装修都是富丽堂皇，一出门就一塌糊涂，到处都是垃圾，这是“富裕中的贫困”。我们昨天看的围堤湖新村也有这个问题，没有好的道路。只有把规划搞出来，按规划搞建设，把基础设施建设搞好，我们的国家才能真正实现城镇化，百姓才能真正富起来。无论如何，我们不能把洞庭湖“浩浩汤汤”的目标丢掉，不要认为现在围的这些垸子[1]都是合理的。现在就要创造条件把它们拆掉，这就要求有城市规划，开辟新的生路。

我希望湖南省的同志们能够看得远一点，不一定是在你们这个任期里面见效，而是在将来子孙后代那里见效。我们的脑筋一定要适应环境、形势的变化，现在不需要到处种粮食，更不要上山下湖去种粮

〔1〕垸子，指湖南、湖北、江西等地，在沿江、沿湖地带围绕房屋和田地等修建的像堤坝那样的防水建筑物。

食，那样会破坏生态环境，造成人类的更大损失。农民吃亏就吃亏在粮食价格便宜。我们要多开辟一点生路，让他们不用都去种粮食，这样粮食价格就会上去，农民就会富起来。所以，传统观念一定要改变。

我觉得应该做一个洞庭湖的发展规划。第一步目标就是湖面恢复到 4350 平方公里，即恢复到新中国成立时的状态。在沿湖以外的地方去规划几个城市，这围着湖的几个大的城市，将来是旅游城市。整个洞庭湖，再加上周围城市的景观，一个很好的旅游产业就可以发展

2002 年 6 月 6 日，朱镕基在湖南省考察洞庭湖大堤。右二为建设部部长汪光焘。

起来了。外国人也会来投资，因为服务行业起来后，投资环境就改善了。我在岳阳南湖宾馆睡了一个中午，觉得那个环境比长沙好。那个宾馆的电视可以看到中央电视台第四频道，我在长沙看不到。我们湖

南人吃亏就吃在封闭，“老子天下第一，关起门来称王”，那怎么行呢？要开放。洞庭湖是一个多美的地方啊！要把旅游、文化结合起来。“诗墙”[1]是在常德吧？这是一大创造，问题不在于有一个“诗墙”，而在于它有创意，有创造性。西安的碑林流传了上千年。

退耕还林的工作，我是绝对的支持。你们说上报的是500万亩，今年批准了，说是既包括退耕还林，又包括荒山造林。那退耕还林占多少？各占一半。我的看法，你们不要把两者混在一起。我们实行退耕还林，把耕地变成林地，国家补贴你们粮食，然后你们一定要把树种活，这就是我们以政策来推动生态环境的改善。至于荒山造林，那是我们的号召，不是一个指标，是我们大家争取实现的一个奋斗目标。希望你们不但退掉一亩田能种一亩树，还希望你们那个地方如果有荒山的话，也把那一亩荒山种起树来，我们也给你们苗木钱，种了树后的收益都归你们，这是号召性的。不能够把“退一还二”、“退一还三”当做一个政策，那是不行的。没有荒山退什么？所以，不要把两件事混在一起，就只讲退耕还林多少亩。至于荒山种了多少亩，你们自己去统计就行了，种得越多越好。首先还是要把退耕还林的树种活，如果头一年没种活，第二年也要把它种活。你们不种活，第二年粮食补贴就没有了，所以始终要包活。如果还有余力，又确实有荒山，你们就去开荒种树，也给一些优惠条件，但这不是作为退耕还林的必要条件。这一点要讲得很清楚，不要把它们混在一起。

---

[1]“诗墙”，指湖南常德以2.92公里长的防洪墙为载体，修建了一座旨在弘扬中华传统文化、加强爱国主义教育的诗墙，命名为“中国常德诗墙”。诗墙荟萃了中国当代名家诗词、书法、美术精品镌刻于一墙，被称为世界上最长的诗、书、画、刻艺术墙。

紧紧把好机构编制这个关*

（2002年6月19日）

机构编制管理工作是一项得罪人的工作，不好做，但这几年我们取得了很大的成绩。国务院组成部门由40个减为29个，编制精简了一半；2000年，又撤销了8个工业局和国内贸易局；省一级的编制也差不多精简了一半，市县乡精简了20%。这次机构改革，全国共精简行政编制110多万个，应该说达到了预期目标。机构改革工作难度很大，同志们克服困难，恪尽职守，为机构改革的顺利进行作出了重要贡献，是很不容易的。

同时，我们还是要给同志们鼓劲，希望同志们继续做好机构改革和机构编制管理工作，因为这项工作的难度越来越大，上述成绩要巩固很不容易，还要做很多工作。进一步转变政府职能、减少行政审批事项的任务还很艰巨，少数市县乡的机构改革还没有完成，防止机构编制反弹的任务也很重。希望大家毫不松懈，再接再厉，锲而不舍地把这些工作抓到底，圆满完成机构改革任务，给人民群众一份满意的答卷。

---

* 2002年6月19日，朱镕基同志接见出席全国编办主任会议暨全国机构编制系统先进集体和先进工作者表彰大会的代表。出席会议的有各省、自治区、直辖市，新疆生产建设兵团和各副省级市编办主任，受表彰的全国机构编制系统先进集体代表及先进工作者，中共中央、国务院有关部门负责机构编制工作的同志等170多人。这是朱镕基同志在接见会议代表时的讲话。

2002年6月19日，朱镕基、胡锦涛等中央领导同志接见全国编办主任会议暨全国机构编制系统先进集体和先进工作者表彰大会代表。前排左一为中办主任王刚，左二为中共中央政治局候补委员、中组部部长曾庆红，左五为国务委员兼国务院秘书长王忠禹，左六为财政部部长项怀诚。

（新华社记者王新庆摄）

最近，我察看了长江堤防，走了几千公里。有些地方的同志反映，给机关、事业单位人员加工资，虽然中西部地区是中央拿钱，不需要地方配套，但现在实际人数已经超编20%，等于地方要配套20%。我说超编20%本来就是不合法的，你们为什么还要承认，还给他们加工资？如果中央承认超编20%，并照此拨钱，那编制还有什么意义？还要中央机构编制委员会办公室干什么？这件事确实值得我们研究。

国务院在讨论这些问题的时候，李岚清同志也讲到，农村也有这种情况。我前不久到几个省看了几个小学，发现这些小学的老师收入还不低。一般情况下，有10到20年教龄的农村小学老师，每月可以拿1000元左右，校长拿1250元。在农村，现在教师的工资算是很高的。教师工资统一收到县里发，中央专项拿出50亿元。从目前了解到的情况看，这项政策还是有成效的，说明我们关于农村义务教育的政策是正确的。李岚清同志和陈至立〔1〕同志都告诉我，现在农村中小学教师也存在超编现象，本来一个教师的工资可以拿1000元，结果他们雇了三个教师代课，1000元分给了三个代课教师，一个人只有300元。这种做法是不合法的，应该制止。现在农村的中小学生又没有增加，怎么还要超编请老师？出现这种情况，不是因为实际需要，而主要是当地乡村干部把七大姑八大姨都弄来当教师，就是因为教师工资高。农民一年的纯收入平均只有2000多元，实际现金收入不超过1500元。所以，很多人搞关系都想挤进教师队伍和干部队伍。

对于这些问题，就需要依靠编办的同志，不怕得罪人，坚决把住关。如果不把住关，会把政府的财政冲垮，最后是祸国殃民。都挤进来吃这个“大锅饭”，进来以后又搞乱收费、乱摊派、瞎指挥，这怎么得了！我这次路过1998年发洪水的湖北省监利县，这个县有140万人，全县财政收入才一亿多元，但干部队伍很庞大，怎么维持？

编制工作有了一些规定，我们也规定了各单位的编制数，但实际工作中不一定都能落到实处。这就需要大家深入调查研究，向中央反映，由中央制定政策来把好这个关。现在似乎有一股风，很多地方都在刮，好像我们的经济实力已经大得不得了，花钱如流水，都在那里大兴土木，都在那里搞所谓“形象工程”、“政绩工程”。我担心这股风要把我们吹倒。与这股风同时吹的，就是各地纷纷要求增加干部、增加编制。中央说加强某项工作，他们就要求增加编制。比如加入

〔1〕陈至立，当时任教育部部长。

世贸组织，相关部门就要求增加编制；要维护社会治安，就要求增加公安机关的编制；要整顿市场经济秩序，市场管理部门也要求增加编制。这些问题，靠增加编制能解决吗？

中央电视台的《焦点访谈》节目曾报道河北省衡水地区发生“生猪注水”事件，我们整顿了。最近，中央电视台《新闻30分》节目又报道了山东省出现“活牛注水”事件，检验检疫部门还给违法者盖检验合格的章，真是骇人听闻！现在，某些地方的市场经济秩序是放任自流，政府管理不力，简直到了令人吃惊的地步！这是增加编制能解决的吗？检验检疫部门的工作人员把印章都交给别人了，还要这些工作人员干什么？还要增加编制干吗？我看有一个人就够了，就是只要一个局长，他把印章分给大家去盖不就可以了？前天，《焦点访谈》节目报道了湖南省邵阳市隆回县搞假复合化肥的事件。那些人其实都是些骗子，根本就没有合格的生产场地、生产设备，把乱七八糟的东西掺在一起就成了化肥。这些所谓的“复合化肥”虽然包装得很好、很漂亮，但实际上是骗农、坑农。谁允许他们生产的？只要交3000元，质量监督局就发给生产许可证，就可以生产。实际上就是只收费、不监督，那质量监督局有什么用？我看了这期节目以后很生气。我给李长江[1]同志打电话，请质检总局派一位副局长去调查，先把隆回县的质监局局长撤了，再查他的问题。这哪里是什么编制不够呢？这是吃着国家的“皇粮”，披着执法的外衣，干的是坑害老百姓的事情。这些问题如果不整顿、解决，增加编制有什么用？

最近，我察看了长江大堤，感到比较放心。投入几百亿元，长江大堤确实是加固了。但是，谁知道里面有没有“豆腐渣工程”？这只有靠洪水来考验了。但我在返京后的第二天看到《焦点访谈》节目报

---

[1] 李长江，当时任国家质量监督检验检疫总局局长。

道，说长江里面盗采河沙现象还很严重。那些盗采的船都是个体户的，马力很大，一小时可以采2000吨至3000吨河沙，一吨河沙的成本只有4元至5元，运到上海就能卖30元至40元，“黄金滚滚”啊，都进了个人腰包。盗采河沙，破坏性极大，大堤是要垮的。为解决这个问题，过去我不知批示了多少次，三令五申，但屡禁不止。我们各地政府和水利、交通等有关部门都干什么去了？国务院最近专门通过了关于禁止盗采河沙的条例，执行了半年，结果怎么样？那天，《焦点访谈》节目的记者采访一名女的船老板，问她在那里采沙采了多久？她说一直在那里采。问她最近几天为什么没有来？她说因为总理来了。又问她为什么现在又来采了？她说因为总理走了。我认为这是对我们极大的讽刺！我们有这么多人和部门在管这件事，那么大的一条船在那里盗采，却都视而不见，还要增加编制干什么?!

我们要打破这个迷信，不能说要加强某项工作，就要增加编制。编制多了，要加大工资总额，政府怎么受得了？你们要顶住，把住编制这个关。这是你们的责任，不要怕。过去你们把了关，得罪了人，我已给予表扬。今后，你们还要继续努力，还要继续得罪人，特别是不能再刮增加编制的风，要顶住！希望你们继续以对党和人民高度负责的精神，从大局出发，坚持原则，秉公办事。我相信各级党委和政府都会支持你们，一定会当好你们的后盾。

在这次机构改革前，为了有利于精简机构和编制，我们出台过一项优惠政策，即在机构改革中被分流的人员三年内照发工资。这一政策对推动机构改革和人员精减工作起了很大作用，减少了很多阻力。我们当时只是规定三年内照发工资，但三年以后怎么办，希望这次会议能研究这个问题。如果三年以后这些人的工资还照发，对政府就是一个沉重的负担。解决这个问题，需要有个妥善的办法，请大家一起来研究。

改善西部地区生态环境的根本办法是退耕还林*

（2002 年 7 月 16 日）

关于生态环境的改善问题，我在这里要明确一点，兰州市的绿化工程搞得是好的，成绩是显著的。但是，我还要说一句话：今后搞不起。搞 33 万亩绿化，你们花了 6.6 亿元，平均每亩地要花 2000 多块钱，这怎么搞得起啊！况且你们引水上山，将来的维护费、电费、水费、人工费等费用都很大，你们也负担不起。

我认为，改善西部地区也包括甘肃省的生态环境，根本的办法是退耕还林。退耕还林的政策在甘肃省还落实得不够。我们坐飞机来的时候，快飞到兰州市时，就看到山上有很多耕地，我不知道那些地到底怎么种。爬那么高的山上去种那么一点地，收来的粮食也不值几个钱，农民有什么效益呢？要告诉农民，每亩地每年给他们 200 斤粮食，让他们把地退出来种树，我看农民会欢天喜地的。这项政策，现在承诺实行八年，将来还可以再延长嘛。到哪里去找这么好的事情呢？只要把政策给农民讲清楚了，甘肃省一定能够掀起一个退耕还林的高潮，生态环境也一定会得到改善。现在这个政策还不够落实，而且落实起来的确不那么容易。如果基层干部作风不好，卡人家的粮食，挪用专款，不把钱拨到农民手里，那就落实不了。可以说，改善

* 2002 年 7 月 15 日至 21 日，朱镕基同志先后在甘肃、陕西、河南、山东省考察黄河防汛工作。这是朱镕基同志在听取甘肃省委、省政府工作汇报后讲话的主要部分。

甘肃省生态环境的关键在于落实退耕还林政策。定了的政策一定要抓落实，要给农民粮、钱和产权。只有掀起这样一个生态建设的高潮，甘肃省的生态面貌才能改善。靠拿钱来种树，那我们种不起。我们现在没有钱，但我们现在有粮，一年的陈化粮有几百亿斤，再这么陈化下去，做饲料都不成了。把粮食给农民，鼓励农民来搞绿化，既可以解决粮食多的问题，又可以改善生态环境，政府和群众都受益。我在四川省看到他们给农民的粮食都用特殊的包装，上面印着"退耕还林大米"、"退耕还林面粉"，农民感激得不得了。我到农民家里去看时，农民流着眼泪说，政府对我们真是关怀备至啊。我在四川西部确实看到，退耕还林这个政策对水土保持大有好处。把山上的耕地退了以后，山上流下来的水都是清水。所以，我再一次呼吁西部地区包括甘肃省在内，要改善生态环境，就要退耕还林。

刚才，你们提出搞400万亩退耕还林，作为明年的计划。你们要赶快做好准备工作，赶在今年能种树的时间去种。资金要预拨，粮食也没问题。但是你们要赶紧做落实的工作，要层层地去布置，做调查，看农民能够退多少耕地。首先要把政策告诉农民，有了政策他们报的数字才是真的，没有政策他们报的数字有可能是假的。要把农民的积极性调动起来，粮食和资金不能够克扣，不能层层挪用。当然，要把树种活。种不活，第二年就不给粮食，要有一套监督的制度。

我这次来，别的什么也没有答应，就答应搞400万亩退耕还林，希望甘肃省一定要把这个事情做好。我坐在飞机上往下看，实在是揪心，下面都是一片荒山；再看看黄河水，像黄泥沟一样，水比面汤还稠。如果不退耕还林，不绿化荒山，怎么能改善这个环境呢？过去我讲"退一还一"、"退一还二"、"退一还三"，就是说你退了一亩耕地以后，还要帮我种一亩荒山，我给你树苗钱嘛。我再一次声明，这个不是硬性指标，也就是说你退了一亩耕地，我给你200斤粮食、50

块种苗费、20 块零花钱，这些都给，但我同时希望你再种一亩荒山。种一亩也好、种两亩也好、种三亩也好，开荒嘛，产权归你，树苗钱我出。农民应该是有这个积极性的。但是千万不要变成退一亩耕地就必须种一亩荒山，他没有荒山怎么种？另外，没有劳动力也种不了。先退一亩耕地，种一亩林地，第二年再来考虑绿化荒山也可以嘛，不要卡得那么紧，不要因此影响了农民退耕还林的积极性。

刘家峡水库的绿化要国家拿钱，你们电力公司经理是干什么的？这个水库你们不去绿化，你们问我要钱，难道你们的钱就只能盖宾馆，不能搞绿化？这没道理嘛！我去看过刘家峡水库，是没有绿化好，工作没有做到家。

关于甘南牧区草场退化的问题，我们正在内蒙古搞试点，看搞得如何再研究采取什么政策。这种事情要发动群众，国家拿钱是没有用的。不是说不能拿一点，我们能给的粮食可以给你们，你们根本的办法是要搞舍饲圈养，不要放大牧，让牛羊把草原给啃光。要把牛羊圈起来养，国家给饲料补助。至于怎么围栏、怎么保护草地，你们就让牧民自己来搞。国家花钱，也不见得能用到该用的地方上去。

再造一个山川秀美的陕北*

（2002年7月16日）

三年前我来这里，提出了“退耕还林、封山绿化、以粮代赈、个体承包”的政策。当时，我说过三年后再来看一看。三年后故地重游，看到延安的绿化工作有很大进步，生态环境有很大改善，我心里非常高兴。当时我就讲，我们对革命老区、对延安是欠了账的，抗日战争时期几万人在延安这个山沟中，不砍树、不烧炭，就没有活路。这些对生态环境有一定的破坏，我们今天有这个力量把生态环境恢复起来，这叫还债。所以，我们就提倡退耕还林、封山绿化、改善生态环境。现在看起来，这个政策贯彻得不错，取得了一定的成效。但是，延安的生态环境还是很脆弱，我们不能满足，起码还要奋斗十年，成果才能真正得到巩固，一点也不要放松。所以，退耕还林、封山绿化还要继续搞下去，继续承包到户。我们刚才看到，有些地方还没有完全“退”下来。这么高的山包，跑上去种粮食干什么！要告诉农民不要跑到山顶上去垦地了，咱们不缺这一点粮食。请他们退出来种树。退一亩地给你200斤粮食、50块种苗费、20块零用钱。最重要的是要把树种活，没种活是不行的，只要你种活了，我们都是认账的，绝对兑现。一定要把树种活了，国家才给你钱，而且无偿给你提供粮食，这是支援农民最有效的手段。退耕还林，我一再讲，要放手

---

* 这是朱镕基同志在陕西省延安市考察退耕还林、水土保持工作时的讲话。

干，搞政策兑现。如果生态环境再恶化下去，到处都是荒坡，都变成了沙漠，那怎么得了！只要我们把这个政策落实了，就一定能再造一个山川秀美的陕北。现在已经用事实说明了这个政策是完全正确的，三年时间已经初见成效。我相信，十年以后会大有成效，那时我还要来看一看。希望延安人民继续把这个精神发扬下去，那时延安不仅是革命圣地，而且是秀美山川，会更加漂亮，全国人民都会到这里观光，来接受爱国主义教育。所以，延安是大有前途的。

我觉得，退耕还林要全面铺开，但计划一定要落实。报 600 万亩，就一定要退 600 万亩，不要虚夸。只要粮食和钱到了农民手里，树活了，你干 3000 万亩，我也给你钱和粮食。退耕还林我一直讲，要把政策落实，把工作做扎实。可惜，有些同志就是跟我的认识不一致。没有办法，我只好到处宣传。

至于在沟里打淤地坝，这个是我在 1999 年来的时候就提出来了，国家补助算一种鼓励，就像吃中药给一个药引子，干活还是要靠群众，因为对他们有好处嘛。淤出的地都是你的，你也不用再到山顶上去种地了，还可以腾出手来搞其他事。这就是政策的作用。

关于种一定比例的经济林，要引导群众选择适宜的好品种。我刚才看路边种的都是苹果树，不要再种味道酸溜溜的那种，根本卖不出去，只能卖一毛多钱一斤。要改良品种，可以找一些农学家研究一下，陕北地区这样的土质适合种什么，然后加以引导。

农村的能源建设很重要。现在看起来，只有解决了农村的能源问题，山才能真正封得住。要农民不烧柴，得有新的替代能源。你们这里有煤，可以烧煤，但又不能烧原煤，还得做成蜂窝煤给农民烧。推广沼气也是一种办法。

我刚才出延安市，觉得你们这个城市拉得太长，一条沟两边都是房子，离城越远房子越次。进城的人口要加以限制，如果人口无限制地发展，延安是没有前途的。现在够挤的了，沟里全是房子。

今天中午，我看陕西电视台的节目，一位什么决策咨询委员会的顾问、教授在发表演说，说什么每个村子只有办企业才能富起来，搞农业就没有前途，我看他是在那里误导。你搞工业，得有资源、市场。你们眉县有个什么尚源村，一个村子办了20个纺织厂，村子就致富了？鬼才相信！我们在全国关了1000多万纱锭，你在农村又上几万锭，哪有市场？20个纺织厂开始红火一阵子，单靠劳动力便宜，但根本没有竞争力，没有规模，没有市场，过两年就得关门。农村不要提倡办工业。有的人脑子麻木，好像农民致富就得办工业。现在什么产品都多，没有办法再搞。还是要老老实实地改善生态环境，调整

2002年7月16日，朱镕基在陕西省延安市接见榆林“治沙英雄女民兵连”代表和治沙模范石光银（左一）。右二为陕西省委书记李建国。

种植结构。

我认为，延安是革命圣地，还是要发展旅游业。中国人要了解革命圣地，进行爱国主义教育，会有很多人来的，外国人也会来旅游。我看，现在的基础设施要好好修一修。城市要好好规划一下，现在的延安城市规模就此打住了，不要再盖房子了，再盖房子就没有绿地了，旅游就搞不起来了。如果是青山绿水、秀美山川，城里规划得好一点，有点绿地，房子少盖一点、盖得精致一点，大家来了住得吃得舒服一点，把第三产业发展起来，我相信延安就有前途。如果处处都是黄土、满眼都是光秃秃，就不会有人来。不要乱搞工业，搞重复建设，害农民。也不要到处去打油井，到处去戳窟窿。多戳几个窟窿出不了多少石油。说实话，全国也不在乎这么一点油。要把地质情况搞清楚，确实有开采价值才去开采。陕西省的小采油、小炼油、小油井搞得过分，整顿一下吧。

进一步把黄河的事情办好 *

（2002 年 7 月 17 日）

刚才四个省和黄河水利委员会负责同志发言中提出的意见与要求，请国务院有关部门的负责同志分工负责，统筹考虑，研究解决。下面，我讲三个方面意见：

第一，要提高警惕，做好防大汛的思想准备。黄河在历史上三年两决口，但是近 50 年来岁岁平安，人们的警惕性很难提高起来。应该说，黄河这几十年来潜伏的风险越来越大。黄河已成为地上悬河，一旦某个地方决口，居高临下，一泻千里，后果不堪设想。1998 年，我们没有料到九江会决堤，这是很少有的长江决口。今年气候异常，有人说汛期在长江中下游又要出现大洪水，但谁也说不准。刚才，河南的同志讲，中国灾害预测专业委员会的专家认为今年黄河要发水，提醒我们应该提高警惕。前天我看《参考消息》，美国专家讲厄尔尼诺现象已经形成，但比 1998 年弱一点，究竟会对中国产生什么影响，是不是像 1998 年那样？是长江出现大洪水，还是黄河出现大洪水，现在还说不清，还是提高警惕为好。前一个阶段，我花了 12 天时间，跑了长江沿岸几个省，看到 1998 年以来加大投资力度，长江 3500 公里干堤修得相当稳固，看起来相当壮观，但我不能保证它不决口，

* 这是朱镕基同志在河南省郑州市主持召开的黄河中下游陕西、山西、河南、山东四省防汛工作座谈会上的讲话。

谁也不能保证。曾培炎[1]同志讲，近四年来水利投资1700多亿元，1998年以来对黄河的投资相当于从1950年到1997年投资总额的2.5倍。但是，对黄河的投入还是比长江的少，黄河恐怕还没有长江那样的堤顶公路。长江干堤的公路修得相当好，都是水泥路面。特别是刚才李克强[2]同志讲的，黄河大堤是多少个朝代修的，参差不齐，有很多隐患。所以，提高警惕是非常必要的。今年恰恰又出现厄尔尼诺现象，特别要提高警惕，大家都要做好防大汛的思想准备。

第二，要确保今年黄河安全度汛。黄河绝对不能出事，因为一出事就不是小事，就不得了。1998年九江决堤，很快就把口子堵住了，影响很小。而黄河是地上悬河，万一决口是不好堵的。所以，沿黄各个省份和国家有关部门要进一步动员起来，贯彻党中央、国务院和国家防总的指示精神，立足于防大汛、抗大灾，做好防汛的各项准备工作。首先，要进一步落实防汛首长负责制，沿黄地区各级党委和政府的主要领导要对防汛工作总负责，切实做到思想到位、责任到位、工作到位、指挥到位，切实把防汛责任落实到人，公之于众，接受人民群众的监督。这是最重要的。其次，黄河水利委员会要抓好对防汛准备工作的检查及防洪工程的建设和维护、管理，积极当好党政领导干部防汛工作的参谋和助手，做好抗洪抢险的技术指导。凡是因责任事故造成重大损失的，一定要严肃追究有关领导和当事人的责任。

第三，要从战略和全局的高度出发，进一步把黄河的事情办好。黄河是中华民族的摇篮，在这个流域最先创造了中国灿烂的文明。同时，黄河又是一条桀骜不驯的河流，经常会出事。新中国成立以来，党中央和国务院一直遵照毛主席的指示，努力把黄河的事情办好。开

[1] 曾培炎，当时任国家发展计划委员会主任。

[2] 李克强，当时任河南省省长。

国后，毛主席第一次出来视察工作就是看黄河。江泽民总书记也多次考察黄河。1999 年 6 月，他在郑州主持召开了黄河治理开发工作座谈会，要求必须从战略的高度认识和推进黄河治理开发。要把黄河的事情办好，必须坚持统筹兼顾、全面规划、突出重点、长短结合、合理安排的原则，制定黄河治理开发的近期目标和中长期目标，逐步实现。

首先要从源头上治理，加强水土保持，防止水土流失。小浪底水库可以淤沙 20 年，如果再在上面建两个水库，一共可淤 60 年。如果 60 年内水土保持工作还没有做好，就需再建一个水库，有地方建设吗？没地方了。这就是说，给我们的时间就是 60 年，如 60 年内

2002 年 7 月 22 日，朱镕基在河南省郑州市花园口黄河大堤考察黄河防汛工作。前排左一为河南省省长李克强，右一为水利部部长汪恕诚。（新华社记者李学仁摄）

不把水土保持工作做好的话，就不能算从源头上治理。我想，60年的时间还是足够的。1999年8月5日我到延安，就提出要“退耕还林、封山绿化、以粮代赈、个体承包”，不能再到山上去种田了。我当时讲，三年以后再来看山上的绿化情况。三年还差20天，我提前到了延安，到同样一个地方去看，绿化了，可以说初见成效。“世上无难事，只怕有心人”，只要认真地去干，三年就可以干出一番事业来。听延安的同志讲，我看的那个地方还不是搞得最好的，吴旗县是当地搞得最好的。我就说三年初见成效，十年应该大见成效。什么叫大见成效？我给他们立了个标准，延河里的水常流不断，而且是清水，这就叫大见成效。如果都这样的话，黄河的泥沙问题也就从根本上治理了。我想，根据延安的经验，三年初见成效，十年大见成效。当前要抓住有利时机，加大退耕还林力度。1995年以来，我们解决了粮食问题，每年粮食都是供过于求，可以保证粮食安全。现在正是还欠账的时候，过去把生态环境破坏了，现在应把它恢复起来。这不仅是从根本上改变生态环境，而且也是对农民一个最直接、最有效的支援，增加农民收入。这也等于是对生态环境的一种补偿，对农民休耕的一种补偿。我们知道美国在历史上粮食多、供大于求的时候，采取休耕的办法，一亩地补助100多美元，作为休耕补偿。我们现在也一样，平原上的粮食吃不完，你跑到山上去种什么粮食？国家给休耕补偿，恢复生态环境，这个政策应该说对农民是非常有利的。我跑了很多地方，农民都是衷心拥护这个政策的，但这个政策为什么没有得到很好的落实和推广呢？我想，是因为这个政策还没有真正深入人心，落实到农民身上。只要政策落实到基层，深入人心，而且各级政府不克扣这些粮食，不挪用这些资金，我相信退耕还林一定会在全国形成一个高潮。这对生态环境的改变是非常有效的，大家一定要抓住这个时机。我每到一个地方，就讲这个道理。我搞不清楚做这样一个好事，为什么老是办不成？当然，从去年下半年以来，办得比较快。搞了三年，退了3000万亩，今年一强调，增加了4000万亩，退耕还林有7000万亩了。这个事情只要落实到基层，落实到农民，就可以全面铺开。我们并没有把基本农田退掉，那是不能退的。就像我在延安看到的河沟地，没让退那个地，恰恰还要求河沟地把粮食产量提得更高。叫你把山坡上的地退了，把植被恢复了，这没有任何危害，不会影响粮食的安全，大家可以放胆去做。如果错过这个时机，仓库里没有那么多粮食的时候，再来干这个事情就比较困难了。

其次，要进一步加强防洪工程的建设。

再次，要合理利用和严格保护水资源。现在工业生产能力大得很，很多国有企业开工不足，许多工人下岗，农村再搞一般加工业等于是在那里制造包袱。现在各个地方办小纺织、小化工、小造纸、小钢材、小选矿，还有小煤矿、小炼焦，这些都是给环境制造极大的污染，而且治理的代价特别大，有些根本没法治，也没钱去治。我是今年3月份去的山西省，从太原到晋南，沿路都是小煤矿、小土焦，烟筒那么多，真是叫“家家点火、村村冒烟”，山上都是光光的，没有植被，冲得沟壑纵横。我看要治理山西，不知道需要多少年。我是有信心的，但需要你们努力。昨天、前天，我看到公路被压得一塌糊涂，一辆汽车可以载40吨煤，什么路压不坏？这样搞下去怎么得了！居然只要缴费就可放行。不整治一下，怎么行呢？大家都要注意防治污染。关于节水的工作也应重视。我这次到兰州，那里的水价1立方米1元钱。我说1元钱没法节水，北京水价现在是1立方米2.5元，到2005年要提高到4元至5元。不提高水价是绝对没法搞节水的，浇地就是大水漫灌，生活用水也浪费。我在北京市就讲，只要把水价提高到和矿泉水价差不多，就不缺水了。所以，不利用价格杠杆的手段去节水，是没招儿的。中国不节水是没有前途的。中国的水资源十分缺乏，从长远来讲，问题会越来越大，城市缺水会成为一个普遍的现象，不节水怎么能行呢？还要搞好水污染的防治。今天，我们看到这里测试水质量的监测站只有一个，准备在黄河上搞十个，要建到临界的地方。山东省与河南省交界的地方要搞测试，监测河南省流进山东省的水质情况；从山东省出口的地方，再监测一下水的质量。这就没有什么说的了，谁的责任清清楚楚，是谁在那里制造污染，把责任分清楚。大家都来加强水污染的治理，别把水搞得一塌糊涂，没法用了。现在搞南水北调，我非常担心在还没有搞成以前，汉江的水就已不能用了。这种危险是有的，因为沿岸都是小选矿场，尾矿都流到河里，污染河水。

同志们，现在黄河主汛期已经到来。我们要提高警惕，振奋精神，全力以赴，扎实工作，确保今年黄河防汛安全，保证改革开放和现代化建设的顺利进行。

继续搞好辽宁省完善社保体系的试点*

（2002 年 7 月 24 日）

中央在辽宁省进行完善社会保障体系的试点，是非常正确的，这项工作也确实取得了很大的成绩。原来我们把这项工作的难度考虑得比较大，觉得要让下岗职工跟企业解除劳动关系是一件非常难的事情，我们早就估计到这个难度。但是辽宁省居然能够把 70 万人解除劳动关系，还没有闹事，至少没大闹，这是非常不容易的。这为全国完善社会保障体系打下一个很好的基础，这个经验是非常宝贵的。在黑龙江省大庆市，也是解除工人与企业的劳动关系，“买断工龄”，尽管花了很大的代价，一个人给十几万元安置费，最高的给 17 万元，也没有解决问题。“买断工龄”这个提法是错误的，党中央、国务院从来没有过这个提法。

辽宁人均只花了 7000 元，最多的是抚顺特钢，花了 1.2 万元，用这么低的代价就能够办成这件事，社会还能够保持稳定，这个经验应该很好地总结。关键是要做好工作。我想有几个环节是非常重要的。一是经济补偿金一定要落实。二是欠他的债一定要还，认账还钱，而且不能拖得太久。拖得太久将来无人问，企业领导人一换，就变成“白条子”了。抚顺特钢的负责人认识到这个事情的重要性，下决心“砸锅卖铁”也要把这个钱还了。这个钱不还，是稳定不了的。

---

* 2002 年 7 月 22 日至 24 日，朱镕基同志在辽宁省考察工作，先后考察了沈阳、抚顺等地。这是朱镕基同志在听取省委、省政府工作汇报后讲话的一部分。

三是“低保”要落实。失业保险是落实了，我听说是一个月220元，时间为两年，这是个缓冲，下岗职工可以在这个时间进行培训、再就业等等。万一不行了，一定要有一条“低保”的保障线在等着他，这一点要讲得很清楚。过去讲下岗职工基本生活费制度向失业保险并轨，现在再加一个“低保”，下岗职工就比较放心了。因为失业保险只是管两年，两年以后还找不到工作怎么办？不管是不行的。所以，“低保”是人们最后的一道保障，有了这道保障，他们就放心了。我想，这三点是可以避免你们这70万人闹事的重要因素。如果你们能够把补偿金落实，欠债还钱比较快，把“低保”跟下岗职工讲得清清楚楚，使他们没有后顾之忧，我相信你们往后的60万人的工作就比较容易做，他们就感到心里踏实。当然，更重要的是要加强再就业工作，这方面国务院正在拟订一系列政策。

我这次到辽宁省来以前，心里还有点疑虑。来了以后经过考察，我认为你们的工作是扎实的，不是钱多就能办好这个事情，也不是钱少就不能办这件事情。关键是党和群众的联系，血肉的联系是不能断的、买不断的。只要做好工作，工人还是能够体谅国家、企业的困难的。希望辽宁省委、省政府和全体同志，要坚定不移地贯彻党中央、国务院关于国有企业的改革方针，也就是“鼓励兼并、规范破产、下岗分流、减人增效、实施再就业工程”。不实行这一条方针，国有企业是没有出路的，中国的经济发展是没有前途的。没有这个机制，什么产业结构调整、企业结构优化、职工素质提高，都是不可能的。也只有实现了这条方针，才能够真正建立起现代企业制度。没有这个机制，你写一百条都是空的。抚顺特钢负责人讲得很清楚，企业一大堆人，都拥到一个岗位上，你用什么管理？企业既没有质量，也没有品牌，更没有效益，吃都吃光了。这么多年以来，抚顺特钢一直都是潜在亏损，折旧不提，企业贷款利息不还，提高库存价格，看起来账面

2002 年 7 月 22 日，朱镕基在辽宁省沈阳市大东区职业技术培训中心考察。

上都是平的，实际上一年都是亏损几千万元、上亿元，这样搞下去怎么行呢？该三个人干的活就三个人干，多余的人就下岗。国家用社会保障体系来保证他们的基本生活，然后让他们再就业。他们得自己努力，不努力就永远只有拿最低生活保障了。没有这套机制，企业怎么能办下去呢？一定要坚定不移地实施这个国有企业改革的方针，不要因为大庆出了事就动摇。

现在事实证明，辽河油田就可以不闹事，本来已经蓄势待发了，结果没闹起来。你们要继续做好工作。如果你们 70 万人解除劳动关系后能够稳住，那还有 60 万人的工作就比较容易做了。这个工作完成以后，就形成了一个气氛，三条社会保障线就把职工队伍稳住了，而且形成了一种竞争的机制了，大家都要想办法自强、自立，培训后再去上岗。如果在辽宁这样一个老的工业基地，就业门路比较少、第三产业很不发达、工业城市人口又超过了农村人口，在这么困难的情况下，我们能够实现三条保障线，实现对国有企业制度的改革，我相信在全国都能解决。这个问题解决了，产业结构的调整、企业结构的调整、人员素质结构的调整就可以大踏步地前进，中国的经济才能够真正发展起来。希望辽宁省的同志们继续努力，也不要自满，因为欠职工的钱你们才还了10%到15%，还是打的“白条子”。你们要取信于民，这个事情是不容易的。

谈到“低保”的问题，辽宁省之所以能够稳定，70万人解除劳动关系，还没有出现很大的问题，是因为你们的“低保”范围比较大，129万多人，占全国的十分之一，这个工作抓得早，对社会稳定是很有作用的。我在大连去看过社区工作，做得很不错，比沈阳的工作做得稍微好一点；但在沈阳我们昨天参观的社区，已经建立了电子计算机的存储系统，也还是不错的。我觉得“低保”的问题还是要进行深入的研究，要从两个方面来考虑：一方面，不要使“低保”的标准过高，否则下岗职工就不愿意就业了，就养懒人了；另一方面，也不要搞七折八扣拿不到钱。标准定得很高，每月205元，全省是156元，其实经过七扣八扣给下岗职工的只有60多元，沈阳大概只有30多元，太少了，不足以维持基本生活。这两方面都要兼顾，既不能养懒人，也不能饿着人，这样社会就稳定了。我刚才把沈阳三个区的资料调来看，觉得还需要深入细致地调查。我看这些享受“低保”的人，家庭收入都相当高，每月三四百元、500元，最多的是595元，有没有这么高？职工下岗以后，他没事做，怎么会有这么高的收入呢？所以，我就非常担心，标准定那么高，七扣八扣只给下岗职工60元、30元，这个情况是不是真实的？领导部门、民政部门要进行深入的调查，不要先听汇报，要亲自查账，到每个“低保户”去访问，从各方面来验证。如果真要稳住跟企业解除劳动合同的下岗职工、失业职工，“低保”是非常重要的，包括集体企业，它的职工养老问题应该就是靠“低保”来解决，要做很细致的调查，对每个人的收入张榜公布。把这个工作做好了，我看辽宁省的社保体系试点就可以获得完全的成功。

大力调整农业种植结构*

（2002年7月25日—27日）

1998年抗洪救灾的时候，我到哈尔滨来过。已经四年了，我感到各方面都有很大的进步。当年被水淹的地方如今都修起了非常好的水利工程，齐齐哈尔、哈尔滨的城市面貌都有很大的改变，应给予充分肯定。下面，我讲几点意见。

一、关于农业结构调整问题。

对于粮食丰收、全省销粮难的形势，黑龙江的根本出路是调整农业结构。不及早调整农业的种植结构、产业结构，就要吃大亏，尤其是农民收入增加不上去。这几年农民收入靠什么增加？是靠打工，这笔收入占农民收入的很大比重。现在粮价低，没有这笔收入，农民的生活是过不去的。

现在，粮食安全的形势已经发生了变化。退耕还林政策之所以推进力度不大，一个重要思想障碍就是老百姓担心粮食安全，怕粮食出问题。我们一定要向老百姓讲清楚，现在农业生产力发生了巨大的变化，实行大规模的机械化耕作，粮食增产还有很大的潜力。另外，粮食品质的改良、科技投入的增加，都使粮食大幅度增产。粮食安全不成问题，关键是调整结构。大米多了你们生产大米，玉米多了你们生

---

* 2002年7月24日至27日，朱镕基同志先后在吉林、黑龙江省考察嫩江、松花江防汛等工作。这是朱镕基同志在黑龙江省考察期间讲话的一部分。

产玉米，这怎么得了！粮食年年在陈化啊。陈化粮一旦进入市场，粮价就更低了，那农民就更惨了。当然，黑龙江大米好吃，你们可以往南方销售，但这实际上也不是那么容易的。赶快想办法来开辟粮食销售的渠道，不要再往仓库里增加了。

调整农业种植结构，重点是发展具有黑龙江比较优势的优质大豆。只有大豆这个东西可以顶住进口。我相信你们有这个竞争力。黑龙江发展大豆的市场空间很大，目前我国一年进口大豆1000多万吨，国内有3000万吨的大豆市场。同时，黑龙江生产的不是转基因大豆，东北亚许多国家，也包括日本，都需要非转基因大豆，这方面正好是我们的优势。我们制定了《农业转基因生物安全管理条例》，用这个办法来限制大豆的进口，这正是你们发挥优势的好时机，为什么不赶快急起直追，抓紧调整这个结构呢？目前黑龙江的大豆产量太少了，你们完全可以生产1300万吨大豆。大豆是肯定有销路的，我们还没有占领这个市场。调整农业结构，我在别的省还找不出一个很明确的方向，只有黑龙江，清清楚楚就是大豆，为什么不干？

发展大豆一定要提高品质，降低成本。如果价格还比美国的贵，含渣量还比美国的高，销售供应环节还不及时，黑龙江的大豆还是占领不了市场。要实行大规模机械化操作，改善经营环境，一条龙地供应，利用科技的力量在各个环节改善大豆的质量。

二、关于退耕还林，改善生态环境。

发展不要只顾眼前，要着眼于可持续发展，把经济效益、社会效益和生态效益统一起来。我们这几十年经济发展很有成绩，但把老祖宗留下的生态环境也破坏得够呛，如果再这么破坏下去，子孙后代就无法生活了。一定要改善生态环境，改变城市面貌，创造一个优美的环境。抓生态环境建设既可以促进群众增收，又可以带动产业发展。比如，多种树，多绿化，树苗价格马上就涨起来了，农民种树也可以

2002年7月26日，朱镕基在黑龙江省哈尔滨市考察防汛工作。右二为水利部部长汪恕诚，左六为国家计委副主任于广洲。

致富了，中国也可以出现一个种树苗的行业了。

粮食多了，不要只在增加储备上打主意，还要在调整结构上下工夫。粮食多了，靠多收专储粮是不行的。国家的储备粮不能再增加了，再增加储备，就是增加亏损、增加损失！黑龙江的粮食不能再这样种下去了，还是要抓退耕还林，抓产业结构调整。国家的政策是长江以北退耕还林一亩地给200斤粮食，给50元种苗费和20元零花钱，农民对此还是很高兴的。要用这样的政策来推动退耕还林。我们积极支持你们增加退耕还林面积的要求。只要谁搞退耕还林，不是搞浮夸、说大话，而是扎扎实实地干，要多少粮食，中央就给多少粮食。

调整结构的另一个重点是退耕还草，发展奶牛业。现在牛奶还是很有市场的，你们要占领这个市场。要搞一套严格的标准，创出信誉，创出名牌，在全国推广。还要加强湿地保护。要先保湿，任务是现有湿地不要沙化。当然，能不能还湿，可以先搞试验。

需要强调的是，在抓好退耕还林、还草的同时，还要大搞植树造林、封山绿化。你们东北地区有这么好的条件，没那么多人去砍树，为什么不搞大片的森林呢？恢复到努尔哈赤那个时代的状态多好啊！黑龙江省是高寒地区，树长得太慢了，所以你们得赶快种啊。

城市建设要突出城市绿化，多种树，种大树。现在城市的一个通病，就是多盖房子少种树，甚至砍树，这是一个极不好的倾向。把祖宗留下来的绿地侵占了去盖房子，是没本事，有本事的应该是在盖房子的同时增加绿地面积，这才叫现代化的城市。光盖房子招商是招不来的。还是优美、绿色的环境才能吸引人家来。黑龙江省的各个城市都要注意绿化，要多种树，种大树。齐齐哈尔的树种得是不错的，也很重视绿化。希望哈尔滨更加努力，更加注意绿化，不要光注意盖房子。

加强财政增收节支工作*

（2002年9月14日）

最近一段时间，党中央、国务院对今年以来的经济形势进行了全面分析，针对经济运行中的新情况，作出了重要决策，下发了中央10号文件〔1〕。根据中央的决定，国务院召开这次会议，专门研究和部署进一步加强增收节支工作。按照中央的精神，我讲几点意见。

一、充分认识加强财政增收节支工作的重要性。

对今年以来财政收支中出现的问题，我们必须予以高度重视。1至8月，全国财政收入11657亿元（不含债务收入），同比增长10.2%，增幅比去年同期下降14.5个百分点，是近几年最低的（1999年至2001年，同期增幅分别为22.8%、19.8%和24.7%）。其中，中央财政收入6123亿元，增长7.7%（按同口径计算，只增长4.6%）。全国财政支出11587亿元，同比增长17.3%，其中，中央财政支出增长6.4%，地方财政支出增长更快，达23.1%，支出增长大大高于收入增长。1至8月全国财政收支相抵，收大于支仅70亿元，而去年同

---

* 2002年9月14日至16日，全国增收节支工作会议在北京召开。出席会议的有各省、自治区、直辖市和计划单列市、新疆生产建设兵团主要负责同志，中央和国家机关有关部门主要负责同志，解放军有关单位、武警部队和有关大型国有企业的负责同志等。这是朱镕基同志在会上讲话的主要部分。

〔1〕中央10号文件，指2002年8月16日《中共中央、国务院关于转发〈国家发展计划委员会关于当前经济运行情况和做好下半年经济工作的措施意见〉的通知》。

期是收大于支 699 亿元。显然，完成全年财政预算的任务相当艰巨。

财政收支中的问题在今年前四个月就已出现。国务院于 5 月中旬召开全国增收节支工作电视电话会议，采取了相应措施。5、6、7 三个月，全国财政收入回升，同比分别增长 19.5%、9.1%和 17.9%，但 8 月份增幅又明显回落，仅为 7.6%。整个财政形势仍很严峻。

财政收入增长缓慢的主要原因：一是降低关税的影响。按照我国加入世贸组织的承诺，今年关税税率由 15.3%下调到 12%。据财政部计算，此项 1 至 8 月减收 127 亿元。原来估计减收更多一些，所以在年中采取了适当增加一部分附加值高、不冲击国内市场的商品进口的措施，使关税减收的幅度有所减少。二是证券交易印花税税率由 0.4%降低到 0.2%，同时，证券交易量下降，1 至 8 月减收 143 亿元。三是金融保险营业税税率下降 1 个百分点,1 至 8 月减收 54 亿元。四是停止国有股减持，减收 121 亿元。五是出口退税同比增加 61 亿元。这五项共减少税收 506 亿元，致使全国财政增幅下降 5 个百分点。其中，中央财政减收 495 亿元，增幅下降 9 个百分点。同时，由于去年内资企业所得税基数较高和今年头几个月企业效益不够好，企业所得税增收受到影响。这些减收因素，在安排今年预算时已考虑到，但实际情况比预料的还要严峻。

第一，做好财政增收节支工作，确保不突破预算赤字。今年财政预算赤字为 3098 亿元，这是全国人大批准的，已经比去年增加了 500 亿元，绝不能再扩大。从目前情况看，如果不做好工作，有突破财政预算赤字的危险。前八个月，财政收支矛盾已经十分突出。今后四个月，一些政策性减收因素还将继续制约财政收入增长，并主要表现在中央财政减收上。今年的预算支出盘子是建立在财政收入连年大幅度增长基础上的，而且财政支出刚性强，已经确定的预算支出很难调减。如果听任财政收入增速继续下滑，支出增速又降不下来，赤字

2002年9月14日，朱镕基在全国增收节支工作会议上讲话。右为中共中央政治局常委、国务院副总理李岚清，左为中共中央政治局委员、国务院副总理钱其琛。

就打不住，整个财政状况将陷入被动。如果中央财政困难了，对地方的转移支付就不能保证，地方也会困难。因此，今年无论如何不能突破财政预算赤字，要守住这道防线。有些地方只看到本地财政收入比较好的局部情况，没有看到全局财政收支状况的严重性，对财政增收节支工作不以为然，这种思想必须克服。

第二，做好财政增收节支工作，这事关改革、发展、稳定的大局。落实培育和扩大内需的政策措施，发展科技和教育，需要增加财政投入。改革和稳定也需要有财力来保证。例如，深化国有企业改革、做好下岗失业人员工作、促进就业和再就业，推行农村税费改革、减轻农民负担，完善社会保障体系、落实“两个确保”[1]和城市

---

〔1〕参见《在二〇〇〇年中央经济工作会议上的讲话》（本卷第69页）。

"低保"、加强对城镇困难居民的扶贫济困等，都需要有财政投入。如果不能增收节支，国家没有必要的财力，各项政策措施就难以落实，改革、发展、稳定的大局就会受到影响。

第三，做好财政增收节支工作，这是为明年经济工作打好基础的重要条件。今年的财政增收节支工作做好了，不仅可以增加财政收入，有效控制支出增长过快，减轻财政压力；更重要的是有利于完善财政收入正常增长机制，保证财政收入随着经济增长而持续稳定地增加，并有利于建立规范的财政支出机制。如果今年的财政预算赤字突破了，不仅完成不了今年的预算任务，而且将给明年的财政工作乃至整个经济工作带来困难。

总之，加强财政增收节支工作，不仅是考虑当前，而且是着眼长远；不仅是一项重要的经济任务，而且具有重大的政治意义。我们必须从大局出发，以对党和人民高度负责的精神，把加强财政增收节支工作，作为当前经济工作的重点任务，齐心协力，刻不容缓地抓紧抓好。

二、大力做好财政增收工作。

完成今年财政预算，确保不突破财政预算赤字，必须从增收和节支两个方面着手，千方百计开源节流。首先要在增收上下大工夫。近几年，财政增收工作取得很大成绩。各级财政、税务、海关部门贯彻中央关于"加强征管，堵塞漏洞，惩治腐败，清缴欠税"的工作方针，严厉打击各类走私、骗取出口退税、虚开增值税专用发票等涉税犯罪活动，加快推进"金关"〔1〕、"金税"〔2〕、"金财"〔3〕工程等信息化建设，税收征管工作不断加强，促进了财政收入大幅度增长。1998

〔1〕见本卷第17页注〔1〕。

〔2〕见本卷第14页注〔3〕。

〔3〕见本卷第304页注〔2〕。

年增收1225亿元，1999年增收1568亿元，2000年增收1951亿元，2001年增收2976亿元（按可比口径计算，增收2400亿元），四年财政收入年均增长17.3%。但是也要看到，作为财政收入主要来源的税收，流失仍相当严重。无论是国有企业、个体私营企业，还是外资企业，无论是高收入者，还是收入并不高但应纳税的人，都相当普遍地存在偷漏税现象。有些地方违背税法，越权减免税、以费挤税。大量事实证明，增加财政收入具有很大潜力。

一是有些个体私营企业偷漏税十分严重。现在，在企业税收中，国有企业缴税占大头。相当部分的个体私营企业采取不建账、做假账等多种手段隐瞒经营收入，偷税漏税。许多个体私营企业主不从企业开工资，偷逃个人所得税。去年，《亚洲华尔街日报》评出中国大陆十大富豪，经税务部门调查，其中只有极个别人缴纳个人所得税。有的私营企业主搞“空手道”，长期违规经营，偷漏税数额巨大。这些问题的出现，与有的部门和地方在管理上存在的问题及漏洞有关。一定要吸取教训，对偷税漏税和其他经济犯罪活动，绝不能坐视不管，必须依法认真查处。

二是外资企业偷逃税款相当普遍，方式和手段多种多样：(1) 转让定价，虚假亏损。即用高于国际市场的价格进口设备和材料，然后用低于国际市场的价格出口产品，将利润转移出去。这是目前外商逃税最主要的方式。去年，外资企业亏损面达48.1%，其中相当数量的外资企业存在非正常亏损。(2) 骗取税收优惠。当税收优惠到期进入征税期后，有些外资企业采取注销现有企业、设立新企业的做法，再次享受优惠政策。(3) 偷逃消费税。我国消费税是按出厂价进行征收。很多外资企业都有自己的销售公司，用较低的出厂价把产品卖给销售公司，从而少缴消费税。(4) 钻税法漏洞。不少外商通过从境内外相关银行借入大量资金，利用税前列支利息，先行分取企业利润，从而达到少缴或不缴企业所得税的目的。

三是各类商贸城、集贸市场随意包税[1]、以费代税现象严重。很多地方的商贸城和集贸市场，对个体工商户大都采取包税方式，实际经营额与税务部门核定的定额差距很大。个体工商户税收漏征漏管现象十分突出。2001 年，在工商行政管理部门登记的个体工商户为 2433 万户，在税务部门登记的只有 1079 万户，只占工商登记户数的 44.3%。甚至不少个体经营者与一些执法人员相互勾结，有意少包税。有的地方为了局部利益，高收费，低收税，以费代税。据有关部门估算，去年全国各类商贸城和集贸市场成交额为 1 万多亿元，而税收只有 138 亿元，仅占成交额的 1%多，大大低于应该征收的水平，大量税款流失。当然，各类商贸城和集贸市场量多面广，又很分散，要把税收全部收上来也有一些困难，但现在确实收得太少了。

四是一些重点行业和国有企业逃税、欠税很突出。特别是一些垄断性行业的国有企业盈利不少，职工收入很高，但同时又是欠税大户。截止到今年 7 月底，全国企业欠税合计 332 亿元。其中，石油企业 43 亿元，石化企业 29 亿元，烟草企业 47 亿元，电力企业 30 亿元，冶金企业 33 亿元。白酒行业偷逃税款相当严重。最近，税务部门对白酒行业进行了税收专项检查。截至 8 月底，山西、山东、四川、河南四省检查白酒生产企业 287 户，发现有问题企业 218 户，查补税收 4.8 亿元。

五是进出口环节税收流失额仍比较大。目前，走私方式从大规模走私，变为“蚂蚁搬家”式的走私。不法分子更多地利用价格瞒骗方式偷逃税款，仅今年上半年，全国海关共查处价格瞒骗案件 272 起，涉嫌偷逃税款 3.8 亿元，分别比去年同期增长 3.9 倍和 4.2 倍。故意

〔1〕见本卷第 52 页注〔2〕。

压低进口合同价格的逃税行为，也是关税减收的因素之一。

造成税收流失的因素很多，有管理体制不健全、法规和政策不完善、征管手段落后、“金税工程”尚不完善、公民自觉纳税意识淡薄等原因，但征管工作薄弱、对偷税漏税行为惩治力度不够，也是一个重要原因。现在，一些人靠偷税漏税发了财，大肆挥霍，一掷千金，败坏社会风气。如果不对这些人加强税收征管，不但造成贫富悬殊，而且使国家税收减少，从而影响低收入居民收入的增加。部分居民收入差距悬殊，制约整个消费需求增长，也是出现通货紧缩趋势的一个重要因素。因此，必须加大依法治税力度，把应收的税真正收上来。前不久，有关部门依法对个别“名人”偷漏税问题进行查处，起到了敲山震虎的警示作用。总的看，增加财政收入要标本兼治，当务之急还是要强化征管，堵塞各种“跑冒滴漏”，做到应收尽收。为此，要着力抓好以下方面：

第一，必须进一步加强税收征管。要狠抓增值税、消费税、营业税、企业所得税、个人所得税等重要税种的税收征管。要严格企业财务制度和会计监督，加大税务稽查力度，严厉打击各种虚开增值税发票、做假账等违法犯罪行为。对个体私营企业要实行严格的建账制度，强化发票管理和税收征缴。要严格税务登记管理，工商、税务等部门要尽快联网，切实解决一些个体工商户只进行工商登记、不进行税务登记的问题，从源头上杜绝漏征漏管的现象。要大力清缴企业欠税，特别要做好石油、石化、烟草、电力和冶金等重点税源行业的清欠工作。要加强海关税收征管，重点打击通过低报、瞒报进口价格等手段偷逃税款的违法犯罪活动。要继续严厉打击走私活动。要加强对加工贸易进出口货物的监管，堵塞合同核销中的税收流失。

第二，必须坚决维护税法的统一性、权威性和严肃性。近年来，一些地方政府随意出台税收优惠政策，侵蚀国家税收。有的以招商引资为名，滥开减免税口子；有的地方采取“先征后返”方式，掩人耳目，帮助企业偷逃税款；一些经济比较发达、税源充足的地方，在提前完成当年征税任务后，以“涵养税源”为名，不再征税；还有的地方存在卖税买税、异地缴税等现象。随意搞减免税，不仅地方经济最终发展不起来，还会破坏公平竞争条件，破坏全国统一市场的形成。这里再次强调，我国税收政策的调整和税收制度的立法权集中于中央，任何地方和部门都不能越权制定税收政策，破坏国家的税收秩序。要抓紧清理现行各种税收优惠政策。各地区、各部门违反税法统一规定、擅自出台的各项税收优惠政策，要立即纠正和废止，今后不得再擅自出台新的税收优惠和变相优惠政策。

第三，必须坚持依法征税，敢于碰硬。依法征税是税务、海关等部门应尽的神圣职责。不管是谁，只要触犯税法、偷逃税收，都要依法严加惩治。执法部门必须加强自身队伍建设，牢固树立依法治税的观念和依法征税的责任感，讲法不讲情，恪尽职守，执法如山。在查处涉税违法案件中，不论涉及谁，都要严厉惩处。要抓紧依法审判一批大案要案，震慑违法犯罪分子。

第四，必须进一步完善税制，加强相关的配套制度建设。进一步完善对进口税收优惠政策的管理。中央已经确定，对新批准的《外商投资产业指导目录》中“产品全部直接出口的允许类外商投资项目”所进口的设备，先全额征收关税和进口环节税，经核查产品确是全部出口的，分五年全部返还税款。除经国务院特殊批准外，取消现行的进口原材料减免关税和进口环节税的政策。属国家鼓励类的限额以下内外资项目进口设备，缩减免税范围，上收免税确认权限。取消经济特区“地产地销”产品免征增值税的政策。对国家限制出口、属于稀缺资源和战略性资源、破坏环境的产品和引起恶性竞争的部分商品，取消出口退税。各有关地区、部门一定要从大局出发，统一思想和行动，认真贯彻执行这些政策措施。

还要堵塞税制不健全的漏洞。例如，一些私营企业主自己不拿工资，把个人开支列入企业成本，既侵蚀企业所得税税基，也不缴个人所得税。对这类问题要进一步作出明确规定。又如，在严格依法办事方面，也有一些环节需要进一步明确，对偷漏税者如何予以更有力的惩处，应当作出具体规定。

今年实行了所得税收入由中央和地方分享的改革，目的在于进一步规范中央和地方政府之间的分配关系，建立合理的分配机制，防止重复建设，减缓地区间财力差距的扩大，支持西部大开发，逐步实现共同富裕。目前这项改革进展顺利。1 至 8 月，全国企业所得税完成 1676 亿元；其中，中央 813 亿元，地方 863 亿元。全国个人所得税完成 799 亿元；其中，中央 398 亿元，地方 401 亿元。所得税收入已按照改革方案，分别缴入中央国库和地方国库。在所得税增量中，东部、中部、西部地区都有上缴，东部地区上缴多一些。中央从所得税增量中多分享的收入，全部用于对地方主要是中西部地区的转移支付，一个钱也没有留。中石油、中石化企业所得税的上缴办法，国务院在征求有关地方的意见后，决定暂时仍上缴作为中央收入。

第五，必须在全社会范围内加强税法教育，增强依法纳税观念。任何企业、单位和个人，符合应税条件的，都要自觉依法缴纳税收。权利和义务是对等的。公民在享有正当权利的同时，还需要承担法律规定的各项义务，纳税是重要义务之一，是不能讲任何条件的。在一些国家，税法严峻，六亲不认，即使权势赫赫的政治家、名闻遐迩的大明星，一旦被发现偷税，都难免锒铛入狱，落个身败名裂的下场。要形成一种舆论，在全社会营造“纳税光荣、偷税可耻”的氛围，努力培育公民良好的纳税意识，使依法纳税观念深入人心。

最近有一种议论，说我们加强对个体私营企业的税收征管，是打压个体私营经济发展。这纯粹是混淆是非。我们这样做完全是为了国家利益。中央关于鼓励和引导个体、私营等非公有制经济发展的方针政策，是十分明确的，也是不会动摇的。依法纳税是任何企业和个人都必须履行的义务。依法惩处偷漏税者，与“打压个体私营企业”毫不相干。

三、严格控制财政支出。

大力节省开支、严格控制支出，同样是一项重要而紧迫的任务。当前，有些地方认为形势好得不得了，盲目乐观，忘乎所以，财政支出中乱花钱的现象相当普遍。一是铺张浪费，花钱大手大脚。一些地方和单位举办各种会议、节庆、研讨等活动的名目繁多，比阔气，讲排场，花钱如流水。有的地方组织大型招商团，到境外游山玩水，谈不成几个项目，却造成巨大浪费。二是大搞所谓“形象工程”、“政绩工程”，劳民伤财。有些地方不惜动用巨额资金修建城市广场、豪华办公大楼和内部高档娱乐设施，耗费大量资财。有的地方工资、社保资金留有很大缺口，而拿很多钱搞沽名钓誉的“形象工程”。三是一些领域重复建设重新抬头。近几年来，玻璃、水泥、冶金、有色金属等行业重复建设现象相当严重。这些重复建设，大多没有经过国家审批。有的地方，采取化大为小、化整为零的办法，逃避国家审批。有些重复建设用的是银行贷款，这与银行贷款审查不严有关，造成巨大包袱，最后还要由国家财政来兜底。一些地方的房地产特别是高档房地产开发也出现过热现象，现在的旅游开发也主要是房地产开发。四是乱开支出口子，挪用财政资金，滥发补贴、奖金。去年，各级审计机关共审计14.5万个单位，查出各类违规金额1908亿元，经过处理，上缴财政172亿元，减少财政拨款和补贴56亿元；审计部门审计检查的378亿元国债资金中，被挤占挪用的有14亿元。一些地方的财政部门带头违反财经纪律，挪用财政资金，影响更坏。

制止铺张浪费、反对奢靡之风，已经到了非下大的决心不可的时候了。大手大脚花钱，暴殄天物，不仅会坐吃山空，更为严重的是滋生腐败，败坏党风政风，损害干群关系。财政资金是人民群众的血汗钱，来之不易，不该花的钱一分也不能花，花钱一定要锱铢必较。挥霍浪费是极大的犯罪。敞开口子胡花钱，对老百姓的疾苦漠不关心，这是绝对不能容忍的。我们要从维护人民群众根本利益的高度，切实做好财政节支工作。

刚刚下发的中央10号文件，对控制财政支出、节省开支工作提出了明确要求。各地区、各部门都必须认真贯彻执行。

一是加强预算管理，严格执行支出预算。今年，各级财政除对救灾等少数急需的特殊支出外，一律不再追加新的支出项目。即使该项目属合理性支出，也要转由下年预算安排来解决。同时，要大力压缩一般性支出。凡是有可能完不成收入预算的地区，现在就必须调整支出项目，切实减少支出。对违反中央精神、擅自突破预算支出的地区，中央将减少转移支付。二是坚决制止重复建设。制止电解铝、铁合金、玻璃等行业和产品低水平重复建设抬头的趋势，继续依法整顿关闭小煤矿、小钢铁、小水泥、小玻璃和小造纸等，不准以任何借口和形式恢复已被淘汰的落后生产能力。严格控制加工工业项目贷款。对一些房地产投资规模过大、空置率过高的地区，要从严控制房地产贷款规模。停止建设脱离实际、劳民伤财的“形象工程”、“政绩工程”，严禁新开工建设城市广场、行政办公楼、培训中心和内部高档娱乐设施等项目。对这类项目，财政不得安排资金，银行不得发放贷款，土地管理部门不得提供土地使用权。三是做好财政资金调度工作，保证重点支出。各级政府要保证抗灾救灾支出的需要，安排好水毁设施的建设资金，同时要拨专款保证灾区人民的生产和生活。要保证做好“两个确保”和城市“低保”工作，做到应保尽保。务必要保证工资按时足额发放，有关省份要加大对困难地区的财政转移支付力度，尽快解决欠发工资的问题。

做好财政增收节支工作，是今后几个月经济工作的重点。各地区、各部门一定要把思想统一到中央的工作部署和这次会议的精神上来，真正把增收节支作为当前经济工作的一件大事，高度重视，加强领导，狠抓落实。要增强责任感和紧迫感，针对自己存在的问题，提出增收节支的办法，实行严格的责任制，切实抓出成效。财政、税务、海关部门要认真履行责任，恪尽职守，严格把关。各有关部门要积极配合税收征管部门的工作，形成增收节支的合力。加大对重点行业、重点资金、重点项目的审计监督，对严重违纪的，要一查到底。各地区、各部门和各单位都要加强财务检查与监督，一旦发现问题，要立即纠正。

下决心抓好“食品放心工程”*

（2002年10月9日）

食品安全卫生关系人民群众身体健康和消费信心，也是整顿市场经济秩序的重要任务和“民心工程”。希望有关部门和地区参照北京市的经验，建立和健全一整套市场准入制度，下决心抓好“食品放心工程”。

朱镕基
10.9

---

* 2002年9月25日，新华通讯社《国内动态清样》第2649期《北京实施准入制度提高食品安全质量》一文反映，2002年以来，北京市政府推出了“肉菜放心工程”，以流通领域食品准入制度为核心，抓住“监管源头、标准准入”两个关键环节，对进京猪肉和蔬菜实行严格的质量监控。到8月份，蔬菜农药残留超标率、肉品不合格率大幅度下降。这是朱镕基同志在此文上的批语。

统计工作应把"准"字放在首位*

（2002年10月28日）

最近，国家统计局正在庆祝成立50周年。我恰好是在1952年从东北调到国家计委工作的，当时国家计委和国家统计局都在北河沿。那时国家统计局局长是薛暮桥同志，他当时还兼任国家计委副主任；副局长是王思华同志，后来当了局长。我是在国家计委综合局工作，那时的很多人现在都已经不在了。我们那时对苏联统计方法的研究，比现在对统计方法的研究要深得多。我们参加工作一开始就练表格，一张一张表格学习。

我曾经说过一句话：在中国搞经济工作不要太相信数字。我这样说不是否定统计工作，因为保证统计数字的准确性的确很难，数字层层失真不是某一个人的问题。所以，在某种情况下，只能是统计加估计，如果完全按照统计数字来决策可能会犯错误。根据各方面得到的信息、对社会经济的调查和自己了解的情况，来评估统计数据的准确性，并了解数字是如何统计、如何形成的，这对一个经济工作者是非常重要的。目前，确实还有不少同志没有做到这一点。对过去的统计方法，我比较清楚，对现在的统计方法，我没有很好地研究，但我认为这是值得我们很好研究的。什么工作都不可能尽善尽美，也不可能

* 这是朱镕基同志在国家统计局考察时，在机关副司级以上干部和直属事业单位主要负责同志座谈会上的讲话。

完全反映现实。如果了解统计数字是怎么形成的、经过多少环节、怎样计算，就可以利用经验和各种信息进行分析，比较准确地判断数据的可靠程度，从而有利于正确地决策。

统计工作是我们进行经济决策的重要依据，或者说是主要依据。尽管不能只局限于这个依据，还必须做很多调查，尤其是实际的调查。不了解情况就无法作出正确的经济决策，但有时要想了解一点真实的情况还真不容易。因此我们说，统计工作对经济走向的判断和经济工作的决策，都是非常重要的。

你们刚才说，我在 1998 年曾经提出过统计工作要“快、精、准”的要求，现在看来这个说法还不够准确，可能是当时临场没有经过很

2002 年 10 月 28 日，朱镕基在国家统计局考察工作并题词“不出假数”。右二为国家统计局局长朱之鑫，右三为中共中央政治局委员、国务院副总理温家宝。

好推敲。应当把“准”字放在首位。尽管统计数字要做到绝对的准确，甚至于相对准确是很难的事情，但要力求准，不准还有什么用？力求准确是最主要的，是统计工作的宗旨，否则就是骗人。今天我为国家统计局的题词就是四个字：“不出假数”。1958 年“大跃进”时曾经吃了那么大的亏，不就是因为相信了一些莫名其妙的数字吗？

第二才是尽可能“快”一些。把“快”字放在前边是不行的，快而不准等于没用，反而害人。统计工作有年报、月报制度，规定了什么统计数字要在什么时候出来，但为了适应宏观决策的需要，应该尽可能快，这样才能保证及时、果断地决策，发挥它的效力，否则就晚了。回顾 1993 年的经济过热，其形成的过程很快，从 1992 年开始，到 1993 年 1 月就已经不可收拾了。我记得很清楚，1993 年 1 月 1 日，江泽民同志请 18 个省的省委书记和省长分批到北京来，找他们谈话。谈什么？告诉他们，钞票印刷跟不上了，请他们在春节以前千万不要再乱发钱了。1993 年一开始，钞票大量发行，春节以后通货膨胀形势越来越严重。经济过热的形成过程是很快的，并且首先动摇银行体系。如果对这些问题能及早有一个准确的反映，我们当时就能够及时作出决策，可能不至于到不可收拾的地步。再比如，我最近提出目前房地产有一点热，如果不注意制止的话，很快就会发展起来。经历过 1958 年“大跃进”和三年困难时期等年代的人都有这种经验和体会，那时的统计数字也是统计局系统报上来的。

今年国庆节，我在广州看到你们的一个统计数字，说广东省固定资产投资今年前九个月的增长，其中 60%是来自房地产，难道这还不够热吗？如果这些房产是卖给个人住的，风险还比较小，将来即使房地产价格崩溃了，只是个人受损失，房子还是他自己住着。但实际上，现在银行有 20%到 30%贷款是贷给房地产商的，而且盖的都是高档楼，这样风险就大了。很多房地产商是“空手道”，房地产价格一旦崩溃，这些钱是不可能还上的，他们也没有能力还。这一点，我们在1993年已经有过教训。海南岛到现在还没有把“烂尾楼”处理掉呢，我把它叫做“遍体鳞伤”。目前基本建设增长这么快，主要又是靠房地产拉动，我现在说房地产有一点热，如果不注意就会热得很快。今年钢产量达到1.8亿吨，超过了日本和美国这两个世界上最大的钢铁超级强国的总和。与此相对应，带动了建材工业和装备工业的迅速膨胀。对这些只要看看电视报道就知道了。一些过去名不见经传的钢铁厂一个接一个地扩大生产规模。同志们！你们经历过1958年的“大炼钢铁”吗？那时“以钢为纲”，带动所有装备工业都起来了。现在1.8亿吨钢产量里，60%以上都是建筑用钢材，而且大量的是不合格钢材。这么搞下去有什么效益？我对广东省、深圳市的领导讲了这么个观点，我说：深圳市除了山以外的地方全都盖满了楼，现在还要求惠州再给它划几百平方公里土地，干什么？又是盖楼。对国民经济有什么好处？不需要再“拉动”了。广东省不能再这么搞下去了。在内部讲就是应该“刹车”，别再批地了，别把农民的地都批掉了；在外部讲，就是要严加控制。他们完全同意我的观点。现在的任务是调整产业结构，要发展高新技术和第三产业，不能是老鼠只会打洞，难道中国人只会盖房子呀？一天到晚盖房子，到处都是工地，怎么得了！过去我一直不相信生产的钢有一亿几千万吨，都销到哪里去了？现在我相信了。中国国际工程咨询公司也做过一个调查，钢产量确实是1.8亿吨，还需要进口2500万吨，消费量为两亿多吨。我们的国力有那么大吗？这样搞下去，产业结构调整必然实现不了。如果再像1958年那样“以钢为纲”，带动所有的装备工业都发展，搞得规模很大，一旦垮下来，就是几千万人失业、下岗。我不是吓唬人，中央电视台《焦点访谈》节目所反映的只是一小部分，其实问题大极了。某些房地产商唯利是图，偷工减料，虚报面积，答应的条件不兑现，工人的工资也不按时给，情况非常严重，已经没法监管了；有些地方是政府部门和房地产商内外勾结，纯粹是腐败。要想到这种后果，所以，我希望国家统计局能够围绕我讲的这个信息，赶快追踪，进行深入调查，为中央的决策提供依据。像这类事情，我就说你们要快一些。至于年报、月报，你们都按时搞出来了，也无法加快速度。问题是制度外的，一些为中央提供决策信息、决策依据的反映要尽可能快一点。

第三是“精”，无非就是要把统计工作做得更细、更精一些。统计工作无论怎么讲都是非常重要的。你们一天到晚与信息打交道，必须做到准确、迅速地反映信息。如果你们善于捕捉信息，善于进行深入分析，抓住和发现信息的重要意义，并及时反映上来，那就是你们的水平，也就为国民经济发展立下很大功劳。

统计工作大有用武之地，应该吸引人才，留住人才。当然，如果都像外资企业拿那么高的工资，我们也是负担不了的。在外资企业工作尽管工资很高，甚至比你们的高几倍、几十倍，但要看到，首先，那个工作非常累，不一定每个人都能适应；第二，风险比较大，说不定随时会把员工裁了；第三，毕竟在国家机关工作的成就感、自豪感是外资企业无法相比的。所以，只要我们创造一个能留住和吸引人才、让人才脱颖而出的环境，我认为还是能用比较少的工资来吸引更多人才的，关键还是环境。我们的领导同志应该创造这种环境，使大家在这里工作心情愉快，能够同心同德，有共同的理想，非常融洽地合作，能感受到公平，不是靠跑关系、走门子就可以上去。

总之，我希望国家统计局在党中央、国务院的领导下继续努力，在过去已经取得成绩的基础上进一步开展自己的工作，吸引更多的人才，提高自己的技术手段和技术装备水平，同时还要进行一些体制改革，把国家统计工作推向一个新的水平。这样，我也会感到很光荣，因为我也是跟着国家统计局一起成长起来的。

香港的前途是光明的*

（2002 年 11 月 19 日）

感谢董建华特首、香港特别行政区政府和各界朋友的深情厚谊，今天举行这样盛大的宴会，来欢迎我和我的陪同人员。借此机会，我向香港同胞表示我们最真诚的问候和最良好的祝愿。我也要对在座的各位同事、朋友在振兴香港的事业中所作出的艰苦努力和杰出贡献，表示由衷的敬佩和衷心的感谢！

中国共产党刚刚召开了第十六次全国代表大会，选出了以胡锦涛同志为总书记的新的中央领导集体。我相信，我们新的中央委员会及其领导班子，将会高举马克思主义、毛泽东思想和邓小平理论的伟大旗帜，按照“三个代表”重要思想的要求，全面建设小康社会，完善社会主义市场经济体制，创造更加辉煌的业绩！我也相信，党中央、国务院将继续坚持“一国两制”、“港人治港”、高度自治的方针；我们也将继续并始终竭尽全力，动用我们一切可以动用的资源和手段，促进香港的繁荣和稳定。

香港当前面临着困难，但是我们始终认为，这个困难主要是历史原因形成的。几十年以来，香港同胞用他们艰苦的创业精神，创造了香港的繁荣和辉煌。但是，在繁荣的景象中也积累了泡沫，在成功的

---

* 2002 年 11 月 18 日至 20 日，朱镕基同志赴香港出席第 16 届世界会计师大会并访问香港。这是朱镕基同志在香港特别行政区政府欢迎晚宴上的讲话。

2002 年 11 月 19 日，朱镕基在香港特别行政区政府欢迎晚宴上讲话。

喜悦中也埋下了隐忧。再加上亚洲金融危机的爆发，这种结构性的矛盾就暴露出来了。这种困难，绝对不是一天两天、一年两年造成的。但是，我相信香港在董建华先生和特别行政区政府的领导下，一定可以克服这个困难。

大家可能要问，你作为国务院总理，能够提出什么治港的良策呢？那我很坦率地告诉大家：我对香港并不了解。我可以讲一个故事。1998年美国副总统戈尔见到我时说："听说你很崇拜格林斯潘〔1〕先生。"我听了，不太高兴，我说："我很尊敬格林斯潘先生，我愿意向他学习。但是，他在美国干得很好，到中国来不一定干得比我好。"我搞经济50多年了，对于中国内地经济每一个脉搏的跳动，我都听得出来；但是，我对香港的知识，仅仅限于每天看两份香港报纸，有时候看三份，是远远不够的。我没有在香港生活过，就凭我这每天看两三份香港报纸就能够提出治港的良策？那是江湖医生。但是我完全相信一点，就是香港克服当前困难的力量和办法，就存在于香港的体制之中。因为，香港具有十分开放的经济体制、比较完善的法律制度、效率比较高的政府公务员，特别是有一大批优秀的企业管理人才；跟世界各国有着广泛的联系，是世界、亚洲的金融中心、贸易中心、服务中心。香港的优势并没有丧失，它的竞争力、它的实力依然存在，它完全可以凭借自己的力量，克服当前的困难。

我的这种认识，来源于分析。环首世界，我们"未见几家欢乐，但见几家愁"。日本已经是多年的经济停滞，它的结构性矛盾并不是那么容易解决，现在也没有看到复苏的迹象。今年11月，我在柬埔寨出席"10+3"会议〔2〕。中日韩三国领导人会晤后，我对日本首相小泉纯一郎讲，我完全支持你的改革。你现在所用的方法，我在1998年亚洲金融危机以后都用过，你以前两届首相也都用过，但是你们执行的这种积极的财政政策和稳健的货币政策，没有我们一贯，没有我们坚决，也没有我们有效。如果我今天处于你的地位的话，我

〔1〕格林斯潘，即艾伦·格林斯潘，当时任美国联邦储备委员会主席。

〔2〕"10+3"会议，即东南亚国家联盟十个成员国与中日韩三国领导人会议。

也会像你这么做，我希望你成功。所以，这种困难不只是存在于哪一家。

再看欧洲。欧洲的经济比较有活力，但是它的增长速度也很低，失业率很高呀。我们不是说香港的失业率很高吗？但是欧盟国家的平均失业率是11%，德国、法国都在8.7%到8.9%之间。香港最近的数字，已经下降到7.2%了，那你跟欧盟比，你还“望尘莫及”呢！

这两天我跟董特首交谈，他是忧心如焚，很担心财政的赤字。如何来解决香港的财政赤字问题，董特首是费尽了心思，但是我也告诉董特首，你去年不就是600亿到700亿港元财政赤字吗？今年大体上也就这个数嘛。你的财政储备不是现在还有2700多亿港元吗？我说你这个“赤字特首”跟我这个“赤字总理”比起来，你还差得多呢。我的财政赤字去年是2598亿元呀，今年是3098亿元呀，我累计发放的国债余额25800亿元，你赶不上我啊。另一方面，跟美国比起来，我还是“望尘莫及”呀。我看它的财政赤字还要扩大，因为它现在是聚精会神“反恐”啊。我看它那个经济也马上复苏不了，赤字还会扩大。我说董特首，你这个700亿港元的财政赤字水平，至少还可以挺三年，都不会出现净赤字，你还有财政储备呀。因为经济的复苏，要靠产业结构的调整，不是那么容易的，得有一个缓冲的时间。即使三年以后，你把财政储备花光了，你可以到内地去发行香港五十年长期债券，我第一个带头买！我相信内地人民会跟着我一起买，因为他们对香港有信心！香港是中国一颗璀璨的明珠嘛，是有希望、有前途的，有什么可怕！

但是，我认为董特首这种戒慎恐惧的心理、认真负责的精神，是完全正确的。对待财政赤字不可掉以轻心。我也不认为香港的困难现在已经到底了，同胞们、同事们，没到底呀！要有心理准备。我也不认为我们可以很轻易地开出一个时间表，把香港的经济问题解决了。

如果我们这样做，那不但是江湖医生，还是江湖骗子啦。不可能！现在需要有充分的思想准备，准备还有最困难的时期到来，还要进行第二次创业！

但是我完全相信这一点：香港能够克服这个困难，能够重振雄风。希望寄托于我们香港的600万人民，特别是寄托于我们的年轻一代，寄托于我们香港的大学生，寄托于昨天到机场去欢迎我的那些可爱的中小学学生。希望在他们身上。我希望全体香港人民都应该有充分的思想准备，准备以前辈们所发扬的那种精神，进行第二次创业。

香港的前途是光明的，我们总是以有香港而自豪。我就不相信香港搞不好。如果香港搞不好，不单你们有责任，我们也有责任。香港回归祖国，在我们的手里搞坏了，那我们岂不成了“民族罪人”？不会的。我看报道说，梁锦松[1]先生不久以前我不记得是唱了还是念了《狮子山下》这首歌。这个电视剧我没有看过，这首歌我更不会唱。但是我把歌词找来了，是顾嘉辉先生作曲、黄霑先生作词、罗文先生演唱的。在梁锦松那次念这首歌词的时候，罗文先生还没有去世，最近他已经去世了，但是我相信，他对香港作出的贡献，会永远铭刻在香港人民的心中。

我看了这个歌词以后，很受感动。我相信在座的参加创业的这些老前辈，更有这种感受。因为歌词的每句话，都充满着真实的感情，而这种真实的感情，会永远发光。我现在就念这首歌词，同大家一起为香港前途共勉：

既是同舟
在狮子山下且共济

---

〔1〕梁锦松，当时任香港特别行政区财政司司长。

抛弃区分求共对
放开彼此心中矛盾
理想一起去追
同舟人誓相随
无畏更无惧
同处海角天边
携手踏平崎岖
我们大家
用艰辛努力
写下那
不朽香江名句

我爱香港！谢谢！

在二〇〇二年
中央经济工作会议上的讲话*

（2002年12月9日）

这次会议很重要。对于贯彻党的十六大精神、做好明年经济工作，具有重要意义。刚才胡锦涛同志的讲话，分析了国内外的形势，对明年的经济工作提出了总体要求和主要任务，我完全赞同。希望各地、各部门要认真贯彻落实。下面，我根据中央讨论的精神，就今年经济情况和明年经济工作的部署，讲几点意见。

一、如何看待今年的经济形势

今年的经济形势很好。预计7%左右的经济增长速度可以超过，还可能超过8%，因为除了几个经济欠发达地区以外，各地经济增长速度基本上都超过了8%。应该说这是近几年来比较高的速度，效益也是比较好的，特别是国有企业的利润有所增加。财政收入预计比去年增加1600亿元左右。进出口贸易额增长18%，其中出口增长20%以上。外汇储备在11月底已达到2746亿美元，估计到年底将超过2800亿美元，比年初增加624亿美元。估计今年外商实际投资超过

* 2002年12月9日至10日，中共中央、国务院在北京召开中央经济工作会议。出席会议的有各省、自治区、直辖市和计划单列市、新疆生产建设兵团的党政主要负责同志，中共中央有关部门、国务院各部委和有关单位的主要负责同志，解放军四总部和武警总部负责同志。这是朱镕基同志在会上的讲话。

500 亿美元，比去年增长 20%以上。形势确实是非常喜人的。

有些同志提出，是不是去年的中央经济工作会议对当时世界经济形势的估计过于悲观了？现在的体会好像不是那样的。我要就这一问题作些说明。

去年中央经济工作会议对世界和中国经济形势的估计是正确的，也是符合实际的。现在的世界经济形势比去年预计的时候还要糟糕。去年 10 月份至 11 月份，估计世界经济发展速度为 2.5%，并预计今年 1 月份将降低到 2.4%，但实际上连 2.4%也达不到，现在是在 1.5%至 2.4%之间。特别是亚洲金融危机时，美国、日本、欧洲的经济情况还是可以的，现在美国、日本、欧洲经济已陷入低迷，出现了全球性的经济低迷。日本的经济发展速度可能要下降到百分之零点几甚至负增长。也就是说，当时中央估计今年的世界经济环境甚至比亚洲金融危机时还要严重，这个估计是不过分的，是符合实际的。而且，现在也看不到世界经济好转的迹象，世界经济形势到明年也还是严峻的，同志们一定要认识到这一点。从这点也看出来，我们所取得的成绩确实是极为不易的。在世界经济低迷的时候，我们抢了人家的市场。我们为什么能够做到这样呢？主要是由于党中央高瞻远瞩，充分地估计到世界经济形势带来的困难，及时地采取了果断的应对措施。具体来讲：

第一是投资拉动提早地发挥作用。今年一开始我们就注重投资的拉动，国家计委抓得很紧，在年初或者说第一季度就把大部分国债项目下达了，比以往每年都早，这就及时地拉动了整个国民经济。这是一个很重要的因素。就拿高速公路来说，1989 年全国只有 200 公里，1997 年是 4700 公里，到今年年底已达到 2.4 万公里。最近四年多的投资总额超过了新中国成立以来几十年的总和。

第二是消费需求的拉动。我们也及时地注意到光靠投资拉动不

2002 年 12 月 9 日，胡锦涛、朱镕基、李岚清、吴邦国、温家宝、贾庆林、曾庆红、黄菊、吴官正、李长春、罗干等中央领导同志出席中央经济工作会议。

（新华社记者马占成摄）

行，因此去年两次增加机关、事业单位职工工资及离退休人员离退休金。同时，今年特别注意提高低收入群众的收入，提高了企业退休人员的退休金标准，加大了“两个确保”〔1〕的力度，城市“低保”的力度比去年增加了一倍，国家在上述方面的投入是很大的。这样，社会消费额就大大增加了。所以，消费需求的拉动也起到了非常重要的作用。

第三是出口的拉动。出口的增长确实出乎我的意料。去年这个时候，我讲过搞得不好出口会变成零增长或负增长，因为市场需求都降下来了嘛。但实际上今年出口增长了 20%，这很不容易。我们主要是出口到美国、欧洲、日本，竞争是很激烈的。出口能增长这么多，这里面有政策性的因素，就是我们加大了出口退税的力度，今年出口退税 1100 多亿元，各项外贸体制的改革也都有利于出口的增长。还有一个有利的因素就是美元对日元和欧元贬值了 10%以上。我们的人民币是紧盯美元的，美元贬值等于人民币对日元和欧元也贬值，这是有利于出口的。另外一个因素就是中国加入世贸组织以后，很多国

〔1〕 参见《在二〇〇〇年中央经济工作会议上的讲话》（本卷第 69 页）。

家消除了一些贸易和非贸易壁垒，放松了配额，让我们扩大了出口，从而拉动了很多消费品的生产和国民经济的增长。但加入世贸组织也有弊，弊就是关税降低了三个百分点，使我们减少了300亿元财政收入。

第四是进口也相应地增加了，比出口差两个百分点，但也增长得很快。我们的外汇储备那么多，贸易也是顺差，当然可以多进口了。出口收不到税还要退税，进口能够收到税，是财政收入的一个重要支柱。我们降低的三个百分点的关税，减少的税收得补回来，这就靠增加进口。所以，我们在上半年有意识地多进口了一批产品，这些产品是不会影响到国内企业生产的，不是重复的进口。比如说，原油我们就可以大量进口，原油我们还没有战略储备，现在要增加战略储备。但可惜我们现在没有储备油罐，就只能利用中石油、中石化现有的油罐多进口一些。国家计委已经对建储油罐、增加石油的战略储备做了安排。但从长远的战略看还是应该跟俄罗斯合作，把它的石油和天然气从中亚运过来，这对我们的能源战略是非常重要的。今年由于增加了进口，所以财政收入的减少没有像去年预计的600亿元那么多。根据我国加入世贸组织的承诺，明年进口关税税率平均还要降一个百分点。进口关税和财政收入是紧密相连的，所以明年我们还要注意这个问题。今年进出口都这么旺盛，这与我们采取的一些特别措施有关，这些措施也未必年年都能够采用。

最后一条，国际经济形势恶化，既有对我们发展不利的一面，也有对我们有利的一面。比如“9·11”事件以后，出于安全的考虑，很多人就不敢到美国去了，欧洲和中东地区在美国的投资大大地减少了。后来风声鹤唳，搞得很紧张。美国几个大会计公司做假账，也影响了它的声誉。因此，外商到中国的投资增加了，中国的投资环境起码是稳定的，再加上在基础设施建设方面，特别是沿海地区有了很大的改善，物价便宜，又有“价廉物美”的劳动力和管理阶层，外国人愿意来投资。所以，我们今年吸引的外国直接投资创造了历史纪录，可能是五百几十亿美元，成为全世界第一。总之，不是中央对世界经济形势的估计有什么错误，而是由于我们的努力，克服了困难，使我们的经济得到了出乎意料的发展。这是大家努力的结果，是中央正确决策的结果。

但是，另一方面确实也要看到，我们的很多基本问题还没有解决，不要把形势估计得太好了，否则就难以为继了。有什么问题呢？劳动力过剩始终是中国一个最大的问题，农业产业结构调整进展缓

2001 年 5 月，朱镕基在福建省考察厦门国际会展中心。前排左一为福建省省长习近平，左二为福建省委书记宋德福，右一为厦门市委书记洪永世；第二排左三为福建省副省长张家坤，左四为福建省委秘书长黄瑞霖，左五为福建省副省长兼厦门市市长朱亚衍。

慢，农民收入增加缓慢，农村的就业问题亟待解决。而城市下岗职工再就业的问题也十分突出。今年我们做了大量工作，解决了一些问题，但劳动力过剩这个问题是一个永远的课题。还有一个新的问题：1998年开始扩招，明年这批学生都要毕业了，找不到工作怎么办？就业压力一年一年逐渐加大。下岗职工只要我们做工作就闹不起来，大学生就难说了。现在大学生的期望值也太高，一出大学校门马上就想拿高工资，怎么可能呢！农村也不愿去，那还行啊！这个问题要引起我们注意，这是一个很大的矛盾，在相当长一个时间难以解决。因此，在看到今年好的形势的同时，还要充分估计到我们的困难，绝对不可以掉以轻心。

二、如何把握明年的经济工作

我觉得很重要的一点，是要继续努力解决国内有效需求不足的问题。没有需求怎么发展？7%、8%的发展速度能维持下去吗？所以，一定要注意解决这个问题。但是，要对有效需求作分析，需求包括投资需求和消费需求。现在投资的拉动力度已经很大了，不能再拉了。固定资产投资总额已达4万亿元，差不多相当于1997年的两倍，增长得太快了。这里面除6600亿元国债外，都是银行贷款，风险也在于此。关于基础设施建设，只要不搞重复的、过分超前的，就没有风险。加工工业、建筑业都是有风险的。这几年，投资的规模这么大，一下子就冒上去了，几年的投资等于过去几十年的总和，把基础工业和装备工业的生产拉上去了，拉得可怕呀！我们钢的产量1997年是1亿吨还差一点，今年是1.8亿吨钢、1.9亿吨钢材。为什么钢材多于钢呢？进口钢坯，进口的2000多万吨钢材里面包括了钢坯，这些钢坯再轧成材，使钢材比钢还多。这个产量等于美国加日本的总和，日本钢产量这么多年就是 1 亿吨左右，美国是 9000 多万吨。我们经济总量并不大，只有 1.2 万亿美元，而日本是 4 万多亿美元，美国是 10 万亿美元，我们差远了。如果拉动力量万一上不去，现在靠国债、靠银行贷款，万一这里面安排不当出现风险，一收缩，马上就有大量的职工要下岗。而且，我们钢的生产结构也很不合理，1.8 亿吨钢里面只有 4000 多万吨，也就是 20%左右是年产量 500 万吨以上的大钢厂生产的，其他都是小钢厂生产的。韩国钢产量去年虽然只有 4000 多万吨，但他们一个浦项钢铁厂年产量就达 2700 万吨，规模生产，效益好、成本低、人员少。而我们的钢铁工业是靠"人海战术"搞上去的，发展得这么快，但品种问题解决不了。为什么还要进口 2500 万吨钢材呀？就是因为汽车板生产不了，好多不锈钢材生产不了，还得进口。随着钢产量的上升，建筑材料、水泥、玻璃的生产都膨胀得不得了，而且大量是"五小"〔1〕工厂生产的，质量不行。所以，投资的过分拉动，实际就是拉动一些重复生产、重复建设和不够质量标准的生产与建设，这是很危险的。光产量大不行，还要把质量、品种、效益搞上去。那么，大量的钢材消耗到了什么地方呢？盖房子。外国人来上海、北京一看，就说这个进步简直是不得了。其实，他们没有到农村去，没有到县城去，那里也是到处都在盖房子。钢材差不多有一半是用于建筑行业了，搞这么大的规模。盖房子也有个结构问题。从 13 亿人民的需要来讲，盖多少房子都不够，但现在盖了许多高档商品房，老百姓买得起吗？而不盖高档住房又没有效益。现在房子的空置率在增长，许多中高档房子卖不掉。外国人还没来，房子就盖起来了，资金都压在那儿了。而且，资金的 70%都是银行贷款，银行贷款又主要是贷给房地产商，而不是贷给买房子的老百姓，这里面的风

〔1〕 见本卷第 144 页注〔1〕。

险就很大。房地产业里面的弊端大得不得了，里面的门道可多了。我在深圳说过，现在房地产有一点热，不敢说过热，不能再这么干下去了。我现在的提法还是，在局部地区、个别地区，房地产已经出现一点热。同志们，从一点热到过热是很快的，半年就行，我对此有几十年的经验。这说明一个什么问题呢？就是我们一定要考虑可持续的发展。如果拼命加大投资的强度和力度，拉动的后果是难以设想的，会背上很多包袱。最后没有这么大的拉动力量，经济发展速度一掉下来，马上就会乱套。当然，我们没有马上就减低这个力度。比如说国债投资，今年安排了1500亿元，明年发行1400亿元，但今年可以结转100亿元过去，因此，跟今年差不多，投资力度没有减弱。从国债和总投资的比例来讲是有所减少了，但也没怎么太减弱。

我要讲的命题是，既要注意投资的拉动，更要注意消费的拉动。只有消费的拉动才是可靠的，这是人民大众的购买力，是真实的购买力。过去几年里，党中央、国务院注意了消费拉动，鼓励老百姓消费，不是鼓励公款消费。没有消费拉动是不行的，前进不了。我们为了解决上一个五年遗留下来的问题，如农村合作基金会、城乡信用社、信托投资公司、供销社的股金部、各种财务公司等等，拿出2000亿元借给各个省区市解决这些问题。一方面，解决了欠了农民的钱不还、失信于民的问题；另一方面，增加了农民的收入，拉动了消费，起了很大的作用。这2000多亿元一投进去，就变成购买力了。搞退耕还林，把粮食和钱给了农民，马上就变成消费。这两年进行农村税费改革，中央财政花了400多亿元，补贴给中西部地区，直接推动了农民的消费。“两个确保”、城市“低保”、提高企事业单位离退休人员离退休金的标准，这些都增加了消费。没有这些拉动，光靠一个国债投资我们的经济就能拉动得了？现在，我们的消费率同世界平均水平比较起来还是低的。什么叫消费率？就是最终的消费占国内生产总值的比例，因此也叫最终消费率。这个比例我们现在达到了60%，但世界的平均水平是78%到79%，我们还有一段距离。消费的拉动对我们来讲是很重要的，希望各级政府和有关部门，在明年还是要把注意力放在消费的拉动上。总而言之，就是要关心群众的生活，这才是真正的拉动。今年没有增加工资，但是我们已把明年增加的工资打进预算了。要增加工资，要提高低收入阶层群众的生活水平。农村税费改革要扩大试点，退耕还林要扩大规模，这些都是刺激和动员群众消费。现在产品质量不行，许多牌子都是假的，群众最终就会丧失对市场的信心，就没有消费意愿。前一段时间，我们抓了“黑心棉”问题，现在又出现了“黑心垫”问题，国家经贸委正在查。最近，我看到互联网上的一条消息说吉林省通化市的葡萄酒厂已发展到200多家，那就是造假啦，对这个事情要查一查，不要自己破坏自己的品牌。现在要注册一个企业比生孩子容易多了。有的根本没有什么生产设备和质量检测手段，产品就大量上市了。政府的职能之一就是维护市场经济的秩序，要有一个“游戏规则”，政府不管谁来管？整顿市场经济秩序是一个永恒的课题，也是我们政府非常重要的责任。

因此，我要提醒大家，把握明年经济工作的原则是，既要扩大投资拉动，更要扩大消费拉动；既要注意增加产量，更要注意提高质量；既要注意发展速度，更要注意结构调整。我希望各级政府领导，把这个牢记在心里。单纯追求经济发展速度是没有什么意思的。对今年经济增长8%，我没有多大兴趣。如果是7%就有这么多财政收入，我就挺高兴了。何必要那个有泡沫、有水分的8%呢?!

三、对我们政府的工作作风提点意见

党的十六大前后，大量新的同志提升到领导岗位，这是我们党发展壮大的宝贵机制，使我们党能够兴旺发达，我们国家能够更好地发展。这样“长江后浪推前浪”，不断地更新，不断地提高水平，是一条规律，这很好。但是，我觉得也要请我们各级政府、各部门的领导同志，特别是新上来的领导同志，一定要注意，你们最重要的任务是，根据“三个代表”重要思想的要求，关心人民群众的冷暖，关心人民群众的疾苦。如果我们不关心人民群众的生活、疾苦，那“三个代表”如何体现？我们做领导的不去关心，谁去关心？我现在有一点担忧，就是我们花钱花得太多了！你们看京西宾馆金碧辉煌，钓鱼台国宾馆也是金碧辉煌，人民大会堂更是金碧辉煌，到处都是金碧辉煌。省里也是这样的吧。至少我去出差住的你们的招待所，也都金碧辉煌起来了。不是不要建这些设施，而是我们是不是应“悠着点”？我们的经济发展水平还没有达到那个程度，中国只可能有一个北京，只可能有一个上海，各省也只可能有一个省会城市。不能到处都“开花”啊！现在连县一级都在大兴土木，到处都是工业园区，使我回想起 1993 年，“热”起来是很快的。我们总应该记得，我们现在农村还有 3000 万的贫困人口，脱贫的标准并不高。这些贫困人口是非常贫困的。城市还有 2000 万的“低保”人口，还有 1000 多万的下岗职工以及大量的离退休人员和生活困难人员。我们能搞那么高的标准吗？特别是新干部上来以后，车子要换，房子要换，办公室要装修，甚至还要建新的。上来的干部也多，从为他们创造工作条件看，这些都是应该的，但是不是可以“悠着点”呢！不怕解决少数人的问题，就怕全国一哄而上，全部要工业化，全部要城镇化，全部都建工业园区，这是不得了的。大家脑子里要时刻想着关心人民群众的生活疾苦，与人民群众共患难，想他们之所想，忧他们之所忧。昨天，我找了一句古话，出自《贞观政要》。唐太宗十分注重治理国家的方法，他说：“知其所以危则安矣”，知道危难要来，知道为什么有危难，你的位子就能坐得稳。“知其所以乱则治矣”，你看到什么地方要动乱，知道为什么会动乱，你就能使社会安定了。还有，“知其所以亡则存矣”。我想，在大好形势下说这些话，也不是无的放矢的。我即将退出总理的职位，在离任之前，不说就没有尽到我的责任。在大好形势下，大家还是一定要居安思危。好多问题并没有解决，随时都可能发生。

我讲的就是上述三点意见，脱开了稿子，供大家参考。主要的要看我的稿子，稿子是正式的。今天是讲点心里话。讲得不对，请大家批评。

努力做好新形势下的财政工作*

（2002年12月25日）

按照会议的安排，我今天跟大家见个面，讲个短话。

应该说，这几年是新中国成立以来财政工作一个非常辉煌的时期。我从20世纪90年代初到中央工作以来，就与财政工作结下了不解之缘，对财政部门和财政战线的干部、职工一直怀有深厚感情。财政工作是经济工作的基础。多年来，财政部门认真贯彻落实党中央、国务院的方针、政策和部署，顾全大局，知难而进，兢兢业业地工作，为推进改革开放、调整经济结构、促进经济发展和社会全面进步，作出了重要贡献。党中央、国务院对财政工作是满意的。现在，国内外都称颂中国经济是“一枝独秀”。回顾走过的路程，我们应该感到欣慰。成绩确实是来之不易的，是大家一步一步走过来的，每走一步都是经过努力奋斗的。我们应该珍惜这些成绩，肯定这些成绩。我主要讲以下三点。

一是不断深化财税体制改革，建立良好、有效的财政收入增长机制。记得1992年我主管财政工作时，全国财政很困难，中央财政困难更大，1993年中央财政收入占全国财政收入的比重只有28%。从1994年开始，中央下决心改革财税体制，实行分税制。为推动这项改革，1993年，我们从广东省开始，70天跑了13个省份，做了大量

* 这是朱镕基同志在接见全国财政工作会议代表时讲话的一部分。

的说服、动员和协调工作。这次改革取得了很大成功，初步规范了国家、企业、个人以及中央和地方的分配关系，调动了中央和地方两个积极性，建立了财政收入稳定增长的机制。1994年至2001年，全国财政收入增加了2.14倍，年均增收1505亿元。其中，1994年至1997年年均增收1076亿元，1998年至2001年年均增收1934亿元。尽管今年财政减收因素较多，但预计全年财政增收仍将超过2000亿元。财政收入占国内生产总值的比重，由1994年的11.2%稳步提高到2002年的18%左右。中央财政收入占全国财政收入的比重，也由财税体制改革前的28%提高到现在的55%。中央财政实力增强后，对地方特别是中西部地区的转移支付力度不断加大。目前，中央财政对中西部地区的转移支付资金已占这些地区财政支出的三分之一到二分之一，这还不算国债资金对这些地区的投入。如果不进行这次改革，中西部地区的发展不可能达到今天这样的水平，中国的经济建设和社会发展也不可能取得今天这样的成就。这次改革对整个财政工作具有重大影响，奠定了中国财政稳固、平衡和经济持续、稳定发展的基础。

我们还实行了其他一系列的改革，财税体制改革一直没有停步。例如，今年就实行了所得税收入中央和地方分享的改革。按照“存量不动、增量分成”的原则，将企业所得税与个人所得税的新增收入全部改成中央和地方五五分成，这是对财政收入分配又一次重大的调整，是分税制财政体制的进一步完善。改革后，中央从所得税增量中多分享的收入，一分钱也不留下，全部用于对地方主要是中西部地区的转移支付。2002年，中央由此增加对中西部地区的转移支付100亿元左右。这次改革比我想象的更为平稳，大家都顾全大局，服从中央的决定。又如，这两年进行农村税费改革试点，这项改革也很艰难。2000年，先在安徽全省试点；今年，改革试点范围已扩大到20

2002 年 12 月 25 日，朱镕基接见全国财政工作会议代表并讲话。左一为国务委员兼国务院秘书长王忠禹，左三为国务院副总理李岚清，左四为财政部部长项怀诚。

（新华社记者马占成摄）

个省区市。中央财政用于农村税费改革的资金，由 2001 年的 80 亿元增加到 2002 年的 245 亿元，2003 年还要继续增加。我们下很大决心进行这次改革，就是为了从根本上减轻农民负担、增加农民收入。此外，交通和车辆税费改革也已经推出，其中车辆购置费改税从 2001 年 1 月 1 日起顺利实施，两年征税超过 600 亿元。燃油税的改革方案已经制定，待条件成熟时择机出台。

可以说，这些年的财税体制改革，是新中国成立以来力度最大、成效显著、影响深远的改革，是决策科学、设计周密、实施有力、运行平稳的改革。通过改革，财政收入大幅度增长，为经济和社会发展提供了强大的财力支撑。

二是认真贯彻实施积极的财政政策。1998 年以来，面对亚洲金融危机的冲击和国内有效需求不足的困难局面，中央果断地把宏观调控重点从治理通货膨胀转向扩大内需和抑制通货紧缩趋势，从实行适度从紧的财政、货币政策转向实施积极的财政政策和稳健的货币政策。财政部门与各部门、各地方密切配合，认真实施积极的财政政策。1998年至2002年，共发行长期建设国债6600亿元，带动银行配套贷款和其他社会资金形成3.28万亿元的投资规模，到2002年年底累计完成投资2.46万亿元。基础设施是我国经济发展中的薄弱环节，国债资金重点投向基础设施建设，就像及时雨，很快就取得了明显的效益，并带动了相关行业的发展。这五年，仅中央水利建设投资就达1756亿元，是1950年到1997年全国水利建设投资总和的2.36倍；公路、铁路等交通建设和邮电通信建设都是突飞猛进；国债资金还重点支持了生态环境建设、农业发展、企业技术进步和科技、教育等。同时，通过实施积极的财政政策，多渠道增加城乡居民收入，扩大了消费需求。一是千方百计增加农民收入，减轻农民负担。二是增加城镇低收入居民的收入。1998年至2002年，国家财政用于“两个确保”[1]和城市“低保”的支出共2390亿元，其中中央财政支出1934亿元。三是1999年以来，连续三次提高机关及事业单位职工的基本工资标准和离退休人员的离退休金。

总之，实施积极的财政政策，有力地拉动了经济增长。虽然由此增加了一些财政赤字和债务，但我们十分重视防范财政风险，始终没有把国债资金用于经常性开支，始终把财政赤字和国债余额占国内生产总值的比重控制在“安全线”以内。这几年虽然增加了一点债务，但换来的经济效益和社会效益是成倍甚至是几倍的，远远超过了所负担的债务。有些方面的效益还是无法计算的，像农村电网的改造花了近2000亿元，对根本改变农村的面貌、提高农民的收入，起着不可估量的作用。

三是初步建立了适应社会主义市场经济发展的公共财政框架。

[1] 参见《在二〇〇〇年中央经济工作会议上的讲话》（本卷第69页）。

1998年以来，财政部门加强财政法制建设，积极推进部门预算、国库集中收付制度、政府采购制度和“收支两条线”管理等方面的改革，初步建立起社会主义市场经济的公共财政体制框架。目前，中央和省两级全面推行了部门预算改革，部门的各种财政性资金（包括预算内、外资金）全部在一本预算中编制，财政部门按标准审核并拨付资金。国库集中收付制度已在38个中央部门进行试点，取得良好的效果。政府采购规模不断扩大，2002年的集中采购规模有望突破1000亿元，节约资金100亿元左右。尽管“收支两条线”管理的改革难度较大，但我们还是下决心推进这项改革，目前已在中央34个部门进行了收支脱钩改革试点。深化“收支两条线”管理改革非常困难，但是如果不改革，我们就不能成为现代化的国家，这方面还有大量的工作要做。“金财工程”〔1〕等信息化建设也不断加快。

总之，在党中央、国务院的正确领导下，这些年是财政体制改革力度最大的时期，是财政实力显著增强的时期，也是财政宏观调控作用发挥最好的时期。广大财政战线的干部、职工艰苦努力所取得的成绩，必将被载入财政事业的光辉史册。

2003年，经济工作的任务相当繁重，面临的困难也很多。在新的形势下，财政部门责任重大，财政工作的任务光荣而艰巨。借此机会，我向大家提几点希望和要求：

第一，各级领导干部要重视财政工作。作为一个领导干部特别是主要领导干部，不懂财政是不行的。必须知道什么是财政的钱、有多少，才能量入为出。国家法律规定，地方财政不能打赤字。但实际上，现在许多地方存在隐性财政赤字，对此一定要高度重视，认真研究解决的办法。要时刻记住：“一粥一饭，当思来处不易；半丝半缕，

---

〔1〕见本卷第304页注〔2〕。

恒念物力维艰。”〔1〕大手大脚花钱，是对人民的犯罪。必须厉行节约，精打细算，坚决制止铺张浪费。要支持财政部门依法行政，做好财政工作。

第二，正确履行财政部门的职责。财政是国家机器运转的基础，是宏观调控的重要手段，在发展社会主义市场经济的条件下，财政的作用越来越重要。广大财政战线的工作者要认真学习贯彻党的十六大和中央经济工作会议精神，增强紧迫感，正确履行职责，扎扎实实做好工作。

第三，进一步做好增收节支工作。2003 年的财政收支矛盾仍比较突出，要继续大力增收节支。强化税收征管，严厉打击各种涉税违法犯罪活动，做到应收尽收。调整和优化支出结构，保证重点支出，大力压缩一般性支出。加强财政管理和监督，为国家管好财、用好财。

第四，深化财税体制改革。农村税费改革试点工作要在总结经验、完善政策的基础上，在全国范围内推开。继续完善所得税收入分享的改革。不断深化部门预算、国库集中收付制度、政府采购制度和“收支两条线”管理等改革。进一步完善税制。加快“金财”、“金税”〔2〕、“金关”〔3〕工程建设。

第五，切实加强队伍建设。这是做好财政工作的重要保证。各级财政部门要高度重视加强队伍建设特别是干部队伍建设，根据新形势、新任务的要求，加强学习，改进工作作风，坚持依法行政、依法理财，造就一支思想过硬、作风过硬、本领过硬的好队伍。

---

〔1〕见朱柏庐《朱子家训》。

〔2〕见本卷第 14 页注〔3〕。

〔3〕见本卷第 17 页注〔1〕。

我们的外汇政策是正确的*

（2003 年 1 月 3 日）

国家外汇管理局创造了很好的业绩。在我主持经济工作的十年里，同志们做了大量的工作，为国家作出了重大贡献，我向大家表示慰问和感谢。

在这十年里，特别是最近五年，我们整个国民经济有很大发展。外汇管理工作也走过了一段艰苦的历程。我记得，在 1993 年 7 月份任命我兼任中国人民银行行长的时候，外汇储备只有 180 亿美元；到 1997 年年底，上升到 1300 多亿美元；2002 年年底是 2864 亿美元，如果把外汇收益和其他收入算上的话，是 3380 亿美元。同志们，这就是国家的实力呀！说老实话，没有这么大的外汇储备放在这里，我们“走出去”的人不会像现在这样被人家看得起，我们也没有能力对一些发展中国家提供那么大的援助。这种援助不但援助了别人，同时也带动了我们自己的产品出口和工程承包，拉动了国民经济发展。在国际上，如果没有外汇的话，一切免谈。所以应该看到，外汇储备的增加，是我们经济实力增强的一个重要方面。

很多人不懂得这个道理：外汇储备放在那里，并没有吃亏。它就是国家的经济实力，可以预防各种不测的情况，包括世界经济危机。

* 这是朱镕基同志在国家外汇管理局机关正处级以上干部和在京参加会议的各地方分局负责同志座谈会上讲话的一部分。

在发生不测的情况下，它可以稳定人民币的币值。它并不是像有人讲的那样，锁在保险柜里，一天一天在贬值；相反，它实际上还在增值，去年的收益率就达4.8%。我们现在国内存款的利息并没有4.8%这么高。过去历年外汇储备的收益率平均在5%左右，扣除人民币占款的利息后，我们还赚了一个利差。

去年国家财政很困难，财政部早已做好收支平衡，快到年底时，突然蹦出来一笔收入，有407亿元，主要就是外汇储备的收益。我决定这笔钱先不要用了，把它全部拨入全国社会保障基金。这个社会保

2003年1月3日，朱镕基在国家外汇管理局储备管理司外汇交易大厅调查了解情况。前排右二为国家外汇管理局局长郭树清；后排左二为国务院研究室副主任侯云春，左三为中国人民银行行长周小川。

障基金，实际上等于是财政储备，它的来源包括国有企业在海外上市筹集资金的10%、财政节余拨款、国有股减持的钱等等，现在再加上去年外汇储备的收益，一共有1300多亿元。这笔钱，我们在任何不测的时候，比如世界战争的时候、世界经济危机的时候，无论发生什么不可抗拒事件的时候，都可以用。这和银行的钱不一样，银行的钱不能随便用。随便用银行的钱，就会发生通货膨胀，我们在1993年就有过这种痛苦的体验。可见，外汇局在外汇管理和外汇储备经营方面所做的工作，对国家、对国民经济的发展和社会的稳定是起了很大作用的。没有这笔钱，我们就没有这么高的国际声望，我们的国民经济就没有这么稳定，我们对外开放就没有基础。所以，请同志们向大家转达我代表国务院对你们工作成绩的肯定。

国家外汇管理经过了很多的改革。首先一个改革，就是1994年实行汇率并轨。那时候存在两种汇率：一个是官方汇率，5.7元人民币兑1美元；另一个是外汇调剂市场汇率。此外还有黑市汇率，大概是9元多人民币兑1美元，有的地方达到11元人民币兑1美元。当时为确定一个统一的汇率，算来算去，最后定为8.7元人民币兑1美元。汇率并轨起了很好的作用，也是我们金融改革一个非常重要的内容。这样做要下很大决心，要冒风险。现在有人说我们在1994年人民币大贬值，把人民币币值定低了。其实，他们并不了解当时存在两种汇率的情况，而且调剂市场外汇比重还是占主要的，外贸进出口都是用调剂外汇来交易，所以汇率并轨时我们不是大贬值，人民币是升值了。后来，从1美元兑8.7元人民币升到现在的1美元兑8.28元人民币。

有人说中国在输出通货紧缩，说人民币应该升值。不要听他的！不管别人怎么说，我们稳坐钓鱼台。为什么人民币要升值呢？美元是世界第一大货币，我们现在就紧跟着美元，你升我也升，你贬我也贬，我们就这么走。国际货币基金组织总裁科勒，原来是德国财政部副部长，跟我见过几次面，那时他一再向我推荐要搞一揽子货币。我们也做过一些测试方案，最后我们还是没有采纳他的意见。

我们紧盯美元的政策没有错，而且得到很大的益处。去年，美元对欧元和日元贬值，它贬人民币也贬，对我们增加出口有利，所以我们对日本和欧洲的出口增加了。现在有人预计美元还会贬值，但我认为美元还会是强势的。当然，如果发生伊拉克战争那就很难说了。我讲这番话的意思，就是我们十年改革和发展的经验表明，增加外汇储备的政策是正确的，我们的汇率政策也是正确的，目前看不到有改变的必要。这两条今后还会继续对国民经济起作用，我们不要动摇，不要随随便便被人家的言论所迷惑。尽管有各种各样的说法，但我们自己要站稳立场。

1996 年实行的经常项目下人民币可自由兑换，也是成功的。当年外汇储备增加了 300 多亿美元。现在回过头来看，及时地实行经常项目可兑换，促进了外贸的发展，促进了改革开放。在外汇稍有富余的情况下，政策放宽一点是有好处的。我们增加外汇储备最多的一年是去年，有 700 多亿美元。所以，实现经常项目可兑换的改革是及时的，也是成功的，效果是很好的。但是对资本项目可兑换问题，我们要慎重。不要认为我们可以过早地做到资本项目可兑换，千万别被胜利冲昏头脑。

我们实行的QFII[1]，实际上并不是资本项目可兑换，只是朝这个

---

〔1〕QFII，是英文 Qualified Foreign Institutional Investors 的缩写，意为合格的境外机构投资者，在我国，具体是指符合有关规定的条件、经中国证券监督管理委员会批准可在中国证券市场上投资，并取得国家外汇管理局额度批准的境外基金管理机构、保险公司、证券公司、商业银行，以及其他资产管理机构。中国证券监督管理委员会与中国人民银行于 2002 年 11 月联合发布《合格境外机构投资者境内证券投资管理暂行办法》，规定从 2002 年 12 月 1 日起，合格的境外机构投资者可进入中国证券市场进行投资。

方向走了一小步。我们对这件事情是非常慎重的，只批准少数几个单位试点，并限制在非常严格的条件下。但这已经引起全国人大的注意，全国人大有些同志写了报告，对此非常担心，也来找我谈了。为此，周小川〔1〕同志写了一份报告，向他们解释了这个问题。报告说明国务院实行 QFII 的政策，不违反《证券法》，而且在这么严格的条件下试点，也没有什么大的风险。国务院有权拟定这个法规，也应该做这样的改革。当然，如果将这个法规最后一条中写的“几月几日开始实行”改为“试行”，影响就会好得多了，因为一说“实行”，范围就大了。我们以后在立法的时候应该注意这一点，特别是国务院在制定法规时应该慎重一点。

做事情一定要考虑中国国情，中国的情况非常复杂，完全套用外国的做法是不行的。美国发生那么多丑闻，几大会计公司，包括安达信、毕马威等，都有丑闻，但他们不怕，相信他们的制度能克服这些问题。不能说这些丑闻对美国没有影响，会影响到外国的投资，但不会很大。中国不一样，中国还没有形成完备的法制，社会上又非常缺乏诚信。没有“诚信”二字，何以立国呀？整顿市场经济秩序应该是我们一个永恒的主题。我想，关于这个主题下届政府还要一直搞下去。在金融界整顿市场秩序也很重要，现在诈骗案有多少呀！所以，我们在开放证券、开放外汇、开放银行、开放保险的过程中，都要采取十分慎重的态度。简单地把国外的东西搬到中国来可不行，条件不一样，人也不一样。现在搞欺骗的人太多，我们每进行一次改革都要考虑中国的实际情况，但是改革不能停顿，还是要锐意改革。

口岸电子执法系统，最早是海关和外汇局联网的，当时与外经贸部还没有联起来，银行也联得不够，现在应该说都覆盖了吧。我是非

---

〔1〕周小川，当时任中国证券监督管理委员会主席。

常支持搞这个系统的。我们搞信息化最早产生效果的，就是这个口岸电子执法系统。在打击走私、出口骗税骗汇等方面，外汇局跟海关总署、外经贸部、税务总局配合得很好。打击走私是从 1998 年开始的，1999 年大见成效。打击出口骗税是 2000 年下半年从广东开始试点的。如果没有打击走私、打击出口骗税骗汇工作的开展，我们的国际收支不可能发生这么大的转变，不可能积累这么多的外汇储备。这当中，信息化起了很大的作用。

回顾一下我们走过的历程，正确的我们一定要坚持，但缺点也要不断改正。改革开放一定要搞，但一定要慎重。大好形势来之不易，要搞好，艰苦备尝，要搞坏，一夕之间，请同志们务必注意。

全面理解和贯彻党的宗教政策*

（2003年1月10日）

今天，我来和大家探讨宗教工作的方针政策。说老实话，你们比我内行。那么讲什么呢？我想，讲一点自己的体会吧，也许可以对同志们正在开的宗教工作理论务虚会提供一些参考。

首先，我们应该坚信我们党关于宗教工作的方针政策是完全正确的。我们党关于宗教工作的政策，是根据马克思主义的学说，对宗教工作制定的符合历史唯物主义的最全面、正确的政策。这是经过实践检验的，我们国家五十多年的实践证明了这个政策是完全正确的。

看一看全世界的情况，宗教方面的形势非常紧张。巴以冲突是国际形势的一个热点，既有民族的矛盾，也有宗教的矛盾，各种矛盾集中在一起。印巴局势也是民族和宗教的矛盾交织在一起，双方剑拔弩张。在俄罗斯，车臣问题始终是一个很大的问题。最近发生的人质事件、车臣政府大楼爆炸事件，都说明它也同时反映了宗教矛盾和民族矛盾。即使在发达国家，像英国和北爱尔兰之间，也是两种宗教之间的斗争，看样子它们也找不出很好的办法，尽管它们的经济发展水平都比较高，但也不能解决好这个问题。

我们国家有56个民族，宗教派别和信教的人也很多。在民族、宗教问题上，我们这几十年应该说处理得相当好，在全世界再也找不

---

* 这是朱镕基同志在全国宗教厅局长会议暨宗教工作理论务虚会上的讲话。

2002 年 7 月 31 日，朱镕基在北京中南海接见第十一世班禅额尔德尼·确吉杰布。

（新华社记者李学仁摄）

出有这么好的，至今没有发生过什么大的冲突。小的问题总是有的，但是没有发生过什么大的事情。当然，我们的工作经验也是在不断地总结、概括、提高、发展。总而言之，实践证明我们党的宗教政策是正确的。我们应该坚信不移，继续认真加以贯彻、实施。

第二，关于宗教工作基本方针的四句话。

第一句："全面贯彻党的宗教信仰自由政策"。我们在贯彻宗教工作方针政策的时候，总得有一个主要的思想吧。我觉得，最重要的就是这一句，这是工作中应该紧紧把握住的。我们党和政府的有些部门特别是基层组织，在某些地方、某些方面，存在对宗教信仰干预过度的情况。宗教本身是一个历史的产物，每一种宗教、每一个民族都创造了自己的文化，如果过多地去干预，就不但会激化宗教矛盾、民族矛盾，而且会激化人民内部的其他矛盾。某些搞宗教工作的同志，往往过于着急，利用手中的权力来干预宗教信仰自由，而且往往把两种不同性质的矛盾混淆起来，这是不对的。新疆存在“东突”恐怖主义的思想和组织，但不是新疆所有的少数民族都是这样的，不能把它们混在一起。极少数人信仰“东突”恐怖主义，甚至在外国受到雇佣，加以训练，被派到我们国家里进行破坏、分裂活动，但这些人是极少数，不能因此影响新疆群众对宗教信仰的自由。我始终认为，这一条是最重要的。

第二句：“依法管理宗教事务”。我们在强调首先要把握住第一条的同时，也不能忽视另外一条，就是依法管理宗教事务。宗教信仰是精神世界的问题，不能干涉，但是信教群众的行为不能违反法律，这一点是非常重要的，我们掌握的分寸就在这个地方。精神世界的问题是没法干预的，但是如果作出违法的行为，那就必须依法干预。

依法管理要真正依法。国务院的《宗教事务管理条例》还没有正式颁布，这说明我们宗教工作的法律、法规体系是不完备的。我觉得，还是有必要完善国务院的法规，国务院的法规也是国家法律体系的一个组成部分。没有法规，管理就有随意性，这是弊多利少的。尽管看起来伸缩性很大、很方便，但是这对于建成一个社会主义的法治国家是不利的。这个法规还是要逐步完善。

第三句：“积极引导宗教与社会主义社会相适应”。这里叫“引导”，而且是“积极引导”，就是不能采用行政的手段。行政手段、法律手段只是在第二条“依法管理宗教事务”中适用。如果信教群众违反了国家的法律，影响了社会的稳定、国家的安全，造成了人民内部的不团结，那就要按照法律规定来管理了。“引导”就是从教育、文化、宣传等等方面来引导，而不能采取行政命令的手段。做到这一点就是要有个度，不能够过分，过分了就适应不了。社会主义社会有一个逐步发展的过程，如果你自己都没搞清楚，要把人家“引导”到什么地方去？你怎么引导？在这个方面，就是要宽松一点，比前面那个“依法管理”要宽松一点。他没搞破坏，也没搞特务活动，没分裂民族、分裂社会、分裂国家，你就不能动不动给他扣上一个大帽子。

第四句：“坚持独立自主自办的原则”。这是我们的特色。我们对基督教事务有一套“三自”方针，有个历史的形成过程。坚持这“三自”，是非常有必要的。特别是随着对外开放的扩大，各种渠道无孔不入，外国的宗教也总是想来干预。这方面我们要做工作。

第三，希望各级党组织、各级政府机关，要进一步重视宗教工作，加强对宗教工作的支持。

我在前面讲了宗教工作的重要性，它并不是只在中国重要，在全世界也都很重要；不但在国内有斗争，在国际上也有更大的斗争，这种斗争与国内是息息相关的。

中央是非常重视宗教工作的。我们在思想上是重视的，但工作做得不够，需要加强。因此，也希望各级党委和政府的主要负责同志以及主管这方面工作的负责同志，进一步重视宗教工作，重视民族工作，把这方面的工作做好。这对维护民族的团结、人民内部的团结、社会的稳定、政治的稳定，保持经济的持续发展，都是非常重要的。

审计署要成为廉政署、法治署、正气署*

（2003年1月13日）

审计是国民经济运行的卫士，是国民大众的眼睛。审计署是国务院的重要执法机关，是政府监管工作的重要组成部分。很多事情我们看不见，审计署帮我们看清了，一看往往是大吃一惊，骇人听闻。所以，审计署的工作很重要。在审计署工作，工资不高，住房条件也很困难。这五年来，我一直致力于提高公务员的工资。但目前社会分配是很不均衡的，而且收入悬殊还在继续扩大。公务员的收入虽然比一些困难群众高一些，但现在是一个开放的社会，有很多单位在挖国家机关的人才，所以，机关要留住人才，国家必须提高公务员的工资，这对于全体人民也是有利的。另一方面，国家机关工作人员也要认识到，我们是国家工作人员，肩负着很重要的使命，要树立正确的世界观、人生观、价值观。你们查出这么多大案要案，几千亿元的问题能发现出来，几百亿元资金能收缴国库，这是多么大的贡献呀！人生如斯，足矣！越是重要的岗位，越是要意识到我们对国家所应该作的贡献。这几年，审计署确实做了好多使国务院感到非常满意的事情，这也是人民公认的。

第一，坚持以真实性审计为基础，在财经领域打假治乱，为整顿和规范市场经济秩序起到了积极的作用。我们现在搞市场经济，放开

---

* 这是朱镕基同志在审计署机关和派出机构副司级以上干部座谈会上讲话的一部分。

搞活，如果没有“游戏规则”，没有监管，听任一些人去弄虚作假、欺瞒哄骗，我想我们的市场经济可能比资本主义市场经济还要混乱、弊端还要大。我有时候不愿看电视新闻节目，特别是中央电视台《焦点访谈》节目揭露的问题，看了就生气，但又不得不看。这几年来，我最生气的就是社会上缺乏诚信，有些人欺蒙拐骗，干那种没良心的事情。特别是在食品、卫生和医药方面，有的人明明知道那是害人的，但还是要去做。我一看就非常动感情，必定给有关部门领导同志打电话过问。我也知道这是杯水车薪，这种事情其实多得不得了，但还必须这么做，我即使在位一个月也要管到底。必须树立和打造一个

2003 年 1 月 13 日，朱镕基在审计署考察工作。左为审计署计算机中心主任王智玉。

诚信社会，“人而无信，不知其可也”[1]。如果整个社会没有诚信，互相都在欺骗，多么可怕！这些事情在《焦点访谈》一放完，有关地方和部门很快就组织专人去检查了。过去你们干什么去了？明明就在你们的眼皮底下，只要你们关心一下，天天都可以发现这种事情，如果及时进行治理整顿，社会就不会变成这样子嘛！可惜我们有些政府官员是向上下工夫多，真正为老百姓办事少，或者觉得这种事多得不得了，不愿意去得罪人。因此，你们审计部门肩负着重要的责任。审计署过去做得很好，在打假治乱方面，不怕得罪人，敢于坚持原则。今后要继续坚持这种精神，不要看到别人耍滑头，就不敢去碰硬，遇到事情往后退，不愿意出头。我们要想到，如果都这样下去，中华民族还有什么希望呢？审计人员一定要坚持自己做人的原则。这几年，我明明知道遍地都是假账，但我还是要到处宣传不做假账。你们在2000年对1290户企业会计账目、凭证的真实性进行了一次审计，结果发现有68%的企业会计报表是假的。我现在对那些统计数字，特别是国民经济发展速度指标，都不知道是真是假。国家财政没有收到钱，我就不敢相信那些数字是真的。有的地方经济发展速度达到百分之十几，“政绩”大得很，对此我只是听着，也不否定。我关键是看你给国家交了多少税，这才是主要的。如果搞了半天，经济发展“轰轰烈烈”，但财政很困难，还得向中央要钱，这算什么政绩呀！因此，首先必须充分肯定审计署在打假治乱、打造诚信社会方面，做了大量工作，取得了很好的成绩。

第二，坚持突出审计重点，注重揭露和查处大案要案，在反腐败斗争中发挥了重要作用。全面审计主要是为了发现问题，但对一些重

---

[1] 见《论语·为政》。原文是：“人而无信，不知其可也。大车无輗，小车无軏，其何以行之哉？”

点问题还要一查到底，必须有结果。刚才李金华〔1〕同志汇报，这几年审计署一共审计了22项重点专项资金，有5项是多次审计，17项是一次审计。其中粮食审计是一次大规模审计，查出粮食系统许多重大问题。通过检查3万多户粮食企业和2499个农业发展银行分支机构，核减了非正常亏损挂账559亿元，查出粮食等部门挤占、挪用贷款642亿元，为解决粮食企业财务挂账和深化粮食流通体制改革提供了重要依据。审计署还检查了国债项目、扶贫项目等，发现了大量挤占、挪用和贪污、浪费的问题。这些年，审计发现的案件有6000多件，移交司法机关后，处理了一大批人，这是个了不起的贡献。当然，这也是中央正确领导和大力支持的结果。凡是审计署报送给我们的《审计要情》，我都必有批示，你们建议由谁来牵头处理，我就批给谁处理。中央政治局常委同志都非常重视，也作了很具体的批示，件件都是落实的。我希望你们要有专人负责，这些问题是不是真正处理了，一定要跟踪到底，绝不能让犯罪分子逍遥法外，不能让他们漏网。公安部门配合得很好，我们只要批了，公安部门都非常积极地配合，努力把犯罪分子抓回来，有的人是从国外抓回来的。所以，你们可以向全体审计人员传达：对查处大案要案工作，中央非常重视，全力支持。你们对发现的问题一定要跟踪到底，如果对方有后台查不下去，就要向我们反映。现在看来，审计署反映的问题基本上是“百发百中”。你们确实做了大量的工作，用了很多心思，为人民作出了贡献。中央是肯定的，老百姓也是肯定的，这就是为老百姓办实事。

第三，围绕国家宏观调控目标，切实加强对财政专项资金和预算执行的审计，有力地推动了政府各项改革措施的顺利实施。特别是对财政专项资金和预算执行的审计，这很重要，查出各部门的不少问

〔1〕李金华，当时任审计署审计长。

题。本届政府组成以来，各级审计机关每年组织开展本级预算执行审计，共查出违规问题金额2007亿元，审计处理后，已上缴财政392亿元。预算执行审计，已经成为各级政府和人大加强预算管理与监督的重要依据。1998年以来，审计机关组织对银行、证券等金融机构的审计，查出违规经营和损失浪费等违法违规问题金额616亿元。审计工作在保障财政资金安全有效运行、防范和化解金融风险中发挥了积极作用。

现在国家机关一个很大的弱点，就是权力得不到制约。这是我国政治体制上的一个弱点。本届政府一再强调政府职能的转变，政府的职责主要就是监督管理，是当“裁判员”，不应该当“运动员”，应该严格地、公正地进行监管，维护这个社会的秩序，包括市场经济秩序。说老实话，现在《焦点访谈》节目反映的有些问题可怕得很，有的私人企业什么安全设备也没有，什么安全条件也没有，随便就可以到工商局领执照开业。大家看了吧，辣椒是用硫黄熏出来的，竹笋是用双氧水泡出来的，根本不能吃。这些事正是政府要管的。质量监督检验检疫总局、工商行政管理总局都是国务院直属的正部级单位，还有卫生部和食品卫生监督、医药卫生监督部门，我对它们施加压力也够多了，批评得也够厉害了，我看它们也是有心无力。到地方上，它们就管不了了。虽然有的部门管下级局长的任命，但地方政府的权力太大。有些部门的权力也比较大，掌管着人、财、物，钱和项目都在它们手里，但审计署也敢碰。审计署每年向全国人大的报告，有的部门会有不同意见，最后我还是支持李金华。我认为，向全国人大暴露国务院的问题没关系，是我领导得不好，工作做得不好，主要不是部门的责任，应该向全国人大报告。对于审计署这方面的工作成绩，应该充分肯定。

第四，积极探索党政领导干部和国有企业领导人员的经济责任审计，有效地促进了干部的管理和监督。这些年，通过开展经济责任审计主要是离任审计，为组织部门、干部管理部门提供了很好的考核依据。近几年来，全国共审计党政领导干部 11 万多人、国有企业领导人近 2 万人，有 4700 多人受到党纪、政纪处分和追究刑事责任，对这个工作成绩应该充分肯定。在这方面，审计署直接得罪了一些人，但为人民办了好事，为维护国家利益作了贡献，应该继续坚持和发扬。

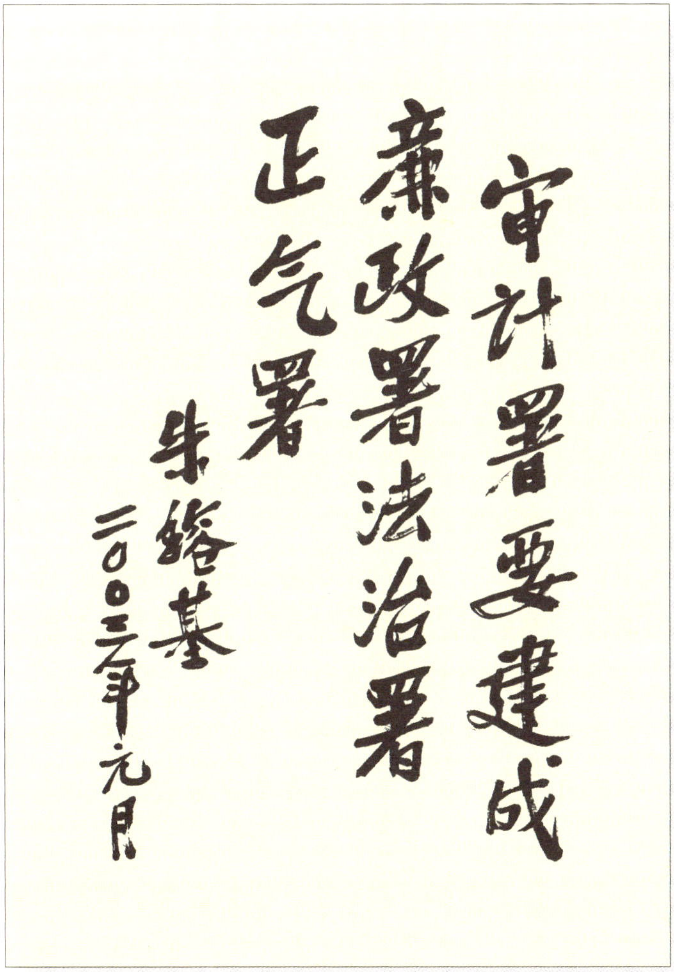

图为朱镕基于 2003 年 1 月 13 日在审计署考察工作时的题词。

第五，不断完善审计制度，促进了审计质量的提高。在这方面，审计署制定了不少制度，完善了审计法规体系。特别是经国务院批准，作出了“八不准”[1]规定。这是1999年审计署汇报工作时提出来的。过去，审计人员的经费要由被审计单位来出。“吃人家的嘴短，拿人家的手软”，作为国家执法人员，代表国家来进行审计，还要吃人家的、住人家的，这怎么行呢？所以，国务院决定由财政拿钱，让审计署实行审计经费自理，严格执行“八不准”，切断与被审计单位的经济联系，维护了审计工作的独立性。这样才能真正地查出问题，才能行得正、坐得稳。这一点必须坚持。从2000年实行“八不准”规定以来，大家在这方面坚持得很好，值得表扬。这样做出来的审计工作才是令人心服口服的。今后要继续坚持，财政等有关部门要给予大力的支持。

我今天之所以讲以上五点，主要是想在本届政府任期行将结束的时候，肯定大家的工作和成绩。工作都是大家做的，我们提了些意见，但如果没有你们脚踏实地的工作、认真的坚持，什么指示都没有用。我认为，审计署为人民办了实事，做得很好，应该予以表扬。

党的十六大对全面建设小康社会以及今后一个时期的各项任务提出了明确要求，中央经济工作会议部署了今年的经济工作，目标很具体，政策很明确，大家要认真抓好贯彻落实。在新的形势下，审计机关的职责光荣而艰巨，任重而道远，审计工作只能加强，不能削弱。审计机关一定要增强责任感和使命感，继续坚持“全面审计、突出重点”的方针，抓住关键部位，集中力量审深审透，充分发挥审计监督作用。

我对今后的审计工作提一些希望，概括起来，就是希望审计署成

---

〔1〕见本卷第302页注〔1〕。

为“廉政署”、“法治署”、“正气署”。我说审计署要成为“廉政署”，是因为审计署是国务院抓廉政工作的一个重要部门，你们的工作能够促进国务院实现廉政目标。我曾经对国务院工作要求提了八个字：廉洁、勤政、务实、高效。首先是廉洁。只有做到廉洁，政府才真正是代表人民的政府，才能真正符合“三个代表”的要求。其次是勤政。再次是务实。政府所做的事情必须是务实的，不搞什么“形象工程”，不搞那些形式主义的东西，每一件事情都要为了老百姓，对老百姓有利。最后是高效。政府做事，效率要高，不要官僚主义，要做得好一点、快一点。在廉政这个最重要的目标上，审计署负有重要的责任。

我说审计署要成为“法治署”，是因为我国的法制必须完善，个人的权力、部门的权力必须受到制约，国有企业领导人的权力也必须受到制约。审计署是帮助国务院实现依法治国的部门，依法进行检查监督，在这方面负有非常重要的责任，有着不可或缺的重要作用。

我说审计署要成为“正气署”，是因为审计工作的阻力很大，各方面的压力很大，做好审计工作必须讲正气。孟子讲：“我善养吾浩然之气。”〔1〕文天祥讲：“天地有正气，杂然赋流形。下则为河岳，上则为日星。”〔2〕做审计工作，就是要有一种坚持原则、无私无畏的立场和精神，审计署一定要树立这样一种正气。邪不压正、邪不胜正，身正不怕影斜。只要自己行得正、立得直，什么问题都能查出来，党中央、国务院就会支持你，就能查出问题、以儆效尤，国家就有希望。

---

〔1〕见《孟子·公孙丑》。原文是：“我知言，我善养吾浩然之气。”

〔2〕语出自南宋文天祥所作《正气歌》。

值得纪念的五年 *

（2003 年 1 月 27 日）

今天的会议是本届政府最后一次全体会议。过去的五年，是新中国发展史上一个相当特殊的阶段。一是正面临着世界经济不景气，亚洲金融危机对亚洲许多国家都造成了灾难性的影响；二是面临国内大量困难，包括 1998 年的特大洪水、1999 年的相当大的洪水，遭受了自然灾害；又正赶上产业结构调整的关键时期，国内市场不景气、生产萎缩，造成 1997 年 1000 万职工下岗失业。回忆这五年，能够走过来，确实不易！没有想到我们不但克服了这些困难，而且还利用这个机遇，极大地发展了自己。虽然不能说这是历史上发展最快的时期，因为我们过去百分之十几的经济增长速度都有过，但确实是历史上经济效益最好的时期、国民经济持续健康稳定发展的时期。我们可以用一些数字来说明这个问题。比如在基础设施建设上，这五年的投资是过去几十年的两倍甚至三倍。这是一个多么大的建设规模啊，不但改变了自然和社会的面貌，也改变了人民生活的状况。我想，这是由于以江泽民同志为核心的党中央第三代领导集体高瞻远瞩，统揽全局，运筹帷幄之中，决胜千里之外；同时，也由于国务院坚决贯彻党中央的指示，具体落实政策，克服了重重阻力，一抓到底，政策到位，项

---

* 2003 年 1 月 27 日，朱镕基同志主持召开国务院第九次全体会议。国务院全体会议组成人员出席了会议，有关部门、单位负责同志列席了会议。这是朱镕基同志在会上讲话的一部分。

2003 年 1 月 27 日，朱镕基主持召开国务院第九次全体会议。右一为中共中央政治局常委、国务院副总理吴邦国，右二为国务院副总理李岚清，左一为中共中央政治局常委、国务院副总理温家宝，左二为国务院副总理钱其琛。（新华社记者刘卫兵摄）

目到位，资金到位，各种监督到位，保证了建设的顺利进行。

第一，如果我们不是始终坚持以经济建设为中心，正确地实施和加强宏观调控，是不可能取得今天这个成果的。党中央决定实行积极的财政政策以后，我们集中力量发展基础设施建设，整个面貌就改观了。我们并不是只集中于交通运输建设，在水利建设方面和其他方面也下了很大的工夫和力量，这是长远的投资。这些都发挥了很大的效果，不但拉动了生产的发展，把原来萎缩的国内市场带动起来，而且支持了整个国民经济的发展。与此同时，我们还实行了稳健的货币政策，严格地控制信贷，主要是保证企业的流动资金和国债项目的配套资金，没有造成全面的过热。这才使我们有可能在这五年里面，发了 6600 亿元国债，也贷出了两三万亿元的银行贷款，使财政收入每年都增加，创造了历史最高纪录，过去一年增加财政收入几百亿元，而这几年每年增加1000亿元到2000亿元。中央把这些大幅度增加的财政收入，大量地转移支付到中西部地区去，中西部地区的农村义务教育和基础设施建设才有今天这个局面。在这五年里，曾三次增加机关、事业单位人员工资，中西部地区增加工资都是中央拿的钱。这样有利于逐步缩小东西部地区的差别，至少使这种差别没有急剧地加大。

第二，如果我们不是始终坚持以农业为基础，坚定不移、扎扎实实地解决“三农”问题，也不可能有今天这样好的局面。这五年，我们在农村、农业、农民问题上下了很大的工夫，特别是着眼于提高农民的收入。为了促进农村的义务教育，中央财政帮助地方给教师发工资、搞教室危房改造。为了解决农村合作基金会、城乡信用社的问题，我们发放再贷款2000亿元，主要是还给农民。为了减轻农民的负担，在农村搞“费改税”，中央一年要拿出几百亿元，去年拿了250亿元，今年拿了300亿元，今后还会拿更多。帮助一亿多农民到城市里来打工，使农民增加了一大笔收入。我们要始终牢记这一点：农业是基础，要扎扎实实地去提高农民的收入。这一点，今后绝对不能放松。我们要时时刻刻关心农民，不要轻视农民，不要以为现在形势好了，就应该去搞汽车、搞房地产、搞什么主题公园，把农民丢在一边了。国民经济缺了农业这条腿是绝对不能前进的。社会购买力主要是在农民，农民的购买力不提高，国民经济怎么能够持续发展?

第三，如果我们不是始终坚持改革开放的方针，敢于跨越，进出口就不会大幅度地增加。没有进出口大幅度的增长、外汇储备大幅度的增加、投资环境大大的改善、外国直接投资大幅度的增加，是不会有今天这个局面的。我们原来曾经预计亚洲金融危机以后，有两年或三年外贸出口可能会出现负增长，但由于实行了一系列的政策措施，而且一抓到底，结果外贸出口不但没有出现负增长，反而是大幅度地增长。特别是去年，全世界的出口停滞不前，有的国家甚至萎缩，我们却大幅度地增加。另外，因为我们坚决打击走私，打击出口骗税，海关税收大幅度增加。对走私、骗税、骗汇的人不能手软，这方面还要严抓。如果没有这几年的打私行动，外贸怎么能出现今天的局面？不可能的！我们也确实没有想到外商直接投资能增长这么快，去年外资实际到位528亿美元，位列全世界第一，我们讲的是外商直接投资。外商直接投资促进了国有企业的改革，改进了企业的经营机制。这些都是我们过去不能想象的。

第四，如果我们不是始终坚持科教兴国的方针，把大量的资金投入教育领域，我们的教育和科技事业的发展也不会有今天的局面。首先是农村义务教育事业实现了根本性的转变。过去是欠教师的工资，几个月甚至两三年都没有发过；现在工资能按时发了，在农村谁都想去当教师了。我们把工资收到县里来发，等于中央财政给了保证。这件事情有极大的意义，因为一个民族没有教育水平的提高是没有前途的。我想，这五年义务教育的发展，是历史上所没有的，包括高中的扩招、职业教育的发展等等，极大地加强了我们民族的实力。这不仅是一个经济的实力，而且是一个可持续发展的战略资源。

还有一条，我们如果不是始终坚持以社会稳定作为一个前提，建立和完善社会保障体系，我们也不可能有今天这样好的局面。从1997年以来，我们在建立、完善社会保障体系和实施再就业工程方面做了大量深入细致的工作，出了不少政策，中央财政为此花了很多钱，这些钱都是从中央财政预算里拿的。中西部地区都要靠中央补助。特别是再就业服务中心的建立，中央财政拿60%，地方财政拿10%到20%，基本上都是财政拿的钱，还有一部分是从社会保障基金中的失业保险里拿的。没有这个，社会怎么稳定？人心哪能有现在这样安定？这是一点也不能放松的，特别是去年我们出台的新的再就业政策，一定要继续把它贯彻到底。绝不能忽视这一点，忽视这一点就到处出事，怎么搞建设？辽宁省作为全国的试点，基本上已经获得了成功。其他省区市都可以参考它的经验，把社会保障体系搞得越来越完善。这是一个安定社会、安定人心的百年大计。

所有这些成绩的取得，都是党中央高瞻远瞩、指挥若定的结果，同时也与国务院各部门包括我们今天全体会议的成员、全体工作人员的努力分不开。过去的五年对我来讲，是我生命历程中最值得纪念的五年，因为我有可能给老百姓更好地办一点实事。我也相信对在座的诸位来讲，过去的五年也是你们生命历程中值得纪念的五年。水利部的同志们，你们回忆一下，这五年间你们干了多少事情，过去你们什么时候能够干这么多事情！大江大河堤防，全部整修达标了，安然度汛。去年我的眼睛已经很不好，医生要我动手术，但我没有动，就是一定要到长江、黄河、松花江、嫩江沿线走一遍。在烈日炎炎之下，凡是我在 1998 年、1999 年曾经去过的地方，我去年都去走了一遍。我不去看，我不放心，如果又是“豆腐渣工程”怎么办？如果在我卸任前夕，来一次大洪水把大堤冲垮了，我怎么向老百姓交代？看了以后，我放心了。当然，我只能是重点地看一看，但是我从这个对比看出钱没白花。这些堤防的工程质量不是一点没有问题，国债项目的资金不是没有被挪用过，但总体来说这个钱花的值得，成效是看得见的。在长江、黄河、松花江、嫩江流域生活着这么多的人民，要靠这些江河才能够滋养生息。要是不能保证防汛安全，让人民群众每年有几个月的时间都花在修堤上，他们还怎么发展生产？现在可以说彻底地改变了面貌。

所以，我们大家都应该永远不会忘记过去五年一起工作和战斗过的日子。我特别感到我们国务院全体成员，这五年工作在一起，风雨同舟，和衷共济，我们的关系建立在互相信任的基础上，是一种相互默契。我确实感到我们国务院每一个成员，都在尽心尽力地工作，尽管不是每个人的工作都那么出色，但是我知道每个人都尽了最大的努力，都无愧于这五年。我衷心感谢在座的各位，感谢国务院的全体同志对工作的支持、对我本人的支持。没有这种相互的信任、互相的默契，过去的五年里我们不可能作出这么大的成绩。我只要说句话、打个电话，大家就知道是什么意思，不用我说太多的话，大家就都一起去干。应该说，这是我人生历程中生活最愉快的五年，也是体会到自己还有一点价值的五年。这个价值就是，我跟大家一起，确实能为老百姓办一点实事。当然，在过去的五年里，我对同志们有过很多批评，也许有些同志感到跟我在一起不太自在。不管我批评得对或者批评得不对，我都请同志们谅解，请同志们相信我是出于公心。大家还了解我这个人吧，不搞阴谋，没有私怨。在这最后一次全体会议上，我一方面对同志们的努力、作出的贡献表示感谢，向同志们对我本人的支持表示感谢；另一方面，也请求同志们对我过去五年工作中的缺点、失误或其他方面的问题予以谅解。

对今后的工作，党的十六大已经确定了方针，中央的各次会议已经做出了部署，我们要坚决执行。因为本届政府就要到期了，我现在感到有点儿担心的就是一件事。我想对那些留下来继续工作的同志们说一说，提醒你们注意，我现在最担心的是经济过热，我已经担心一年了。我不会公开地讲这个问题，我只在领导层来讲这个问题，我就是担心经济过热。现在有很多的苗头，如果不加以注意的话，经济状况就会一发不可收拾。我搞了 50 多年的经济工作，我能深刻体会到我国的这种“综合征”，日子稍微刚好过一点，就搞浮夸的作风、盲目的自满、莫名其妙的折腾、无知的决策。我讲过房地产的过热，但是我发现绝大多数同志都还没有意识到这个问题的严重性，总是首先来一句话：“总体上都是非常好的”，然后说那么一点点的问题。绝对不是这样！这种过热是不得了的，1993 年就是房地产的过热，结果现在的海南岛还是“遍体鳞伤”。我看外国的报刊，都在讲中国的泡沫经济已经形成，房地产过热，风险太大。我们银行的同志一定要意识到这一点，因为这些钱都是银行的。我再一次向银行的同志忠告：你们也许这两年就升官了，你们也许就不会再干银行工作了，以为出了问题可以让后来人收拾。本届政府的金融体制改革还没有完成，还没有建立健全机制；但是在没有建立这个机制之前，我们共产党人已经搞了几十年经济了，还是应该负责任的吧。你们别把这个包袱留给后人，盲目地发展。我非常担心的就是搞“城镇化”。现在“城镇化”已经跟盖房子连在一起了，用很便宜的价格把农民的地给剥夺了，让外国人或房地产商搬进来，又不很好地安置农民，这种搞法是很危险的。这跟中央的政策精神根本不符合，我们曾经多次讨论过，就怕这个东西。中央政策研究室有一份简报《造镇运动劳民伤财》，我建议大家看一看。简报讲的是河南洛阳农村地区，从 2001 年开始“造镇”，遍地开花，搞了两年，既没有统一的规划，也没有资金的来源，反正是大搞房地产、圈地。没钱怎么办呢？本来是单层的房子，在靠街的一边盖一道墙，造成一个看起来好像是两层、三层楼的样子。这种做法我们过去已经有了，不是他们的创造发明，都是假的呀！我不知道他们的钱从哪儿来的，乡政府、县政府哪有这个钱？要不就是银行的钱，要不就是挪用了教育资金。我看中央政策研究室的这个简报，问题比国务院的简报揭露得要尖锐。1993 年是在大城市，在海南、北海这些地方搞，将来要是全面开花，都来“造镇”，形成运动，那怎么得了！我们银行的同志一定要警惕。你们老说在大好形势下，不良贷款在下降，我就是不相信。

还有，现在搞主题公园成风。在国外都没这么搞的，迪斯尼公园，美国有两个、法国有一个、日本有一个。现在主题公园在中国很多地方全冒出来了，外国人自己不出钱，你的地卖给人家很便宜，破坏了国家的土地资源，另外还用你的钱。搞这个东西干什么呀?!现在很多地方的农民连饭都没的吃，还搞什么主题公园，谁去看呀？上海搞迪斯尼公园没有搞成，于是要搞个主题公园。天津要搞主题公园，现在北京又要搞主题公园，两个主题公园挤在一起；美国两个迪斯尼公园还隔得很远呢，一个在洛杉矶，另一个在佛罗里达。我们挤这么近干什么？我是坚决要收紧。最近国务院下了一个通知，不是说在限额以上不允许搞，而是一律都要经国务院批准才能搞。四川恐龙公园恐怕没有多少人知道吧，林业系统搞的，占地九平方公里，跟澳大利亚一个银行合作，就为了盖一座五星级宾馆。

现在搞汽车也成风。去年汽车降价，大量汽车进口造成了这种形势，银行也给贷款。我想，小汽车不是我们发展的方向，不要造成一种狂热，年轻人都以拥有自己的小汽车为荣。我们早就讲过，中国不是这样的国家，这个观点我到现在都没有变，应该以发展公共交通为主。现在北京交通拥堵得一塌糊涂，2008 年怎么开奥运会啊！各种基础设施、交通设施、管理设施等管理的水平都不适应。上海的汽车数量现在比北京少一半，还到处都塞车，2010 年怎么开世博会呀！还有车位，也是个大问题。发展公共交通这条方针一点不能动摇。没有那么多石油啊！同志们，去年进口 7000 万吨原油，还不算成品油走私，某些省走私还相当厉害，现在不知道进口了多少油了，我们自己只生产 1.6 亿吨，而消费达到 2.6 亿吨，这能维持下去吗？好在我们现在有外汇可以进口，将来怎么办啊？没有油，哪能这么去发展小汽车呢？公共交通始终是我们的一个弱点，一直没有发展好。现在我每天就担心两件事：一件事是煤矿不断爆炸、死人；另一件就是交通事故多，不断地死人。今天早上看到一份材料，广西百色地区一辆农用车超载，拉了 30 多个人，一翻车 17 个人死了。农用车是不合格的汽车，但是遍地开花，这是非常可怕的。到处死人，天天死人，我作为总理天天看到这个东西，自己又拿不出办法来，你们说我多揪心！在发展公共交通上，我们还有多少事情要做啊！要把公共汽车、长途汽车制造业好好地发展起来，把那些农用车、不合格汽车都淘汰掉，农用车不许上路，公安交通管理要严格，不要动不动以影响农业为借口。人命关天的大事，不去把精力放在这个方面，而去搞什么小汽车，这一旦成风可不得了！不是说不要发展小汽车，而是不要把目标定得那么高，不能一哄而起都去搞小汽车。小汽车一搞上去，需要一系列的原材料的供应都搞上去，将来一垮下来又全部都垮。搞什么东西一哄而起都是不行的。

总之，希望留在岗位上的同志们，一定要注意不要被大好形势冲昏脑袋。这五年，形势的确很好，我们自己都没有想到会这么好，但是绝不可以盲目地乐观，然后就浮夸，就折腾。我们历史上有过这种教训，形势发展都是有周期的。我们不要走历史的老路，这就是我留给同志们的一句话。只要在这个问题上不出毛病，其他问题上就好办了，就不会形成一个全国性的问题、不可收拾的问题。对经济过热一定要从严控制，国务院就是要搞得严一点。

最后一点，国务院各部门负责同志在贯彻廉洁、勤政、务实、高效方面，是比较好的。我以自己拥有这么一个团队感到自豪。不是说没有问题，但问题还是比较少的，大家都是兢兢业业地在工作，今后务必也要这样。胡锦涛同志讲了“两个务必”〔1〕，还是要更多地保持与人民群众的紧密联系，倾听他们的呼声，接受他们的投诉，为他

〔1〕“两个务必”，指2002年12月，中共中央总书记胡锦涛在河北省西柏坡学习考察时，要求全党重温毛泽东同志在1949年3月召开的党的七届二中全会上的重要讲话，牢记毛泽东同志当年倡导的“两个务必”，即务必使同志们继续地保持谦虚、谨慎、不骄、不躁的作风，务必使同志们继续地保持艰苦奋斗的作风。

们撑腰，帮他们说话，解决他们的困难。我这五年或者说我过去十年，主持经济工作，一直是想这么做，我也尽了我的最大努力。如果我们只听下面报喜不报忧，冲昏自己的头脑，听不到人民群众的呼声，绝对搞不好我们的工作，连判断都是错误的。毕竟还有一个《焦点访谈》节目，各省区市也还有一些来信来函反映问题。我过去几年里每晚是一定要看《焦点访谈》，我觉得我作为总理，如果不去关心人民的疾苦，我当什么总理！我看完后必定打电话，不是打给部长就是打给书记。尽管我知道打电话只是针对几个农民或者几个老百姓的问题，但是我能为这几个农民、几个老百姓申冤，能够解决问题，我觉得好受一些，大事办不了，办了一点小事也好。有时也想不打电话了，反正这种事情多得很；但转过念来一想，我还是要打。我希望同志们今后还像我在位的时候一样，重视来自人民群众直接的投诉、直接的呼声，帮他们解决问题，哪怕只是一个人的投诉、一封人民来信，哪怕就是为了这一个人。我不知道批了多少人民来信，这总算贯彻了我们国务院廉洁、勤政、务实、高效，为老百姓办实事这个宗旨。希望同志们能够继续发扬这种精神，绝对不要听信报喜不报忧的、吹捧的、浮夸的、说大话的那一套，还是要自己眼见为实，尽管现在很难看到真实情况，但是只要坚持还是会知道的，这就是我最后提的希望。我现在不好说我们要站好最后一班岗，对我来说是最后一班岗，不过距离换届还有一个半月左右，但对绝大多数同志来说，你们都不是站好最后一班岗，还要继续在岗位上工作。毕竟是本届政府告一段落了，我们还是要把本届政府的工作善始善终，完美地画上一个句号。只要我们能够办的事情，尽可能在本届政府任期里面办好、办完。全国“两会”即将到来，希望同志们认真参加会议，虚心听取意见，更好地修改我们的《政府工作报告》，改进我们自己的不足，这就是我对同志们的希望。

大力发展公共交通*

（2003 年 2 月 1 日）

今天是农历大年初一，我代表党中央、国务院向大家拜年，祝大家春节好。我也通过你们，向北京市交通运输系统、公共汽车行业、出租汽车行业全体同志，表示我们新年的最良好的祝愿。你们辛苦了！我们在家里过节，你们在这里执勤、值班，你们的辛苦，换来的是全市人民的幸福、快乐、团聚，安安稳稳地过新年。你们的工作确实很有意义，我也代表我的全家向你们表示感谢！

同志们，我当过市长，我最重视公共交通运输，我到上海去首先解决的就是交通问题。当时，上海堵车是不得了啊。我就提出一个目标：将来从上海任何一个地方到另外一个地方，不能超过一个小时。现在这个目标可能快要实现了，但是上海堵车还是很厉害，比北京还厉害。所以，还要下更大的工夫解决交通问题。说老实话，我就是不赞成每个人都去买小汽车，这不符合中国的国情。中国就是人多啊，哪一个国家都没有像中国这样，百八十万人口的城市多的是。怎么能够每家都有一部小汽车？哪个城市都受不了啊，不能这样做。哪有那么多油啊，油大部分要靠进口！还有汽车排放尾气，那个污染就更厉害了，严重影响人们的身体健康啊。我认为，现在小汽车生产有点过

---

* 2003 年 2 月 1 日，朱镕基同志到北京市看望工作在一线的公安民警和公交职工。这是朱镕基同志在北京市公共交通总公司 44 路公共汽车北官厅站看望公交职工时的讲话。

热。我不是不主张发展小汽车，可以适当地发展，生活水平高的人可以买汽车，但是政府不要花那么多钱去补助、去推动，这不符合中国的发展方向。现在就是要大力发展公共交通，发展公共汽车，发展城市轻轨交通，还可以发展磁悬浮高速列车。

我们大家要充分认识发展公共交通的重要意义，一定要大力发展，而且一定要加强管理。北京市现在有 190 多万辆汽车，交通已经很紧张了。上海只有 100 万辆汽车，交通设施也比北京先进，但是还堵车，为什么？管理不好。最近，我到上海去，给他们提出了这个问题。他们也已经认识到了，正在研究如何加强管理，计划在全市建设最现代化的交通信息系统，实现电子控制。要让群众出门到处都可以上公交车，到处都有“的哥”、“的姐”，感到出行很方便，没有必要

2003 年 2 月 1 日，朱镕基到北京市公共交通总公司 44 路北官厅站，看望春节期间坚持运营的公交系统干部职工。 （新华社记者胡海昕摄）

自己去买个小汽车，还要一天到晚伺候它。

昨天中央电视台的春节联欢晚会，有几个节目是歌颂“的哥”、“的姐”的，都体谅到他们的辛苦。我刚到上海工作的时候，那里有几百家、上千家出租汽车公司，管理乱得一塌糊涂，乱收费现象很严重。我当时就要求成立一个大众出租汽车公司，给它新买了1000辆“桑塔纳”汽车，对公司服务和管理作出严格的规定，一下子就改变了出租汽车行业的面貌。我知道北京市过去在这方面也下了很大的工夫。现在全国各地出租汽车司机闹事的不少，就是因为管理得不好，中间的剥削太厉害了。因此，在行业管理上还是要下工夫的。总之，我们一定要把更多的精力和注意力放在发展公共交通方面，不要放在发展小汽车上面去啊！

责任编辑：崔继新　毕于慧　陈　登
责任校对：吴海平　周　昕　张　红
装帧设计：曹　春

图书在版编目（CIP）数据

朱镕基讲话实录．第四卷／《朱镕基讲话实录》编辑组 编．
－北京：人民出版社，2011.9
ISBN 978－7－01－010122－4

I. ①朱…　II. ①朱…　III. ①朱镕基－讲话　IV. ① D2−0

中国版本图书馆 CIP 数据核字（2011）第 154948 号

朱镕基讲话实录

ZHU RONGJI JIANGHUA SHILU

第四卷

《朱镕基讲话实录》编辑组 编

人民出版社 出版发行

（100706　北京朝阳门内大街 166 号）

中原出版传媒投资控股集团北京汇林印务有限公司印刷　新华书店经销

2011 年 9 月第 1 版　2011 年 9 月北京第 1 次印刷

开本：700 毫米 ×1000 毫米 1/16　印张：31.75

字数：380 千字　插页：2

ISBN 978－7－01－010122－4　定价：82.00 元

邮购地址 100706　北京朝阳门内大街 166 号

人民东方图书销售中心　电话（010）65250042　65289539

中国财政经济出版社参与发行